PYTHON E MERCADO FINANCEIRO

CONSELHO EDITORIAL

André Costa e Silva

Cecilia Consolo

Dijon de Moraes

Jarbas Vargas Nascimento

Luis Barbosa Cortez

Marco Aurélio Cremasco

Rogerio Lerner

Marco Antonio Leonel Caetano

PYTHON E MERCADO FINANCEIRO
Programação para estudantes, investidores e analistas

Python e mercado financeiro: programação para estudantes, investidores e analistas

© 2021 Marco Antonio Leonel Caetano

Editora Edgard Blücher Ltda.

Imagem de capa: iStockphoto

Publisher Edgard Blücher
Editor Eduardo Blücher
Coordenação editorial Jonatas Eliakim
Produção editorial Bárbara Waida
Preparação de texto Cátia de Almeida
Diagramação Villa d'Artes
Revisão de texto Karen Daikuzono
Capa Leandro Cunha

Blucher

Rua Pedroso Alvarenga, 1245, 4º andar
04531-934 – São Paulo – SP – Brasil
Tel.: 55 11 3078-5366
contato@blucher.com.br
www.blucher.com.br

Segundo Novo Acordo Ortográfico, conforme 5. ed. do *Vocabulário Ortográfico da Língua Portuguesa*, Academia Brasileira de Letras, março de 2009.

É proibida a reprodução total ou parcial por quaisquer meios sem autorização escrita da editora.

Todos os direitos reservados pela Editora Edgard Blücher Ltda.

Dados Internacionais de Catalogação na Publicação (CIP)
Angélica Ilacqua CRB-8/7057

Caetano, Marco Antonio Leonel
  Python e mercado financeiro : programação para estudantes, investidores e analistas / Marco Antonio Leonel Caetano. -- São Paulo : Blucher, 2021.
  532 p. : il

Bibliografia
ISBN 978-65-5506-240-3 (impresso)
ISBN 978-65-5506-241-0 (eletrônico)

1. Python (Linguagem de programação de computador) 2. Mercado financeiro 3. Bolsa de valores 4. Algoritmos I. Título

21-1140   CDD 005.133

Índice para catálogo sistemático:
1. Linguagem de programação

Àqueles que, mesmo estando ainda no início de suas vidas profissionais, venceram mais uma batalha e provaram seu valor com luta e determinação no ano de 2019.

Aos meus filhos, Gabriela, que se formou na universidade, e Bruno, que passou em todos os vestibulares que prestou.

AGRADECIMENTOS

À minha esposa Vera pela compreensão e pela paciência nas muitas horas que passei estudando e escrevendo este livro, ficando ausente mais do que gostaria das tarefas de nosso cotidiano familiar.

Aos diversos amigos que me incentivaram a escrever esta obra após muitos percalços no ano de 2019, em especial aos professores doutores José Carlos Oyadomari, Leonardo Pagano e Leônidas Sandoval Jr.

Ao professor doutor Takashi Yoneyama por encontrar espaço em sua agenda no Instituto Tecnológico de Aeronáutica (ITA) para escrever o prefácio deste livro.

PREFÁCIO

Este livro reflete a experiência acumulada em mais de três décadas de ensino, pesquisa e administração acadêmica do professor doutor Marco Antonio Leonel Caetano. A obra abrange um tema atual, as finanças quantitativas, e apresenta uma linguagem para programação computacional moderna e poderosa: Python.

Além da sintaxe própria do Python, o texto apresenta, de modo didático e detalhado, as principais estruturas lógicas com vários exemplos ilustrativos. Do ponto de vista do mercado financeiro, apresenta tanto os algoritmos básicos para cálculo de valor presente líquido (VPL) e taxa interna de retorno (TIR) como ferramentas mais avançadas para otimização de carteiras, precificação de opções e análise pelo método de Monte Carlo.

Noções de probabilidade e processos estocásticos, bem como alguns enfoques baseados em inteligência artificial, também estão incluídos como exemplos de programação em linguagem Python.

O livro será, certamente, um companheiro relevante para estudantes, investidores e analistas. Enfim, trata-se de uma obra muito bem-vinda do ponto de vista de programação moderna de computadores e sob a óptica de metodologias para aplicações em finanças.

Prof. dr. Takashi Yoneyama

Divisão de Engenharia Eletrônica do Instituto Tecnológico de Aeronáutica (ITA)

CONTEÚDO

PARTE I – PROGRAMAÇÃO BÁSICA DE ALGORITMOS 17

1. PRINCÍPIOS DE PROGRAMAÇÃO 19

    1.1 Introdução 19

    1.2 Operações simples no **Console** 21

    1.3 Listas no **Console** 25

    1.4 Operações com elementos das listas no **Console** 30

    1.5 Estatísticas básicas no **Console** 31

    1.6 Bibliotecas científicas no **Console** 32

    1.7 Arquivos de tipo texto no **Console** 36

    1.8 Arquivos Excel no **Console** 39

    1.9 Entrada de dados com **input** no **Console** 40

    1.10 Cálculos com importação de dados no **Console** 41

    1.11 Transformando uma lista em **array** 42

    1.12 Reiniciando o **Console** e aumentando a fonte 49

    1.13 Exercícios 50

2. ITERAÇÃO E DECISÃO 53

2.1 Introdução 53

2.2 Algoritmos simples 55

2.3 Lógica condicional (**if**) 58

2.4 Iteração com **while** 66

2.5 Interrupção no **while** (**break**) 71

2.6 Iteração com **for** e **range** 72

2.7 Trabalhando com **for** em listas 75

2.8 Usando **for** em séries matemáticas 77

2.9 Exercícios 80

3. EXPLORANDO A ESTATÍSTICA NO MERCADO 85

3.1 Trabalhando com planilhas 85

3.2 Método **cell** 88

3.3 Estatísticas para listas com dimensões maiores 89

3.4 Biblioteca statistics 91

3.5 Biblioteca random 95

3.6 Distribuições de probabilidades 97

3.7 Ajuste de distribuições de probabilidades aos dados 101

3.8 Análises estatísticas para dados reais do mercado financeiro 104

3.9 Análise de regressão linear no mercado financeiro 118

3.10 Testes estatísticos para diferenças entre dados 121

3.11 Coeficiente de correlação 126

3.12 Visualização estatística de dados com biblioteca seaborn 131

3.13 Exercícios 148

4. GRÁFICOS PARA ANÁLISES E OPERAÇÕES 151

4.1 Gráficos básicos 151

4.2 Propriedades dos eixos de um gráfico 155

4.3 Gráficos de barras e setores 158

4.4 Gráfico de KDE *plot* 160

4.5 Gráfico dinâmico 163

4.6 Gráfico tridimensional 165

4.7 Aplicações no mercado financeiro 169

4.8 Exercícios 175

5. PROGRAMANDO FUNÇÕES 179

5.1 Construções de funções básicas em Python 179

5.2 Funções matemáticas básicas 182

5.3 Funções como módulos externos 186

5.4 Exercícios 188

6. A DINÂMICA DO ARRAY 191

6.1 Estrutura de **array** (vetor) unidimensional 191

6.2 Métodos de criação de **array** (vetor) 193

6.3 Gráficos com a utilização de **array** 195

6.4 Importação de bibliotecas específicas para gráficos com **array**............198

6.5 Estatísticas com **array** 199

6.6 Álgebra com **array** bidimensional (matriz) 208

6.7 Produto, matriz inversa e transposta de **array** bidimensional 213

6.8 Resolução de sistema linear com **array** bidimensional 216

6.9 Aplicação financeira de **array** bidimensional 222

6.10 Exercícios 231

7. AS BIBLIOTECAS TIME E DATETIME 237

7.1 Comandos básicos da biblioteca time 237

7.2 Cálculo do tempo de processamento 238

7.3 Formato de datas nos gráficos 240

7.4 Exercícios 253

8. A BIBLIOTECA PANDAS 255

8.1 Comandos introdutórios na biblioteca pandas 255

8.2 Estrutura do **DataFrame** 258

8.3 Lógica condicional no **DataFrame** 259

8.4 Tipos de visualização de tabelas no **DataFrame** 260

8.5 Importações e exportações de dados via **DataFrame** 261

8.6 Gráficos na biblioteca pandas 265

8.7 Construindo tabelas automáticas no **DataFrame** 268

8.8 Método **apply** 269

8.9 Função **lambda** do **DataFrame** 271

8.10 Retorno financeiro no **DataFrame** 273

8.11 Exercícios 278

PARTE II – PROGRAMAÇÃO AVANÇADA 285

9. FINANÇAS E PYTHON 287

9.1 Introdução 287

9.2 Relação risco *versus* retorno em carteiras de investimento 293

9.3 Otimização de portfólio: fronteira eficiente 306

9.4 Valor em risco (*value at risk*) 311

9.5 Simulação de Monte Carlo 316

9.6 Simulação estocástica 329

9.7 Opções e Black-Scholes 337

9.8 Volatilidade implícita 346

10. DATAREADER E ANÁLISES COM YAHOO! FINANCE 355

10.1 Introdução 355

10.2 Pareamento de dados 363

10.3 Cálculos com janelas móveis (*rolling method*) 370

10.4 Visualização com *candlestick* da biblioteca mpl_finance 380

10.5 Dados com biblioteca requests para *ticker-by-ticker* 389

11. PROCESSAMENTO EM PARALELO 393

11.1 Introdução 393

11.2 Módulo **Thread** 394

11.3 **Thread** em operações matemáticas 395

11.4 Retornando valores calculados no **Thread** 397

11.5 Processos paralelos com **pool** e **map** 398

11.6 Simulação estocástica com processos paralelos **pool** e **map** 401

12. GOOGLE TRENDS E MERCADO FINANCEIRO 405

12.1 O que as pessoas estão falando? 405

12.2 Análises quantitativas sobre as informações 410

12.3 Conexão Google Trends para **DataReader** 416

12.4 Estatísticas entre preços e palavras-chave 418

12.5 Avaliação de listas com diversas palavras 424

13. INTELIGÊNCIA ARTIFICIAL NO MERCADO 429

13.1 Introdução 429

13.2 Lógica *fuzzy* no Python 435

13.3 Inteligência artificial na Bovespa 444

13.4 Influência das mídias sociais nos ativos do mercado 452

13.5 Inteligência artificial como sensor de insatisfação do mercado 460

14. PYTHON FINAL 467

SOLUÇÕES DOS EXERCÍCIOS 469

Capítulo 1 469

Capítulo 2 476

Capítulo 3 483

Capítulo 4 493

Capítulo 5 498

Capítulo 6 503

Capítulo 7 515

Capítulo 8 517

REFERÊNCIAS 529

Parte I
PROGRAMAÇÃO BÁSICA DE ALGORITMOS

CAPÍTULO 1
PRINCÍPIOS DE PROGRAMAÇÃO

1.1 INTRODUÇÃO

O Anaconda possui diversos ambientes de programação para a linguagem Python ser executada. Entre os mais usados estão Júpiter e Spyder. Este livro é desenvolvido todo no ambiente de programação Spyder, um dos aplicativos para os algoritmos, conforme mostrado na Figura 1.1.

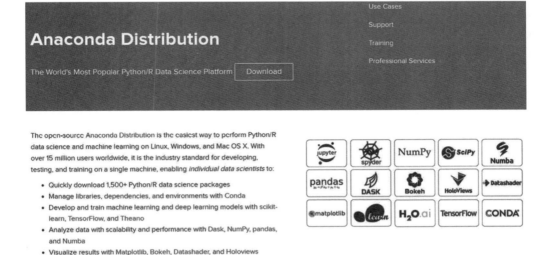

Figura 1.1 – Anaconda, *website* que disponibiliza o Python.

Passo a passo da instalação do Anaconda[1]

Quando se inicia o Spyder, observa-se três janelas diferentes para execução e programação dos algoritmos. A primeira janela à esquerda na Figura 1.2 é onde os algoritmos (ou *script*) são programados para rodar com diversos comandos ou funções. A janela acima e à direita é o explorador de arquivos ou variáveis. Essa janela serve para observar quais arquivos estão no diretório em que o programa está sendo executado. Outra função dessa janela é averiguar quais valores estão sendo adotados pelas variáveis, ou quais variáveis estão sendo corretamente utilizadas pelo programa. Possíveis erros podem ser detectados analisando as variáveis de um algoritmo com a utilização dessa janela.

A última janela abaixo e à direita é o chamado **Console**. É nele que os programas podem ser executados, as instalações das bibliotecas são feitas com o comando **pip install** ou são realizadas programações simples, como operações, leituras de arquivos, impressões em arquivos ou gráficos simples.

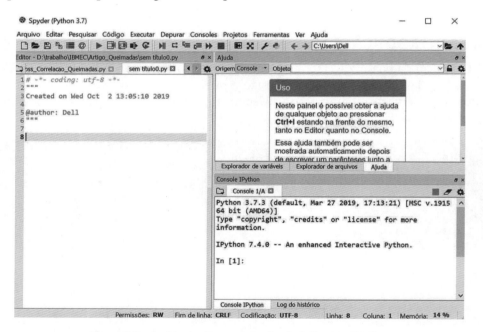

Figura 1.2 – Ambiente de programação do Python no Spyder.

A barra de tarefas na parte superior é importante para abrir arquivos com algoritmos já digitados, salvar arquivos e executar os algoritmos. A execução de um algoritmo escrito no

---

1 Para acessar os vídeos, aponte a câmera do seu celular para os QR Codes. Em alguns aparelhos, o link aparecerá automaticamente na tela, bastando clicar sobre ele para ser direcionado ao vídeo. Em outros, pode ser necessário tirar uma foto do código e usar um aplicativo para o reconhecimento, como o Google Lens.

modo de *script* na janela à esquerda se dá pressionando o botão ▶. Outra maneira de executar um programa em Python é usar a aba com o conjunto de ações, na parte superior da barra de tarefas. Ao pressionar **Executar** ou a tecla **F5** do computador, como apresentado na Figura 1.3, uma série de ações podem ser realizadas, como a execução do programa.

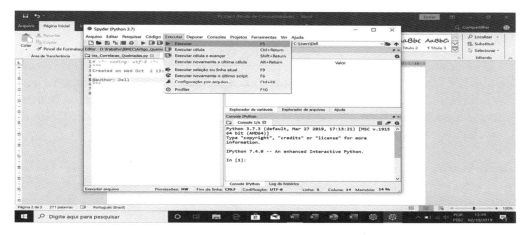

Figura 1.3 – Barra de tarefas para a execução de um programa.

Na utilização do **Console**, números com colchetes indicam quantas linhas de comando já foram utilizadas, como **In [1]:**, **In [2]:**, **In [3]:** etc. Quando o **Console** ficar com muitas linhas de programação, você pode limpá-lo escrevendo a palavra "clear" em qualquer linha. Outras vezes, muitas programações erradas podem travar o Python.

A utilização de **Ctrl+D** ajuda a reconfigurar todo o console, limpando e reiniciando automaticamente a área de programação. Outra maneira de limpar a memória é acessando a palavra **Consoles** na aba superior e clicando em **Reiniciar kernel**.

1.2 OPERAÇÕES SIMPLES NO CONSOLE

Operações simples e rápidas podem ser realizadas na área Console, janela inferior à direita na Figura 1.2. Somas, subtrações, divisões e chamadas de funções pré-programadas no Python podem rodar independentemente de qualquer algoritmo ou programa.

```
In [1]: 1+1
Out[1]: 2

In [2]: 3/2
Out[2]: 1.5

In [3]: 4-10
Out[3]: -6
```

A operação de potenciação deve usar duplo asterisco para obter corretamente o resultado. Assim, por exemplo, 2^3 torna-se "2**3". O resto da divisão entre dois números utiliza o símbolo **%**. Logo, o resto da divisão de 10 por 3 deve ser representado por "10 % 3". No Python, as operações ficam no **Console**, como apresentado a seguir.

```
In [4]: 2**3
Out[4]: 8

In [5]: 10 % 3
Out[5]: 1
```

Uma das noções mais importantes em computação tem relação com o armazenamento de dados em variáveis. Desde seu início, quando a computação ainda era apenas um ramo dentro da matemática, o uso de variáveis para salvar resultados, realizar operações na memória ou solucionar problemas é parte fundamental do processo de construção de um algoritmo. Então, por exemplo, para x e y:

```
In [6]: x=5

In [7]: y=10
```

Quando digitamos essas linhas assumindo os valores de 5 e 10 para x e y, ao pressionar **Enter** o resultado não aparece. Para visualizar todo resultado de variável ou de um conjunto de variáveis, deve-se utilizar o comando de impressão no **Console**, conhecido como **PRINT( )**.

```
In [8]: print(x)
5

In [9]: print(y)
10
```

Para ver o valor das duas variáveis ao mesmo tempo:

```
In [10]: print(x,y)
5 10
```

Ou pode-se usar a mensagem de texto para identificar x e y:

```
In [11]: print("x= ",x,"y= ",y)
x=  5 y=  10
```

Operações matemáticas podem ser realizadas dentro do comando de impressão **PRINT( )**, sem a necessidade da criação de novas variáveis. Pode-se ter, então, para algumas operações básicas os resultados diretamente no **Console**, como apresentado a seguir.

```
In [12]: print(x+y)
15

In [13]: print(x-y)
-5
```

```
In [14]: print(x/y)
0.5

In [15]: print(x**y)
9765625
```

Introdução ao Python com os primeiros comandos de linha no **Console**

Funções mais elaboradas como exponencial ou logaritmo, em matemática, necessitam de importação do módulo para seu funcionamento.

```
In [16]: import math
```

Entre as muitas funções no Python, pode-se destacar as funções logarítmicas ou exponenciais:

- math.exp(x): retorna e elevado a x.
- math.log2(x): retorna o logaritmo de x na base 2.
- math.log10(x): retorna o logaritmo de x na base 10.
- math.log(x): retorna o logaritmo natural de x (base e).
- math.log(x,b): retorna o logaritmo de x na base b, apenas quando b é diferente de 2 e 10.
- math.pow(x,y): retorna x elevado a y.
- math.sqrt(x): retorna a raiz quadrada de x.

Mas será que realmente é necessário usar a palavra "math" antes das funções? A resposta é sim, porque desse modo o Python identifica o módulo que vai entrar em operação. Caso não use "math", por exemplo, para e^2 tem-se o seguinte erro:

```
In [18]: exp(2)
Traceback (most recent call last):

  File "<ipython-input-18-840a487878a2>", line 1, in <module>
    exp(2)

NameError: name 'exp' is not defined
```

Alguns exemplos do uso das funções anteriores são:

```
In [19]: math.exp(1)
Out[19]: 2.718281828459045
```

```
In [20]: math.log(10)
Out[20]: 2.302585092994046

In [21]: math.log2(3)
Out[21]: 1.584962500721156

In [22]: math.pow(2,3)
Out[22]: 8.0

In [23]: math.sqrt(16)
Out[23]: 4.0
```

Também há as funções trigonométricas:

- math.cos(x): retorna o cosseno de x.
- math.sin(x): retorna o seno de x.
- math.tan(x): retorna a tangente de x.
- math.degrees(x): converte o ângulo x de radianos para graus.
- math.radians(x): converte o ângulo x de graus para radianos.
- math.acos(x): retorna o arco cosseno de x.
- math.asin(x): retorna o arco seno de x.
- math.atan(x): retorna o arco tangente de x.

Alguns exemplos com as funções trigonométricas são:

```
In [24]: math.sin(3)
Out[24]: 0.1411200080598672

In [25]: math.cos(3)
Out[25]: -0.9899924966004454

In [26]: math.degrees(3.14)
Out[26]: 179.9087476710785
```

A chamada ou importação de uma biblioteca do Python pode ser simplificada por sua renomeação com um "apelido" que denote a respectiva função. Por exemplo, a biblioteca de matemática math pode ser simplificada em sua chamada usando na frente de seu nome a denominação "as" seguida do apelido.

```
In [1]: import math as mt

In [2]: mt.cos(3)
Out[2]: -0.9899924966004454

In [3]: mt.log(2)
Out[3]: 0.6931471805599453
```

Assim, na importação, o nome da biblioteca foi simplificado para mt. Após essa renomeação, em vez de digitar "math" basta colocar o apelido "mt" e a função desejada (**sin**, **cos**, **log** etc.).

Primeiras operações com a biblioteca math

1.3 LISTAS NO CONSOLE

Lista, no Python, é uma sequência ordenada em que os elementos são sempre associados a um índice. Apesar de lembrar vetores ou matrizes de outras linguagens de programação, uma lista é mais simples e de fácil manipulação com dados numéricos ou *strings* (letras). Como será visto em outras partes do texto, o Python também possui estruturas como vetores ou matrizes, mas seu uso é mais sofisticado do que uma lista.

O uso de listas no **Console** é bem simples e intuitivo. Por exemplo, podemos denominar uma lista com os números "[10,5,1,1,2,2,3,5,10,2,2,1,3,4,4]" no Python desta maneira:

```
In [4]: dados=[10,5,1,1,2,2,3,5,10,2,2,1,3,4,4]
```

Como escrito antes, a lista é baseada em índices. Diferentemente de outras linguagens, no Python uma lista sempre começa com o índice zero, e não com o índice um.

- Primeiro elemento da lista

O primeiro elemento da variável *dados* anterior é "dados[0]". Para ver esse elemento, basta usar o comando **PRINT( )** para a variável em formato de lista "dados".

```
In [5]: print(dados[0])
10
```

- Último elemento da lista

Para ver o último elemento, basta usar "-1" dentro do nome da variável de lista, ou seja:

```
In [6]: print(dados[-1])
4
```

- Total de elementos da lista
Para o total de dados de uma lista, utiliza-se o comando **len** ou:

```
In [7]: print(len(dados))
15
```

em que o Python nos mostra que temos na lista "dados" quinze elementos no total. Listas com nomes ou *strings* devem ser compostas com aspas simples para que o Python entenda que está diante de texto.

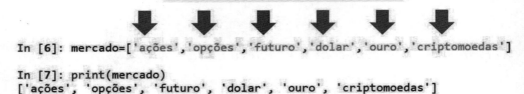

```
In [6]: mercado=['ações','opções','futuro','dolar','ouro','criptomoedas']

In [7]: print(mercado)
['ações', 'opções', 'futuro', 'dolar', 'ouro', 'criptomoedas']
```

- Fatiamento de uma lista (*slice*)

O interessante de uma lista é seu fatiamento, ou seja, a extração de um elemento ou um conjunto de elementos para estudos em particular. Na lista de nomes "mercado", se é desejado extrair do primeiro ao terceiro elemento, devemos começar no índice "0" e terminar no "3". Esse fato pode gerar uma confusão, pois matematicamente 0,1,2,3 tem quatro elementos, e não os três primeiros.

O fato é que sempre uma lista no Python vai de zero até o elemento menos um, ou (n − 1). Assim, por exemplo, em uma lista com:

$$x = [d(0), d(1), d(2), d(3), d(4), ..., d(n)]$$

se desejamos os três primeiros elementos, temos de escolher de zero a três, pois (3 − 1) fornece o índice 2, que totaliza três elementos. Então, no exemplo da lista "mercado":

```
In [10]: print(mercado[0:3])
['ações', 'opções', 'futuro']
```

O dois-pontos indica que a lista vai do elemento de índice 0 até o elemento de índice (3 − 1). Assim, é possível fazer um fatiamento de diversas maneiras para separar trechos da lista para estudos em casos particulares. Pode-se, inclusive, fatiar termos e salvar em novas variáveis, criando listas alternativas à original.

Um fatiamento do terceiro ao quinto elemento da lista "mercado" é da seguinte forma:

```
In [11]: print(mercado[2:5])
['futuro', 'dolar', 'ouro']
```

- Buscas em lista (comando **in**)

Muitas vezes, é interessante percorrer uma lista para a verificação de um elemento ou a localização de um elemento particular. Para isso, o comando **in** é interessante, como pode ser visto a seguir. A reposta do **in** é sempre verdade (*True*) ou falso (*False*). Então, se procuramos as palavras "futuro", "ouro" e "indice" (sem acento) na lista "mercado", o resultado é *True*, *True* e *False*, pois a palavra "indice" não pertence à lista.

```
In [12]: 'futuro' in mercado
Out[12]: True

In [13]: 'ouro' in mercado
Out[13]: True

In [14]: 'indice' in mercado
Out[14]: False
```

A busca por um elemento da lista pode ser salva em variável. Por exemplo, pode-se salvar o resultado (*True*, *False*) para uma variável, por exemplo, denominada de *fut*.

```
In [15]: fut='futuro' in mercado

In [16]: print(" 'futuro' está na lista? ", fut)
 'futuro' está na lista?  True
```

- Alterando elementos de uma lista

Como um elemento da lista é conhecido por seu índice, podemos então alterá-lo, se for o caso. Por exemplo, se desejamos alterar a palavra "futuro" pela palavra "commodity", basta substituir a lista "mercado" com o índice de onde se localiza "futuro". No caso "mercado[2]" troca as palavras desejadas.

```
In [17]: mercado[2]='commodity'

In [18]: print(mercado)
['ações', 'opções', 'commodity', 'dolar', 'ouro', 'criptomoedas']
```

Para alterar mais de uma palavra, usa-se a noção do fatiamento. Por exemplo, para alterar as duas primeiras palavras por "tesouro" e "títulos", o comando dever ser:

```
In [19]: mercado[0:2]=['tesouro','títulos']

In [20]: print(mercado)
['tesouro', 'títulos', 'commodity', 'dolar', 'ouro', 'criptomoedas']
```

O lado direito é uma sublista que é inserida na localização que começa em zero e vai até o índice (2 − 1).

- Adicionando um elemento à lista original (**append**)

Uma lista formada pode receber um ou mais elementos usando o comando **append** com um ponto ao final do nome da lista. Vamos supor que desejamos colocar a palavra "comprar" na lista "mercado".

```
In [21]: mercado.append('comprar')

In [22]: print(mercado)
['tesouro', 'títulos', 'commodity', 'dolar', 'ouro', 'criptomoedas', 'comprar']
```

- Contando repetições (**count**)

Listas muitas vezes podem conter elementos repetidos entre os diversos componentes. Assim, por exemplo, vamos primeiro adicionar a palavra "dolar" ao final da lista "mercado".

```
In [29]: print(mercado)
['tesouro', 'títulos', 'commodity', 'dolar', 'ouro', 'criptomoedas', 'comprar',
'dolar']
```

Agora, usando o comando **count**, podemos pedir ao Python que indique quantas vezes aparece a palavra "dolar" na lista.

```
In [30]: mercado.count('dolar')
Out[30]: 2
```

- Adicionando lista em lista (**extend**)

Em vez de uma palavra, muitas vezes desejamos adicionar outra lista à lista original. Para isso, é necessário usar o comando **extend**. Vamos supor que se deseja adicionar as palavras "Petrobras", "BB" e "Vale" à lista "mercado". Então, devemos proceder da seguinte forma:

```
In [31]: mercado.extend(['Petrobras','BB','Vale'])
```

E usando o comando **PRINT( )**, vemos o resultado final completo.

```
In [32]: print(mercado)
['tesouro', 'títulos', 'commodity', 'dolar', 'ouro', 'criptomoedas', 'comprar',
'dolar', 'Petrobras', 'BB', 'Vale']
```

- Ordenação de uma lista em ordem crescente (**sort**)

Colocar uma lista em ordem alfabética ou crescente é bem fácil, usando o comando **sort** ao final do nome da lista. No entanto, se temos nomes com letras maiúsculas, o Python leva em conta na separação entre letras o tamanho das letras e ordena separadamente. Como a lista adicionada tinha as palavras iniciadas por letras maiúsculas, a ordenação primeiro ordena todas as palavras com letras maiúsculas e, depois, as demais.

```
In [33]: mercado.sort()

In [34]: print(mercado)
['BB', 'Petrobras', 'Vale', 'commodity', 'comprar', 'criptomoedas', 'dolar',
'dolar', 'ouro', 'tesouro', 'títulos']
```

Se ainda assim desejamos colocar em ordem independentemente do tamanho da fonte ou palavra inicial, devemos usar uma chave para que o Python ignore o tamanho e ordene mesmo assim, sem levar em conta o tamanho da letra. A chave é **key** que deve igualar ao comando de **string** válido para todos os casos de letras: **str.casefold**. Em nossa lista "mercado" com essa chave, a ordenação fica correta.

In [35]: mercado.sort(key=str.casefold)

In [36]: print(mercado)
['BB', 'commodity', 'comprar', 'criptomoedas', 'dolar', 'dolar', 'ouro', 'Petrobras', 'tesouro', 'títulos', 'Vale']

- Ordenando em ordem inversa (**reverse**)
  Igual ao caso anterior, porém aqui se deseja ordenar a lista em ordem inversa.

In [37]: mercado.reverse()

In [38]: print(mercado)
['Vale', 'títulos', 'tesouro', 'Petrobras', 'ouro', 'dolar', 'dolar', 'criptomoedas', 'comprar', 'commodity', 'BB']

- Removendo elementos da lista (**remove**)
  O comando **remove** deleta um ou mais elementos da lista. Por exemplo, para deletar a palavra "ouro", o uso do comando fica como a seguir.

In [39]: mercado.remove('ouro')

In [40]: print(mercado)
['Vale', 'títulos', 'tesouro', 'Petrobras', 'dolar', 'dolar', 'criptomoedas', 'comprar', 'commodity', 'BB']

- Descobrindo o índice dos elementos (**index**)
  Já foi mencionado que uma lista é formada por elementos que possuem índices em sua formação. Como descobrir a localização de um elemento em particular? Nesse caso, basta usar o comando **index**. Por exemplo, para encontrar a localização de "Petrobras" e "criptomoedas", a formação do comando deve ser como a seguir.

In [41]: mercado.index('Petrobras')
Out[41]: 3

In [42]: mercado.index('criptomoedas')
Out[42]: 6

- Inserindo elemento em uma posição desejada (**insert**)
  De nossa lista "mercado" atual, podemos desejar inserir um elemento, por exemplo, na posição 3. Devemos lembrar que a posição 3 possui, na realidade, índice 2. Então, se usamos o comando **insert** com o índice 2, estamos inserindo uma nova palavra na posição 3. Por exemplo, para inserir uma nova palavra "Fundo de Investimento" na posição 3, devemos prosseguir com a linha a seguir.

In [18]: mercado.insert(2,'Fundo de Investimento')

In [19]: print(mercado)
['Vale', 'títulos', 'Fundo de Investimento', 'tesouro', 'Petrobras', 'dolar', 'dolar', 'criptomoedas', 'comprar', 'commodity', 'BB']

O primeiro número dos parênteses do **insert** é o índice a ser inserido e, a seguir, vem o texto a ser inserido. O que o Python faz é deslocar todos os índices para um valor a mais para poder inserir a nova palavra.

- Limpando a lista toda (**clear**)

Para limpar a lista toda e utilizar o mesmo nome para outras operações, o comando a ser utilizado é **clear**. Nesse caso, todos os elementos são apagados de forma simultânea. O resultado na impressão é sempre [ ].

```
In [43]: mercado.clear()

In [44]: print(mercado)
```

Quadro 1.1 – Resumo das operações com listas

nome.append(*x*)	Adiciona o elemento x à lista *"nome"*.
nome.clear()	Remove todos os elementos da lista *"nome"*.
nome.count(*x*)	Conta o número de ocorrências de x na lista *"nome"*.
nome.extend(*y*)	Insere a lista y no final da lista *"nome"*.
nome.index(*x*)	Retorna o valor do índice do elemento x da lista *"nome"*.
nome.insert(pos,*x*)	Insere um elemento x na posição *"pos" da lista "nome"*.
nome.remove(*x*)	Remove um elemento x da lista *"nome"*.
nome.reverse( )	Ordena inversamente a lista *"nome"*.
nome.sort( )	Ordena em ordem crescente ou alfabética a lista *"nome"*.

1.4 OPERAÇÕES COM ELEMENTOS DAS LISTAS NO CONSOLE

Na seção anterior, apresentamos algumas funções pré-programadas bastante úteis para se manipular elementos em uma lista. Selecionamento, extração ou fatiamento da lista pode ser realizado por seções ou "limites". Aprender a usar os índices ajuda bastante em operações para cálculos, gráficos e decisões em programações mais avançadas.

Vamos supor que agora temos uma lista formada pelas palavras "Ibov = [PETR4, BBAS3, USIM5, GGBR4, VALE3]", sendo estas os símbolos de algumas ações do Ibovespa. A criação dessa lista no Python deve se proceder como visto nas seções anteriores.

```
In [20]: ibov=['PETR4','BBAS3','USIM5','GGBR4','VALE3']
```

- ibov[2:4]: do elemento de índice 2 ao índice 3

```
In [22]: ibov[2:4]
Out[22]: ['USIM5', 'GGBR4']
```

- ibov[1:]: do elemento de índice 1 até o último

```
In [23]: ibov[1:]
Out[23]: ['BBAS3', 'USIM5', 'GGBR4', 'VALE3']
```

- ibov[:3]: do elemento inicial (índice zero) ao elemento de índice 2 (pois é 3 − 1)

```
In [24]: ibov[:3]
Out[24]: ['PETR4', 'BBAS3', 'USIM5']
```

- ibov[0:5:2]: do elemento inicial ao último saltando de 2 em 2

```
In [25]: ibov[0:5:2]
Out[25]: ['PETR4', 'USIM5', 'VALE3']
```

- ibov[−3:]: seleciona os 3 últimos elementos da lista

```
In [26]: ibov[-3:]
Out[26]: ['USIM5', 'GGBR4', 'VALE3']
```

- ibov[:−3]: seleciona os 2 primeiros elementos da lista (pois é −(3 − 1))

```
In [27]: ibov[:-3]
Out[27]: ['PETR4', 'BBAS3']
```

Apresentação e demonstração das operações com listas no Python

1.5 ESTATÍSTICAS BÁSICAS NO CONSOLE

Estatísticas simples podem ser realizadas no **Console** para uma lista de números, sendo necessário para isso importar a biblioteca de estatística. Como visto antes, podemos importar e dar um apelido para não precisar carregar a cada comando o nome completo da biblioteca. No caso, a biblioteca se chama statistics, e vamos considerar a importação com a lista de preços de uma ação, tomada minuto a minuto no Ibovespa.

```
In [1]: import statistics as st

In [2]: prec=[10,11,11,10,10,10,8,8,9,7,11,12,13,8,9]

In [3]: print(prec)
[10, 11, 11, 10, 10, 10, 8, 8, 9, 7, 11, 12, 13, 8, 9]
```

Adotamos o nome st para a biblioteca e, com ele, agora podemos chamar as funções de estatística (média, mediana, desvio-padrão etc.) para os cálculos.

- Média (**mean**)
Retorna o elemento médio de uma lista de números.

```
In [4]: st.mean(prec)
Out[4]: 9.8
```

- Mediana (**median**)
Retorna o elemento mediano de uma lista, primeiro ordenando em ordem crescente e, então, escolhendo aquele em que, abaixo e acima dele, a quantidade de dados é a mesma, ou seja, metade dos elementos de toda a lista.

```
In [5]: st.median(prec)
Out[5]: 10
```

- Moda (mode)
Retorna o elemento que é mais frequente na lista de números.

```
In [6]: st.mode(prec)
Out[6]: 10
```

- Desvio-padrão amostral (**stdev**)
Calcula o desvio-padrão amostral dos elementos de uma lista.

```
In [7]: st.stdev(prec)
Out[7]: 1.65615734242165
```

- Desvio-padrão populacional (**pstdev**)
Calcula o desvio-padrão populacional de uma lista.

```
In [8]: st.pstdev(prec)
Out[8]: 1.6
```

1.6 BIBLIOTECAS CIENTÍFICAS NO CONSOLE

Três bibliotecas tornam-se essenciais no desenvolvimento de cálculos mais avançados e colaboram com a ampliação do espectro de análises já proporcionada pela biblioteca de estatística.

A biblioteca numpy (*numerical Python*) é fundamental na computação científica em Python, aumentando as funcionalidades para o uso de **array** (vetores e matrizes) e auxiliando em muitas atividades. As bibliotecas scipy (*scientific Python*), pandas (*Python data analysis library*) e matplotlib (*plotting library*) completam o pacote essencial para gráficos, análises de tabelas, como a tabela dinâmica no Excel (*pivot table*) chamada **DataFrame**, e algoritmos para cálculos com vetores e matrizes. Essas quatro bibliotecas, mais matemática e estatística vistas anteriormente, fecham o pacote da maioria das atividades que todo programador ou analista precisa para entender uma série de dados.

Para fazer um gráfico no **Console**, precisamos importar as bibliotecas matplotlib e numpy para criar um vetor de pontos e para a plotagem do gráfico. Na função $y = 3x - 3$, é necessário criar o vetor x para alimentar o vetor y. Ambos os vetores são chamados pela função **plot** para executar o gráfico.

```
In [1]: import matplotlib.pyplot as fig

In [2]: import numpy as ny

In [3]: x=ny.arange(1,20)

In [4]: y=3*x-3

In [5]: fig.plot(x,y)
```

As duas primeiras linhas do **Console** estão importando as bibliotecas para fazer o gráfico com **pyplot** e criar *arrays* ou vetores (x e y). A linha [3] está criando um vetor com vinte pontos em sequência (1,2,3,4 ...,20). A linha [4] está criando o vetor y com base na equação fornecida como regra. A última linha faz o gráfico colocando o vetor x no eixo horizontal e y no eixo vertical, como na Figura 1.4.

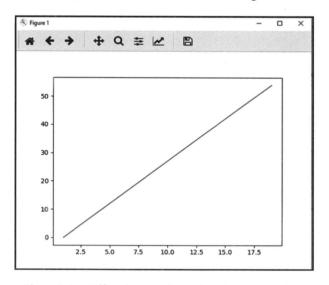

Figura 1.4 – Gráfico da equação $y = 3x - 3$ usando **pyplot**.

Muitas formatações especiais para gráficos são realizadas ao longo deste livro, mas algumas para o uso no **Console** podem ser construídas rapidamente. Por exemplo, no mesmo comando de linha, pode-se fazer o gráfico, colocar título e nomes nos eixos, usando **plot**, **title**, **xlabel** e **ylabel**, como visto a seguir.

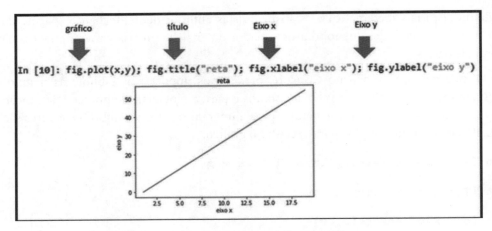

Figura 1.5 – Formatando o gráfico no **pyplot**.

Sempre que se instala o Python, a janela de gráfico está formatada para aparecer no **Console**, ou seja, nos comandos de linha. Apesar de prático, a qualidade e a visualização do gráfico não são boas. É interessante alterar a configuração para que a visualização fique em separado ao **Console**.

Para alterar a configuração, é interessante ir até a barra de tarefas do Spyder e escolher **Preferências**. Como apresentado na Figura 1.6, nessa área, escolhe-se **Console IPython**. Ao lado, abre uma janela de configurações possíveis, como cor da letra, dos alertas etc. Na barra superior está a aba **Gráficos**, que deve ser escolhida.

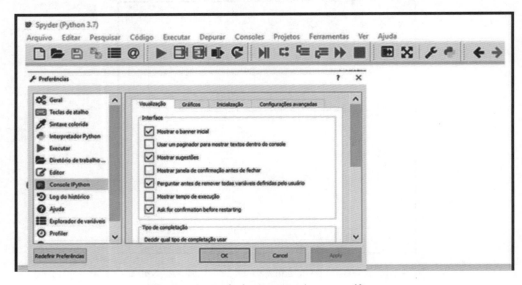

Figura 1.6 – Preferências para alterar o gráfico.

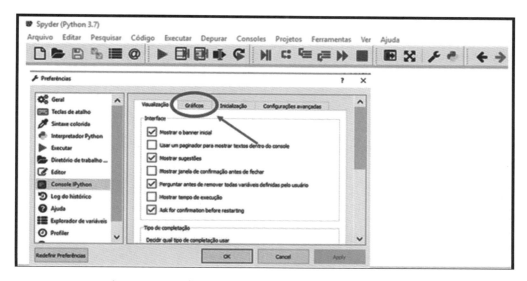

Figura 1.7 – Escolhendo a aba **Gráficos** para alteração do padrão.

Conforme pode ser visualizado na Figura 1.7, uma vez escolhida a aba **Gráficos**, outra janela de informações se abre (Figura 1.8). E nessa janela podemos escolher em **Saída** a caixa para trocar de **Linha** para **Automático**.

A partir de então, todos os gráficos são executados em uma janela separada e não mais no comando de linha. A vantagem da janela é que possui botões para ajuste de cores, nomes dos eixos, limites dos eixos; assim, não é preciso voltar ao comando de linha para reformatar o gráfico.

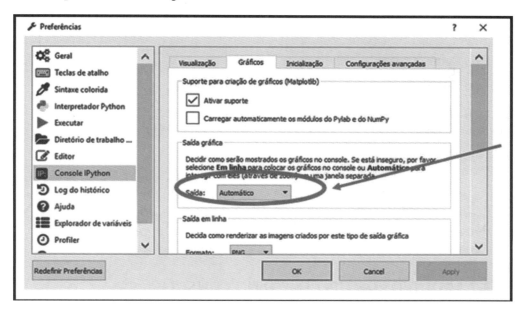

Figura 1.8 – Alterando o padrão de gráfico de **Linha** para **Automático**.

Ainda assim, no comando de linha, o gráfico pode ser salvo em qualquer formato tradicional para ser importado por outros *softwares*. Usando a extensão *.savefig no **pyplot**, é possível escolher em qual formato se deseja que o gráfico seja salvo. Por exemplo, para o formato mais popular *.jpeg, pode-se ver o resultado na Figura 1.9.

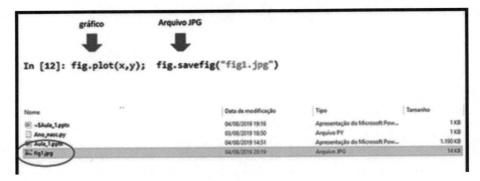

Figura 1.9 – Salvando um gráfico do **pyplot** como *.jpeg.

Quando as últimas linhas são rodadas, o gráfico fica minimizado na barra de tarefas. Isso pode ser resolvido apenas clicando no símbolo do Spyder. No entanto, caso queira que o gráfico apareça assim que a última linha seja executada, basta colocar uma linha a mais com o comando **show( )**, como visto a seguir. Pode não parecer nada muito diferente, mas esse comando será importante nos capítulos posteriores, quando dados serão adicionados de forma dinâmica da internet ou mesmo de um banco de dados e, ao mesmo tempo, deseja-se visualizar os resultados.

```
In [1]: import matplotlib.pyplot as fig

In [2]: import numpy as ny

In [3]: x=ny.arange(1,20)

In [4]: y=3*x-3

In [5]: fig.plot(x,y)
Out[5]: [<matplotlib.lines.Line2D at 0x1f921122748>]

In [6]: fig.show()
```

Exemplos gráficos e sua construção no **Console** *do Python com as bibliotecas numpy e matplotlib.pyplot*

1.7 ARQUIVOS DE TIPO TEXTO NO CONSOLE

Abrir e fechar arquivos é o que faz o contato de um ambiente de programação com outros programas e dados. Importar dados gerados em outros programas é o que torna uma linguagem mais flexível e amigável. O tipo de arquivo mais antigo em termos de programação são os arquivos do tipo texto, que muitas vezes são usados com extensão *.txt, mas que podem ter qualquer tipo de extensão, desde que especificada em sua geração que é do tipo texto.

No **Console** do Python, é possível importar e exportar qualquer tipo de dados para todos os formatos conhecidos. Como exemplo, os arquivos do tipo texto são exportados e importados com a técnica bastante conhecida há décadas como **open** e **write**.

Variável = **open**(*'nome do arquivo'*, *'tipo de procedimento'*)

Depois do comando **open**, o primeiro elemento do parêntese é o nome do arquivo que se deseja criar ou ler do diretório. O segundo elemento deve ser completado com **w** para imprimir um resultado no arquivo (*write*) ou **r** para ler um conjunto de dados já existente (*read*). Vamos supor que desejamos criar um arquivo de texto com nome dad.txt e que nele desejamos exportar a lista $x = [3,2,1]$. Os comandos de linha são os seguintes.

```
In [1]: x=[3,2,1]

In [2]: f=open('dad.txt','w')

In [3]: f.write('%d %d %d\n' % (x[0],x[1],x[2]))
Out[3]: 6

In [4]: f.close()
```

Na ordem das linhas, primeiro se cria a lista, depois abre-se o programa dad.txt com operador **w**, indicando que o arquivo vai ser usado para impressão. A seguir, tem-se o comando **write**. O nome da variável que se criou para abrir o arquivo foi *f*, por isso o comando recebe o nome da variável com ponto decimal e comando de impressão **write**.

A formatação do arquivo precisa ser elemento a elemento, respeitando a tabela de impressão para arquivos tipo texto. Como são três elementos na lista, cada um deve ser especificado. Utiliza-se sempre o símbolo **%** com aspas simples para indicar a formatação do número. Para o caso de número inteiro, o formato é **%d**. O símbolo \n indica que, após o último elemento, o programa muda de linha, permitindo em uma próxima impressão a utilização da linha de baixo. O símbolo % após os comandos dentro das aspas simples indica que os dados vão ser fornecidos a seguir. Como temos mais de um elemento na lista, deve-se usar ( ) e indicar cada elemento a ser impresso.

Por fim, é obrigatório o fechamento do arquivo usando o comando **close** com o nome da variável em ponto decimal. No caso do exemplo, **f.close( )** fecha o arquivo, e os parênteses do comando **close** devem estar vazios, como visto anteriormente.

O resultado no diretório vai ser o nome aparecendo com a data da criação do arquivo, o tipo de documento (texto nesse caso) e o tamanho em *bytes*.

Para visualizar o arquivo, basta abrir com qualquer programa habilitado para ler dados do tipo texto, como o Bloco de Notas do Windows. Quando se abre o arquivo, observa-se a lista que foi digitada no **Console**.

```
dad.txt - Bloco de Notas
Arquivo  Editar  Formatar  Exibir  Ajuda
3 2 1
```

Para ler dados de um arquivo tipo texto, o procedimento é parecido; na abertura, a tipificação do comando e a criação de uma variável recebem o resultado dentro do **Console**.

```
In [6]: f=open("dad.txt","r")

In [7]: y=f.read()

In [8]: print(y)
3 2 1

In [9]: f.close()
```

Novamente o arquivo é aberto com **open**, e agora utiliza-se **read** para ler o arquivo. Nesse caso, uma variável precisa receber os números do arquivo, que nesse exemplo chamamos de *y*. Ao imprimir *y*, recuperamos a lista original que estava em *x*, mas que agora foi importada do arquivo dad.txt. Finalmente, deve-se fechar o arquivo usando **close**.

Quais são os formatos permitidos no Python quando se exporta dados para um arquivo? Como exemplo, a linha a seguir imprime alguns dos formatos permitidos.

```
In [10]: print('%s %5.2f %10.4e %d' % ("texto",7.3,1e-10,34))
texto   7.30 1.0000e-10 34
```

Quadro 1.2 – Formatação dos números para impressão de dados

Formato	Descrição
%s	Formato *string* é usado para textos.
%a.bf	Formato em ponto flutuante é utilizado para números reais que possuem casas decimais. Nesse caso, "a" é o tamanho de dígitos reservados para o número, "b" é a quantidade de casas decimais e "f" é a indicação de que é ponto flutuante (número real). Nesse caso, %5.2f significa um campo total de 5 dígitos e 2 casas decimais.
%a.be	Formato em notação científica, com "a" dígitos, "b" casas decimais com "e" representando 10 elevado a um número. Assim, %10.4e significa 10 dígitos (inclusive espaço em branco) e 4 casas decimais; a letra "e" indica a representação da potência de 10.
%d	Formato usado para números inteiros.
\n	Mudar de linha no arquivo.
str(x)	Transforma um número em texto para impressão em que "str" significa *string*.

Processo de abertura e fechamento de arquivos e demonstração do uso da biblioteca statistics

1.8 ARQUIVOS EXCEL NO CONSOLE

Além dos arquivos tipo texto, outra maneira frequente de arquivos com dados a serem importados são aqueles armazenados no formato do Excel (*.xls, *.xlsx). A importação desse tipo de arquivo para o Python está presente em diversas bibliotecas. Por exemplo, vamos supor que exista um arquivo chamado Dados.xlsx no diretório de trabalho, cujos dados estão representados na coluna A do Excel.

	A	B
1	10	
2	-2	
3	5	
4		

Uma biblioteca de importação é a openpyxl (*open Python* com formato X L). A letra final é *L*, e não o número 1. Com o **load**, abre-se o arquivo em Excel e depois indica-se em qual planilha estão os dados. O valor do dado pode ser armazenado em uma variável do **Console** e ser impresso como mostrado a seguir.

```
In [4]: import openpyxl

In [5]: arq = openpyxl.load_workbook('Dados.xlsx')

In [6]: plan=arq['Planilha1']

In [7]: x = plan['A1'].value

In [8]: print(x)
10
```

Outra biblioteca que auxilia na importação de dados do Excel é a xlrd, que deve ser importada para o **Console**. Depois da importação da biblioteca, deve-se especificar a planilha e usar os comandos **row** e **col** para denominação de linhas e colunas; seus números podem ser usados e colocados em listas no Python.

```
In [1]: import xlrd

In [2]: wb = xlrd.open_workbook('Dados.xlsx')

In [3]: plan = wb.sheet_by_name('Planilha1')

In [4]: plan.col_values(0)
Out[4]: [10.0, -2.0, 5.0]

In [5]: x=plan.col_values(0)

In [6]: x[0]
Out[6]: 10.0
```

A variável *wb* serve apenas para receber o nome do arquivo *.xlsx. Esse nome pode ser qualquer um. A variável *plan* recebe os dados da planilha no formato de lista em que a célula A1 é na verdade a linha zero e a coluna zero. Por isso é necessário usar:

Variável.col_values(0)

pois **col_values(0)** retorna todos os dados da coluna A para o Python. Ao salvar todos os dados na lista *x*, todos os métodos anteriores podem ser trabalhados com *x* dentro do Python. O que acontece se fazemos o mesmo para linhas?

Variável.row_values(0)

Como os dados do arquivo estão dispostos em coluna, quando se coloca o comando anterior, esse retorna apenas um dado, o que está armazenado na célula A1 do Excel.

```
In [10]: plan.row_values(0)
Out[10]: [10.0]
```

Caso se continue chamando **row_values( )** para outras linhas, sempre retornará apenas um valor, pois as demais células das outras colunas estão vazias.

```
In [12]: plan.row_values(0)
Out[12]: [10.0]

In [13]: plan.row_values(1)
Out[13]: [-2.0]

In [14]: plan.row_values(2)
Out[14]: [5.0]
```

1.9 ENTRADA DE DADOS COM INPUT NO CONSOLE

Quando não se deseja entrar com valores fixos nas variáveis, um programa pode solicitar ao usuário que ele próprio alimente uma variável. Esse tipo de entrada é modulado pelo comando conhecido como **input** no Python. O comando pode ou não ser seguido de um texto usando aspas duplas (" ") ou simples (' ').

Uma entrada como a seguinte não é tão boa como se pode observar. O número digitado foi "2", mas está colado ao lado da palavra "número", isso porque dentro dos parênteses não foi deixado espaço em branco suficiente para o usuário entrar com o número dois.

```
In [1]: var1=input("entre com o número")

entre com o número2
```

A entrada correta deve ser como a seguinte, em que um sinal de = foi digitado para chamar a atenção do usuário e um espaço em branco foi utilizado para não colar o número digitado ao texto.

```
In [2]: var1=input("entre com o número = ")

entre com o número = 2

In [3]: print(var1)
2
```

Quando a *var1* é impressa no comando **PRINT( )**, o número que o usuário digitou e estava armazenado na memória aparece no **Console**.

1.10 CÁLCULOS COM IMPORTAÇÃO DE DADOS NO CONSOLE

Em seções anteriores, tratamos de operações básicas com listas no **Console** do Python. Outras funções podem ser adicionadas às funções já descritas, como soma, valores máximos, valores mínimos. Também se pode começar a agregar essas funções com as funções estatísticas na biblioteca statistics.

Como exemplo, vamos novamente importar dados que estão no arquivo do Excel já descrito na seção 1.8. Nosso arquivo Dados.xlsx (10,–2,5) é importado para o uso de algumas medidas. A importação repete o processo anterior com o uso da biblioteca xlrd.

```
In [1]: import xlrd

In [2]: wb=xlrd.open_workbook('Dados.xlsx')

In [3]: plan=wb.sheet_by_name('Planilha1')

In [4]: x=plan.col_values(0)
```

De posse da lista x = [10,–2,5], podemos encontrar o máximo, o mínimo e a soma total com comandos de linha bem simples, como os apresentados a seguir.

```
In [5]: max(x)
Out[5]: 10.0

In [6]: min(x)
Out[6]: -2.0

In [7]: sum(x)
Out[7]: 13.0
```

Já para a média e o desvio-padrão, temos de importar novamente a biblioteca de estatística, pois essas funções não estão nas operações básicas do **Console**. Então a média e o desvio-padrão populacional de nossos dados que estão no Excel são encontrados como segue.

```
In [11]: import statistics as st

In [12]: st.mean(x)
Out[12]: 4.333333333333333
```

Com a lista importada do Excel, pode-se fazer o gráfico para estudos sobre retornos, investimentos, previsões, análises e tudo o que a estatística e a matemática podem ajudar na construção dos cenários econômicos. Para o gráfico, devemos novamente seguir os passos desde a importação das bibliotecas matplotlib e numpy até a configuração final da janela gráfica.

A última linha do processo a seguir mostra o que consta na memória do Python após a execução do gráfico. Para a visualização do resultado, é preciso se lembrar de clicar na janela minimizada que fica abaixo, na barra de fixação do Windows, com o símbolo do Spyder.

```
In [26]: import matplotlib.pyplot as fig

In [27]: import numpy as ny

In [28]: t=ny.arange(0,2)

In [29]: import matplotlib.pyplot as fig

In [30]: import numpy as ny

In [31]: t=ny.arange(0,3)

In [32]: fig.plot(t,x)
Out[32]: [<matplotlib.lines.Line2D at 0x22c8af08a58>]
```

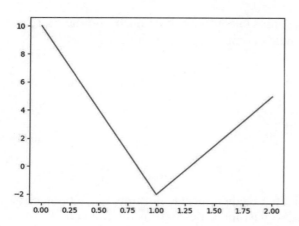

1.11 TRANSFORMANDO UMA LISTA EM ARRAY

No exemplo anterior da importação de dados, nossos números estão no Python no formato de lista.

```
In [52]: x
Out[52]: [10.0, -2.0, 5.0]
```

É possível com esse formato realizar muitas operações, como somar elementos, subtrair dividir. Podemos ainda fatiar uma lista, como a seguir.

```
In [53]: x[0:2]
Out[53]: [10.0, -2.0]

In [54]: x[1:3]
Out[54]: [-2.0, 5.0]
```

Mas uma lista não aceita operações de soma, subtração ou divisão para ela toda de uma única vez. Por exemplo, não é permitido fazer a subtração elemento a elemento na forma de $x[1:3] - x[0:2]$. Quando se tenta isso, o resultado é o seguinte erro.

```
In [55]: x[1:3]-x[0:2]
Traceback (most recent call last):

  File "<ipython-input-55-67ead4716ae9>", line 1, in <module>
    x[1:3]-x[0:2]

TypeError: unsupported operand type(s) for -: 'list' and 'list'
```

Existem diversas alternativas para operar esse erro na lista, que será visto mais adiante neste livro. No momento, podemos fazer algo mais fácil: a transformação de uma lista em um **array** (vetor). Um **array** é uma lista que aceita uma complexidade bem maior de operações e utilizações em diversos programas no Python. A transformação da lista x em **array** é feita na própria biblioteca numpy. Uma vez importada a biblioteca numpy, como ny, a transformação segue apenas usando o comando **ny.array(x)**.

```
In [56]: vetor=ny.array(x)

In [57]: vetor
Out[57]: array([10., -2.,  5.])

In [58]: print(vetor)
[10. -2.  5.]
```

Quando a variável *vetor* assume a transformação, o vetor aparece com a palavra **array** e com um formato um pouco diferente da lista. Aparece, por exemplo, um parêntese que não existe quando exibimos uma lista. No entanto, quando se usa **PRINT( )**, a visualização para o usuário é a mesma da lista, pois o **array** é uma modificação apenas visível internamente na memória do Python.

A vantagem fica evidente nos comandos de linha a seguir. Agora o vetor que substitui a lista x aceita a operação que antes era negada na lista, ou seja, o que não era possível fazer, $x[1:3] - x[0:2]$, torna-se possível com $vetor[1:3] - vetor[0:2]$.

```
In [60]: resp=vetor[1:3]-vetor[0:2]

In [61]: print(resp)
[-12.    7.]
```

Como pode ser notado, agora a variável *resp* também é um vetor, e gráficos ou qualquer tipo de cálculo são possíveis.

EXEMPLO 1.1

Quando se trabalha ou se investe no mercado financeiro, uma das operações mais frequentes é o cálculo do retorno financeiro. É o retorno que vai dizer se uma ação tem, em média, uma rentabilidade melhor que outra. Ou é o retorno que vai dizer se a volatilidade (desvio-padrão) é maior em um ativo em comparação com outro tipo de ativo.

Vinte dados de uma opção da Petrobras foram adquiridos a cada 5 minutos de um terminal e armazenados em uma planilha do Excel. O nome desse arquivo é Petrobras.xlsx, como pode ser visto a seguir. Os dados estão na **Planilha1** desse arquivo. Pretende-se calcular o retorno financeiro dessa opção. O retorno financeiro pode ser calculado como:

$$ret = \frac{preço(i) - preço(i-1)}{preço(i-1)}$$

	A
1	1,31
2	1,34
3	1,42
4	1,4
5	1,42
6	1,4
7	1,47
8	1,45
9	1,48
10	1,42
11	1,34
12	1,34
13	1,35
14	1,35
15	1,36
16	1,32
17	1,24
18	1,22
19	1,27
20	1,26

Princípios de programação 45

```
In [1]: import xlrd

In [2]: import numpy as ny

In [3]: import matplotlib.pyplot as fig

In [4]: wb=xlrd.open_workbook('Petrobras.xlsx')

In [5]: plan=wb.sheet_by_name('Planilha1')
```

Nesse passo, repetimos exatamente o processo de importação dos dados que estão na **Planilha1** do arquivo chamado Petrobras.xlsx. O próximo passo é transformar a lista em vetor para que o cálculo do retorno financeiro seja possível. Percebe-se a seguir que o vetor (**array**) de preços está completo no **Console** do Python com 20 elementos no total.

```
In [6]: x=plan.col_values(0)

In [7]: vetor=ny.array(x)

In [8]: print(vetor)
[1.31 1.34 1.42 1.4  1.42 1.4  1.47 1.45 1.48 1.42 1.34 1.34 1.35 1.35
 1.36 1.32 1.24 1.22 1.27 1.26]
```

O cálculo do retorno dos preços no Python é:

```
In [9]: retorno= (vetor[1:20]-vetor[0:19])/vetor[0:19]
```

Fornecendo como resultado o **array** de retorno:

```
In [10]: print(retorno)
[ 0.02290076  0.05970149 -0.01408451  0.01428571 -0.01408451  0.05
 -0.01360544  0.02068966 -0.04054054 -0.05633803  0.          0.00746269
  0.          0.00740741 -0.02941176 -0.06060606 -0.01612903  0.04098361
 -0.00787402]
```

Para fazer o gráfico, precisamos nos lembrar de primeiro criar um vetor do eixo horizontal, como *t*, usando o comando **arange**. Após isso, chamamos **plot** e colocamos os títulos no gráfico, nos eixos horizontal e vertical, como já apresentados antes. O resultado fica como mostrado a seguir.

```
In [14]: t=ny.arange(0,19)

In [15]: fig.plot(t,retorno)
Out[15]: [<matplotlib.lines.Line2D at 0x26db86aaef0>]

In [16]: fig.title('retorno')
Out[16]: Text(0.5, 1.0, 'retorno')
```

```
In [17]: fig.xlabel('tempo')
Out[17]: Text(0.5, 23.52222222222222, 'tempo')

In [18]: fig.ylabel('retorno')
Out[18]: Text(22.347222222222214, 0.5, 'retorno')
```

O gráfico é apresentado com os títulos, e a oscilação verificada no eixo vertical pode ser inclusive transformada para o formato de porcentagem, uma vez que o retorno financeiro é sempre em termos de porcentagem. Para tanto, basta apenas multiplicar o vetor de retornos por 100 e indicar isso no título do eixo vertical.

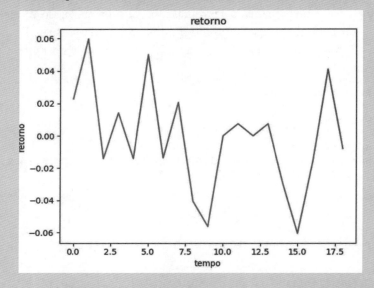

Passo a passo da construção dos retornos de um vetor

EXEMPLO 1.2

Utilizando o vetor anterior de retorno, podemos criar os cenários otimista e pessimista para essa opção da Petrobras. Os cenários otimista e pessimista são construídos com base na fórmula originada da estatística sob o intervalo de confiança. Para 95% de confiança na estimativa do retorno médio, as fórmulas são as seguintes:

$$Cenário\ otimista = retorno_{médio} + \frac{2.desvio\text{-}padrão}{\sqrt{n}}$$

Princípios de programação

$$\text{Cenário pessimista} = \text{retorno}_{médio} - \frac{2.\text{desvio-padrão}}{\sqrt{n}}$$

Então, considerando que todo processo de importação dos dados é realizado como no exemplo anterior, primeiro deve-se calcular a média dos retornos e o desvio-padrão. Aqui precisamos importar, além da biblioteca statistics, também a biblioteca math para o **Console** com a função matemática da raiz quadrada dos *n* dados amostrados, que nesse caso é *n* = 19 dados de retorno.

```
In [31]: import math

In [32]: import statistics as st

In [33]: media = st.mean(retorno)

In [34]: desvio=st.pstdev(retorno)

In [35]: otimista = media+2*desvio/math.sqrt(19)

In [36]: pessimista = media-2*desvio/math.sqrt(19)

In [37]: print(otimista,pessimista)
0.01305637555366216 -0.016134541069746648
```

O resultado é que, no cenário otimista, se espera um retorno para essa opção de 1.3% e, para o cenário pessimista, um retorno financeiro de –1.6%.

EXEMPLO 1.3

Podemos aproveitar os dados de importação para ver, na mesma figura, os dados dos preços da opção da Petrobras e seu retorno. Uma técnica para isso é dividir a figura em duas partes, usando para isso o comando **subplot( )**. Esse comando divide a tela da figura em formato de matriz, cuja identificação segue o formato a seguir. Para uma tela com dois gráficos, um embaixo do outro, o primeiro gráfico deve ficar na área **subplot(211)**. Os dois primeiros números indicam as posições dos gráficos na figura; nesse caso (2,1) são dois gráficos em duas linhas diferentes e uma única coluna. O segundo gráfico deve receber **subplot(212)**, ou seja, no total da tela são dois gráficos e uma única coluna, e deseja-se que o computador faça o segundo gráfico.

subplot(211)
subplot(212)

Para fazer quatro gráficos no formato de matriz, os gráficos seriam **subplot(221)**, **subplot(222)**, **subplot(223)** e **subplot(224)**.

subplot(221)	subplot(222)
subplot(223)	subplot(224)

Deve-se antes lembrar que o tamanho do vetor de preços é diferente do vetor de retornos. Enquanto temos 20 preços, teremos apenas 19 retornos. Logo, o eixo horizontal para os preços deve ser formado à parte. Por exemplo, podemos criar o vetor como uma nova variável *tempo = ny.arange(0,20)*. Então, a programação no **Console** será como mostrada a seguir.

```
In [44]: tempo=ny.arange(0,20)
```

Uma vez criado o eixo horizontal dos preços, estamos prontos para a plotagem dos dois gráficos, sendo o superior dos preços e o inferior dos retornos. Podemos, inclusive, colocar esses comandos na mesma linha separados por ponto e vírgula no **Console**.

Então **fig.subplot(211)** habilita a janela gráfica para o primeiro gráfico dos dois gráficos a serem feitos. E, na mesma linha, temos o comando de plotagem normal para a variável *tempo* e *vetor*. A linha **out** é apenas a saída da memória do Python, indicando que a área gráfica foi criada. O **fig.subplot(212)** habilita a segunda parte para a janela gráfica fazer o gráfico da variável *t* para o retorno.

```
In [50]: fig.subplot(211); fig.plot(tempo,vetor)
Out[50]: [<matplotlib.lines.Line2D at 0x26db7c78710>]

In [51]: fig.subplot(212); fig.plot(t,retorno)
Out[51]: [<matplotlib.lines.Line2D at 0x26dbaacf048>]
```

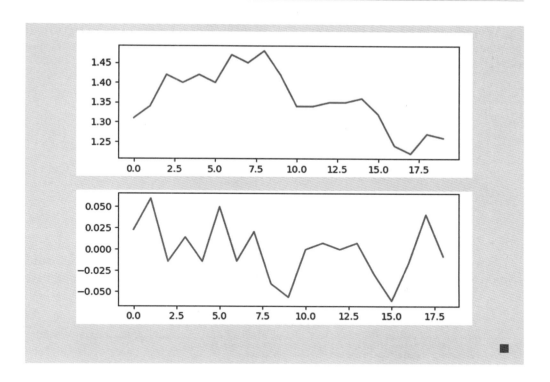

1.12 REINICIANDO O CONSOLE E AUMENTANDO A FONTE

Muitas vezes, é interessante reiniciar o **Console** para limpar da memória dados ou partes de programações anteriores. Para isso, segurando a tecla de controle **CTRL** e apertando a tecla **D**, o console reinicializa e limpa a memória. Então, **CTRL+D** apresenta a seguinte tela para o **Console**. Como mencionado no início do capítulo, outra maneira de limpar a memória é acessando a palavra **Consoles** na aba superior e clicando em **Reiniciar kernel.**

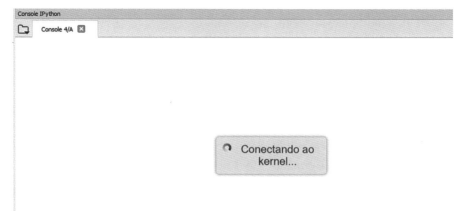

Figura 1.10 – Reiniciando o **Console**.

Às vezes, alguns computadores usam como padrão para a programação uma fonte pequena. Isso pode ser alterado em preferências ou, de maneira mais rápida e temporária, pode-se utilizar as teclas **CTRL+SHIFT(+)** para aumentar a fonte.

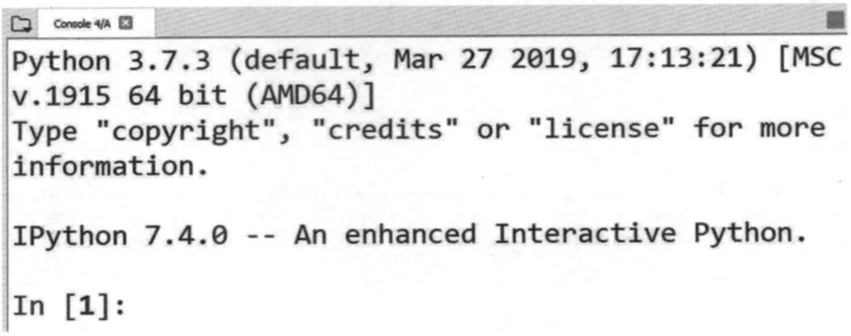

```
Console 4/A
Python 3.7.3 (default, Mar 27 2019, 17:13:21) [MSC
v.1915 64 bit (AMD64)]
Type "copyright", "credits" or "license" for more
information.

IPython 7.4.0 -- An enhanced Interactive Python.

In [1]:
```

Figura 1.11 – Fonte aumentada no **Console**.

Para diminuir a fonte, basta usar os comandos **CTRL(−)** e ela ficará com tamanho menor. Se continuar usando essas combinações de teclas, a fonte vai diminuir gradativamente até o tamanho desejado.

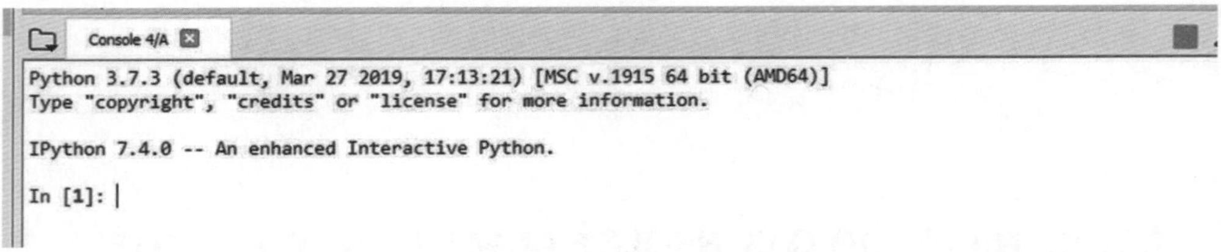

```
Console 4/A
Python 3.7.3 (default, Mar 27 2019, 17:13:21) [MSC v.1915 64 bit (AMD64)]
Type "copyright", "credits" or "license" for more information.
IPython 7.4.0 -- An enhanced Interactive Python.
In [1]: |
```

Figura 1.12 – Fonte diminuída no **Console**.

1.13 EXERCÍCIOS

1. Usar a biblioteca correta e as funções matemáticas do Python, quando necessárias, para resolver as seguintes expressões:

    (a) $y = 4^3 - 2^2$

    (b) $x = sen(2) - cos(4.2)$

    (c) $z = cos(sen(3.7) - tan(1.3))$

    (d) Resto da divisão de 26 por 4.

    (e) Converter $x = 46.2°$ para *radianos*.

    (f) Converter $y = 3.1$ rad para *graus*.

2. Assumir como constante no comando de linha do Python $x = 3$ e $y = 6$ e imprimir usando **PRINT( )** o resultado das equações seguintes:

    (a) $w = e^x - ln(y)$

    (b) $z = x^*y^2 + y^*cos(x)$

(c) $s = \sqrt{\dfrac{x}{y} + \ln(x+y) + \tan(x)}$

3. Criar a lista de números *num*=[3, 3, 4, 1, 2, 1, 1, 2, 3, 4, 4, 1, 1, 5, 2] e fatiá-la conforme os itens a seguir.

   (a) Fatiar do elemento de índice 2 ao de índice 3.

   (b) Fatiar do quinto elemento ao nono elemento.

   (c) Fatiar do elemento de índice 1 ao último.

   (d) Fatiar do primeiro elemento ao último.

   (e) Fatiar do primeiro elemento ao último saltando de três em três elementos.

   (f) Selecionar o último elemento da lista.

   (g) Selecionar os três últimos elementos da lista.

   (h) Selecionar os quatro primeiros elementos da lista.

   (i) Contar o número de elementos da lista.

   (j) Contar quantas vezes aparece o número 1 na lista.

4. Criar a lista com nomes das bolsas de valores do mundo: Bolsas = ['dow', 'ibov', 'ftse', 'dax', 'nasdaq', 'cac']. Fatiá-la conforme os itens a seguir.

   (a) Selecionar as três primeiras.

   (b) Incluir a sublista Bs = ['hong kong', 'merval'] na lista anterior.

   (c) Descobrir qual o índice da 'nasdaq'.

   (d) Remover 'cac' da lista.

   (e) Inserir "sp&500" como índice 2 na lista de bolsas, mas sem excluir nenhum elemento já inscrito.

5. Abrir um arquivo chamado bov.txt e salvar os dados das siglas das ações e seus valores na seguinte ordem: 'petr4', 'vale3', 'ggbr4', 28.4, 31.3, 15.76.

6. Abrir o arquivo bov.txt do exercício anterior no **Console** e imprimir o resultado dos elementos existentes nele.

7. Observar a seguinte lista de dados, *lista*= [2, 2, 3, 3, 3, −1, −1, −2, 0, 0, 0, 2, 4, 5, 1, 2, 2, 0, 0, 0,2 ,1, 5, 5, 7, 6, 5, 0, 0]. Programar o **Console** para encontrar as seguintes medidas estatísticas:

   (a) Soma de todos os elementos.

   (b) Máximo elemento da lista.

   (c) Mínimo elemento da lista.

   (d) Média dos elementos da lista.

   (e) Mediana dos elementos da lista.

   (f) Moda dos elementos da lista.

(g) Desvio-padrão amostral.

(h) Desvio-padrão populacional.

(i) Contar o número de vezes que aparece o número 0.

(j) Contar o número de vezes que aparece o número 5.

(k) Ordenar a lista em ordem crescente.

(l) Ordenar a lista em ordem decrescente.

8. Os dados a seguir representam os preços diários de fechamentos no pregão da Bovespa entre os meses de setembro e outubro de 2019. A coluna A do Excel se refere a VALE3 (Vale do Rio Doce) e a coluna B indica GGBR4 (Gerdau). Os dados estão em um arquivo Excel na planilha denominada **Plan1**.

	A	B	C
1	46,01	12,66	
2	45,52	12,58	
3	46,52	12,58	
4	46,52	12,67	
5	46,45	12,43	
6	47,89	13,11	
7	48,24	13,52	
8	47,95	13,23	
9	49,69	13,61	
10	49,79	13,56	
11	48,59	13,5	
12	48,9	13,58	
13	48,4	13,43	
14	48,32	13,4	
15	48,42	13,25	
16	48,1	13,21	
17	46,93	12,95	
18	47,86	13,11	
19	47,86	13,13	
20	47,66	13,03	
21	47,75	13,16	
22	47,71	13,09	
23	45,1	12,6	
24	45,44	12,78	
25	46,59	13,03	
26	46,04	12,78	
27	45,32	12,55	
28	45,67	12,52	

Deseja-se, então, que esses dados sejam importados para o Python com a biblioteca xlrd e que se responda aos itens a seguir.

(a) Importar os dados do Excel e transformar a coluna A em uma variável que represente a Vale e a coluna B em outra variável que represente a coluna B.

(b) Transformar as variáveis em vetores usando a biblioteca numpy.

(c) Fazer os dois gráficos dos preços da Vale e da Gerdau usando **subplot**. Colocar a Vale na parte superior da figura e a Gerdau na parte inferior.

(d) Calcular os retornos das duas empresas e plotar os quatro gráficos (preço da Vale e seu retorno; preço da Gerdau e seu retorno) no formato de uma matriz com 2×2 elementos.

CAPÍTULO 2
ITERAÇÃO E DECISÃO

2.1 INTRODUÇÃO

O Anaconda – Spyder possui uma área reservada para a programação em arquivos, também conhecida como **scripts**. No capítulo anterior, foi apresentada a programação de listas e **array** para a resolução de equações, medidas de estatística e utilização de algumas bibliotecas auxiliares.

Apesar de interessante e rápida, a maneira de programar no **Console** torna-se cansativa e não eficiente quando temos muitos processos para serem efetivados, com cálculos demasiadamente extensos.

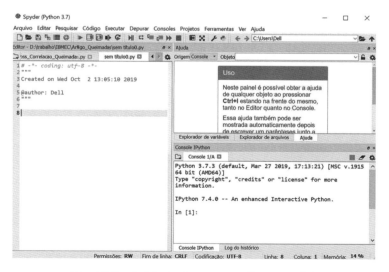

Figura 2.1 – Ambiente de programação para **script**.

Essa área de programação à esquerda na Figura 2.1 (em destaque) é onde os programas são elaborados, os algoritmos são definidos, as avaliações do compilador do Python são executadas e o programa de fato roda. Uma vez o algoritmo programado, a execução deve ser realizada pressionando ▶. Outra forma de rodar o algoritmo é apertando a tecla de função **F5** do teclado. Tudo o que pode ser feito no **Console** pode ser realizado na área de **script**, com a vantagem de não precisar reescrever todos os comandos.

Na Figura 2.2, é possível ver um exemplo clássico de programação, em que o usuário deve entrar no **input** com sua idade e o programa descobre o ano de nascimento.

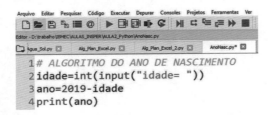

Figura 2.2 – Programação do algoritmo da idade.

Logo na primeira linha pode-se perceber o símbolo #. Toda vez ou em qualquer lugar que esse símbolo aparece indica que, a seguir, o que se tem é apenas um comentário. Essa linha não é processada como um comando, mas apenas uma anotação ou explicação do que uma linha ou o programa inteiro realiza.

O lado esquerdo do sinal de igual nunca pode ter uma operação, mas apenas uma variável para receber dados, informações, equações, impressões, entradas ou saídas de dados. Na figura em questão, as variáveis do problema são *idade* e *ano*.

Antes do **input** existe uma indicação de número inteiro, em que se usa **int**. Mesmo que o usuário digite um número real com casa decimal, com o comando **int**, o número é arredondado para o mais próximo inteiro. Sabendo-se a idade que foi informada pelo usuário, na linha a seguir, subtrai-se esse valor do ano. Por exemplo, para o ano de 2019, subtrai-se esse ano da idade e se obtém o ano de nascimento.

Para a visualização do resultado, como visto no capítulo anterior, utiliza-se o comando de impressão que aparece no **Console**, o **PRINT( )**. O resultado é visualizado no lado direito da Figura 2.1. Ao rodar esse algoritmo, o resultado é o apresentado a seguir.

```
In [2]: runfile('D:/trabalho/IBMEC/AULAS_INSPER/AULA2_Python/AnoNasc.py', wdir='D:/trabalho/IBMEC/AULAS_INSPER/AULA2_Python')
idade= 54
1965
```

No lado esquerdo, sempre aparece a linha do **Console**, no caso **In [2]:**, pois algum outro comando já foi digitado antes. Essas linhas são contínuas e a cada novo programa ou comando vão se sucedendo em ordem crescente.

Nessa linha, o Python indica a localidade do programa na máquina em que está rodando, o diretório e o nome do programa. Logo abaixo, começa o programa em si, perguntando ao usuário a idade. Neste exemplo, preenchemos com "54"; o programa entendeu e, na linha seguinte, subtraiu esse valor do ano 2019.

Como na última linha da programação existia o comando **PRINT( )**, observamos abaixo da entrada o número 1965, que veio da operação de subtração entre 2019 e a idade, valor este salvo na variável *ano*.

```
1 """+++++++++++++++++++++++++++++++
2    ALGORITMO DO ANO DE NASCIMENTO
3    +++++++++++++++++++++++++++++++
4 """
5 idade=int(input("idade= "))
6 ano=2019-idade
7 print(ano)
```

Figura 2.3 – Outra forma de comentar um programa usando aspas.

Quando se deseja fazer muitas anotações de forma contínua em diversas linhas, outra forma de anotar é utilizar três aspas seguidas (" " "). Quando o comentário termina, fecha-se a região comentada com outras três aspas seguidas (" " "). Uma vez salvo o programa, a extensão a ser procurada no diretório é *.py. Assim, se salvamos o programa anterior como AnoNasc.py, podemos rodar esse programa diversas vezes e ele sempre vai estar salvo no diretório.

2.2 ALGORITMOS SIMPLES

Todos os comandos discutidos e construídos no **Console** podem ser aproveitados e expandidos para resoluções mais complexas na área de **script**. Os primeiros passos de toda linguagem de programação é a relação de entrada e saída de dados e a comunicação com o usuário.

EXEMPLO 2.1

Fazer um algoritmo para ler o raio de um círculo e imprimir sua área. Para programar esse simples algoritmo, o usuário precisa conhecer qual fórmula matemática permite descobrir a área de um círculo. A fórmula para a área do círculo é:

$$área = \pi * raio^2$$

Assim como em toda linguagem de programação, também em Python o produto entre números e variáveis é representado por um asterisco (*). Na fórmula, o valor de π é constante, enquanto o raio do círculo é variável. Para cada novo valor do raio, a área é outra. Logo, a entrada dessa variável (*raio*) é necessária para que se efetue o cálculo da área.

O valor de π = 3.14... é conhecido pelo Python e está armazenado na biblioteca de matemática. Logo, é necessário para esse programa a importação de math.

```
1 # Cálculo da área de círculo
2 import math
3
4 raio=float(input("raio = "))
5 area=math.pi*raio**2
6 print("área = ",area)
7
```

A entrada desse programa no **input** deve ser um número real, que pode ou não ter casa decimal. Nesse caso, devemos informar ao Python que a entrada é com ponto flutuante, o que está representado no algoritmo como *float*. A elevação a segunda potência $raio^2$ é representada no Python por duplo asterisco (**), por isso no algoritmo temos *raio**2*. O valor de π vem da biblioteca de matemática, por isso aparece como math.pi. No final desse algoritmo, para ver o resultado, usamos o comando **PRINT( )**. O resultado no **Console** é o seguinte:

```
raio = 3.5
área =  38.48451000647496
```

Entrando no **input** com o valor do raio = 3.5, o cálculo nos fornece como área do círculo o valor 38.48.

EXEMPLO 2.2

Fazer um algoritmo para ler o valor de *x* e de *y* com **input** e imprimir o resultado da equação:

$$z = \sqrt{x^2 + y^2} - \ln(x) + e^y$$

Como no exemplo anterior, precisamos entrar com números nas variáveis de entrada *x* e *y*. Para a raiz quadrada, logaritmo natural e número neperiano, devemos importar a biblioteca de matemática. O algoritmo é descrito a seguir.

```
1 # Exemplo
2 import math
3
4 x=float(input("x = "))
5 y=float(input("y = "))
6 z=math.sqrt(x**2+y**2)-math.log(x)+math.exp(y)
7
8 print("valor de z = " , z)
```

Iteração e decisão

Entrando com *x* e *y* como ponto flutuante, a entrada é colocada na equação *z*, usando as denominações da biblioteca math para cada um dos operadores matemáticos. Para o caso de *x* = 2 e *y* = 3, o resultado é 22.99, como visto no **Console**.

```
x = 2

y = 3
valor de z =  22.997941018091712
```

EXEMPLO 2.3

A estimativa do retorno de uma carteira de investimentos pode ser encontrada ao se tomar retornos individuais. Assim, esses retornos são multiplicados pela probabilidade de ocorrerem e todos os valores são somados. Em termos de fórmula matemática, um retorno médio é dado por:

$$\bar{r} = \sum_{i=1}^{n} r_i * p_i$$

ou seja,

$$\bar{r} = r_1 * p_1 + r_2 * p_2 + r_3 * p_3 + \ldots r_n * p_n$$

Observando a tabela seguinte de retornos e suas probabilidades, pode-se fazer um programa em Python que apresente, ao final, o retorno esperado.

Retornos (R$)	Probabilidade
100	0.2
90	0.7
120	0.1

Nesse algoritmo, precisamos de seis entradas com o comando **input**, sendo três para os retornos financeiros e três para as probabilidades. A operação em si é muito simples, sendo apenas uma soma dos produtos.

```
1 # Exemplo
2
3 r1=float(input("retorno 1 = "))
4 r2=float(input("retorno 2 = "))
5 r3=float(input("retorno 3 = "))
6
7 p1=float(input("probabilidade 1 = "))
8 p2=float(input("probabilidade 2 = "))
9 p3=float(input("probabilidade 3 = "))
10
11 ret_medio = r1*p1 + r2*p2 + r3*p3
12
13 print("retorno médio = " , ret_medio)
```

Após a programação, ao rodar o algoritmo primeiro, ele pede ao usuário que apresente todos os retornos e depois todas as probabilidades. Ao final, o comando **PRINT( )** mostra o resultado do retorno médio. No caso do exemplo, o resultado para a tabela fornecida é R$ 95.

```
retorno 1 = 100
retorno 2 = 90
retorno 3 = 120
probabilidade 1 = 0.2
probabilidade 2 = 0.7
probabilidade 3 = 0.1
retorno médio =   95.0
```

Criação de programas simples na área de script do Python

2.3 LÓGICA CONDICIONAL (IF)

Uma das grandes colaborações de Alan Turing foi a imaginação do desenvolvimento de uma máquina "pensante". A interação entre máquina e homem foi um sonho movido por Turing, e seu pensamento foi expresso em toda sua vida de desenvolvimento de máquinas e algoritmos. O que diferencia um computador de uma máquina de calcular é que o computador pode ser programado para tomar decisões.

Toda linguagem de programação possui a estrutura conhecida como **se( )**, uma lógica condicional que desvia o caminho seguido pelo computador para uma regra colocada pelo programador. Na imaginação popular, diz-se que o computador está tomando a decisão sobre a finalização de um evento, mas na realidade o computador está seguindo um algoritmo colocado por um humano, dizendo a ele que caminho deve seguir se determinada regra for verdade ou que outros caminhos deve seguir se essa regra é falsa.

No Python, como em todas as linguagens de programação, a estrutura lógica é definida pelo comando conhecido como **if**, que necessita de uma condição e verifica se essa condição é verdadeira (*True*) ou falsa (*False*).

A estrutura do **if** no Python é a seguinte:

if < condição > :

        Comando-1

        Comando-2

        Comando-3

        ....

        Comando-n

else :

        Comando-1

        Comando-2

        Comando-3

        ....

        Comando-n

Diferentemente de outras linguagens, o condicional **if** do Python não possui **end** ou **end if** ou chaves para determinar que a lógica condicional terminou. O que marca o final da tomada de decisão é o alinhamento (conforme ilustrado pela linha tracejada no esquema anterior). Quando a lógica termina, o programador deve iniciar a continuação do programa fora do alinhamento do comando **if**, para que o Python saiba que aquela linha não faz parte da decisão.

Outra diferença é que o Python não possui **then**, geralmente usado por outras linguagens para indicar o que o computador deve fazer. Em vez disso, **then** é substituído por dois-pontos (:).

Os sinais utilizados no Python para as expressões lógicas nas decisões são:

Operador	Descrição
>	*maior que*
<	*menor que*
>=	*maior ou igual*
<=	*menor ou igual*
= =	*igual a*
!=	*diferente*

Em relação a outras linguagens, a expressão dentro do **if** para verificar se uma condição é igual a outra é "= =". Para dizer ao Python que as duas condições são não iguais, usa-se a expressão de diferença: a exclamação seguida de sinal de igual.

EXEMPLO 2.4

Ler o preço de dois resultados de uma operação financeira. A primeira entrada é o resultado do primeiro dia e a segunda entrada é o resultado do segundo dia. Se a diferença entre o segundo e o primeiro dia for *positiva*, deve aparecer no **Console** a palavra "lucro", caso contrário aparece a palavra "prejuízo".

Este é o algoritmo em Python:

```
1 # Calculo retorno
2
3 p1=float(input("resultado do primeiro dia = "))
4 p2=float(input("resultado do segundo dia = "))
5 retorno=p2-p1
6 if retorno>=0:
7     print("lucro")
8 else:
9     print("prejuizo")
```

Como se percebe, a leitura do resultado é um **input** com ponto flutuante, e a operação de subtração dos dois valores vai determinar o lucro ou prejuízo. A "<condição>" aqui é a expressão do retorno que se aplica ao se perguntar se é maior ou igual a zero (> = 0). Os dois-pontos ao final da linha do **if** indicam que a condição terminou e a linha logo abaixo é sempre a decisão a ser tomada em caso verdadeiro (*True*). Então, se o retorno é positivo ou igual a zero, a linha logo abaixo é o que o computador deve fazer. Nesse caso, imprimir no **Console** a palavra "lucro".

A palavra **else** e os dois-pontos indicam que, se o retorno não é positivo (*False*), o computador deve seguir a instrução logo abaixo dessa palavra. Nesse caso, imprimir a palavra "prejuízo".

Supondo que *p1* = 10 e *p2* = 20, temos a seguinte resposta no **Console**:

```
resultado do primeiro dia = 10
resultado do segundo dia = 20
lucro
```

Supondo que *p1* = 10 e *p2* = 5, o resultado é a palavra "prejuízo".

```
resultado do primeiro dia = 10
resultado do segundo dia = 5
prejuizo
```

O alinhamento dos comandos dentro do **if** é importante. Por exemplo, vamos supor que desejamos que, além de imprimir "lucro", o computador imprima também logo abaixo "fiquei feliz". E caso o resultado seja negativo imprima, além de "prejuízo", a frase "fiquei triste". Nesse caso, o algoritmo correto fica como apresentado a seguir.

Iteração e decisão **61**

```
1 # Calculo retono
2
3 p1=float(input("resultado do primeiro dia = "))
4 p2=float(input("resultado do segundo dia = "))
5 retorno=p2-p1
6 if retorno>=0:
7     print("lucro")
8     print("fiquei feliz")
9 else:
10    print("prejuizo")
11    print("fiquei triste")
```

Para os valores *p1* = 10 e *p2* = 20, temos o resultado:

```
resultado do primeiro dia = 10

resultado do segundo dia = 20
lucro
fiquei feliz
```

No entanto, vamos supor que por descuido não colocamos o último *print* alinhado ao comando **if**. Como pode ser visto a seguir, colocamos propositadamente a impressão de "fiquei triste" desalinhado ao comando **if**, alinhado exatamente à margem esquerda da janela de *script*.

```
1 # Calculo retono
2
3 p1=float(input("resultado do primeiro dia = "))
4 p2=float(input("resultado do segundo dia = "))
5 retorno=p2-p1
6 if retorno>=0:
7     print("lucro")
8     print("fiquei feliz")
9 else:
10    print("prejuizo")
11 print("fiquei triste")
12
```

Ao rodar esse algoritmo, novamente repetimos os valores *p1* = 10 e *p2* = 20 e temos como resultado:

```
resultado do primeiro dia = 10

resultado do segundo dia = 20
lucro
fiquei feliz
fiquei triste
```

Podemos observar que o resultado do retorno foi positivo e que a palavra "lucro" e a frase "fiquei feliz" estão corretas. Mas logo abaixo apareceu também a frase "fiquei triste". Isso porque, uma vez desalinhado do **if**, o comando de impressão (**print**) vai aparecer sendo o retorno positivo ou negativo. Fora do alinhamento, o computador é obrigado a colocar forçadamente a palavra "fiquei triste". E, claramente, o algoritmo está errado.

Muitas vezes, apenas o caso *True* ou *False* não resolve a lógica para a tomada de decisão. Por exemplo, uma vez falsa uma afirmação, temos outra pergunta para direcionar a lógica para posições de decisões mais refinadas ou particulares. Nesse sentido, precisamos de um comando **caso-contrário-se** ou **senão**, muito utilizado em diversas linguagens.

No Python, essa estrutura se chama **if-elif-else**. O **elif** é na realidade uma pergunta dentro do ramo falso da pergunta anterior. E, por ser uma nova pergunta, necessita de uma condição para analisar a verdade ou falsidade da afirmação e, então, tomar a decisão.

Outro fato é que, como se tem sempre uma pergunta dentro de outra pergunta encadeada, também necessita estar alinhado ao primeiro **if** e ter ao final o sinal de **:**. No esquema a seguir, é possível ver que os alinhamentos continuam obrigatórios para todos os **elif** e também para o **else**.

if < condição > :

    Comando-1

    Comando-2

    Comando-3

    ....

    Comando-n

elif < condição > :

    Comando-1

    Comando-2

    Comando-3

    ....

    Comando-n

elif < condição > :

    Comando-1

    Comando-2

    Comando-3

    ....

    Comando-n

else :

    Comando-1

    Comando-2

    Comando-3

Iteração e decisão 63

....

Comando-n

Comando-1
Comando-2
Comando-3

....

Comando-n

EXEMPLO 2.5

Fazer um algoritmo para ler o preço de um produto. Se o preço for menor que R$ 18, deve imprimir "barato". Se o preço for maior que R$ 18, mas abaixo de R$ 25, deve imprimir "adequado". Se o preço for maior que R$ 25 e menor que R$ 32, deve imprimir "caro". Se o preço for maior que R$ 32, deve imprimir "extremamente caro".

```
1 # Calculo faixa de preco
2
3 p1=float(input("preco 1 = "))
4
5 if p1<=18:
6     print("barato")
7 elif (p1>18) and (p1<=25):
8     print("adequado")
9 elif (p1>25) and (p1<=32):
10     print("caro")
11 else:
12     print("extremamente caro")
13
```

Como pode ser observado, o algoritmo trabalha com *True* e *False* encadeando os preços para as faixas com as frases correspondentes. Se o preço é menor que R$ 18, então temos uma verdade (*True*), o que leva na linha logo abaixo o comando de impressão "barato".

Nesse caso, o computador vai pular todos os outros **elif** e seguir o programa para depois da linha 12. Mas se o preço for maior que R$ 18 e menor que R$ 25, o computador pula a primeira linha (linha 6) e vai para a linha 8, imprimindo "adequado".

Também se pode fazer uso de união e intersecção de condições usando **and** e **or** para agrupar duas ou mais condições. As combinações de **and** e **or** tornam a lógica sempre interessante para direcionar o computador na tomada de decisão correta.

Novamente deve-se observar o alinhamento, sempre em relação ao primeiro **if**, que indica a primeira condição lógica para a decisão.

Vamos supor que o preço do produto foi *p1* = R$ 30. A resposta do algoritmo é a seguinte no **Console**.

```
preco 1 = 30
caro
```

Se o preço for R$ 40, temos a seguinte resposta.

```
preco 1 = 40
extremamente caro
```

EXEMPLO 2.6

Fazer um algoritmo para ler um número inteiro *n* e decidir se ele é par ou ímpar.

```
1 # Decide se um num é par ou ímpar
2
3 n=int(input("entre com o número = "))
4
5 resto=n % 2
6 if (resto==0):
7     print("par")
8 else:
9     print("ímpar")
10
```

Esse é um problema clássico para tomada de decisão baseada apenas em uma informação e na definição matemática de par e ímpar. No caso do Python, como em todas as linguagens, um comando interessante é **n % m**. O comando **%** é conhecido como módulo ou resto da divisão entre *n* e *m*. Se fazemos **n/m**, estamos encontrando o quociente. Assim, 23/4 fornece quociente 5 e resto 3. O comando **%** nos retorna exatamente 3 como resultado.

No caso desse algoritmo, forçamos a entrada de um número inteiro, colocando no **input** o **int**, para obrigar o número digitado a ser inteiro. Assim, uma vez lido *n*, se o resto da divisão desse número por 2 é zero, ele é par, caso contrário, é ímpar. O comando de impressão dentro do **if** decide o que imprimir dependendo da condição verdadeira ou falsa.

Por exemplo, entrando com *n* = 113, a resposta no **Console** é a seguinte.

```
entre com o número = 113
ímpar
```

Iteração e decisão

EXEMPLO 2.7

Em 2018, tivemos uma grande greve de caminhoneiros por conta da atualização da tarifa de transportes que recebiam. O então presidente Michel Temer sofria ameaça de abertura de processo de *impeachment* e, se assim ocorresse, Rodrigo Maia, presidente da Câmara dos Deputados, teria de assumir o cargo de presidente.

Um grande cliente estava preocupado com a política nacional e desejava um programa em Python em que ele poderia assumir riscos de investimentos conforme os desdobramentos da tal greve.

Desejava-se então um algoritmo para a tomada de decisão envolvendo o jogo de xadrez político e para concluir qual o melhor tipo de investimento. Perguntas devem ser feitas no **input** para passar ao ramo seguinte da decisão. A decisão final deve ser emitida via **print** no **Console** para cada tipo de investimento, dizendo se o usuário deve comprar ou não cada um dos ativos do último ramo.

Observe que as variáveis de entrada na leitura das perguntas são do tipo *string*.

$$= \begin{cases} \text{Temer sai} & Se \begin{cases} \text{Rodrigo Maia assume} & Se \begin{cases} \text{Antecipa eleição-compra PETROBRAS} \\ \text{Não antecipa-compra Usiminas} \end{cases} \\ \text{Rodrigo Maia não assume} & Se \begin{cases} \text{Antecipa eleição-compra Gerdau} \\ \text{Não antecipa-compra Vale} \end{cases} \end{cases} \\ \text{Temer não sair} & Se \begin{cases} \text{Greve caminhão-compra dólar} \\ \text{Não greve-compra ouro} \end{cases} \end{cases}$$

Os ativos que o cliente desejava comprar eram as ações da Petrobras, da Usiminas, da Gerdau ou da Vale. Em outro ramo, a compra deve ser de dólar ou ouro. A solução deve ser **if** encadeado, como pode ser observado a seguir.

```
1 #Encadeamento de If
2 perg1=str(input("Temer sai?"))
3 if perg1=="s":
4     perg2=str(input("Maia assume a presidência?"))
5     if perg2=="s":
6         perg3=str(input("Antecipa a eleição?"))
7         if perg3=="s":
8             print("comprar Petrobras")
9         else :
10            print("comprar Usiminas")
11    else :
12        perg3=str(input("Antecipa a eleição?"))
13        if perg3=="s":
14            print("comprar Gerdau")
15        else :
16            print("comprar Vale")
17 else :
18     perg2=str(input("Greve de caminhoneiros?"))
19     if perg2=="s":
20         print("comprar dolar")
21     else :
22         print("comprar ouro")
```

Vamos supor que o processo contra o presidente Michel Temer fosse aprovado e ele fosse removido do cargo e que Rodrigo Maia assumisse a presidência e não antecipasse a eleição. A decisão do computador teria sido "comprar Usiminas".

```
Temer sai?s

Maia assume a presidência?s

Antecipa a eleição?n
comprar Usiminas
```

2.4 ITERAÇÃO COM WHILE

O que transformou o computador em uma máquina fundamental em nossas vidas foi a capacidade de realizar cálculos extremamente rápidos e eficientes baseados em regras lógicas. Para que o computador repita uma tarefa com precisão e eficiência quantas vezes forem necessárias, essa repetição precisa ser programada em comandos que obriguem o algoritmo a todo instante retornar ao ponto de partida. Essa repetição ou retorno ao ponto inicial de uma lógica para decisão é conhecida como *loop*.

$$S = 1+2+3+4+5+6+\ldots$$

Vamos supor que desejamos fazer a soma de certa quantidade n de números inteiros e imprimir o resultado final. A ideia de variável nos remete ao exemplo simples que retrata uma variável como uma caixa de memória que recebe valores mais recentes e apaga os anteriores. Isso permite que a variável sempre necessite de pouco espaço de memória, mas seja possível fazer cálculos com grandes quantidades de valores.

Em computação, a noção de igualdade é apenas uma simplificação do que realmente significa uma variável receber um valor. Quando uma variável recebe uma constante, um número ou letra, o símbolo correto deve ser uma seta, pois uma posição de memória física dentro do computador está sendo alimentada por número. Vamos supor que desejamos que a variável *s* receba o número 1. A nomenclatura correta é:

$$s \leftarrow 1$$

Do ponto de vista de computação, as linguagens adotam o sinal de igual para representar essa alimentação na memória. Então escrevemos:

$$s = 1$$

Isso não parece ser muito problema, mas é para o entendimento de iteração. Quando desejamos adicionar um valor de memória a outro que foi lido pelo programa, dizemos ao computador que deve somar o novo número e colocar na caixa de memória anterior, onde o antigo número estava armazenado. Esse fato é o mesmo que:

$$s \leftarrow s + 2$$

Nesse caso, como antes, o armazenamento tinha como valor de s o número 1; após receber o número 2, o novo valor é 3, pois obrigamos o computador a somar 2 ao s e, no final, substituir (por isso a seta) o valor anterior. Na linguagem de computador escrevemos:

$$s = s + 2$$

A cada passo um novo número deve ser adicionado, ou seja, temos de forma repetitiva (iterativa) a sequência:

$$s \leftarrow s + 3$$
$$s \leftarrow s + 4$$
$$s \leftarrow s + 5$$
$$\ldots\ldots$$

Os termos novos que são adicionados a cada repetição (*loop*) são geralmente chamados de contadores, pois servem como referência de quantas vezes a referida soma já foi repetida. Como visto na Figura 2.4, a cada novo valor salvo na caixa de memória, o valor que está dentro no passo anterior é aproveitado para somar ao novo valor que está chegando à caixa. Um comando que auxilia essa repetição, iteração ou *loop* é o comando **while**.

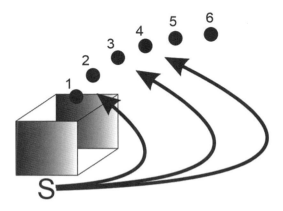

Figura 2.4 – Iteração com *loop* em variável.

No Python, temos o seguinte esquema para o funcionamento do **while**:

< contador >

while < condição de parada >:

comando 1

comando 2

comando 3

...

comando *n*

Nesse esquema, o "contador" pode ou não ser usado pelo **while** e serve para contar o número de *loops* que já foram realizados. A "condição de parada" serve para delimitar o número de voltas ou mesmo outra condição lógica em que o computador deve permanecer "preso" à ordem de repetição. Assim, "comando 1", "comando 2" etc. são ordens que devem ser repetidas a cada nova volta (*loop*) do **while**. Esses comandos podem ser impressões de resultados no **Console**, mas também podem ser operações matemáticas, construções de gráficos, salvamentos em arquivos, abertura de arquivos etc.

Então, vamos voltar à soma de *n* números inteiros 1, 2, 3, ... *n*. O algoritmo em Python é:

```
# Soma de n números
n=int(input(" qtde de números = "))
cont=1
s=0
while cont<=n:
    s=s+cont
    cont=cont+1
    print(s)
```

O computador pede ao usuário a quantidade de números inteiros que deseja somar, começando por 1. A variável *cont* começa com o número 1, pois será o primeiro *loop* que acontece no **while**. A variável *s* inicia com zero, pois a caixa de memória deve começar vazia antes de o **while** começar a rodar. Finalmente a condição de parada nesse caso é quando o contador de voltas (*loop*) chegar ao número de termos *n* desejado para finalizar a soma.

Como o contador modifica seu valor? Sempre tomando o valor do passo anterior e somando o número 1, pois a definição-padrão do **while** é de uma em uma volta. O valor da caixa de memória *s* é atualizado pelo novo valor do contador e seu resultado é, passo a passo, impresso no **Console**. Ao final, o que se vê no **Console** para os seis primeiros números inteiros é:

Iteração e decisão

```
qtde de números = 6
1
3
6
10
15
21
```

O que acontece se o comando **PRINT( )** não está alinhado com o **while**?

```
1  # Soma de n números
2  n=int(input(" qtde de números = "))
3  cont=1
4  s=0
5  while cont<=n:
6       s=s+cont
7       cont+=1
8  print(s)
```

O resultado no **Console** nesse caso é:

```
qtde de números = 6
21
```

Como se pode ver, a soma não apresenta erro e o resultado é o mesmo do anterior, mas como o **PRINT( )** não estava alinhado, o computador entendeu que era para imprimir apenas o resultado final, e não o passo a passo.

EXEMPLO 2.8

Fazer um algoritmo para encontrar os múltiplos de 5 até 20 (inclusive). Podemos fazer uma soma de 5 em 5, ou aproveitar o contador de *loops* para multiplicar por 5. Também se pode notar que nem sempre é necessário usar como parada o critério envolvendo o contador. Esse é um caso em que a condição de parada é o número 20.

```
1  # Gera multiplos de 5 até 20
2
3  cont=1
4  x=0
5  while x<20:
6       x=cont*5
7       cont=cont+1
8       print(x)
```

O resultado no **Console** é:

```
5
10
15
20
```

EXEMPLO 2.9

Fazer um algoritmo para encontrar a soma dos primeiros números *n* pares, pode ser feito desta forma:

```python
# Soma de n números pares
n=int(input(" qtde de números = "))
cont=0
s=0
while cont<=n:
    if cont % 2 ==0:
        s=s+cont
        print(s)
    cont=cont+1
```

O resultado no **Console** para *n* = 10 é:

```
qtde de números = 10
0
2
6
12
20
30
```

Passo a passo do uso dos comandos **if,** **while** *e* **for**

EXEMPLO 2.10

Fazer um algoritmo para imprimir uma lista *sem nomes repetidos*. Esse é um exemplo para relembrar que uma lista pode conter *strings* (letras) e ser do tipo texto. Ainda assim, pode-se usar o **while** para selecionar palavras específicas para serem impressas no **Console**. Vamos supor que queremos imprimir todos os nomes diferentes do nome "mário" da seguinte lista.

```python
# Imprimir parte de uma lista
nomes=['mário','josé','mário','maria','carlos','ana','mário']
n=len(nomes)
cont=1
while cont<=n-1:
    if nomes[cont] != 'mário':
        print(nomes[cont])
    cont=cont+1
```

No **Console**:

```
josé
maria
carlos
ana
```

2.5 INTERRUPÇÃO NO WHILE (BREAK)

Muitas vezes, desejamos que a repetição seja interrompida por algum motivo, como a localização já foi alcançada de um termo, um número de avaliações já atingido ou uma precisão de operação matemática que chegou a seu limite. Nesse caso, não queremos que o computador continue sua tarefa e podemos "estourar" o contador para que a iteração cesse. Para isso, no Python, pode-se fazer uso do comando **break**. Vamos ver o exemplo a seguir.

EXEMPLO 2.11

Fazer um algoritmo para somar n números inteiros.

$$S = 1+2+3+4+\ldots$$

Depois, deve-se interromper a soma quando o primeiro resultado par aparecer.

```python
# Soma de n números

n=int(input(" qtde de números = "))
cont=1
s=0
while cont<=n:
    s=s+cont
    if s % 2 ==0 : break
    cont=cont+1
    print(s)
```

No **Console**:

```
 qtde de números = 10
1
3
```

O oposto do comando **break** é o comando **continue**. Nesse caso, exigimos que o computador continue sua execução caso alguma condição seja verdadeira ou falsa.

EXEMPLO 2.12

Fazer um algoritmo para somar n números inteiros. Usamos:

$$S = 1 + 2 + 3 + 4 + \ldots$$

Depois, deve-se imprimir as somas parciais cujo resultado é ímpar.

```
# Soma de n números

n=int(input(" qtde de números = "))
cont=1
s=0
while cont<=n:
    s=s+cont
    if s % 2 ==0 : continue
    cont=cont+1
    print(s)
```

No **Console**:

```
qtde de números = 10
1
3
9
13
23
29
43
51
69
79
```

Passo a passo do uso dos comandos **break** *e* **continue**

2.6 ITERAÇÃO COM FOR E RANGE

O segundo modo de controle de repetição ou iteração é por meio do comando do Python conhecido como **for**. Sua função é a mesma do **while**, mas sua estrutura tem uso diferente. No **while**, desejamos que uma tarefa seja feita enquanto a condição lógica é verdade. No caso do **for**, o computador realiza a tarefa de qualquer maneira, pois não existe condição lógica de parada. Apenas indicamos na linguagem seu início e fim como visto a seguir.

For <contador> *in* range (início, fim, passo) **:**

Como nos casos de **while** e **if**, os comandos abaixo do **for** devem seguir o alinhamento para que o computador entenda que estão dentro das repetições a serem realizadas. Por exemplo, para imprimir no **Console** dez vezes a palavra "bovespa", podemos programar no Python usando **for** da seguinte maneira.

```
1 # Imprimindo nome
2 n=int(input("total de repetições = "))
3 for i in range(0,n):
4         print('bovespa')
```

No **Console**:

```
total de repetições = 10
bovespa
bovespa
bovespa
bovespa
bovespa
bovespa
bovespa
bovespa
bovespa
bovespa
```

Para imprimir números iniciando em 5 e indo até 10, devemos programar o Python para a seguinte rotina.

```
1 # Imprimindo números
2
3 for i in range(5,11):
4         print(i)
5
```

Devemos observar que, para a impressão do número 10, precisamos colocar na finalização do **for** o número 11. Isso porque, como na lista, a parada é sempre $(n - 1)$ termos.

```
5
6
7
8
9
10
```

O passo da iteração é exatamente de quantos em quantos termos o **for** deve ser repetido. Vamos supor que, no exemplo anterior, desejamos imprimir saltado de 2 em 2.

```
1 # Imprimindo números
2
3 for i in range(5,11,2):
4         print(i)
```

No **Console**:

```
5
7
9
```

EXEMPLO 2.13

Fazer um algoritmo para somar n números reais quaisquer, basta o usuário entrar com os valores usando **input**.

A diferença entre esse algoritmo e os anteriores é que, neste exemplo, os números não estão mais em sequência, mas são escolhidos pelo usuário. Pelo **input**, o usuário alimenta um novo número, passo a passo, a cada iteração. Para cada novo valor lido, o **float** transforma o número em representação real com ponto flutuante na memória. Conforme mostrado a seguir, o resultado é uma soma parcial que está dentro do **for** e, ao fim de tudo, a soma total.

```
1  # Imprimindo numeros
2
3  n=int(input("total de números = "))
4  s=0
5
6  for i in range(0,n):
7      x=float(input("número = "))
8      s=s+x
9      print(s)
10 print("soma total = ",s)
```

No **Console**, para o total $n = 5$ números [–2, 4, 5, 7, –1]:

```
total de números = 5

número = -2
-2.0

número = 4
2.0

número = 5
7.0

número = 7
14.0

número = -1
13.0
soma total =  13.0
```

2.7 TRABALHANDO COM FOR EM LISTAS

Como **while**, o **for** pode ser usado para fatiar uma lista, escolher elementos, separar, filtrar, enfim, agilizar diversos processos complexos envolvendo listas. Podemos usar o **for** para imprimir palavras de uma lista. Por exemplo, na lista de nomes do algoritmo a seguir, obrigamos o **for** a começar na posição inicial (índice 0) e terminar no último elemento. Para generalizar, pode-se usar o comando **len** para descobrir o total de elementos da lista. E como a lista começa com índice 0, devemos lembrar que a iteração vai até (n – 1) elementos da lista.

Então, para a lista_nomes = ['um','dois','três','quatro','cinco'], o primeiro elemento é lista_nomes[0] = 'um' e o último é lista_nomes[4] = 'cinco'.

```
# Imprimindo palavras

lista_nomes=['um','dois','três','quatro','cinco']

for i in range(0,len(lista_nomes)):
    print(lista_nomes[i])
```

No **Console** a impressão será:

```
um
dois
três
quatro
cinco
```

Outra aplicação de listas usando **for** é para adicionar elementos e criar uma nova lista. Para isso, primeiro devemos iniciar uma lista vazia, usando [ ]. Com a iteração, colocamos novos elementos na lista vazia usando o comando de lista já mencionado antes como **append**.

```
# Imprimindo palavras

lista_nomes=['um','dois','três','quatro','cinco']
nova=[]
for i in range(0,len(lista_nomes)):
    nova.append(lista_nomes[i])
    print(nova)

```

O **append** vai incluindo os elementos da lista_nomes passo a passo na nova lista que está vazia. No **Console**, a impressão passo a passo é a seguinte.

```
['um']
['um', 'dois']
['um', 'dois', 'três']
['um', 'dois', 'três', 'quatro']
['um', 'dois', 'três', 'quatro', 'cinco']
```

Se o **PRINT( )** não está alinhado com o **for**, vamos observar apenas a nova lista já preenchida.

```
1 # Imprimindo palavras
2
3 lista_nomes=['um','dois','três','quatro','cinco']
4 nova=[]
5 for i in range(0,len(lista_nomes)):
6         nova.append(lista_nomes[i])
7 print(nova)
```

Resultado no **Console**:

```
['um', 'dois', 'três', 'quatro', 'cinco']
```

EXEMPLO 2.14

Fazer um algoritmo para salvar a lista_nomes = ['um','dois','três','quatro','cinco'] em ordem inversa usando o **for**.

Lembrando que o comando **for** sempre parte de um **range** com início, fim e o passo, devemos começar a rodar a iteração começando do último elemento, mas usando passo negativo. O **append** recebe os nomes na ordem inversa, usando o contador i subtraído do valor total da lista dentro dos índices. O algoritmo será:

```
1 # Imprimindo palavras
2
3 lista_nomes=['um','dois','três','quatro','cinco']
4 nova=[]
5 for i in range(len(lista_nomes)-1,-1,-1):
6         nova.append(lista_nomes[i-len(lista_nomes)])
7 print(nova)
```

No **Console**:

```
['cinco', 'quatro', 'três', 'dois', 'um']
```

EXEMPLO 2.15

Fazer um algoritmo para fatiar uma lista em que os elementos são também listas de letras. Por exemplo, para a lista de letras: [['a','b','c'], ['a','d','f','a'] ,['b','b','d','c']], deseja-se criar uma nova lista apenas com as letras, e não com as listas.

Muitas vezes, listas são obtidas do Excel ou de banco de dados e formadas por outras listas com palavras, bairros, cidades, países, CNPJ etc. Os elementos dessa importação original são listas. E, nesse caso, estudos estatísticos não podem ser realizados, a menos que tratemos os elementos de forma isolada.

Para fatiar esses elementos, podemos lembrar e fazer uso do **append**, visto anteriormente, para que cada elemento seja separado e adicionado em lista vazia. A estratégia então é iniciar uma lista vazia **[ ]** e depois, com o uso do comando **for**, percorrer a lista original.

Esse é um caso em que o contador do **for** não é índice, mas um elemento que percorre automaticamente uma lista. Adotando a variável *p* para esse primeiro **for**, a parada do **for** não é um número, mas o final da lista. Nesse primeiro **for** o resultado para *p* será o seguinte:

p[0] = ['a','b','c']

p[1] = ['a','d','f','a']

p[2] = ['b','b','d','c']

Então, para separar os elementos dentro dessas listas que são elementos de *p*, precisamos de outro **for**; para isso o **append** coloca cada elemento de *p* de forma separada na lista que estava vazia.

```
1  # Exemplo para fatiar uma lista com for
2
3  letras=[['a','b','c'],['a','d','f','a'],['b','b','d','c']]
4  i=1
5  letras_nova=[]
6  for p in letras:
7      for x in p:
8          letras_nova.append(x)
9
10 print('++++++++ Nova Lista ++++++++')
11 print(letras_nova)
```

O resultado no **Console** do Python é:

```
++++++++ Nova Lista ++++++++
['a', 'b', 'c', 'a', 'd', 'f', 'a', 'b', 'b', 'd', 'c']
```

Programação do Exemplo 2.15 com comentários sobre os passos e os possíveis erros que podem ocorrer nesse procedimento

2.8 USANDO FOR EM SÉRIES MATEMÁTICAS

Séries e sequências matemáticas sempre fizeram parte dos testes no início das linguagens de programação, por oferecerem, além da velocidade no cálculo de funções mais elaboradas, a capacidade de verificar a convergência da série ou mesmo a velocidade com que os algoritmos podem ser otimizados.

EXEMPLO 2.16

Fazer um algoritmo ler com **input** o valor de n inteiro e, ao final, imprimir o fatorial desse número. O fatorial de um número é representado em matemática como:

$$n! = 1 * 2 * 3 * 4 * \ldots * (n-1) * n$$

Como nos algoritmos que envolvem a soma, no caso de um produto, o elemento neutro é a unidade. Iniciamos a variável *fat* desse exemplo como *fat* = 1. Então, dentro do **for**, obrigamos o algoritmo a tomar o valor anterior a cada iteração e multiplicar pelo novo contador.

Pode-se observar que a parada agora é $(n + 1)$, exatamente porque o Python sempre termina no valor $(n - 1)$.

```
1 # fatorial
2
3 n=int(input("n = "))
4 fat=1
5 for i in range(1,n+1):
6     fat=fat*i
7 print("fatorial = ",fat)
```

No **Console** para $n = 3$:

```
n = 3
fatorial =  6
```

Como observação, temos de lembrar que esse é apenas um exemplo de como programar usando **for**, visto que no Python a função fatorial já existe. Para tanto, precisa-se importar a biblioteca math e usar a função **factorial**, como a seguir.

```
In [24]: import math

In [25]: math.factorial(3)
Out[25]: 6
```

Iteração e decisão 79

EXEMPLO 2.17

Fazer um algoritmo ler com **input** o valor n de termos e o valor x, para calcular a soma de:

$$S = 1 + x + \frac{x^2}{2!} + \frac{x^3}{3!} + \ldots + \frac{x^n}{n!}$$

Esse algoritmo é uma composição dos algoritmos iniciais usando a soma dos números em sequência e o algoritmo do fatorial anterior. Necessita-se, nesse caso, de dois comandos **input**, um para a quantidade de termos n a ser somada e outro para o valor de x. Ambos são valores externos e fornecidos pelo usuário.

```
1 # Algoritmo do Exponencial
2
3 n=int(input("n = "))
4 x=float(input("x = "))
5 fat=1
6 s=1
7 for i in range(1,n+1):
8     fat=fat*i
9     s=s+x**i/fat
10 print("Soma = ",s)
```

Para $n = 10$ termos e $x = 1$, temos no **Console** a resposta:

```
n = 10

x = 1
Soma =   2.7182818011463845
```

Essa soma é bastante conhecida em matemática e representa a função exponencial, que também já está programada na biblioteca math do Python com o nome de **exp**. Usando o mesmo valor $x = 1$ e chamando a função do math, temos:

```
In [28]: math.exp(1)
Out[28]: 2.718281828459045
```

Para melhorar a precisão do algoritmo e aproximar a resposta da função da biblioteca, basta aumentar o número de termos. Os resultados estarão cada vez mais próximos.

2.9 EXERCÍCIOS

1. Fazer algoritmo e programa em Python: o usuário entra com um número usando **input** e o programa imprime com **PRINT( )**, se o número é positivo ou negativo.

2. Dados três lados de um triângulo qualquer, fazer um programa para descobrir se o triângulo é equilátero, isósceles ou escaleno. Entrar com os valores com **input**.

3. Um *website* de compras deseja deixar um link para os franqueados entrarem com o valor de compra de um produto no **input** e o valor de venda no **input** e descobrir se o lucro foi menor que 10%, entre 10% e 20%, ou superior a 20%. Para tanto, deve-se fazer um programa em Python que imprima a mensagem com **PRINT( )** dizendo em qual faixa a mercadoria do comerciante se localiza.

4. O "suporte" de uma ação é calculado como 30% do intervalo histórico de uma ação (máximo subtraído do mínimo). A "resistência" é calculada como o valor de 60% do intervalo histórico. Veja o exemplo:

   Baixa histórica: 1.50

   Alta histórica: 2.20

   Suporte: 1.5 + (2.20 – 1.50) * 0.3

   Resistência: 1.5 + (2.20 – 1.5) * 0.6

   Fazer um programa em Python em que o usuário forneça com **input** o valor mais baixo historicamente e o valor mais alto. O programa pede o valor atual da ação também com **input** e diz com **PRINT( )** qual é o suporte, qual é a resistência e se o preço da ação está dentro da faixa de suporte-resistência ou fora dela.

5. Considere uma equação do segundo grau:

$$Ax^2 + Bx + C = 0$$

   Utilizando-se $\Delta = B^2 - 4AC$, escrever um programa em Python que calcule as raízes da equação tal que:

   (i) Se não há raízes ($\Delta < 0$), o programa retorna um **PRINT** "não existem raízes reais".

   (ii) Se há uma única raiz ($\Delta = 0$), o programa mostra ao usuário a única raiz calculada como: $x_1 = -B / (2{*}A)$.

   (iii) Se há duas raízes, mostre ao usuário calculando-as desta forma:

$$x_1 = \frac{-B + \sqrt{\Delta}}{2A} \qquad x_2 = \frac{-B - \sqrt{\Delta}}{2A}$$

6. A tabela a seguir fornece os descontos de uma compra. Fazer um programa em Python que leia o valor de uma compra, determine o desconto a ser aplicado e calcule o valor a ser pago pelo cliente. Imprimir o valor a ser pago com **PRINT( )**.

Tabela 1 – Descontos

Valor da compra (R$)	Desconto (%)
Entre 0 e 20	5
Entre 21 e 50	10
Entre 51 e 100	15
Entre 101 e 1.000	20
Maior que 1.000	30

7. Uma loja de departamentos de roupas de cama e banho percebeu que, se separar seu servidor de vendas em pedidos pares e ímpares, o atendimento fica mais ágil. Fazer um algoritmo em Python em que se deve ler o número que representa o total de vendas n de uma sequência de números naturais e, posteriormente, ler a própria sequência com **input**. Armazenados os números da sequência, o programa deve mostrar com **PRINT( )** o valor da soma dos números pares (SP) e o valor da soma dos números ímpares (SI).

8. O financiamento de um automóvel foi contratado respeitando a série matemática a seguir para 70 meses. Criar um algoritmo em Python para calcular a soma seguinte até o termo n que o usuário desejar, seguindo a lógica a seguir.

$$S = \frac{70}{7} + \frac{69}{14} + \frac{68}{21} + \frac{67}{28} + \ldots$$

9. Fazer um algoritmo em Python que leia uma quantidade n de valores numéricos fornecidos pelo usuário por meio do **input**. O programa deve contar quantos pares e quantos ímpares existem e imprimir a soma com o **PRINT( )**.

10. A área abaixo de uma função matemática fornece alguns resultados importantes em termos de demanda, custo, lucro marginal, entre outros resultados na área de finanças. A integral seguinte não pode ser resolvida utilizando as técnicas usuais de cálculo diferencial e integral. Mas, pela aproximação da integral em n termos da série seguinte, tem-se uma boa aproximação do seu valor exato.

$$\int_0^x e^{-u^2} du = x - \frac{x^3}{3*1!} + \frac{x^5}{5*2!} - \frac{x^7}{7*3!} + \cdots$$

Assim, construir um programa em Python em que o usuário entre com a variável n (que representa a quantidade de termos) com o comando **input** e x (que representa o limite de integração) com o comando **input**. Ao final, o programa imprime com **PRINT( )** o resultado da integral (a soma do lado direito do sinal de igualdade).

11. O valor de π pode ser encontrado com a seguinte série matemática:

$$s = 4 - \frac{4}{3} + \frac{4}{5} - \frac{4}{7} + \frac{4}{9} - \frac{4}{11} + \cdots$$

Para encontrar o valor mais próximo possível conhecido, é necessário o comando **while**. Com o **while**, é possível escolher a precisão ou acurácia da resposta dessa soma. Fazer um programa em Python para somar a série anterior até que a precisão da soma seja de duas casas decimais, informando quantos termos da série foram utilizados. Por exemplo, o resultado para essa precisão necessita de algo próximo a mil termos com **while**.

```
s =   3.140592653839794   diferença =   0.000999999749998981   termos =   1000
```

12. Fazer um algoritmo usando **while** para encontrar a soma de *n* termos para a série a seguir:

$$s = 1 + \frac{3}{2} + \frac{5}{3} + \frac{7}{4} + \frac{9}{5} + \ldots$$

O usuário deve fornecer o número de termos desejado usando **input**, e o resultado deve ser impresso no **Console** com **PRINT( )**.

13. Fazer um algoritmo em Python para percorrer uma lista e imprimir com **PRINT( )** apenas ações do mesmo setor. Lembrar e usar o comando **continue** para essa tarefa. Por exemplo, na lista a seguir, excluir com o uso do **while** a sigla da Petrobras (petr4) do setor de petróleo, visto que a lista possui bancos.

```
lista=['bbdc4','itub4','petr4','petr4','bbas3','petr4','sanb4','petr4','bpac3','petr4']
```

```
Ação de Banco :    bbdc4
Ação de Banco :    itub4
Ação de Banco :    bbas3
Ação de Banco :    sanb4
Ação de Banco :    bpac3
+++ fim da impressão +++
```

14. Fazer um algoritmo em Python usando **while** para percorrer uma lista e parar a busca por um elemento assim que encontrar sua aparição pela primeira vez. Imprimir a posição (índice que ocupa na lista) em que esse elemento se encontra. Por exemplo, para a lista a seguir:

```
lista=['bbdc4','itub4','petr4','petr4','bbas3','petr4','sanb4','petr4','bpac3','petr4']
```

a solução a ser impressa é:

```
Petrobras aparece pela primeira vez no índice :    2
+++ fim da impressão +++
```

15. Uma lista tem elementos repetidos. Fazer um algoritmo em Python usando **while** para percorrer essa lista e parar a busca por um elemento assim que ele aparecer pela segunda vez. Imprimir a posição (índice que ocupa na lista) desse elemento. Por exemplo, para a lista a seguir, se procuramos a sigla petr4:

Iteração e decisão

```
lista=['bbdc4','itub4','petr4','petr4','bbas3','petr4','sanb4','petr4','bpac3','petr4']
```

a impressão da resposta é:

```
Petrobras aparece a segunda vez no índice :   5
+++ fim da impressão +++
```

16. É bastante comum se ter uma lista cujos elementos também são listas. Por exemplo: Palavras = [['comprar','vender'],['manter','alertar','indicar'],['tendencia','crash','lucro']].

    Nessa lista, o primeiro elemento da lista Palavras é ['comprar','vender'], o segundo é ['manter','alertar','indicar'] e o terceiro, ['tendencia','crash','lucro']. Utilizar a noção de **for** para imprimir esses elementos-listas de forma separada.

17. Na lista do exercício anterior: Palavras = [['comprar','vender'],['manter','alertar','indicar'],['tendencia','crash','lucro']], fazer um algoritmo em Python para imprimir no **Console** os elementos das listas que são elementos da lista original Palavras. Ou seja, devem aparecer na impressão os elementos todos sem os colchetes que representam listas. Nesse caso da lista Palavras, a impressão deve ser:

```
comprar
vender
manter
alertar
indicar
tendencia
crash
lucro
```

18. Muitas vezes, temos listas cujos elementos são listas e desejamos que os elementos desses elementos formem uma nova lista. Fazer um algoritmo em Python que tome uma lista de listas, por exemplo: Lista = [[1,2,−1] , [3,−1,4,5] , [0,0,1,2,−1] , [−1,−1,2,2,−1,2,−1] , [3,2,0] , [1,1,−1,0,2]], e forme uma nova lista usando **for** e **append**.

    Lista_nova = [1, 2, −1, 3, −1, 4, 5, 0, 0, 1, 2, −1, −1, −1, 2, 2, −1, 2, −1, 3, 2, 0, 1, 1, −1, 0, 2].

    Com essa nova lista fatiada da lista original, fazer com que seja apresentado no **Console** usando o comando **PRINT( )**:

    (a) A nova lista.

    (b) A soma dos elementos dessa nova lista.

    (c) O maior elemento dessa nova lista.

    (d) O menor elemento dessa nova lista.

    (e) A média dos elementos dessa nova lista.

    (f) A moda dos elementos dessa nova lista.

    (g) O desvio-padrão populacional dessa nova lista.

19. Fazer uma nova lista a partir de uma lista original composta de palavras.

    Lista = [['ontem','hoje','amanhã'],['sp','rj','mg','ce'],['são paulo','rio','santos','cuiabá']]

    A nova lista deve ser construída usando **for** e **append**.

    Lista_nova = ['ontem','hoje','amanhã','sp','rj','mg','ce','são paulo','rio','santos','cuiabá']

    Após isso, deve-se:

    (a) estender a lista original com a nova lista ['férias','negócios'].

    (b) colocar a nova lista em ordem alfabética.

20. Uma lista está repleta de letras repetidas: let = ['a','b','c','a','d','f','a','b','b','d','c']. Fazer um algoritmo em Python para criar uma nova lista apenas com elementos não repetidos da lista anterior. A resposta deve ser ['a','b','c','d','f'].

CAPÍTULO 3
EXPLORANDO A ESTATÍSTICA NO MERCADO

3.1 TRABALHANDO COM PLANILHAS

Nos dias atuais, a disposição de dados é imensa em todas as áreas de trabalho, com inúmeras ferramentas computacionais de busca e armazenamento. No mercado financeiro isso é ainda mais frenético e volumoso. Dados sobre bolsas de valores, negociações, ações, opções estão disponíveis em plataformas com sinais em tempo real, trabalhando na faixa de milissegundos.

Uma das formas mais comuns de armazenamento que domina o mercado financeiro há muito tempo é o Excel. As planilhas Excel se tornaram padrão entre empresas e se constituem no principal meio eletrônico de avaliação em muitas empresas. Com o surgimento do Python e, mais precisamente nos últimos anos, com a introdução do Python para programadores ou analistas que trabalham no mercado financeiro, bibliotecas específicas estão disponíveis para estabelecer uma interação entre planilhas e Python.

No Capítulo 1, foram apresentadas duas dessas bibliotecas para transferir dados do Excel para o Python. Com a programação na área de **script** do Python, essa forma de conversação entre as planilhas de Excel e Python se torna mais dinâmica e útil.

A biblioteca que auxilia na importação de dados do Excel vista no Capítulo 1 é a xlrd, que deve ser importada nas linhas de todos os programas que vão trabalhar com as planilhas do Excel. Vamos supor que temos um arquivo em Excel chamado Teste.xlsx, conforme mostrado na Figura 3.1.

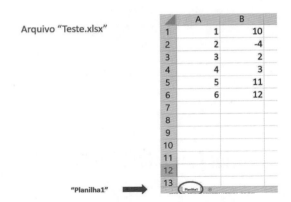

Figura 3.1 – Arquivo em Excel com dados em duas colunas na **Planilha1**.

O programa deve ser iniciado com a importação da biblioteca, e é preciso especificar de qual planilha os dados serão transferidos. No Capítulo 1, foi apresentado que os métodos **row** e **col** para denominação de linhas e colunas podem ser usados e os dados são automaticamente assumidos como listas.

Na programação a seguir, a variável *y* recebeu todos os dados das duas colunas do arquivo Teste.xlsx que estão na **Planilha1** apresentados na Figura 3.1.

```
# Transferência de dados do Excel

import xlrd

wb=xlrd.open_workbook('Teste.xlsx')

y=wb.sheet_by_name('Planilha1')
```

Os métodos **col_values( )** e **row_values( )** retornam, respectivamente, todos os dados das colunas e linhas do arquivo Excel. Dentro dos parênteses, devem ser colocados os números que representam as colunas no Excel. Por exemplo, para **col_values**, se esse número é 0, é a coluna A; se é 1, é a coluna B, e assim sucessivamente. No caso das linhas, o mesmo procedimento deve ser adotado para **row_values**.

No programa a seguir, após transferir os dados da planilha para a variável *y*, a variável *x* torna-se uma lista com todos os dados da coluna A. Isso porque o número zero nos parênteses de **col_values** está indicando essa coluna. Da mesma forma, a variável *z* torna-se uma lista com todos os dados da coluna B.

```
# Transferência de dados do Excel

import xlrd

wb=xlrd.open_workbook('Teste.xlsx')

y=wb.sheet_by_name('Planilha1')

x = y.col_values(0)
z = y.col_values(1)

print(x,z)
```

Quando esse programa é executado, o resultado no **Console** é:

[1.0, 2.0, 3.0, 4.0, 5.0, 6.0] [10.0, -4.0, 2.0, 3.0, 11.0, 12.0]

Pode-se melhorar essa saída no console indicando as variáveis *x* e *z* no **PRINT( )** com a mudança de linha usando \n, como pode ser observado a seguir. É importante notar que, uma vez transferidos esses dados, as listas *x* e *z* agora podem ser manipuladas das mesmas formas e técnicas apresentadas nos capítulos anteriores.

```
1 # Transferência de dados do Excel
2
3 import xlrd
4
5 wb=xlrd.open_workbook('Teste.xlsx')
6
7 y=wb.sheet_by_name('Planilha1')
8
9 x = y.col_values(0)
10 z = y.col_values(1)
11
12 print('x =',x,'\n','z = ',z)
```

A modificação no **PRINT( )** leva a seguinte saída no **Console**:

x = [1.0, 2.0, 3.0, 4.0, 5.0, 6.0]
 z = [10.0, -4.0, 2.0, 3.0, 11.0, 12.0]

Para ver que *x* e *z* são listas, basta ir às linhas do **Console** e digitar "x[0]" e "z[0]":

In [18]: x[0]
Out[18]: 1.0

In [19]: z[0]
Out[19]: 10.0

No caso das linhas, também podemos criar listas com todos os dados separados pelas linhas da planilha. As linhas 12 e 13 do algoritmo a seguir mostram que a nova lista x_lin tem todos os elementos da linha 1 do Excel. O leitor deve reparar que a linha 1 do Excel é na realidade a linha 0 no Python. A lista z_lin tem todos os elementos da linha 2 da planilha, que no Python é a linha 1.

```
1 # Transferência de dados do Excel
2
3 import xlrd
4
5 wb=xlrd.open_workbook('Teste.xlsx')
6
7 y=wb.sheet_by_name('Planilha1')
8
9 x = y.col_values(0)
10 z = y.col_values(1)
11
12 x_lin = y.row_values(0)
13 z_lin = y.row_values(1)
14
15 print('x =',x,'\n','z = ',z)
16
17 print('x =',x_lin,'\n','z = ',z_lin)
```

O resultado no **Console** para o segundo **PRINT( )** na linha 17 do algoritmo é:

```
x = [1.0, 10.0]
 z = [2.0, -4.0]
```

Demonstração passo a passo da aquisição de dados de planilhas em Excel para o Python

3.2 MÉTODO CELL

A segunda maneira de transferir os dados é não usando **col** ou **row**, mas diretamente as células do Excel. O método **cell** permite separar ou misturar elementos entre linhas e colunas. Isso é útil quando não desejamos criar uma lista igual à contida no Excel, mas modificar os dados para compor outro tipo de lista. Nesse caso, é necessário usar o **for**.

No algoritmo a seguir, o método **nrows** na linha 9 retorna o total de linhas que foi importado do Excel para a variável *y* e **ncols** retorna o total de colunas.

```
1 # Transferência de dados do Excel
2
3 import xlrd
4
5 wb=xlrd.open_workbook('Teste.xlsx')
6
7 y=wb.sheet_by_name('Planilha1')
8
9 lin = y.nrows
10 col = y.ncols
11
12 for i in range(lin):
13     for j in range(col):
14         print('%d' % y.cell(i,j).value)
```

Usando a iteração para linhas no primeiro **for** e para colunas no segundo, o método **cell** adquire célula a célula da variável *y*, misturando os elementos. Para a impressão, segue-se todos da linha 1 do Excel, depois da linha 2, e assim sucessivamente, como pode ser visto no resultado no **Console**.

```
1
10
2
-4
3
2
4
3
5
11
6
12
```

Com o uso do **for** ou **while**, podemos criar novas listas usando o método **append**, adicionando os novos elementos por meio da iteração da forma mais desejada. No algoritmo a seguir, na linha 12 inicializamos uma lista vazia chamada dados usando [ ]. A variável *col* é o total de colunas, que no caso são duas. O primeiro valor de *col* é 0 e o segundo é 1.

Quando *col* é 0, o método **col_values**( ) retorna para a variável *coluna* na linha 15 toda a coluna A do Excel. Com essa coluna toda importada, o método **append** adiciona esses valores na lista que estava vazia, chamada dados.

Na segunda iteração, a nova coluna do Excel é inserida e adicionada com o **append**, mas não mais na lista vazia dados. A lista chamada dados já tem a coluna anterior. Então, nesse passo, a lista dados já possui todos os dados do Excel, podendo ser impressos no **Console** com o **PRINT**( ) ou como está na linha 17, imprimindo elemento a elemento a cada iteração.

```
1 # Transferência de dados do Excel
2
3 import xlrd
4
5 wb=xlrd.open_workbook('Teste.xlsx')
6
7 y=wb.sheet_by_name('Planilha1')
8
9 lin = y.nrows
10 col = y.ncols
11
12 dados=[]
13
14 for i in range(col):
15     coluna = y.col_values(i)
16     dados.append(coluna)
17     print(coluna)
```

No **Console** o resultado é:

[1.0, 2.0, 3.0, 4.0, 5.0, 6.0]
[10.0, -4.0, 2.0, 3.0, 11.0, 12.0]

3.3 ESTATÍSTICAS PARA LISTAS COM DIMENSÕES MAIORES

Até o momento, as listas apresentadas possuíam apenas uma dimensão. Listas com uma única dimensão podem utilizar as funções **sum**, **max**, **min** etc., para manipular os dados, como já demonstrados anteriormente nos Capítulos 1 e 2.

Na lista importada do Excel da seção anterior, formamos uma lista dupla, que possui duas colunas de dados. Nesses casos em que a dimensão não é mais unitária, devemos usar outra notação para as listas. A notação deve utilizar dois colchetes, representando as colunas no primeiro e as linhas no segundo.

[*início das colunas* : *fim das colunas*] [*início das linhas* : *fim das linhas*]

Assim, uma representação **dados**[:][:] indica todas as linhas e colunas. Já uma representação **dados**[1][:] indica que se deseja todas as linhas da coluna 1 da lista. É preciso lembrar que, na realidade, queremos todas as linhas da coluna 2 do Excel. No **Console**, no caso do exemplo anterior com a lista chamada dados, temos algumas representações:

```
dados[:][:]
[[1.0, 2.0, 3.0, 4.0, 5.0, 6.0], [10.0, -4.0, 2.0, 3.0, 11.0, 12.0]]

dados[0:1][:]
[[1.0, 2.0, 3.0, 4.0, 5.0, 6.0]]

dados[1][:]
[10.0, -4.0, 2.0, 3.0, 11.0, 12.0]

dados[0][:]
[1.0, 2.0, 3.0, 4.0, 5.0, 6.0]

dados[:][0]
[1.0, 2.0, 3.0, 4.0, 5.0, 6.0]

dados[:][1]
[10.0, -4.0, 2.0, 3.0, 11.0, 12.0]
```

Agora, de posse das representações corretas, podemos importar dados de qualquer tipo de planilha Excel e usar as ferramentas de análises da estatística. No caso básico de soma, máximo e mínimo, o algoritmo anterior pode conter as novas linhas 19 a 21.

```
1 # Transferência de dados do Excel
2
3 import xlrd
4
5 wb=xlrd.open_workbook('Teste.xlsx')
6
7 y=wb.sheet_by_name('Planilha1')
8
9 lin = y.nrows
10 col = y.ncols
11
12 dados=[]
13
14 for i in range(col):
15     coluna = y.col_values(i)
16     dados.append(coluna)
17     print(coluna)
18
19 soma=sum(dados[1][:])
20 minimo=min(dados[1][:])
21 maximo=max(dados[1][:])
22 print("soma","máximo","mínimo")
23 print(soma,maximo,minimo)
```

No **Console** o resultado é:

```
[1.0, 2.0, 3.0, 4.0, 5.0, 6.0]
[10.0, -4.0, 2.0, 3.0, 11.0, 12.0]
soma máximo mínimo
34.0 12.0 -4.0
```

3.4 BIBLIOTECA STATISTICS

No Python, existem muitas bibliotecas que envolvem as técnicas e metodologias de estatística, cada qual com sua aplicação. A mais básica delas é a biblioteca statistics que resolve muitos problemas e possui uma boa dimensão de aplicação. Vamos supor que temos os seguintes dados no arquivo Excel de nome EstatDad.xlsx, com os dados dispostos na **Planilha1**, conforme a Figura 3.2.

A	B
1	10
2	9
3	8
4	9
5	9
6	8
7	10
8	11
9	15
10	7
11	8
12	7
13	8
14	10
15	10
16	10
17	11
18	9
19	10
20	8

Figura 3.2 – Dados na **Planilha1** do Excel.

Como visto anteriormente, o programa importa esses dados para o Python. Temos então a lista bidimensional chamada dados. A diferença é que nesse algoritmo importamos a biblioteca statistics como st e a biblioteca matplotlib.pyplot para a construção de gráficos. Os dados da coluna A são apenas contadores que podem representar dias, horas ou apenas índices dos valores que estão na coluna B. O que nos interessa para a análise estatística está na coluna B, que na lista de dados se tornou no Python coluna 1.

```
1 # Transferência de dados do Excel
2
3 import xlrd
4 import statistics as st
5 import matplotlib.pyplot as fig
6
7 wb=xlrd.open_workbook('EstatDad.xlsx')
8
9 plan=wb.sheet_by_name('Planilha1')
10
11 lin = plan.nrows
12 col = plan.ncols
13
14 dados=[]
15
16 for i in range(col):
17     coluna = plan.col_values(i)
18     dados.append(coluna)
```

Para a representação da média e mediana, precisamos apenas chamar a função **mean** e a função **median** da biblioteca, o que para a lista de dados importada do Excel é:

```
media=st.mean(dados[1][:])
mediana=st.median(dados[1][:])
```

Como visto no Capítulo 1, o desvio-padrão populacional, que é matematicamente representado pela fórmula:

$$\sigma = \sqrt{\frac{\sum_{i=1}^{n}(x_i = \overline{x})^2}{n}} \quad (3.1)$$

no Python é calculado pela função **pstdev**, e o desvio-padrão amostral, que matematicamente é representado por:

$$s = \sqrt{\frac{\sum_{i=1}^{n}(x_i = \overline{x})^2}{n-1}} \quad (3.2)$$

pode ser calculado para a lista de dados usando a função **stdev**. Essas estatísticas para o algoritmo inicial ficam dispostas nas seguintes linhas.

```
21 media=st.mean(dados[1][:])
22 mediana=st.median(dados[1][:])
23 ######## desvio padrão populacional ##########
24 desvioP=st.pstdev(dados[1][:])
25
26 ######## desvio padrão amostral ##########
27 desvioA=st.stdev(dados[1][:])
28
29 print('++++++++++ RESUMO DAS ESTATÍSTICAS ++++++')
30 print('MÉDIA MEDIANA DESV.P DESV.A')
31 print('%5.2f %6.2f %5.2f %5.2f' % (media, mediana, desvioP, desvioA))
```

O resultado no **Console** para os dados da Figura 3.2 é:

```
++++++++++ RESUMO DAS ESTATÍSTICAS ++++++
MÉDIA MEDIANA DESV.P DESV.A
 9.35   9.00   1.74   1.79
```

Gráficos em estatística são bastante importantes e suas representações fornecem informações relevantes para análises de populações de dados. O gráfico de histograma de classes mostra a frequência na repetição de dados nas classes escolhidas. Essas classes representam intervalos que podem ser escolhidos de forma aleatória ou calculados para representar de forma mais significativa determinado cálculo. Na biblioteca matplotlib, o histograma é uma função em que o primeiro parâmetro é a lista de dados e o segundo, o número de classes para representar o gráfico.

Lembrando que na biblioteca gráfica renomeamos de "fig", o histograma então fica:

fig.hist ('*dados a serem plotados*', **bins** = *num*)

em que *num* é a quantidade de classes desejada.

As Figuras 3.3, 3.4 e 3.5 representam os histogramas com diversos valores para as classes do exemplo.

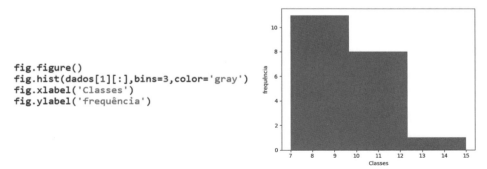

Figura 3.3 – Histograma com três classes.

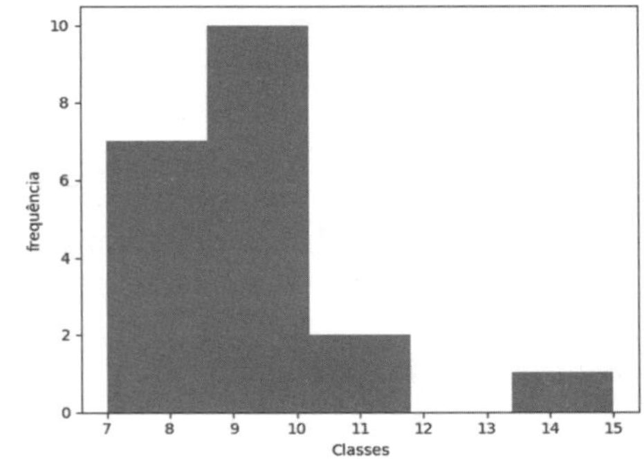

Figura 3.4 – Histograma com cinco classes.

```
fig.figure()
fig.hist(dados[1][:],bins=7,color='gray')
fig.xlabel('Classes')
fig.ylabel('frequência')
```

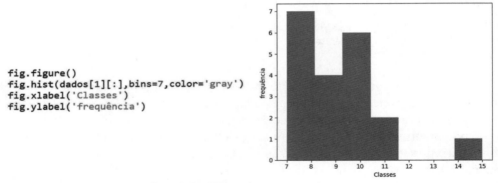

Figura 3.5 – Histograma com sete classes.

Além do histograma, outra importante representação gráfica em estatística é o gráfico de Boxplot. Esse gráfico é um agrupamento de dados cuja representação se faz como se estivéssemos observando do topo a curva normal ou curva gaussiana.

As representações que compõem o Boxplot são os lugares do mínimo valor da amostragem da população de dados, o primeiro quartil (ou 25% da amostra), a mediana (ou 50% da amostra), o terceiro quartil (ou 75% da amostra) ou lugar do máximo valor e, por fim, quando existente, os *outliers*, como apresentado na Figura 3.6.

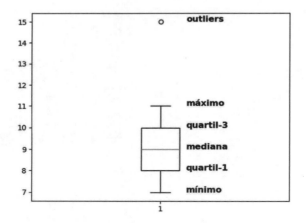

Figura 3.6 – Boxplot no Python.

Para a execução do Boxplot, basta colocar como parâmetros o conjunto de dados desejado com a função **boxplot** ligada ao nome da biblioteca gráfica.

```
fig.figure()
fig.boxplot(dados[1][:])
```

Cores e tipos de Boxplot podem ser alterados por funções específicas dentro da biblioteca matplotlib.

Programação de histograma e Boxplot no Python

3.5 BIBLIOTECA RANDOM

A geração de números aleatórios é fundamental para simulações aleatórias ou simulações estocásticas, como também são conhecidas. Essas simulações estudam eventos com probabilidades de perturbações e levam os modelos matemáticos à exaustão. Tais simulações numéricas testam os limites para ganhos, perdas, *crashes*, enfim, chances de ocorrência dos extremos em distribuições de probabilidades.

Para o uso dos números aleatórios, faz-se necessário a importação de random.

EXEMPLO 3.1

Gerar cem números aleatórios inteiros entre 1 e 60.

Nesse caso, a função a ser chamada é a função **randint(início,fim)**. O algoritmo em Python é o seguinte.

```
# Geração de números aleatórios

import matplotlib.pyplot as fig
import random
aleat=[]
for i in range(100):
    x=random.randint(1,60)
    aleat.append(x)

fig.plot(aleat)
```

Cria-se uma lista vazia chamada aleat e, então, utilizando **for**, chama-se a função **randint(1,60)**. Esses números são adicionados à lista vazia, um a um. O resultado gráfico está na Figura 3.7.

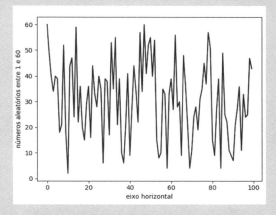

Figura 3.7 – Função **randint** para gerar inteiros aleatórios entre 1 e 60.

EXEMPLO 3.2

Gerar cem números aleatórios reais entre 0 e 1.

Para esse exemplo, a função a ser chamada é **random( )**. É o mesmo nome da biblioteca dos números aleatórios, mas com parênteses.

```
# Geração de números aleatórios

import matplotlib.pyplot as fig
import random
aleat=[]
for i in range(100):
    x=random.random()
    aleat.append(x)

fig.plot(aleat,color='black')
fig.xlabel('eixo horizontal')
fig.ylabel('números aleatórios entre 0 e 1')
```

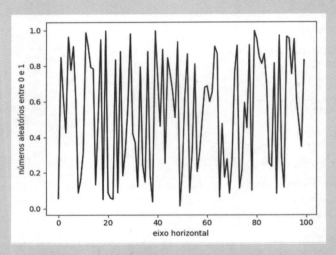

Figura 3.8 – Função **random** para gerar inteiros aleatórios entre 0 e 1.

EXEMPLO 3.3

Gerar cem números aleatórios reais no intervalo (–a,+a).

Nesse caso, não se deseja apenas gerar números aleatórios entre 0 e 1 reais nem números aleatórios inteiros entre um valor negativo e positivo. O que se deseja é gerar números entre, por exemplo, –1 e +1, mas com ponto flutuante (números reais). A função a ser usada é a **random.uniform(início, fim)**.

Por exemplo, se o intervalo desejado é (-1,+1), o algoritmo é este:

```
1  # Geração de números aleatórios
2
3  import matplotlib.pyplot as fig
4  import random
5  aleat=[]
6  for i in range(100):
7      x=random.uniform(-1,1)
8      aleat.append(x)
9
10 fig.plot(aleat,color='black')
11 fig.xlabel('eixo horizontal')
12 fig.ylabel('números aleatórios entre -1 e 1')
```

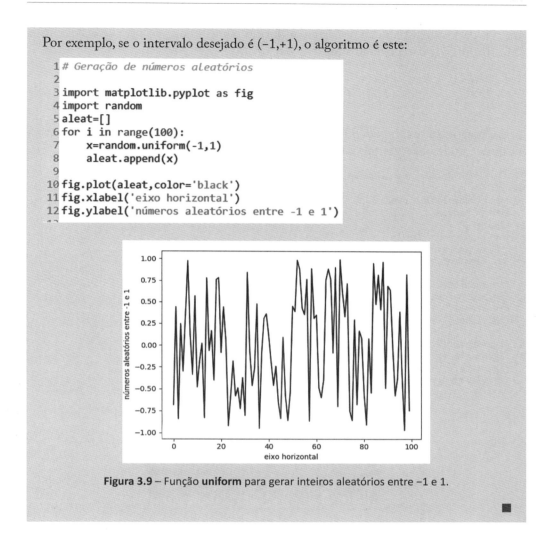

Figura 3.9 – Função **uniform** para gerar inteiros aleatórios entre –1 e 1.

3.6 DISTRIBUIÇÕES DE PROBABILIDADES

No Exemplo 3.3, números aleatórios foram gerados pela função **uniform** do Python. Isso tem um motivo: esses números seguem as chamadas distribuições de probabilidades, que caracterizam esses números pela forma ou assimetria representada pelo histograma. Essas distribuições são utilizadas em todas as áreas de pesquisa para gerar cenários e calcular riscos, calcular ganhos acima do normal, calcular sucesso, calcular fracasso, enfim, todos os eventos que demandem uma análise probabilística.

3.6.1 DISTRIBUIÇÃO UNIFORME

Nesta distribuição, as probabilidades de ocorrências dos números são praticamente as mesmas, causando uma visualização no histograma muito parecida com um retângulo. Os dados se distribuem de forma uniforme, respeitando a função de distribuição de probabilidade dada pela fórmula:

$$f(x) = \begin{cases} \frac{1}{b-a} & se\, a \leq x \leq b \\ 0 & caso\, contrário \end{cases} \quad (3.3)$$

O algoritmo a seguir gera mil pontos entre (−1,+1) e faz o histograma dos números, em que se pode observar um comportamento uniforme.

```
# Geração de números aleatórios

import matplotlib.pyplot as fig
import random
aleat=[]
for i in range(1000):
    x=random.uniform(-1,1)
    aleat.append(x)

fig.subplot(211)
fig.plot(aleat,color='black')
fig.xlabel('eixo horizontal')
fig.ylabel('números aleatórios entre -1 e 1')

fig.subplot(212)
fig.hist(aleat,bins=20,color='gray')
fig.xlabel('Classes')
fig.ylabel('frequência')
```

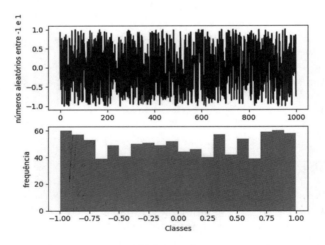

Figura 3.10 – Distribuição de probabilidade uniforme para mil **números aleatórios**.

3.6.2 DISTRIBUIÇÃO NORMAL OU GAUSSIANA

Esta é a distribuição de probabilidade mais importante e a mais utilizada em estudos envolvendo eventos aleatórios. As distribuições desses números são importantes pois são baseadas na média e no desvio-padrão para a averiguação da volatilidade. No caso do mercado financeiro, é essencial para simulações de Monte Carlo, para estudos de riscos com *value at risk*, para otimização de portfólios e para operações envolvendo opções com a fórmula de Black-Scholes.

A distribuição segue a fórmula da densidade gaussiana:

$$f(x) = \frac{e^{\frac{-(x-\mu)^2}{2s^2}}}{\sigma\sqrt{2\pi}} \qquad (3.4)$$

em que μ é a média populacional dos dados e σ indica o desvio-padrão. No Python, existem duas formas de gerar números aleatórios com essa distribuição. As duas funções são **normalvariate(μ,σ)** e **gauss(μ,σ)**. Mas a função **gauss(μ,σ)** é mais rápida na geração dos números aleatórios.

O algoritmo a seguir demonstra a geração de mil números gaussianos com média zero e desvio-padrão unitário. Pode-se observar, na Figura 3.11, a mudança na característica do histograma em relação à distribuição uniforme.

```
# Geração de números aleatórios

import matplotlib.pyplot as fig
import random
aleat=[]
for i in range(1000):
    x=random.gauss(0,1)
    aleat.append(x)

fig.subplot(211)
fig.plot(aleat,color='black')
fig.xlabel('eixo horizontal')
fig.ylabel('números aleatórios entre -1 e 1')

fig.subplot(212)
fig.hist(aleat,bins=20,color='gray')
fig.xlabel('Classes')
fig.ylabel('frequência')
```

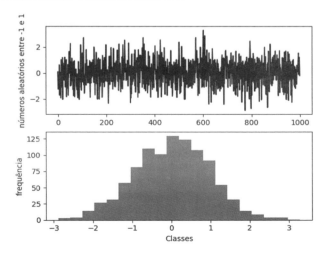

Figura 3.11 – Distribuição de probabilidade normal para mil **números aleatórios**.

3.6.3 DISTRIBUIÇÃO GAMA

Esta é a distribuição de probabilidade para modelar valores de dados positivos que são assimétricos à direita e maiores do que 0. São casos particulares dessa distribuição a distribuição exponencial e a distribuição qui-quadrado.

A fórmula que descreve essa distribuição é a seguinte:

$$f(x) = \frac{\beta^{\alpha} x^{\alpha-1} e^{-\beta x}}{\Gamma(\alpha)} \qquad (3.5)$$

No Python, a função **gama** está sob a função **gammavariate(α,β)**. A seguir, o algoritmo é programado para rodar mil valores de gama com $\alpha = 1$ e $\beta = 2$. Os números e a distribuição podem ser observados na Figura 3.12. A característica com decaimento exponencial é bastante marcante no histograma.

```
# Geração Gama

import matplotlib.pyplot as fig
import random
aleat=[]
for i in range(1000):
    x=random.gammavariate(1,2)
    aleat.append(x)

fig.subplot(211)
fig.plot(aleat,color='black')
fig.xlabel('eixo horizontal')
fig.ylabel('números aleatórios entre -1 e 1')

fig.subplot(212)
fig.hist(aleat,bins=20,color='gray')
fig.xlabel('Classes')
fig.ylabel('frequência')
```

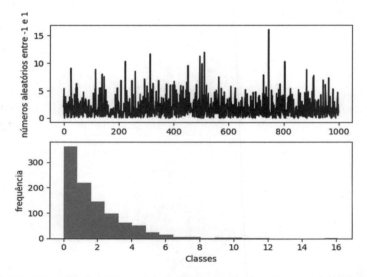

Figura 3.12 – Distribuição de probabilidade gama para mil **números aleatórios**.

3.7 AJUSTE DE DISTRIBUIÇÕES DE PROBABILIDADES AOS DADOS

O importante da construção dos histogramas é o ajuste posterior da curva de probabilidade que melhor se adapta aos dados. Uma vez conhecida essa curva, os cálculos sobre intervalo de confiança, cenários otimistas, cenários pessimistas, análise de riscos e outras metodologias tornam os dados brutos qualificados para interpretações mais próximas da realidade das decisões.

O primeiro ponto importante é usar, em vez dos histogramas anteriores, histogramas normalizados, visto que as curvas teóricas têm área máxima unitária (100%). Assim, a função do histograma é bastante parecida com a anterior, mas agora com uma variável *normed* = True.

```
fig.subplot(212)
fig.hist(aleat,bins=20,color='gray', normed=True)
```

As versões mais recentes do Python têm alertado que o método *normed* será abandonado e recomenda-se usar em seu lugar o método *density*. Caso o leitor esteja programando e essa normalização do histograma apresentar problemas, deve-se trocar *normed* por *density*. O resultado nas linhas anteriores deverá ser substituído pelas duas linhas seguintes:

```
fig.subplot(212)
fig.hist(aleat,bins=20,color='gray', density=True)
```

O resultado gráfico é o mesmo, mas os valores do histograma estão normalizados de tal sorte que a área máxima é 1.

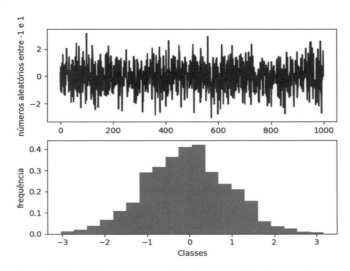

Figura 3.13 – Histograma normalizado para mil dados gaussianos.

O ajuste da curva normal aos dados está na biblioteca scipy.stats (*scientific Python – statistics*). O método a ser importado dessa biblioteca é **norm**, que busca o melhor ajuste para a Equação (3.4) aos dados do histograma. Então a importação necessária é:

```
from scipy.stats import norm
```

Com o método **norm**, a função de ajuste se chama **pdf** (que significa função densidade de probabilidade). Nas linhas a seguir, primeiro o programa encontra o máximo e o mínimo do eixo horizontal. Depois, média e desvio-padrão são obtidos usando a biblioteca statistics e, então, usando **pdf**, o programa ajusta a Equação (3.4) aos dados (ver linha 28).

```
24 xmin,xmax = fig.xlim()
25 media=st.mean(aleat)
26 desvio=st.pstdev(aleat)
27 eixo_x= ny.linspace(xmin,xmax,100)
28 eixo_y= norm.pdf(eixo_x,media,desvio)
29 fig.plot(eixo_x,eixo_y,color='black')
```

O programa completo pode ser visto a seguir, com a inclusão de todas as bibliotecas necessárias para a geração dos números aleatórios, o histograma normalizado e os ajustes para a função gaussiana.

```
1 # Geração Gaussiana - Ajuste
2
3 import matplotlib.pyplot as fig
4 import random
5 from scipy.stats import norm
6 import statistics as st
7 import numpy as ny
8
9 aleat=[]
10 for i in range(1000):
11     x=random.gauss(0,1)
12     aleat.append(x)
13
14 fig.subplot(211)
15 fig.plot(aleat,color='black')
16 fig.xlabel('eixo horizontal')
17 fig.ylabel('números aleatórios entre -1 e 1')
18
19 fig.subplot(212)
20 fig.hist(aleat,bins=20,color='gray', normed=True)
21 fig.xlabel('Classes')
22 fig.ylabel('frequência')
23
24 xmin,xmax = fig.xlim()
25 media=st.mean(aleat)
26 desvio=st.pstdev(aleat)
27 eixo_x= ny.linspace(xmin,xmax,100)
28 eixo_y= norm.pdf(eixo_x,media,desvio)
29 fig.plot(eixo_x,eixo_y,color='black')
```

A resposta gráfica pode ser observada na Figura 3.14. No gráfico dos números aleatórios a seguir, vê-se o histograma normalizado. A curva contínua em linha de cor preta mostra o bom ajuste aos dados do histograma.

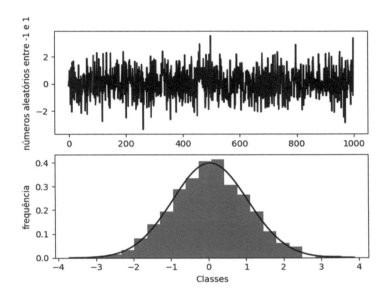

Figura 3.14 – Ajuste da distribuição de probabilidade normal usando scipy.stats.

Para a média de geração 0 e desvio-padrão 1 colocados no gerador da linha 11 do algoritmo, o ajuste pelo **norm.pdf** encontrou valores muito próximos, como pode ser visto no **Console**:

```
In [19]: media
Out[19]: -0.045033888557387804

In [20]: desvio
Out[20]: 1.0371442270156321
```

Além da densidade de probabilidade, a densidade acumulada de probabilidade é muito utilizada para estudo de adequações dos dados reais à curva normal, às curvas de operações e aos estudos de riscos em ativos. A curva para a densidade acumulada está sob o mesmo módulo **norm**, mas com a função **norm.cdf** (densidade de probabilidade acumulada). No gráfico da Figura 3.15, é possível observar no quadro de baixo o histograma, o ajuste da curva **pdf** e o ajuste da curva **cdf**.

A densidade acumulada **cdf**, como o nome já diz, é a soma acumulada das probabilidades, sendo, portanto, uma curva crescente e convergente para 1. Isso porque, como mencionado antes, a área total dos pontos abaixo da função normal (3.4) é 1.

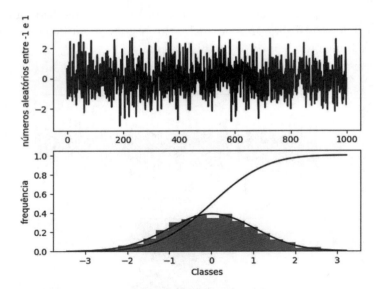

Figura 3.15 – Ajuste da distribuição de probabilidade normal e distribuição acumulada.

Programação dos exemplos anteriores utilizando a biblioteca random

3.8 ANÁLISES ESTATÍSTICAS PARA DADOS REAIS DO MERCADO FINANCEIRO

Até aqui, apresentamos as ferramentas estatísticas existentes para análise de dados e suas funções programadas no Python. Mas como esses algoritmos se adaptam aos dados reais do dia a dia nas negociações financeiras?

A biblioteca random foi útil para gerar dados sintéticos, e as simulações numéricas dos números aleatórios fornecem informações importantes para se entender como as distribuições de probabilidades se comportam e quais são suas principais características.

No mercado financeiro, o estudo e análise de um ativo substitui os números aleatórios com a utilização de dados com alta frequência e, sobretudo, sobre os retornos financeiros nas operações de compras e vendas dos ativos, como índice, ações, moedas, *commodities* ou títulos.

Antes de analisar o comportamento dos ativos, deve-se verificar se realmente os dados desses ativos podem ser representados por uma curva de probabilidade. A mais frequente utilizada é a distribuição de probabilidade normal. Uma das metodologias para essa verificação é o quantil-quantil plot, também chamado de *Q-Q plot*. Se duas distribuições que estão sendo comparadas são similares, os pontos no *Q-Q plot* formam aproximadamente uma reta $y = x$, com 45 graus de inclinação. Esse tipo de gráfico é mais uma comprovação para as medidas de assimetria e curtose.

Outra aplicação muito comum é usar o *Q-Q plot* para averiguar se a distribuição de probabilidade de uma amostra segue a distribuição de probabilidade normal. Compara-se o valor teórico esperado, caso a distribuição seja normal, com os valores reais transferidos para uma distribuição normal com média e desvio-padrão estimados da amostra.

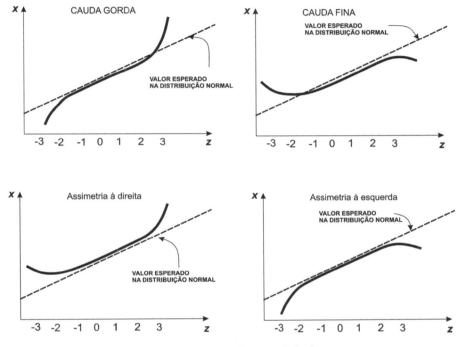

Figura 3.16 – Situações para *Q-Q plot*.

Se a distribuição das medidas observadas está muito diferente das previstas pelo modelo da distribuição de probabilidade normal, significa que esses dados possuem uma assimetria bastante acentuada, podendo se configurar curvas com distribuições de caudas mais "gordas" ou "finas" (Figura 3.16). Isso ocasiona erros bastante acentuados nas análises sobre o desempenho dos ativos. As Figuras 3.17 a 3.20 apresentam o resumo completo e a comparação com as assimetrias que podem ser observadas nos histogramas para cada caso.

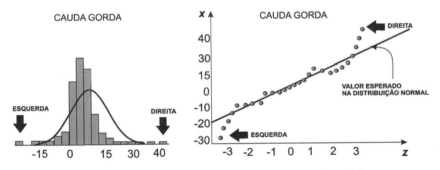

Figura 3.17 – *Q-Q plot* para distribuição com "cauda gorda".

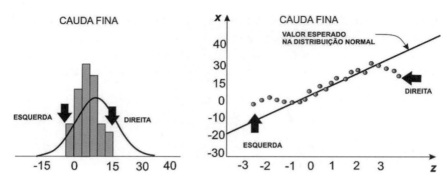

Figura 3.18 – *Q-Q plot* para distribuição com "cauda fina".

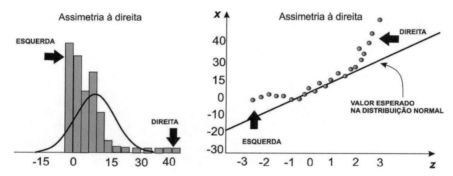

Figura 3.19 – *Q-Q plot* para distribuição com assimetria à direita.

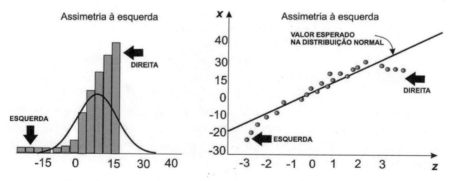

Figura 3.20 – *Q-Q plot* para distribuição com assimetria à esquerda.

EXEMPLO 3.4

Dados de fechamentos diários do Ibovespa foram adquiridos de 2 de janeiro de 2018 a 19 de outubro de 2019. No total, somam 447 dias de negócios em dias úteis. Os dados foram salvos em um arquivo em Excel com o nome Ibv.xlsx. A planilha em que estão os dados se chama **Ibv** e apresentamos a seguir apenas os primeiros dados como ilustração dos demais que foram usados na programação.

Explorando a estatística no mercado 107

	A	B
1	02/01/2018	77891
2	03/01/2018	77995
3	04/01/2018	78647
4	05/01/2018	79071
5	08/01/2018	79379
6	09/01/2018	78864
7	10/01/2018	78201
8	11/01/2018	79365
9	12/01/2018	79349
10	15/01/2018	79752
11	16/01/2018	79832
12	17/01/2018	81189
13	18/01/2018	80963
14	19/01/2018	81220
15	22/01/2018	81675
16	23/01/2018	80678
17	24/01/2018	83680
18	25/01/2018	83680
19	26/01/2018	85531
20	29/01/2018	84698
21	30/01/2018	84482
22	31/01/2018	84913
23	01/02/2018	85495
24	02/02/2018	84041
25	05/02/2018	81861
26	06/02/2018	83894
27	07/02/2018	82767
28	08/02/2018	81533
29	09/02/2018	80899
30	14/02/2018	83543
31	15/02/2018	84291
32	16/02/2018	84525
33	19/02/2018	84793
34	20/02/2018	85804
35	21/02/2018	86052
36	22/02/2018	86686
37	23/02/2018	87293
38	26/02/2018	87653
39	27/02/2018	86935
40	28/02/2018	85481

Ibov

Para a análise estatística desses dados, como visto anteriormente, o primeiro passo é sua importação para o Python. Abre-se o arquivo com o método **open_workbook**, depois seleciona-se a planilha com **sheet_by_name**. Inicia-se uma lista vazia para, com o **append**, adicionar os dados. Neste exemplo, essa planilha recebeu o nome de dados.

O objetivo é analisar o comportamento e a volatilidade do Ibovespa, observando seus retornos. Se os retornos diários para esse período se comportarem como uma distribuição normal ou gaussiana, estudos de riscos e probabilidades podem ser realizados adotando a hipótese da normalidade. O retorno financeiro é calculado pela fórmula:

$$ret = \frac{preço(i) - preço(i-1)}{preço(i-1)} \qquad (3.6)$$

Podemos realizar esse cálculo no Python utilizando um **for**, mas existe uma maneira mais prática: trabalhando com a lista de dados. No entanto, em uma lista de dados, não é permitida a divisão elemento por elemento. Então, antes do cálculo do retorno, transforma-se a lista em vetor, usando na importação da biblioteca numpy o método **array**.

A linha de comando do Python fica desta forma:

```
dados=ny.array(dados)
```

Ela transforma a lista dados em vetor dados. Dessa forma, o cálculo do retorno do Ibovespa pode ser realizado em uma única linha da seguinte forma:

```
retorno=(dados[1,1:lin]-dados[1,0:lin-1])/dados[1,0:lin-1]
```

em que *lin* é a variável que representa o total de linhas dos dados adquiridos da planilha em Excel. No exemplo, o total de dados é 447. Nos passos seguintes, são repetidas as informações já discutidas nas seções anteriores, em que o resultado para o Ibovespa diário pode ser observado na Figura 3.21.

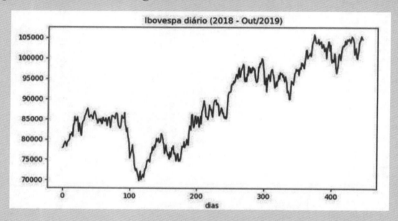

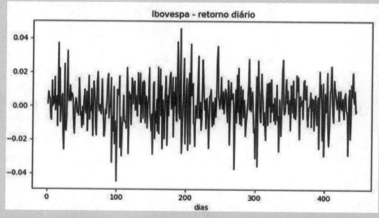

Figura 3.21 – Análise estatística para o Ibovespa diário (2018-2019). *(continua)*

(continuação)

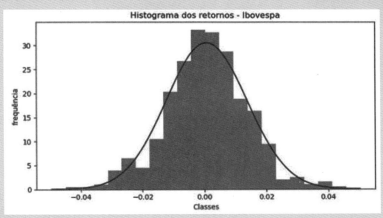

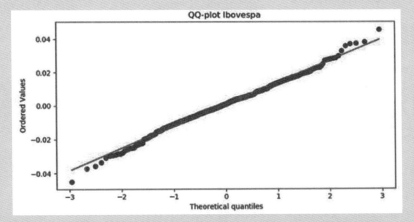

Figura 3.21 – Análise estatística para o Ibovespa diário (2018-2019).

O programa completo para essa análise é apresentado a seguir.

Na Figura 3.21, o primeiro quadro à esquerda mostra os dados do índice do Ibovespa, a bolsa de valores de São Paulo. Ele está representado pelo **subplot 221**, pois temos a tela dividida como uma matriz 2×2. O segundo gráfico, acima e à direita, apresenta o cálculo dos retornos diários do Ibovespa, no **subplot 222**. No quadro abaixo e à esquerda, está o histograma dos retornos e o ajuste para a distribuição normal, representado pelo **subplot 223**. Foram utilizadas vinte classes para a representação desse histograma. Pode-se reparar que os retornos diários no período não seguem perfeitamente a distribuição de probabilidade normal.

A comprovação de que os dados do Ibovespa para esse período não seguem a distribuição normal aparece no *Q-Q plot*, no quadro à direita e abaixo na Figura 3.21. Pode-se comprovar que esse é um caso típico de "cauda gorda", exemplificado na Figura 3.17. As classes do histograma são mais "longas" do que a previsão teórica da curva normal, fazendo os marcadores do gráfico destoarem da linha de 45° nos extremos.

```python
# Análise Ibovespa
import matplotlib.pyplot as fig
import statistics as st
import xlrd
import numpy as ny
import scipy.stats as sci
from scipy.stats import norm

wb=xlrd.open_workbook('Ibv.xlsx')
plan=wb.sheet_by_name('Ibov')
lin = plan.nrows
col = plan.ncols
dados=[]

for i in range(col):
    coluna = plan.col_values(i)
    dados.append(coluna)
#+++++++++++++ Cálculo do retorno +++++++++++++++++++++++++++++++
dias=ny.arange(0,lin)
dados=ny.array(dados)
retorno=(dados[1,1:lin]-dados[1,0:lin-1])/dados[1,0:lin-1]
# +++++++++++++ Gráfico Ibovespa diário +++++++++++++++++++++++++
fig.subplot(221)
fig.plot(dias,dados[1],color='black')
fig.xlabel('dias')
fig.title('Ibovespa diário (2018 - Out/2019)')
# +++++++++++++ Gráfico retorno +++++++++++++++++++++++++
fig.subplot(222)
fig.plot(dias[1:],retorno,color='black')
fig.xlabel('dias')
fig.title('Ibovespa - retorno diário')
# +++++++++++++ Gráfico histograma e dist.normal+++++++++++++++++
fig.subplot(223)
fig.hist(retorno,bins=20,color='gray', normed=True)
fig.xlabel('Classes')
fig.ylabel('frequência')
fig.title('Histograma dos retornos - Ibovespa')
xmin,xmax = fig.xlim()
media=st.mean(retorno)
desvio=st.pstdev(retorno)
eixo_x= ny.linspace(xmin,xmax,100)
eixo_y= norm.pdf(eixo_x,media,desvio)
fig.plot(eixo_x,eixo_y,color='black')
# +++++++++++++ Gráfico QQ-Plot l+++++++++++++++++++++++++++++++
fig.subplot(224)
sci.probplot(retorno, dist="norm", plot=fig)
fig.title('QQ-plot Ibovespa')
```

EXEMPLO 3.5

Dados de fechamentos diários da ação da Petrobras-PN, negociada na Bovespa, foram adquiridos e estão em uma planilha do Excel. Assim como o exemplo anterior, deseja-se uma análise da aderência dos retornos à distribuição de probabilidade normal. A sigla da empresa, uma das que têm maior peso e maior volume de negociação diária, na Bovespa é PETR4. O programa em Python é o mesmo do exemplo anterior; deve-se apenas trocar o nome do arquivo e das planilhas.

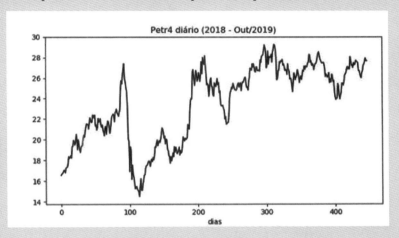

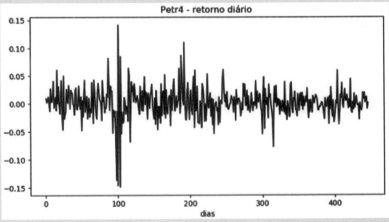

Figura 3.22 – Análise estatística para PETR4 (2018-2019). *(continua)*

(continuação)

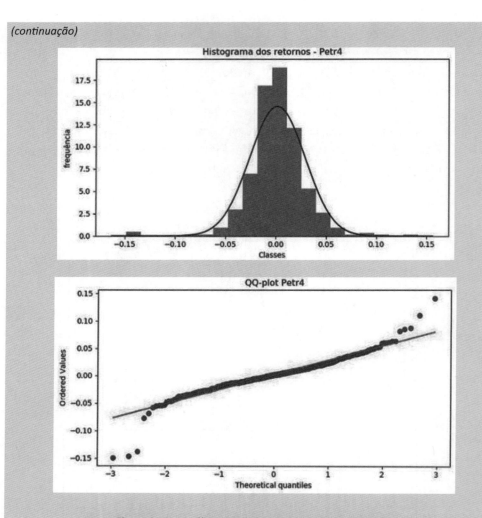

Figura 3.22 – Análise estatística para PETR4 (2018-2019).

O resultado da análise estatística no Python comprova que também nesse período os dados do retorno para a PETR4 não se enquadram na distribuição de probabilidade normal. Novamente, pode-se observar que tanto no histograma de classes como no *Q-Q plot* existe um grande desvio nesse período formando perfeitamente a "cauda gorda" da Figura 3.17. Mesmo observando os retornos no quadro acima e à direita na Figura 3.22, percebe-se grande volatilidade com pontos de grande oscilação. Esse foi o período em que ocorreu a greve dos caminhoneiros em razão da política de combustível da Petrobras, em 28 de maio de 2018.

Eventos com mudanças abruptas nos preços, resultado de boas ou más notícias, não são captados pelas análises estatísticas que se baseiam no histórico do passado dos dados observados. Por isso, a grande oscilação observada no retorno da PETR4 não se enquadra na distribuição de probabilidade normal.

Explorando a estatística no mercado

EXEMPLO 3.6

Dados de fechamentos diários da ação da Vale do Rio Doce negociada na Bovespa foram adquiridos e estão em uma planilha do Excel; o período é o mesmo dos outros exemplos. O comportamento dos dados em termos de ajuste dos retornos é semelhante aos de Ibovespa e PETR4.

No caso da Vale, cujo símbolo é VALE3, percebe-se uma queda acentuada no retorno, provocada pelo trágico acidente resultado do rompimento da barragem de Brumadinho (MG), visto na Figura 3.23. Novamente, também nesse exemplo, o *Q-Q plot* não mostra evidências de distribuição de probabilidade normal.

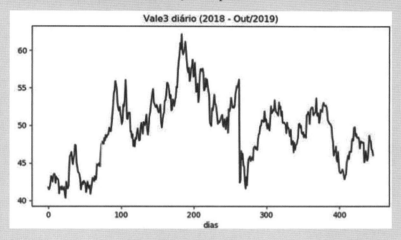

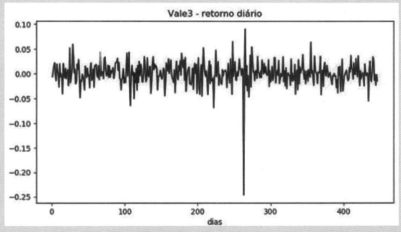

Figura 3.23 – Análise estatística para VALE3 (2018-2019). *(continua)*

(continuação)

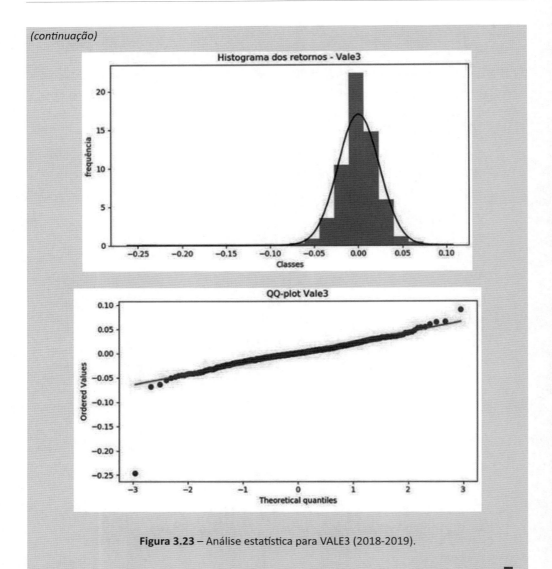

Figura 3.23 – Análise estatística para VALE3 (2018-2019).

EXEMPLO 3.7

Dados de fechamentos diários do BitCoin foram adquiridos e colocados em planilha Excel. O período avaliado foi o mesmo dos anteriores, de 1º de janeiro de 2018 a 18 outubro de 2019. Como se pode notar também nesse caso, os retornos da criptomoeda não se encaixam na distribuição normal. O que se percebe no *Q-Q plot* da Figura 3.24 é mais um caso do fenômeno de "cauda gorda".

Explorando a estatística no mercado 115

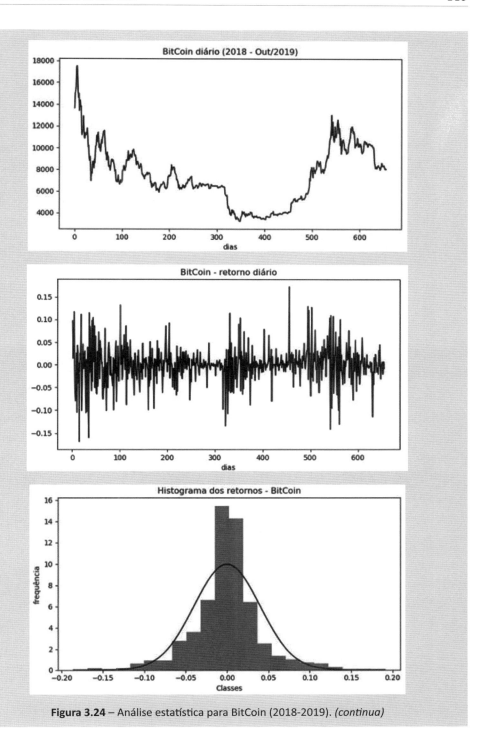

Figura 3.24 – Análise estatística para BitCoin (2018-2019). *(continua)*

(continuação)

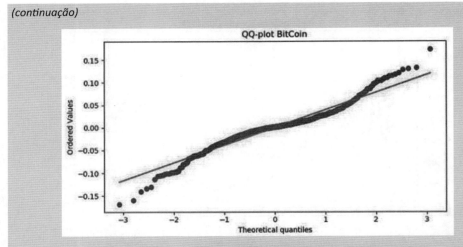

Figura 3.24 – Análise estatística para BitCoin (2018-2019).

EXEMPLO 3.8

Dados de fechamentos diários do índice Dow Jones, dos Estados Unidos, foram adquiridos e colocados em planilha Excel, tomados no mesmo período dos exemplos anteriores, para averiguar o comportamento dos retornos. Como se pode observar na Figura 3.25, também os retornos de Dow Jones no período observado não seguem a distribuição de probabilidade normal, com o *Q-Q plot* mostrando que os dados reais se afastam da curva teórica em sua extremidade.

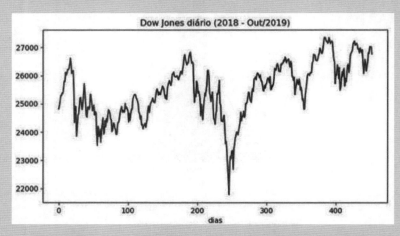

Figura 3.25 – Análise estatística para Dow Jones (2018-2019). *(continua)*

(continuação)

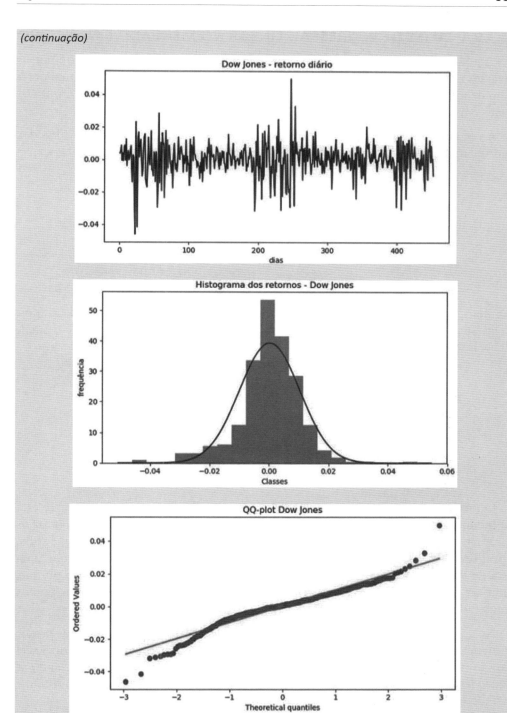

Figura 3.25 – Análise estatística para Dow Jones (2018-2019).

3.9 ANÁLISE DE REGRESSÃO LINEAR NO MERCADO FINANCEIRO

O estudo da dependência de uma ação em relação a outra ação, ou entre outros diversos tipos de *commodities*, serve de análise inicial na construção de um bom portfólio de investimentos. Procurar ativos que possuem tendências opostas minimiza os riscos em carteiras de investidores.

A regressão linear é um ajuste de reta que melhor se adapta aos valores reais dos dados. Supondo que exista uma reta que represente a relação entre dois ativos:

$$Y_{LIN} = \beta x + \beta_0$$

em que, dados n pontos (x_i, y_i), a melhor reta é aquela em que a soma:

$$\sum_{i=1}^{n}(y_i - \beta x_i - \beta_0)^2$$

é a mais próxima de zero possível. Utilizando o método dos mínimos quadrados, chega-se a duas fórmulas para se encontrar o coeficiente angular da reta β e o coeficiente linear β_0 conforme:

$$\beta_0 = \overline{y} - \beta \overline{x} \tag{3.7}$$

$$\beta = \frac{\frac{1}{n}\sum_{i=1}^{n}(x_i y_i) - \overline{yx}}{\frac{1}{n}\sum_{i=1}^{n}(x_i - \overline{x})} \tag{3.8}$$

O primeiro passo para programar o Python é importar o método **stats** que está na biblioteca scipy. É nesse método que está programada a rotina para encontrar os parâmetros β e β_0. O nome da rotina que calcula a regressão linear no Python é **stats.linregress( )**. Dentro dos parênteses deve estar a lista de dados. Melhor do que uma lista de dados, é colocar dentro dos parênteses os vetores dessas listas. Isso porque, uma vez encontrados os valores dos parâmetros, pode-se fazer o gráfico dos pontos amostrados e da reta que melhor se ajusta aos dados.

No algoritmo completo a seguir, da linha 8 até a linha 26, temos os mesmos passos já mencionados nas seções anteriores para transferir os dados da planilha do Excel para o Python. A linha 30 é exatamente a rotina do Python que calcula, utilizando as Equações (3.7) e (3.8) como parâmetros necessários para o cálculo da reta. A reta é então calculada na linha 33, pela variável *yLin*.

Na impressão, a rotina do Python ainda nos retorna outros parâmetros importantes, como o *p_value* e *std_err*. O primeiro nos diz se o ajuste é significante ou não. Para que isso ocorra, *p_value* deve ser menor do que 0.05; o segundo é o erro-padrão cometido pelo ajuste.

O algoritmo está programado para apresentar a regressão entre o Ibovespa para o período entre 2018 e 2019 e a Petrobras (PETR4).

```python
1 # Regressão Linear
2 import matplotlib.pyplot as fig
3 import xlrd
4 import numpy as ny
5 from scipy import stats
6
7 # +++++++++ Transfere dados da planilha para o primeiro ativo +++++++++++
8 wb1=xlrd.open_workbook('Ibv.xlsx')
9 plan1=wb1.sheet_by_name('Ibov')
10 lin1 = plan1.nrows
11 col1 = plan1.ncols
12 dados1=[]
13
14 # +++++++++ Transfere dados da planilha para o segundo ativo +++++++++++
15 wb2=xlrd.open_workbook('Petrobras.xlsx')
16 plan2=wb2.sheet_by_name('Petr4')
17 lin2 = plan2.nrows
18 col2 = plan2.ncols
19 dados2=[]
20
21 for i in range(col1):
22     coluna1 = plan1.col_values(i)
23     dados1.append(coluna1)
24     coluna2 = plan2.col_values(i)
25     dados2.append(coluna2)
26 #+++++++++++++++++ Transforma lista em vetor
27 dados1=ny.array(dados1)
28 dados2=ny.array(dados2)
29 #++++++++++++++ Regressão Linear ++++++++++++++++++++++++++++++++
30 beta,beta0,r_value,p_value,std_err=stats.linregress(dados1[1],dados2[1])
31 print('++++++++++++++++++++ REGRESSÃO LINEAR +++++++++++++++++')
32 print(' beta         beta0    r_value  p_value  std_err')
33 yLin = beta*dados1[1] + beta0
34 print('%10.6f %10.6f %5.2f %10.6f %10.8f' % (beta,beta0,r_value,p_value,std_err))
35
36 fig.plot(dados1[1],yLin,'-k',dados1[1],dados2[1],'ok')
37 fig.xlabel('IBOVESPA')
38 fig.ylabel('PETR4')
```

A resposta no **Console** para esse caso analisado é:

```
+++++++++++++++++++ REGRESSÃO LINEAR +++++++++++++++++++
  beta         beta0    r_value  p_value  std_err
  0.000345   -7.216369   0.87    0.000000 0.00000910
```

Ela nos mostra que a melhor reta de regressão é $y = 0.00345x - 7.2$, com o *p_value* bastante significante, visto que com seis casas decimais não apareceu nenhum dígito significativo. Como esse valor é menor do que 0.05, essa reta mostra que a PETR4 cresce **à** medida que o Ibovespa cresce.

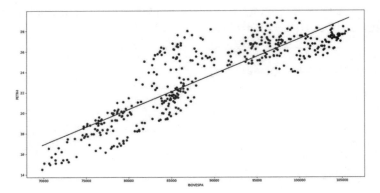

Figura 3.26 – Regressão linear entre Ibovespa *versus* PETR4 (2018-2019).

EXEMPLO 3.9

Com os dados de fechamentos diários da PETR4 e VALE3, deseja-se saber qual a relação linear entre essas duas ações na Bovespa.

A saída no **Console** para essas duas ações foi encontrada rodando o mesmo algoritmo anterior. A melhor reta encontrada foi:

$$y = 0.19x + 44.97$$

com os parâmetros ainda bastante significativos para a relação linear. Para essa ação, afirma-se que, quando a PETR4 possui seus preços prosseguindo em alta, a VALE3 também está relacionada com os preços em alta.

No **Console**, a resposta é:

```
++++++++++++++++++++ REGRESSAO LINEAR +++++++++++++++
 beta         beta0      r_value  p_value   std_err
 0.191314    44.974840   0.16     0.000713  0.05613172
```

A Figura 3.27 apresenta os dados reais (pontos) e a linha que representa a regressão linear.

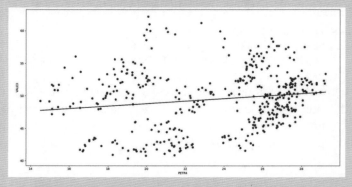

Figura 3.27 – Regressão linear entre PETR4 *versus* VALE3 (2018-2019).

3.10 TESTES ESTATÍSTICOS PARA DIFERENÇAS ENTRE DADOS

Quando se faz amostragem de uma população, uma das metodologias mais importantes na Estatística se refere ao teste de hipóteses sobre diferenças significantes. Geralmente esses testes são utilizados para avaliar a igualdade entre as médias de grupos de controle contra grupos com algum tipo de tratamento alternativo. Não apenas um teste é utilizado, pois cada tipo de amostragem ou cada tipo de abordagem tem seu particular teste.

Por exemplo, vamos supor que foi realizada uma amostragem que gerou duas listas de dados: dad1 e dad2.

dad1 = [10, 11, 10, 9, 8, 9, 10, 11, 12, 9, 10, 8]

dad2 = [5, 6, 9, 10, 8, 5, 4, 5, 6, 7, 8, 5]

Apenas calcular as medidas de centralidade, como média, mediana e moda, não revela se as duas listas são iguais ou não. Da mesma forma, apenas observar a dispersão em termos do desvio-padrão não ajuda a concluir sobre a hipótese de igualdade entre as médias.

O Boxplot, já comentando anteriormente, é uma boa ferramenta gráfica para ajudar a interpretar o comportamento dos dados. Como pode ser observado na Figura 3.28, as duas listas parecem se comportar de maneira similar, com uma pequena diferença para a lista dad1 que possui uma oscilação mais próxima do valor 10.

Com o Boxplot no quadro abaixo da Figura 3.28, é possível observar que a mediana da lista dad2 está localizada bem mais abaixo da mediana da dad1. Pode-se afirmar que 50% dos dados da lista dad2 estão abaixo de 6, enquanto 50% dos dados da lista dad1 estão acima de 10; ou ainda que, enquanto 75% dos dados da lista dad2 estão abaixo de 8 (quartil-3), 75% da lista dad2 estão acima de 9 (quartil-1). Essas são afirmações visuais no Boxplot que podem indicar que a amostra dad1 é diferente da amostra dad2 e que dad1 tem valores mais relevantes do que dad2.

Uma maneira quantitativa de ajudar nessa informação se refere aos testes estatísticos. Existem muitos e todos estão programados no Python. Um dos mais simples e usados em estatística é o **teste-t** para amostras pareadas, ou seja, amostra de tamanhos iguais. Para o uso desse teste, precisamos importar da biblioteca scipy o método **stats**. No método **stats** está o **teste-t** com a utilização da rotina **stats.ttest_ind(amostra1, amostra2)**.

```
from scipy import stats
```

```
stats.ttest_ind(dad1,dad2)
```

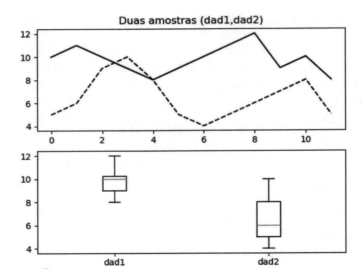

Figura 3.28 – Boxplot de duas listas.

O algoritmo para o teste é o seguinte:

```
1 # Teste T-student duas amostras
2 import matplotlib.pyplot as fig
3 from scipy import stats
4 dad1=[10,11,10,9,8,9,10,11,12,9,10,8]
5 dad2=[5,6,9,10,8,5,4,5,6,7,8,5]
6 # ++++++++++++ Boxplot ++++++++++
7 fig.subplot(211)
8 fig.plot(dad1,'-k')
9 fig.plot(dad2,'--k')
10 fig.title('Duas amostras (dad1,dad2)')
11 ax=fig.subplot(212)
12 ax.boxplot([dad1,dad2],showfliers=False)
13 ax.set_xticklabels(['dad1','dad2'])
14 #++++++++++++ Teste T ++++++++++++++++++++++++++++
15 print(stats.ttest_ind(dad1,dad2))
```

Nesse algoritmo, o **teste-t** está na linha 15, com a impressão dos resultados em termos do valor a ser verificada na tabela t-student e no *p-value*. As duas amostras são consideradas estatisticamente diferentes para a média se *p-value* < 0,05 (ou seja, < 5%). Para o exemplo do algoritmo com as duas listas dad1 e dad2, a saída no **Console** é:

Ttest_indResult(statistic=5.023474307453664, pvalue=4.9773916488576287e-05)

O resultado comprova o que o Boxplot indicava, ou seja, não se pode afirmar que dad1 e dad2 são estatisticamente iguais para a média, pois o *p-value* = $4.977e-5$ é menor que 0.05.

Explorando a estatística no mercado 123

EXEMPLO 3.10

Deseja-se saber se os retornos diários da PETR4 e VALE3 são iguais para o período entre 1º de janeiro de 2018 e 18 de outubro de 2019.

Em vez de usar amostras, os dados são importados do Excel e colocados em dois vetores. O primeiro vetor dados1 se refere aos preços da PETR4; o segundo vetor dados2 se refere aos preços VALE3. Os dois retornos são calculados como já mencionado nas seções anteriores, aplicando-se o *teste-t* para esses dados.

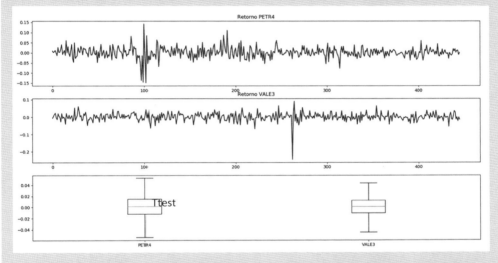

Figura 3.29 – Boxplot para o teste de igualdade entre os retornos de PETR4 e VALE3.

Como pode ser observado na Figura 3.29, os retornos da PETR4 e VALE3 parecem ser os mesmos entre janeiro de 2018 e outubro de 2019. Visualmente a mediana de ambos parece muito próxima, com a volatilidade da Vale ligeiramente menor do que PETR4, pois a distância entre os valores máximos e mínimos são menores do que PETR4. O **teste-t** comprova essa observação, visto que no **Console** a resposta foi:

`Ttest_indResult(statistic=0.5981164546475686, pvalue=0.5499144010609807)`

Como o *p-value* = 0.54 é maior do que 0.05, não se pode afirmar que existe diferença significativa entre as duas médias dos retornos. O algoritmo a seguir ajuda a rodar o teste para os dois retornos.

```
# Teste T-student duas amostras
import matplotlib.pyplot as fig
import xlrd
import numpy as ny
from scipy import stats

```

```python
 7 # ++++++++++ Transfere dados da planilha para o primeiro ativo ++++++++++++
 8 wb1=xlrd.open_workbook('Petrobras.xlsx')
 9 plan1=wb1.sheet_by_name('Petr4')
10 lin1 = plan1.nrows
11 col1 = plan1.ncols
12 dados1=[]
13
14 # ++++++++++ Transfere dados da planilha para o segundo ativo ++++++++++++
15 wb2=xlrd.open_workbook('Vale3.xlsx')
16 plan2=wb2.sheet_by_name('Vale')
17 lin2 = plan2.nrows
18 col2 = plan2.ncols
19 dados2=[]
20
21 for i in range(col1):
22     coluna1 = plan1.col_values(i)
23     dados1.append(coluna1)
24     coluna2 = plan2.col_values(i)
25     dados2.append(coluna2)
26 #++++++++++++++++++ Transforma lista em vetor
27 dados1=ny.array(dados1)
28 dados2=ny.array(dados2)
29 retorno1=(dados1[1,1:lin1]-dados1[1,0:lin1-1])/dados1[1,0:lin1-1]
30 retorno2=(dados2[1,1:lin2]-dados2[1,0:lin2-1])/dados2[1,0:lin2-1]
31 #++++++++++++++ Teste T +++++++++++++++++++++++++++++++
32 print(stats.ttest_ind(retorno1,retorno2))
33 fig.subplot(311)
34 fig.plot(retorno1,'-k')
35 fig.title('Retorno PETR4')
36 fig.subplot(312)
37 fig.plot(retorno2,'-k')
38 fig.title('Retorno VALE3')
39 ax=fig.subplot(313)
40 ax.boxplot([retorno1,retorno2],showfliers=False)
41 ax.set_xticklabels(['PETR4','VALE3'])
```

EXEMPLO 3.11

Verificar se os retornos entre Ibovespa e Dow Jones são estatisticamente iguais pelo **teste-t** no período entre 1º de janeiro de 2018 e 18 de outubro de 2019.

Como pode ser visto na Figura 3.30, os dois Boxplot parecem bem similares, sendo que no Ibovespa os ganhos foram maiores em algumas ocasiões, mas as quedas também foram mais acentuadas. Isso pode ser comprovado pelo resultado no **Console**. Como *p-value* é 0.49, portanto, maior que 0.05, não se pode afirmar que existe diferença estatística para as médias dos retornos.

```
Ttest_indResult(statistic=0.6806724194429554, pvalue=0.49625464506069616)
```

Explorando a estatística no mercado 125

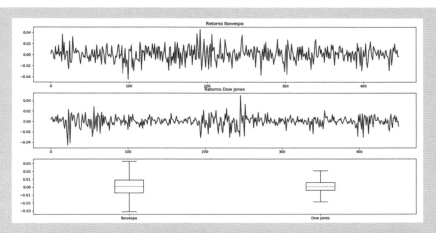

Figura 3.30 – Boxplot para o **teste-t** entre os retornos de Ibovespa e Dow Jones.

EXEMPLO 3.12

Verificar se os retornos entre PETR4 e BitCoin são estatisticamente iguais pelo **teste-t** no período entre 1º de janeiro de 2018 e 18 de outubro de 2019.

Não se pode dizer estatisticamente que os retornos do BitCoin foram melhores do que os retornos da PETR4. Com o *p-value* = 0.47 (> 0.05), as duas médias dos retornos são estatisticamente iguais. Isso também pode ser comprovado visualmente no Boxplot da Figura 3.31. No **Console** a resposta é:

```
Ttest_indResult(statistic=0.707020565856192, pvalue=0.4797035788312023)
```

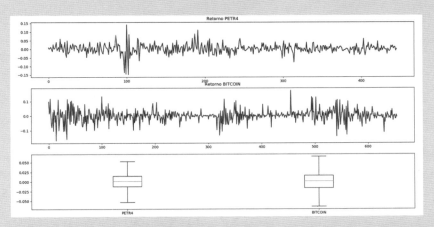

Figura 3.31 – Boxplot para o **teste-t** entre os retornos de PETR4 e BitCoin.

3.11 COEFICIENTE DE CORRELAÇÃO

A seção 3.8 descreveu o comportamento de ativos caso sigam de alguma forma o padrão linear. Um complemento à regressão linear é o coeficiente de correlação. A reta de tendência calculada pela regressão linear somente tem sentido de aplicação caso os dois ativos utilizados nessa previsão possuam algum grau alto de comprometimento. Esse comprometimento estatístico é a correlação, que não mede a causa, mas a consequência entre dois tipos de sinais.

Se o coeficiente de correlação entre dois eventos está acima de 50%, significa que de alguma maneira podem estar sendo direcionados pela mesma "força" de atuação, pois, quando um segue uma direção, o outro segue da mesma maneira. Não necessariamente uma correlação alta vai indicar que um evento está seguindo outro evento no mesmo espaço de tempo, e esse atraso de informação, chamado *lag*, é calculado por outro coeficiente.

Um evento aleatório desenvolvendo-se no tempo oscila de tal maneira que sua trajetória pode parecer incerta. Porém, de posse de algumas medidas estatísticas, pode-se estimar essa trajetória e, no caso de comparação com outro evento, a medida dessa influência é calculada pelo coeficiente de correlação.

Trajetórias ou sinais de eventos que variam aleatoriamente no tempo são chamados de processos estocásticos, como se vê na ilustração teórica da Figura 3.32.

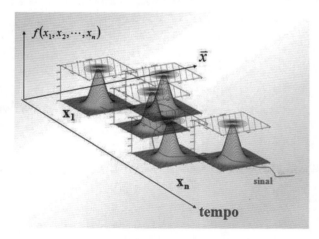

Figura 3.32 – Correlação em processos estocásticos.

A oscilação de dois eventos, cuja perturbação aleatória pode ser descrita pela distribuição gaussiana, permite calcular a correspondência de um sinal sobre outro utilizando a fórmula (3.9).

$$r = \frac{n\sum_{i=1}^{n} x_i y_i - \left(\sum_{i=1}^{n} x_i\right) \times \left(\sum_{i=1}^{n} y_i\right)}{\sqrt{n\sum_{i=1}^{n} x_i^2 - \left(\sum_{i=1}^{n} x_i\right)^2} \times \sqrt{n\sum_{i=1}^{n} y_i^2 - \left(\sum_{i=1}^{n} y_i\right)^2}} \qquad (3.9)$$

Quando o resultado do cálculo do coeficiente de correlação (3.9) entre um conjunto de dados x sobre outro conjunto de dados y fornece $r = 0$, significa que um estímulo que faz x variar não tem a mesma correspondência sobre y. Esse caso é o primeiro apresentado no quadro acima e à esquerda da Figura 3.33. A disposição dos pontos lembra um movimento circular e completamente aleatório entre x e y.

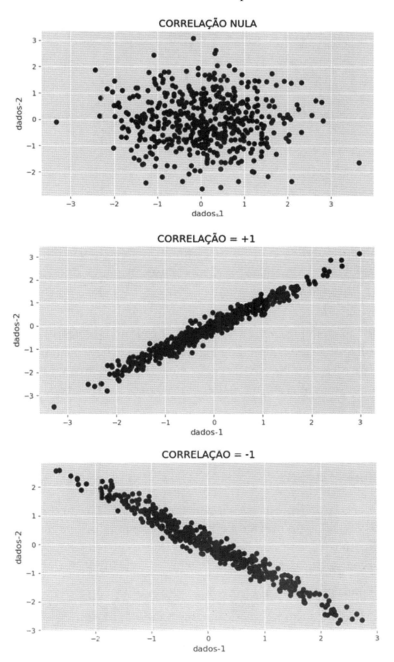

Figura 3.33 – Tipos de correlação. *(continua)*

(continuação)

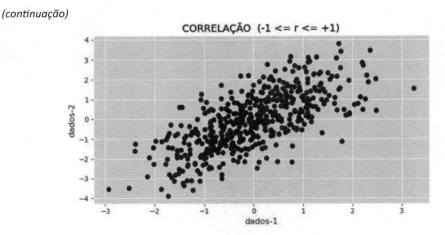

Figura 3.33 – Tipos de correlação.

Quando a tendência do movimento de x é crescente e, em correspondência, o mesmo ocorre com y, diz-se que a correlação entre x e y é linear e positiva. Esse evento é apresentado no quadro acima e à direita da Figura 3.33. O resultado acontece quando r tem valor muito próximo a +1. O caso contrário a esse é quando se observa que, quando os dados de x aumentam de forma linear, os dados de y decrescem, como apresentado no quadro inferior à direita da Figura 3.33. Esse é o caso quando r está muito próximo de −1.

Valores de r não tão próximos a +1 nem a −1 causam um efeito visual como visto no último gráfico abaixo e à direita da Figura 3.33. Esse gráfico é um típico caso de r com valores entre 0 e +0.5. Valores do coeficiente de correlação muito próximos a zero não permitem que se possa afirmar nada sobre a relação entre os dados de x e y.

A fórmula para cálculo da correlação está no método de Pearson, programado na biblioteca scipy sob a rotina chamada **stats**. Da biblioteca scipy, podemos importar o método **stats**.

```
from scipy import stats
```

Para calcular o coeficiente de correlação entre duas listas, dois vetores ou quaisquer dois formatos de dados do método de Pearson retornam dois parâmetros como resposta. O primeiro é o coeficiente de correlação (r) e o segundo é o *p-value*. Se *p-value* < 0.05 (5%), pode-se afirmar que o cálculo tem representatividade estatística.

cor, pval = *stats*.**pearsonr**(*x,y*)

Na Figura 3.26, mostrou-se que existe uma regressão linear entre os dados do Ibovespa e da ação PETR4 entre janeiro de 2018 e outubro de 2019. Mas nada foi dito em relação à correlação entre elas. Usando o coeficiente de Pearson do Python, podemos quantificar o quanto o Ibovespa está correlacionado com a PETR4.

Explorando a estatística no mercado

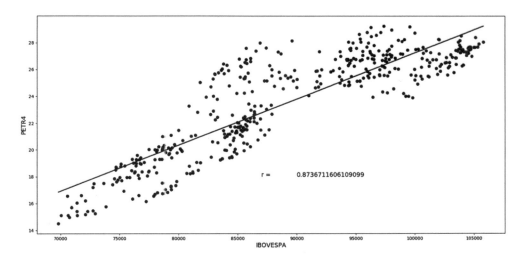

Figura 3.34 – Coeficiente de correlação entre Ibovespa *versus* PETR4.

O algoritmo a seguir refaz a regressão linear entre Ibovespa e PETR4 apresentada na Figura 3.34.

```
1 # Regressão Linear e coef.correlação
2 import matplotlib.pyplot as fig
3 import xlrd
4 import numpy as ny
5 from scipy import stats
6
7 # ++++++++++ Transfere dados da planilha para o primeiro ativo ++++++++++++
8 wb1=xlrd.open_workbook('Ibv.xlsx')
9 plan1=wb1.sheet_by_name('Ibov')
10 lin1 = plan1.nrows
11 col1 = plan1.ncols
12 dados1=[]
13
14 # ++++++++++ Transfere dados da planilha para o segundo ativo ++++++++++++
15 wb2=xlrd.open_workbook('Petrobras.xlsx')
16 plan2=wb2.sheet_by_name('Petr4')
17 lin2 = plan2.nrows
18 col2 = plan2.ncols
19 dados2=[]
20
21 for i in range(col1):
22     coluna1 = plan1.col_values(i)
23     dados1.append(coluna1)
24     coluna2 = plan2.col_values(i)
25     dados2.append(coluna2)
26 #+++++++++++++++++++ Transforma lista em vetor
27 dados1=ny.array(dados1)
28 dados2=ny.array(dados2)
29 #++++++++++++++ Regressão Linear ++++++++++++++++++++++++++++++++++
30 beta,beta0,r_value,p_value,std_err=stats.linregress(dados1[1],dados2[1])
31 print('+++++++++++++++++++ REGRESSÃO LINEAR ++++++++++++++++++')
32 print('  beta         beta0    r_value  p_value   std_err')
33 yLin = beta*dados1[1] + beta0
34 print('%10.6f %10.6f %5.2f %10.6f %10.8f' % (beta,beta0,r_value,p_value,std_err))
```

```
35
36 fig.plot(dados1[1],yLin,'-k',dados1[1],dados2[1],'ok')
37 fig.xlabel('IBOVESPA',fontsize=14)
38 fig.ylabel('PETR4',fontsize=14)
39 #++++++++++++++ correlação ++++++++++++++++++++++++++++++++
40 cor,pval = stats.pearsonr(dados1[1],dados2[1])
41 fig.text(87000,18,'r = ',fontsize=14)
42 fig.text(90000,18,str(cor),fontsize=14)
43 print('+++++++++++++++++++++++++++++++++++++++++++++++++')
44 print('correlação      p-value')
45 print(cor,pval)
```

O coeficiente *r* é calculado na linha 40 no comando que busca o método de Pearson programado no Python (o valor é salvo na variável *cor*). O resultado é que se pode observar uma excelente correlação linear existente entre o Ibovespa e a PETR4, com $r = 0.87$ (ou 87% de correlação linear). No **Console** do Python a saída é:

```
++++++++++++++++++++ REGRESSÃO LINEAR +++++++++++++++
  beta          beta0      r_value   p_value   std_err
  0.000345     -7.216369   0.87      0.000000  0.00000910
+++++++++++++++++++++++++++++++++++++++++++++++++++++
correlação         p-value
0.8736711606109099 2.4799918380305815e-141
```

Pode-se observar que o *p-value* é zero (10^{-141}), mostrando que o cálculo tem significância estatística, pois é menor que 0.05 (5%).

EXEMPLO 3.13

As criptomoedas estão entre os ativos mais negociados no mercado financeiro atual. Qual é a correlação existente entre BitCoin e Dow Jones no período entre 1º de janeiro de 2018 e 18 de outubro de 2019?

O primeiro passo é colocar as datas em correspondência entre Dow Jones e BitCoin, pois a criptomoeda tem negociação direta, inclusive nos fins de semana, o que não acontece com o índice da bolsa Dow Jones.

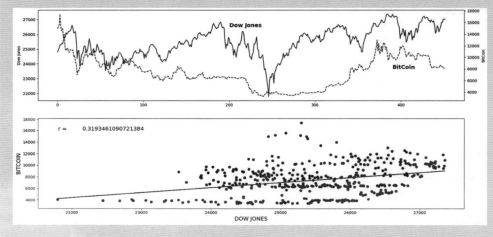

Figura 3.35 – Coeficiente de correlação entre Dow Jones e BitCoin.

Como visto na Figura 3.35, no primeiro quadro, nos três primeiros meses ocorreu boa correspondência entre Dow Jones e BitCoin. Mas, após os três primeiros, o Dow Jones se descolou da criptomoeda. Ao final do ano de 2018, os dois sinais começaram a se corresponder novamente.

Como cálculo total, não se pode afirmar que estatisticamente existe uma forte correlação entre Dow Jones e BitCoin. O segundo quadro da Figura 3.35 apresenta uma grande dispersão entre os valores. A reta de regressão indica apenas uma tendência, mas não se observa uma boa aproximação entre esses dois ativos. O resultado de Pearson mostra que a correlação é baixa, com $r = 0{,}319$.

No **Console** do Python, a saída para a correlação entre os dois ativos é:

```
++++++++++++++++++++ REGRESSÃO LINEAR ++++++++++++++++
  beta         beta0      r_value  p_value    std_err
  0.858989   -14462.287214  0.32   0.000000   0.12016067
++++++++++++++++++++++++++++++++++++++++++++++++++++++
correlação                 p-value
0.3193461090721384  3.5635827884160008e-12
```

3.12 VISUALIZAÇÃO ESTATÍSTICA DE DADOS COM BIBLIOTECA SEABORN

A biblioteca seaborn constitui um grande avanço na visualização de dados e análises estatísticas. Além de ter as mesmas ferramentas das bibliotecas statistics e scipy, os gráficos possuem características que tornam a apresentação de dados melhor e mais didática.

Vamos supor que temos os seguintes dados no arquivo Excel com nome DadExemp.xlsx. Cada coluna representa uma amostra diferente de dados.

	A	B	C	D
1	8	10	7	5
2	8	9	7	5
3	5	8	8	5
4	5	9	8	1
5	4	9	6	2
6	8	8	9	1
7	2	10	9	2
8	3	11	10	3
9	1	15	10	3
10	1	7	11	2
11	0	8	10	4
12	1	7	11	5
13	1	8	9	5
14	1	10	8	4
15	1	10	8	4
16	2	10	7	3
17	3	11	6	1
18	2	9	6	1
19	1	10	5	6
20	2	8	3	6

O primeiro passo é a importação da biblioteca seaborn usando **import**. Na representação a seguir, o nome é simplificado por sns.

```
import seaborn as sns
```

Por exemplo, para se construir um Boxplot para cada amostra, primeiro deve-se importar esses dados do Excel para o Python. O método da seaborn para construir Boxplot é **sns.boxplot( )**, em que dentro dos parênteses deve estar uma variável, uma lista, uma matriz, enfim, o conjunto com os dados.

No algoritmo a seguir, é possível ver a importação da biblioteca na linha 4 e a chamada da rotina que constrói o Boxplot na linha 19. A Figura 3.36 apresenta o resultado na biblioteca seaborn para os dados importados. Pode-se perceber que no segundo Boxplot existe um ponto isolado, constituindo-se um *outlier*.

```
1 # Estatística com seaborn
2
3 import xlrd
4 import seaborn as sns
5
6 wb=xlrd.open_workbook('DadExemp.xlsx')
7
8 plan=wb.sheet_by_name('Planilha1')
9
10 lin = plan.nrows
11 col = plan.ncols
12
13 dados=[]
14
15 for i in range(col):
16     coluna = plan.col_values(i)
17     dados.append(coluna)
18
19 sns.boxplot(data=dados)
```

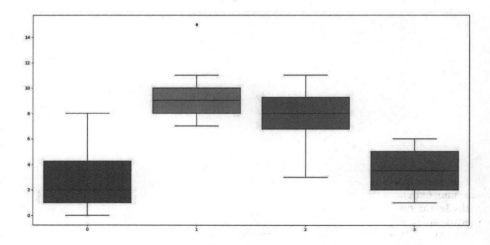

Figura 3.36 – Boxplot na seaborn.

Uma alternativa que a seaborn oferece é a representação dos pontos amostrados com o Boxplot. O método para isso se chama **stripplot( )**, o que aumenta o entendimento sobre a representação de um Boxplot. Chamando-se na linha da programação anterior esse método como se segue, a alteração aparece no gráfico da Figura 3.37.

```
19 sns.boxplot(data=dados)
20 sns.stripplot(data=dados,marker='o',color='black')
```

Pode-se alterar o tipo de marcador, as cores, o tamanho e muitas outras propriedades que podem ser encontradas nos guias do Python.

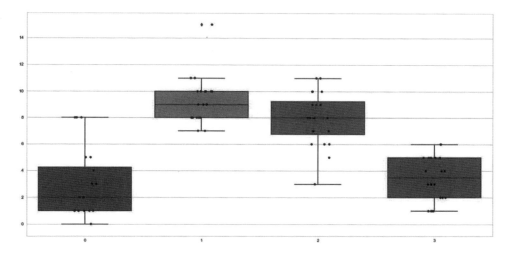

Figura 3.37 – Boxplot e **stripplot** na seaborn.

Nas seções anteriores, foram mencionadas as distribuições de probabilidades que podem ser adaptadas graças às medidas estatísticas, como média e desvio-padrão. Na seaborn existem gráficos das densidades que são construídos de maneira empírica com os dados. Essa é uma forma alternativa às funções teóricas binomial, poisson, normal, chi-quadrado, entre outras. O método para isso é o **distplot( )**. Para os dados do arquivo DadExemp.xlsx, o resultado obtido é o apresentado na Figura 3.38.

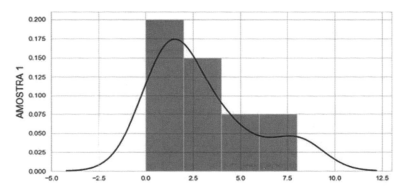

Figura 3.38 – Represertação dos dados com densidade empírica com **distplot**. *(continua)*

(continuação)

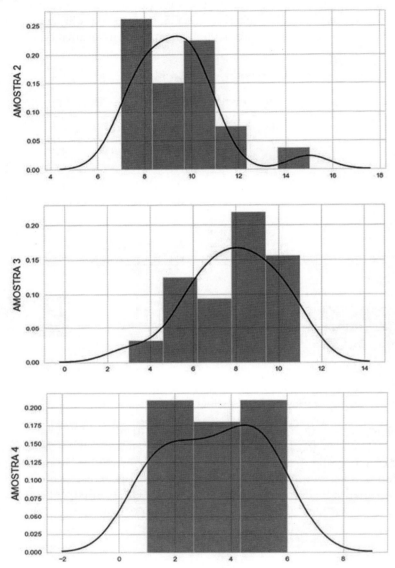

Figura 3.38 – Representação dos dados com densidade empírica com **distplot**.

O algoritmo para representar dados do arquivo com o **distplot** na Figura 3.38 é apresentado a seguir. Com o **subplot**, as quatro amostras que estavam nas colunas A, B, C e D do Excel são representadas a partir da linha 20 em quatro quadros. O **distplot** já faz automaticamente o histograma normalizado, visto anteriormente nas bibliotecas statistics e scipy.

Explorando a estatística no mercado

```
1 # Estatística com seaborn
2
3 import xlrd
4 import seaborn as sns
5 import matplotlib.pyplot as fig
6 wb=xlrd.open_workbook('DadExemp.xlsx')
7
8 plan=wb.sheet_by_name('Planilha1')
9
10 lin = plan.nrows
11 col = plan.ncols
12
13 dados=[]
14
15 for i in range(col):
16     coluna = plan.col_values(i)
17     dados.append(coluna)
18
19 fig.figure()
20 fig.subplot(221)
21 sns.distplot(dados[0],color='black')
22 fig.ylabel('AMOSTRA 1',fontsize=14)
23
24 fig.subplot(222)
25 sns.distplot(dados[1],color='black')
26 fig.ylabel('AMOSTRA 2',fontsize=14)
27
28 fig.subplot(223)
29 sns.distplot(dados[2],color='black')
30 fig.ylabel('AMOSTRA 3',fontsize=14)
31
32 fig.subplot(224)
33 sns.distplot(dados[3],color='black')
34 fig.ylabel('AMOSTRA 4',fontsize=14)
```

O estudo da volatilidade do mercado financeiro fica bem mais interessante quando se compara a dispersão dos ativos. Uma representação interessante na seaborn é a função **violinplot( )** (*plot* em violino). Esse método toma apenas os extremos do desvio-padrão por intervalos e gera figuras no formato que lembram violinos, como mostrados na Figura 3.39, utilizando os dados do arquivo DadExemp.xlsx.

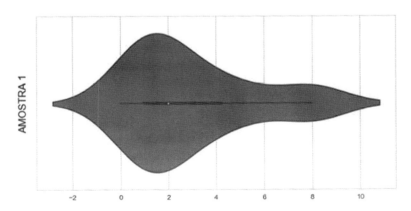

Figura 3.39 – Representação dos dados com **violinplot**. *(continua)*

(continuação)

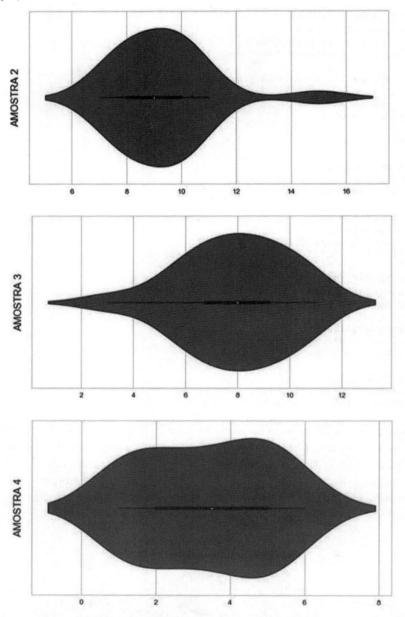

Figura 3.39 – Representação dos dados com **violinplot**.

O algoritmo a seguir apresenta as linhas construídas para gerar os gráficos em **subplot** para a Figura 3.39.

```
1  # Estatística com seaborn
2
3  import xlrd
4  import seaborn as sns
5  import matplotlib.pyplot as fig
6  wb=xlrd.open_workbook('DadExemp.xlsx')
7
8  plan=wb.sheet_by_name('Planilha1')
9
10 lin = plan.nrows
11 col = plan.ncols
12
13 dados=[]
14
15 for i in range(col):
16     coluna = plan.col_values(i)
17     dados.append(coluna)
18
19 fig.figure()
20 fig.subplot(221)
21 sns.violinplot(dados[0],color='grey')
22 fig.ylabel('AMOSTRA 1',fontsize=14)
23
24 fig.subplot(222)
25 sns.violinplot(dados[1],color='grey')
26 fig.ylabel('AMOSTRA 2',fontsize=14)
27
28 fig.subplot(223)
29 sns.violinplot(dados[2],color='grey')
30 fig.ylabel('AMOSTRA 3',fontsize=14)
31
32 fig.subplot(224)
33 sns.violinplot(dados[3],color='grey')
34 fig.ylabel('AMOSTRA 4',fontsize=14)
```

A comparação da volatilidade entre dois específicos torna-se uma ferramenta útil, principalmente, quando se deseja verificar a oscilação de uma regressão linear. A seaborn tem o método **pointplot( )** que coloca no eixo horizontal uma amostra de pontos e no eixo vertical outra amostra. Para o mesmo valor, o método traça barras entre as maiores diferenças e coloca um ponto médio dos pontos, como apresentado na Figura 3.40, com o algoritmo descrevendo a relação entre as colunas C e D do arquivo DadExemp.xlsx.

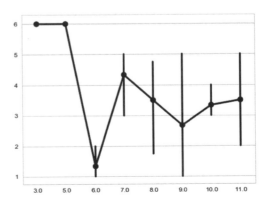

Figura 3.40 – **Pointplot** na seaborn.

Por exemplo, observando a figura ao lado do algoritmo, na última barra à direita, é possível ver que o traço está no ponto 11. Nos dados nas colunas C e D, o número 11 aparece na coluna C duas vezes. Na primeira ele está associado com o número 2 da coluna D e na segunda, com o número 5. Então, os pares são (11,2) e (11,5), cuja média no eixo vertical é 3,5, sendo assim colocado um ponto nesse valor no gráfico da Figura 3.40.

A regressão linear já comentada também está programada na biblioteca seaborn por meio do método **regplot( )**. A diferença nessa biblioteca é que esse método traça a região de confiabilidade de 95% para a reta estimada. Como visto na Figura 3.41 para as colunas de dados C e D do Excel, além da reta de regressão, a área em tom cinza descreve até onde é possível confiar na previsão da reta.

```
# Estatística com seaborn

import xlrd
import seaborn as sns
import matplotlib.pyplot as fig
wb=xlrd.open_workbook('DadExemp.xlsx')

plan=wb.sheet_by_name('Planilha1')

lin = plan.nrows
col = plan.ncols

dados=[]

for i in range(col):
    coluna = plan.col_values(i)
    dados.append(coluna)

fig.figure()
sns.regplot(dados[2],dados[3],color='black')
fig.xlabel('COLUNA C',fontsize=14)
fig.ylabel('COLUNA D',fontsize=14)
```

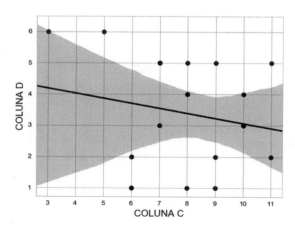

Figura 3.41 – Regplot na seaborn.

*Exemplo de como trabalhar com regressão linear da biblioteca statistics e configuração gráfica da biblioteca seaborn, mostrando que é possível visualizar a distribuição dos dados via seaborn (com **jointplot** ajustado para regressão linear) e calcular correlação e regressão linear via statistics (com **linregress**)*

EXEMPLO 3.14

Tomamos aqui os dados, novamente, entre Dow Jones e BitCoin para encontrar a regressão linear, agora usando a seaborn. O período analisado é o mesmo dos exemplos anteriores, entre janeiro de 2018 e outubro de 2019. A Figura 3.42 apresenta o mesmo resultado anterior, no entanto, agora está disponível a região de confiabilidade para a reta de regressão linear.

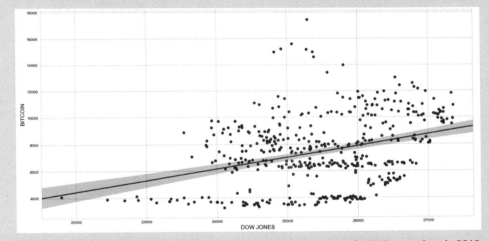

Figura 3.42 – Regressão linear entre Dow Jones e BitCoin entre janeiro de 2018 e outubro de 2019.

EXEMPLO 3.15

Análise estatística de Ibovespa, PETR4 e VALE3 com os métodos da seaborn apresenta o quanto existe de variabilidade no mercado financeiro brasileiro e a relação entre as principais ações. No Python, essa estatística fica automatizada e a compreensão das volatilidades em qualquer período fica bem visível.

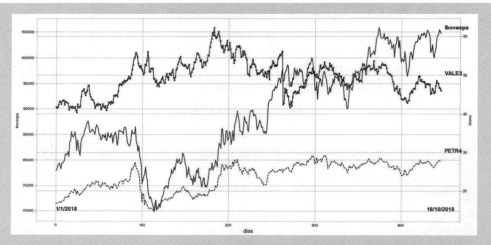

Figura 3.43 – Fechamento de Ibovespa, PETR4 e VALE3 de janeiro de 2018 a outubro de 2019.

Na Figura 3.43, as oscilações apresentam um crescimento bem sustentável do Ibovespa após uma queda forte no primeiro semestre de 2018, por conta da greve dos caminhoneiros. Com o pós-eleição de 2018, o Ibovespa aumentou até o patamar de 105 mil pontos. Já a VALE3 ficou praticamente estacionada ao redor de R$ 50, apontados no eixo da direita. A PETR4 teve uma boa alta após o término da greve dos caminhoneiros, mas estacionou ao redor de R$ 28. O ponto a destacar aqui é a apresentação no Python do eixo secundário, à direita. Isso é necessário visto que, enquanto o Ibovespa oscila em torno de 100 mil pontos, o preço das ações está abaixo de R$ 100.

Usando o método **twinx( )**, é possível criar o eixo à direita destacando os preços para as ações. Com os **subplots**, é possível colocar várias medidas estatísticas da seaborn ao mesmo tempo. Com o cálculo dos retornos de Ibovespa, PETR4 e VALE3, pode-se comparar a volatilidade e a influência das ações na bolsa. Usando-se então a noção de listas, o **distplot** coloca com o histograma a densidade empírica dos retornos. É interessante notar na Figura 3.44 a distribuição dos retornos por meio dos histogramas da seaborn.

O histograma e a densidade da VALE3 estão mais alinhados à direita em virtude do desastre causado pelo estouro da barragem de Brumadinho (MG). Como pode ser visto, esse fato puxou a cauda do histograma da VALE3. Mas, ao se retirar esse ponto como *outlier*, percebe-se que as volatilidades praticamente são as mesmas, oscilando de –5% a +5% durante o período.

O Boxplot apresentado pela seaborn no quadro abaixo e à esquerda da Figura 3.44 mostra que estatisticamente não existe diferença entre os retornos. O que fez o Ibovespa ter um aumento significativo nesse período foi o conjunto de outras ações, mas não de VALE3 ou PETR4, as maiores em termos de volume de operação no índice da bolsa. Mais uma vez, é possível ver a característica das caudas finas e longas nos retornos.

Explorando a estatística no mercado 141

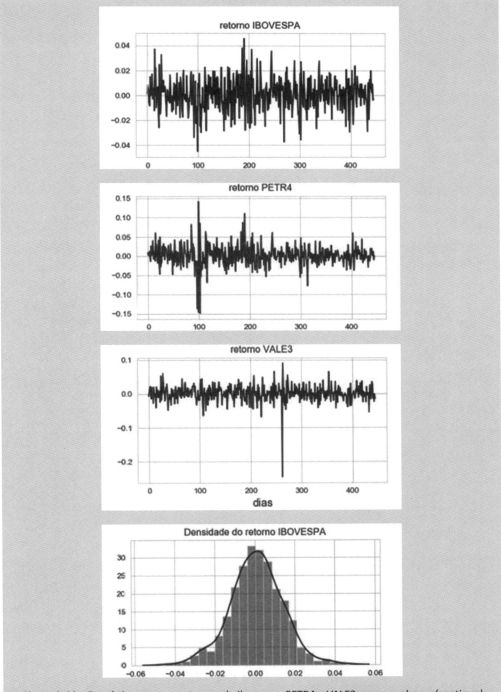

Figura 3.44 – Estatísticas para os retornos de Ibovespa, PETR4 e VALE3 com a seaborn. *(continua)*

(continuação)

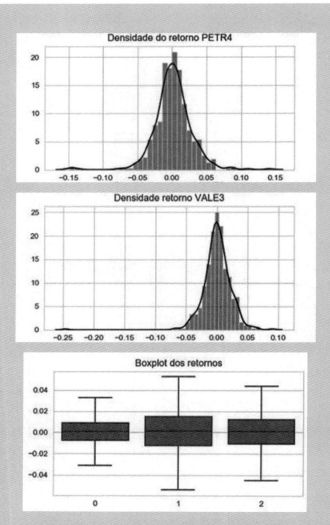

Figura 3.44 – Estatísticas para os retornos de Ibovespa, PETR4 e VALE3 com a seaborn.

O algoritmo a seguir apresenta a programação para a obtenção dos quadros de análise estatística para VALE3, PETR4 e Ibovespa do exemplo, usando seaborn.

```
1 # IBOVESPA E SEABORN
2 import matplotlib.pyplot as fig
3 import xlrd
4 import numpy as ny
5 import seaborn as sns
6
7 # ++++++++++ Transfere dados da planilha para o primeiro ativo ++++++++++++
8 wb1=xlrd.open_workbook('Ibv_Junto.xlsx')
9 plan=wb1.sheet_by_name('Ibov')
10 lin = plan.nrows
11 col = plan.ncols
```

```python
dados=[]

for i in range(col):
    coluna = plan.col_values(i)
    dados.append(coluna)

#+++++++++++++++++++ Transforma lista em vetor
dados=ny.array(dados)
eixox=ny.arange(len(dados[0]))
#+++++++++++++++++++++++++++++++++++++++++++++
retorno1=(dados[1][1:lin]-dados[1][0:lin-1])/dados[1][0:lin-1]
retorno2=(dados[2][1:lin]-dados[2][0:lin-1])/dados[2][0:lin-1]
retorno3=(dados[3][1:lin]-dados[3][0:lin-1])/dados[3][0:lin-1]
eixo_ret=ny.arange(len(retorno1))

fig.figure()
ax1=fig.subplot(111)
ax1.plot(eixox,dados[1],'-k')
ax1.set_xlabel('dias',fontsize=14)
ax1.set_ylabel('Ibovespa')
ax1.text(x=450,y=105500,s='Ibovespa',fontsize=14,color='k',weight='bold')
ax1.text(x=0,y=70000,s='1/1/2018',fontsize=14,color='k',weight='bold')
ax1.text(x=430,y=70000,s='18/10/2018',fontsize=14,color='k',weight='bold')

ax1_segundo=ax1.twinx()

ax1_segundo.plot(eixox,dados[2],'--k',eixox,dados[3],'.-k')
ax1_segundo.set_ylabel('Acoes')
ax1_segundo.text(x=450,y=50,s='VALE3',fontsize=14,color='k',weight='bold')
ax1_segundo.text(x=450,y=30,s='PETR4',fontsize=14,color='k',weight='bold')

fig.figure()
ax2=fig.subplot(331)
ax2.plot(eixo_ret,retorno1,'-k')
ax2=fig.title('retorno IBOVESPA')

ax3=fig.subplot(332)
ax3=sns.distplot(retorno1,color='black')
ax3=fig.title('Densidade do retorno IBOVESPA')

ax4=fig.subplot(334)
ax4.plot(eixo_ret,retorno2,'-k')
ax4=fig.title('retorno PETR4')

ax5=fig.subplot(335)
ax5=sns.distplot(retorno2,color='black')
ax5=fig.title('Densidade do retorno PETR4')

ax6=fig.subplot(337)
ax6.plot(eixo_ret,retorno3,'-k')
ax6=fig.title('retorno VALE3')
ax6=fig.xlabel('dias',fontsize=14)

ax7=fig.subplot(338)
ax7=sns.distplot(retorno3,color='black')
ax7=fig.title('Densidade retorno VALE3')

ax8=fig.subplot(339)
ax8=sns.boxplot(data=[retorno1,retorno2,retorno3],showfliers=True,color='grey')
ax8=fig.title('Boxplot dos retornos')
```

EXEMPLO 3.16

Qual crise financeira foi a pior: 1929 ou 2008? Essa foi uma das grandes questões durante anos após a crise financeira de 2008. Por ser mais recente e o mundo mais conectado, a complexidade da crise de 2008 atingiu de forma mais rápida todas as pessoas do mundo.

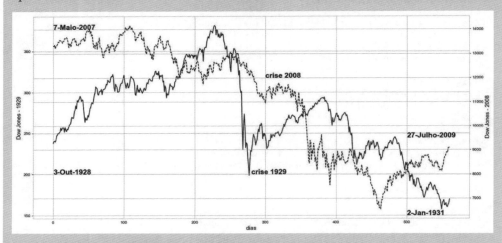

Figura 3.45 – Comparação do Dow Jones em 1929 e 2008.

Do ponto de vista estatístico, pode-se analisar os dados históricos e visualizar as volatilidades históricas dos retornos de 1929 e 2008. Os dados foram importados do Excel, sendo antes colocados de forma paralela em períodos de dias pré-crise e pós-crise, mais ou menos parecidos, como visto na Figura 3.45.

Nessa figura, o eixo da esquerda se refere ao Dow Jones em pontuação de 3 de outubro de 1928 até 2 de janeiro de 1931. Para o mesmo período de dias, os dados mais recentes para o Dow Jones foram tomados de 7 de maio de 2007 a 27 de julho de 2009.

A Figura 3.46 mostra a semelhança pré-crise e pós-crise em termos de retorno, apresentando um nervosismo na oscilação dos valores do Dow Jones. O gráfico gerado pelo **violinplot** da seaborn mostra, no entanto, que a volatilidade em 1929 foi muito maior do que em 2008. Enquanto em 2008 a maior queda não passou de 10%, em 1929 chegou a 15%, e o formato das bordas do **violinplot** em 1929 são mais arredondados, mostrando com isso uma maior durabilidade das altas oscilações.

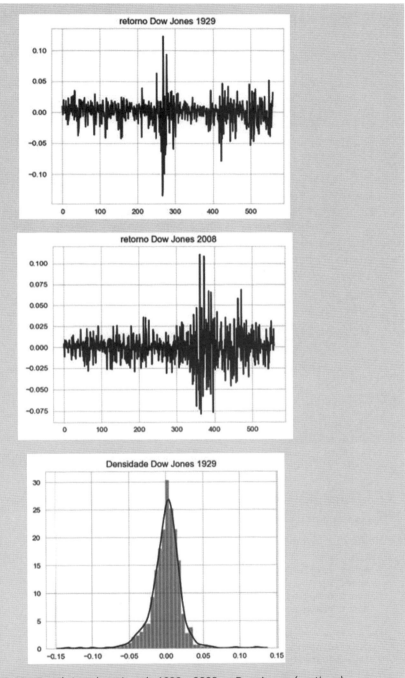

Figura 3.46 – Estatísticas das crises de 1929 e 2008 no Dow Jones. *(continua)*

(continuação)

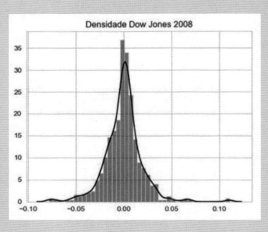

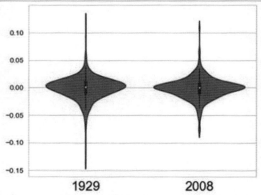

Figura 3.46 – Estatísticas das crises de 1929 e 2008 no Dow Jones.

O algoritmo desse exemplo deve levar em conta que os dados estão no arquivo de Excel com nome Compara_CriseDJ.xlsx, aberto na linha 8.

A leitura do arquivo é:

```
1 # Dow Jones - crise 1929 e 2008
2 import matplotlib.pyplot as fig
3 import xlrd
4 import numpy as ny
5 import seaborn as sns
6
7 # ++++++++++ Transfere dados da planilha para o primeiro ativo ++++++++++++
8 wb1=xlrd.open_workbook('Compara_CriseDJ.xlsx')
9 plan=wb1.sheet_by_name('Planilha1')
10 lin = plan.nrows
11 col = plan.ncols
12 dados=[]
13
14 for i in range(col):
15     coluna = plan.col_values(i)
```

```
16      dados.append(coluna)
17
18 #++++++++++++++++++ Transforma lista em vetor
19 dados=ny.array(dados)
20 eixox=ny.arange(len(dados[0]))
```

A seguir, o cálculo do retorno e o gráfico dos fechamentos em 1929 e 2008:

```
22 retorno1=(dados[1][1:lin]-dados[1][0:lin-1])/dados[1][0:lin-1]
23 retorno2=(dados[3][1:lin]-dados[3][0:lin-1])/dados[3][0:lin-1]
24 eixo_ret=ny.arange(len(retorno1))
25
26 fig.figure()
27 ax1=fig.subplot(111)
28 ax1.plot(eixox,dados[1],'-k')
29 ax1.set_xlabel('dias',fontsize=14)
30 ax1.set_ylabel('Dow Jones - 1929',fontsize=14)
31 ax1.text(x=280,y=200,s='crise 1929',fontsize=18,color='k',weight='bold')
32 ax1.text(x=0,y=200,s='3-Out-1928',fontsize=18,color='k',weight='bold')
33 ax1.text(x=500,y=150,s='2-Jan-1931',fontsize=18,color='k',weight='bold')
34
35 ax1_segundo=ax1.twinx()
36
37 ax1_segundo.plot(eixox,dados[3],'--k')
38 ax1_segundo.set_ylabel('Dow Jones - 2008',fontsize=14)
39 ax1_segundo.text(x=300,y=12000,s='crise 2008',fontsize=18,color='k',weight='bold')
40 ax1_segundo.text(x=0,y=14000,s='7-Maio-2007',fontsize=18,color='k',weight='bold')
41 ax1_segundo.text(x=500,y=9500,s='27-Julho-2009',fontsize=18,color='k',weight='bold')
```

Gráfico dos retornos, densidade e **violinplot**:

```
43 fig.figure()
44 ax2=fig.subplot(231)
45 ax2.plot(eixo_ret,retorno1,'-k')
46 ax2=fig.title('retorno Dow Jones 1929')
47
48 ax3=fig.subplot(232)
49 ax3=sns.distplot(retorno1,color='black')
50 ax3=fig.title('Densidade Dow Jones 1929')
51
```

```
52 ax4=fig.subplot(234)
53 ax4.plot(eixo_ret,retorno2,'-k')
54 ax4=fig.title('retorno Dow Jones 2008')
55
56 ax5=fig.subplot(235)
57 ax5=sns.distplot(retorno2,color='black')
58 ax5=fig.title('Densidade Dow Jones 2008')
59
60 ax6=fig.subplot(236)
61 ax6=sns.violinplot(data=[retorno1,retorno2],showfliers=True,color='grey')
62 ax6.set_xticklabels(['1929','2008'],fontsize=18)
```

3.13 EXERCÍCIOS

1. Fazer um algoritmo para ler a lista a seguir e, usando **subplot** na forma de matriz 2×1, plotar o gráfico dos pontos em (211) e o gráfico do histograma sem normalização (212) com cinco classes:

   x = [5,5,5,4,3,2,4,1,1,1,3,3,3,3,3,3,2,3,1,2,1,2,5,4,3,1,3]

2. Fazer um algoritmo para ler a lista a seguir e usar **subplot** para dividir a tela em matriz 2×2. O primeiro gráfico deve ter os pontos da lista p, o segundo deve ter os retornos e o terceiro, o histograma dos retornos normalizado com cinco classes.

   p = [6,7,8,7,5,5,6,4,7,10,10,11,10,11,10,12,9,8,7,8,6,7]

3. Com os dados da lista a seguir, usar **subplot** para dividir a tela em matriz 3×1. O primeiro gráfico deve ter os dados da lista, o segundo gráfico deve mostrar os retornos e o terceiro deve ter o histograma dos retornos normalizado e o ajuste da distribuição de probabilidade normal.

   dados = [−2,−3,−1,−1,−1,1,2,1,−1,−2,1,1,2,2,1,1,2,2,3,2,1,1,−1,−1,2,3,2,1,2,−1,−3,2]

4. Para os dados da lista a seguir, usar o **subplot** para dividir a tela em matriz 3×1. O primeiro gráfico deve ter os pontos da lista, o segundo deve ter o histograma normalizado dos pontos, com o ajuste da curva normal. O último gráfico deve ter o Boxplot dos pontos.

   pts = [5,6,7,6,7,5,6,4,5,6,4,5,6,4,9,10,8,7,9,2,1,0,2,3,2,3,1,1,2,3,4,3,1,2,3,5,4,3]

5. Entrar com os seguintes dados na coluna A de arquivo em Excel chamado ExPy.xlsx.

   d = −4, 2, −3, 1, 1, 0, 2, 3, 4, 7, 8, 7, 6, 5, 10, 2, 1

   Fazer um algoritmo para importar esses dados do Excel para o Python e imprimir a média e a mediana no **Console**. Fazer o gráfico dos pontos.

6. Criar um arquivo em Excel com nome ExercPy.xlsx, em que os dados a seguir estão na coluna A. Fazer um algoritmo em *script* para importar esses dados. Dentro do Python, criar uma lista com os retornos. Plotar, usando **subplot** para dividir a tela em 3×1, o gráfico dos pontos e apresentar no segundo gráfico os pontos do retorno. O terceiro gráfico deve ter o histograma normalizado dos retornos com o ajuste da normal para cinco classes. No **Console**, mostrar os valores do intervalo de confiança de 95%.

   dad = [1.2,1.3,1.1,1.4,1.5,1.7,1.6,1.5,1.4,1.4,1.6,1.7,1.8,1.7,1.1,1.2,1.1,1.5,1.4,1.2,1.5,1.3,1.1]

7. Criar um arquivo em Excel com nome ListaDupla.xlsx. Esse arquivo deve ter duas colunas A e B. A coluna A deve ter o valor de x a seguir, e a coluna B, os dados de y.

   x = [20,18,17,19,20,21,21,22,21,20,19,18,17]

   y = [15,16,15,17,18,19,20,18,17,16,14,13,12]

   Fazer um algoritmo para importar esses valores para o Python no formato de lista usando **subplot** para transformar a tela em 3×1. O primeiro gráfico é de x, o segundo de *y* e o terceiro deve ter os dois histogramas para *x* e *y* normalizados, com o ajuste das duas curvas normais.

8. Baixar os dados do Ibovespa (*close*) do *site* finance.yahoo.com do período entre e 1º de janeiro de 2018 e 18 de outubro de 2018. Salvar os dados na coluna A. Fazer um algoritmo no Python para transferir esses dados de fechamento para formato de lista. Usar **subplot** para dividir a tela em formato 2×2. No primeiro gráfico, colocar os dados do Ibovespa; no segundo, incluir dados do retorno diário; no terceiro, apresentar o histograma normalizado dos retornos com o ajuste da normal; e no último gráfico, o Boxplot. Imprimir no **Console** a estatística completa do índice (não do retorno), com média, mediana, desvio-padrão populacional, máximo, mínimo e intervalo de confiança para o Ibovespa.

9. Baixar os dados do Ibovespa (*close*) do *site* finance.yahoo.com do período entre 1º de janeiro de 2018 e 18 de outubro de 2018 e salvar na coluna A. Baixar os dados para o mesmo período da ação PETR4 e colocar na coluna B. Fazer um algoritmo no Python para transferir esses dados de fechamento para em formato de lista para as duas ações. Fazer quatro gráficos com **subplot** no formato 2×2, sendo o primeiro do Ibovespa, o segundo da PETR4 e o terceiro e o quarto com os dois histogramas do Ibovespa e da PETR4.

10. Baixar os dados do BitCoin (*close*) do *site* finance.yahoo.com do período entre 1º de janeiro de 2018 e 18 de outubro de 2018 e salvar na coluna A. Fazer um algoritmo no Python para transferir esses dados de fechamento para em formato de lista. Fazer dois gráficos com **subplot** no formato 2×1, sendo o primeiro do BitCoin e o segundo do retorno. Colocar no **Console** a média dos dez maiores valores do BitCoin, a mediana, o desvio-padrão populacional, o máximo e o mínimo desses dez valores.

CAPÍTULO 4
GRÁFICOS PARA ANÁLISES E OPERAÇÕES

4.1 GRÁFICOS BÁSICOS

Nos capítulos anteriores, foi dada uma pequena noção de como fazer gráficos com a biblioteca matplotlib.pyplot no **Console** e seu uso de formas variadas em estatística. Todas as bibliotecas do Python possuem gráficos específicos para sua área de atuação. Detalhes sobre eixos, *labels*, cores, fontes modificam entre as diversas versões, o que torna um gráfico muito próprio para cada tipo de abordagem.

Como toda função gráfica em matemática, o gráfico precisa de um eixo horizontal e um vertical para a plotagem na figura. No algoritmo a seguir, cria-se uma lista com os valores para o eixo horizontal (chamada de lista x) e outra para o eixo vertical (chamada de lista y).

As propriedades **xlabel**, **ylabel** e **title** já vistas em outros gráficos são as que definem os textos que aparecem no eixo horizontal, eixo vertical e título, como na Figura 4.1. E como são textos, devem sempre ser acompanhados de apóstrofos ou aspas (no Python não existe diferença).

```
1 #Gráfico Básico
2 import matplotlib.pyplot as fig
3
4 x=[0,1,2,3]
5 y=[2,5,8,10]
6
7 fig.plot(x,y)
8 fig.xlabel('eixo x')
9 fig.ylabel('eixo y')
10 fig.title('gráfico teste')
```

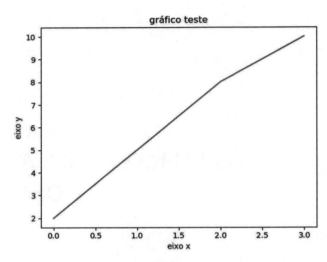

Figura 4.1 – Gráfico básico do Python.

Muitas propriedades podem ser adicionadas ao gráfico para torná-lo mais informativo e adequado para a área de interesse. Pode-se mudar o gráfico colocando pontos, alterando as cores básicas, os tipos de linhas, tudo pelo próprio **pyplot**.

Os Quadros 4.1, 4.2 e 4.3 apresentam apenas os caracteres de tipos mais simples e mais utilizados. Para detalhes sobre outras cores além das básicas, outros marcadores e tipos de linhas, uma consulta aos guias de Python existentes revela um universo próprio de diversos tipos.

Quadro 4.1 – Caracteres indicadores de cores no **pyplot**

Cor	Caractere
Amarelo	'y'
Azul	'b'
Vermelho	'r'
Verde	'g'
Preto	'k'
Branco	'w'
Magenta	'm'
Ciano	'c'

Quadro 4.2 – Caracteres indicadores dos tipos de linha

Tipo de linha	Caractere
Linha cheia	'-'
Linha tracejada	'--'
Linha traço-ponto	'-.'
Linha pontilhada	':'

Gráficos para análises e operações 153

Quadro 4.3 – Caracteres indicadores dos tipos de marcadores

Tipo de marcador	Caractere
Ponto	'.'
Círculo	'o'
Triângulo	'v'
Triângulo	'^'
Triângulo	'<'
Triângulo	'>'
Quadrado	's'
Pentágono	'p'
Estrela	'*'

O algoritmo anterior pode ser melhorado ao se colocar algumas das propriedades apresentadas nos quadros. Pode-se reparar que o tamanho dos marcadores está exageradamente grande na Figura 4.2. Essa alteração é possível com a mudança na propriedade **markersize**, em que se coloca o tamanho desejado para o marcador (na figura está como marcador 12).

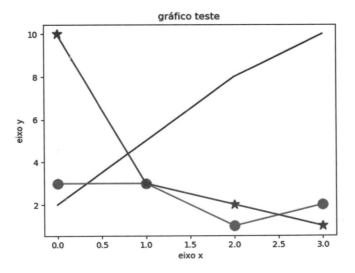

Figura 4.2 – Gráfico básico com marcadores do Python.

No gráfico, assim como em todos os outros *softwares*, é possível colocar grades sobre os valores dos eixos, horizontal e vertical, usando a propriedade **grid(True)**. Como o padrão para a propriedade **grid** é **True**, pode-se utilizar a propriedade com o parêntese vazio com a forma **grid( )**. Utilizando a propriedade **text**, pode-se adicionar um texto indicativo sobre um ponto específico do gráfico, como apresentado na Figura 4.3, com a palavra "curva z" no ponto $x = 2$ e $y = 2.5$.

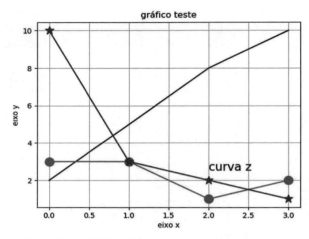

Figura 4.3 – Gráfico básico com marcadores do Python.

O programa em Python para as mudanças em gráficos básicos é apresentado a seguir, destacando em cada linha como cada propriedade altera o gráfico original. Como a importação da matplotlib.pyplot foi simplificada pela sigla *fig*, todas as propriedades são derivadas dela. Por isso, essa sigla segue sempre as propriedades relativas ao gráfico.

Tanto o eixo horizontal como o eixo vertical podem ter seus limites alterados, utilizando **fig.xlim(início, fim)** ou **fig.ylim(início, fim)**.

```
#Gráfico Básico
import matplotlib.pyplot as fig

x=[0,1,2,3]
y=[2,5,8,10]
z=[3,3,1,2]
w=[10,3,2,1]
fig.plot(x,y,'-k',x,z,'-or',x,w,'-*b',markersize=12)
fig.xlabel('eixo x')
fig.ylabel('eixo y')
fig.title('gráfico teste')
fig.grid(True)
fig.text(x=2,y=2.5,s='curva z',fontsize=16)
```

Para a Figura 4.4, alterou-se os limites do eixo vertical, colocando **ylim(0,2)** para demonstrar a utilidade dessa propriedade. O algoritmo torna-se:

```
#Gráfico Básico
import matplotlib.pyplot as fig

x=[0,1,2,3]
y=[2,5,8,10]
z=[3,3,1,2]
w=[10,3,2,1]
fig.plot(x,y,'-k',x,z,'-or',x,w,'-*b',markersize=12)
fig.xlabel('eixo x')
fig.ylabel('eixo y')
fig.title('gráfico teste')
fig.grid(True)
```

```
11 fig.title('gráfico teste')
12 fig.grid(True)
```

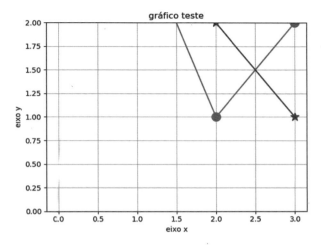

Figura 4.4 – Gráfico com limites alterados para o eixo vertical.

4.2 PROPRIEDADES DOS EIXOS DE UM GRÁFICO

Uma figura no Python pode ter suas propriedades alteradas e modificadas por métodos programados para os eixos (*axes*). Propriedades como **ticks**, **labels**, **text**, **grid**, **position**, entre tantas outras, podem ser modificadas pelo programador para deixar o gráfico mais compatível com os dados. Em vez de abrir a matplotlib.pyplot com figura, pode-se fazer a figura se tornar uma variável de um eixo, deixando-a assim disponível para alterações.

O algoritmo a seguir demonstra como se pode alterar algumas das muitas propriedades existentes em gráficos usando a matplotlib.pyplot.

```
1 #Gráfico Básico alterando propriedade dos eixos
2 import matplotlib.pyplot as fig
3
4 x=[0,1,2,3,4,5,6]
5 y=[2,5,8,10,8,3,1]
6 z=[-2,-1,3,4,5,0,-1]
7
8 fig.figure()
9 ax=fig.subplot(111)
10 g1=ax.plot(x,y,'-*k',markersize=14)
11 g2=ax.plot(x,z,'-vk',markersize=14)
12 ax.legend(['y', 'z'], loc='upper right')
13 ax.set_xlim(0,6)
14 ax.set_xlabel('eixo x',fontsize=14,weight='bold')
15 ax.set_ylabel('eixo y',fontsize=14,weight='bold')
16 ax.set_ylim(-10,15)
17 ax.set_xticks(x)
18 ax.set_xticklabels(x)
19 ax.set_yticks([-2,-1.5,-1,-0.5,0,0.5,1,1.5,2,2.5,3,3.5,4,5,6,8,10])
```

```
20 ax.grid(True)
21 ax.set_title('++++++++ gráfico com propriedade dos eixos ++++++++')
22 ax.text(x=5,y=4,s='var y',fontsize=12,color='k',weight='bold')
```

O programa começa abrindo uma figura, e na linha 9 faz com que a variável *ax* assuma a função do gráfico. O *plot* aparece como uma propriedade dessa nova variável *ax* nas linhas 10 e 11, podendo também ser esses comandos variáveis, como *g1* e *g2*. Não há necessidade dessas novas variáveis, sendo apenas introduzidas para mostrar que isso é possível.

A legenda pode ser formatada como apresentada na linha 12, em que o colchete indica uma lista de nomes. Essa lista de nomes vai ser interpretada pelo Python como os nomes das curvas que foram plotadas. O Python sempre segue a ordem da lista, sendo o primeiro nome da lista o mesmo da primeira curva desenhada, o segundo vai ser o da segunda curva e assim sucessivamente.

Essa legenda tem a variável de localização, que nesse programa está para ser colocada na parte de cima do gráfico, à direita (*upper right*). Outras posições também são possíveis, como:

```
upper right
upper left
lower left
lower right
right
center left
center right
lower center
upper center
center
```

Com as propriedades dos eixos **xlim** e **ylim**, pode-se escolher a melhor representação, dando destaque para pontos de maior interesse. Todos esses ajustes dos eixos devem ser usados, segundo a definição do Python, com a palavra "set" para indicar a função. Então **ax.set_xlim(0,6)** na linha 13 está obrigando o eixo a começar em zero e a terminar em 6. No caso do eixo vertical *y*, os limites foram de −10 a 15 para dar destaque aos pontos da curva *z*, cujo efeito pode ser visto na Figura 4.5.

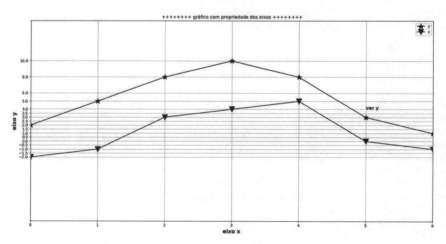

Figura 4.5 – Gráfico com propriedades dos eixos.

Gráficos para análises e operações

As propriedades **set_xticks** e **set_yticks** indicam ao Python onde deve colocar os traços indicativos de valores nos eixos horizontal e vertical, respectivamente. Colocando as grades com a propriedade *grid* na linha 20, onde é necessário inserir a palavra "True", percebe-se na Figura 4.5 o efeito com as linhas mais próximas em que os **yticks** estão mais próximos.

O título é colocado com **set_title**, com o qual se pode ajustar o tamanho da fonte, se vai ter negrito ou não; o mesmo ocorre com **text**. A diferença é que um **text** coloca mensagens exatamente nos valores do par (*x*,*y*) dos dados. Nesse exemplo, a palavra "var y" foi colocada na posição $x = 5$ e $y = 4$ com a cor preta na letra e fonte em negrito na linha 22 do programa.

Outra propriedade que muitas vezes é útil na impressão é a diferenciação da espessura da linha que representa uma variável com *linewidth*. Essa espessura pode ser alterada dentro do próprio método **plot**. Por exemplo, alterando a linha 11 para:

```
11 g1=ax.plot(x,y,'-*k',markersize=14,linewidth=14)
```

Nesse caso, a Figura 4.6 apresenta como se altera o resultado no gráfico para a variável *y*. O estilo dos gráficos na matplotlib.pyplot podem dar visualizações interessantes. Por exemplo, colocando em qualquer parte do programa o estilo com o método **style.use**, pode-se aproveitar a grande variedade de fundo de tela no Python. Se na linha 3 do programa anterior for colocado "ggplot":

```
1 #Gráfico Básico alterando propriedade dos eixos
2 import matplotlib.pyplot as fig
3 fig.style.use('ggplot')
4 x=[0,1,2,3,4,5,6]
5 y=[2,5,8,10,8,3,1]
6 z=[-2,-1,3,4,5,0,-1]
```

o resultado é um fundo de tela no tom mais cinza, com destaques em branco para as linhas de grade, como visto na Figura 4.6.

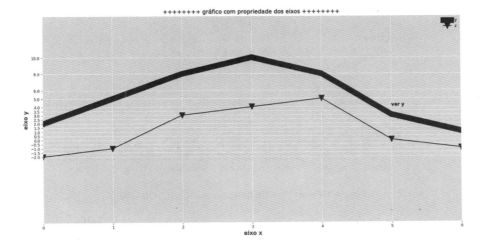

Figura 4.6 – Gráfico no estilo ggplot.

4.3 GRÁFICOS DE BARRAS E SETORES

Nas análises e aplicações de estudos para o setor financeiro, gráficos que são bem comuns e utilizados são os gráficos de barras e setores. Eles podem servir de marcadores de vendas, aportes financeiros; também podem representar volumes de operações ou ainda fluxo de capitais.

O programa a seguir demonstra, utilizando **subplot**, como é o uso básico para cada tipo de gráfico. Mais detalhes podem ser contemplados no tutorial de gráficos do Python, uma vez que cores, tipos de borda, eixos e realces têm muitos detalhes e fogem ao escopo do livro. Entretanto, em termos básicos, com a definição das propriedades de eixo comentadas na seção anterior, um gráfico de barras é chamado *bar* no caso vertical e *barh* no caso de barras horizontais, como visto na Figura 4.7.

```
1 #Gráfico barras e setores
2
3 import matplotlib.pyplot as fig
4 fig.style.use('ggplot')
5 x=['ação','petróleo','dólar','opções','commodity','títulos','bitcoin']
6 y=[2,5,8,10,8,3,1]
7
8 fig.figure()
9 ax=fig.subplot(221)
10 ax.bar(x,y,color='black',alpha=0.7)
11
12 ax=fig.subplot(222)
13 ax.barh(x,y,color='black',alpha=1)
14
15 ax=fig.subplot(223)
16 explodir=(0,0,0,0.2,0,0,0)
17
18 ax.pie(y,explode=explodir,labels=x,autopct='%1.1f%%')
19 ax.axis('equal')
```

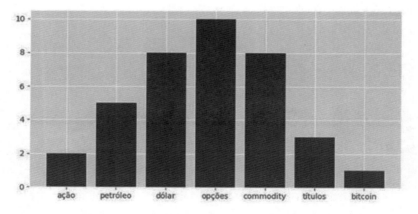

Figura 4.7 – Gráfico de barras e setores. *(continua)*

(continuação)

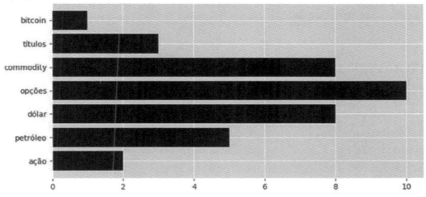

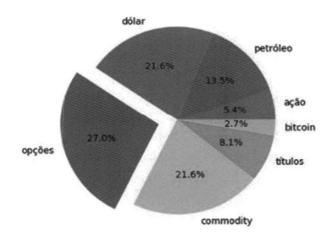

Figura 4.7 – Gráfico de barras e setores.

Na linha 10 do programa, a propriedade *alpha* serve para deixar uma cor escolhida mais iluminada ou menos iluminada. Por exemplo, escolhendo a cor preta para as barras, com *alpha* = 0.5, a cor das barras fica mais próximo do cinza. Com *alpha* = 1, é a própria cor escolhida.

A variável *explodir* é um vetor marcando quais dos valores nos setores deve saltar para fora do gráfico. Como exemplo, escolheu-se 0.2 para a segunda componente. Nesse caso, como o vetor é (0,0,0,0.2,0,0,0), sendo o único elemento diferente de zero na posição 4, o Python entende que o quarto elemento da lista de nomes deve saltar para fora do gráfico (*explodir*).

Como esse quarto elemento é a palavra "opções", no gráfico de setores pode-se reparar que o setor de "opções" está em realce e separado dos outros setores. A porcentagem dos dados é calculada automaticamente, usando os dados de *y*. Na linha 18, em que o comando **pie** é chamado pelo eixo, o parâmetro **autopct** calcula e padroniza os dados em termos de porcentagens, representando a impressão em **% 1.1f % %** e indicando um número com ponto flutuante e uma casa decimal. As palavras dos ativos nesse exemplo aparecem no gráfico de setores, pois a propriedade *labels* está recebendo a lista *x* dentro do **pie**.

4.4 GRÁFICO DE KDE *PLOT*

O KDE *plot* serve para estimar densidade de probabilidade para variáveis em duas dimensões. Como visto no Capítulo 3, diversas medidas estatísticas são ferramentas importantes nas análises do mercado financeiro. Assim como existem métodos para estimar função de densidade de probabilidade normal para preços ou para retornos, considerados como unidimensionais, em muitos casos precisamos estimar a distribuição para duas variáveis de forma simultânea.

Por exemplo, pode-se desejar calcular a probabilidade de retorno de uma ação quando a cotação do dólar está em um intervalo de valores. A chance de o retorno de uma ação estar em certo intervalo depende da densidade de probabilidade, que pode ter distribuição normal ou não.

Nesse caso, KDE (*kernel density estimation*) estima a densidade de probabilidade com base nos dados bidimensionais amostrados em listas ou matrizes de pontos. Suponhamos que temos diversos pares de dados entre dois ativos com algum tipo de medida no mercado financeiro, com a distribuição no quadro superior da Figura 4.8.

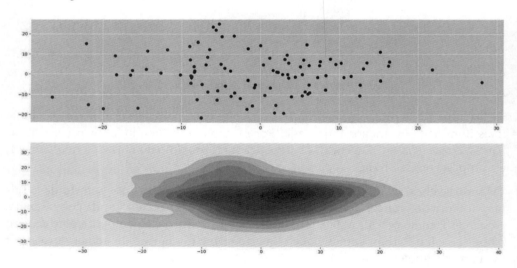

Figura 4.8 – Gráfico de KDE *plot*.

As regiões mais escuras do gráfico são consideradas regiões mais "quentes" dos pontos amostrados, pois a concentração está em torno da média. Regiões mais claras são aquelas com menos chance de ocorrência. O gráfico no quadro inferior da Figura 4.8 é o KDE *plot* que está na biblioteca seaborn. As cores podem ser alteradas, bem como a forma de apresentação do gráfico. No programa que construiu a Figura 4.8, a variável *cmap* distribui as cores para o KDE *plot*. A tabela de cores (*palette*) indica que o padrão de cores é 8 e começa com a tonalidade zero, por isso *start* = 0 na linha 20. Essa variável começa em zero e tem valor máximo em 1, colocada como *alpha* na Figura 4.9.

```
1 #Gráfico KdePlot duas dimensoes
2
3 import matplotlib.pyplot as fig
4 import seaborn as sns
5 import random
6
7 aleat1=[]
8 for i in range(100):
9     x=random.gauss(0,10)
10    aleat1.append(x)
11
12 aleat2=[]
13 for i in range(100):
14    x=random.gauss(0,10)
15    aleat2.append(x)
16
17 fig.subplot(211)
18 fig.plot(aleat1,aleat2,'ok')
19 fig.subplot(212)
20 cmap = sns.cubehelix_palette(8, start=0, light=1, as_cmap=True)
21 sns.kdeplot(aleat1, aleat2, cmap=cmap, shade=True)
```

No programa, os valores de *x* e *y* para o KDE foram gerados aleatoriamente com a biblioteca random. Em um problema real, pode-se retirar essas linhas e substituir pelos dados reais. Assim, as linhas 7 a 15 seriam suprimidas. A Figura 4.9 mostra as diferentes tonalidades que podem ser obtidas pela variação de *alpha*.

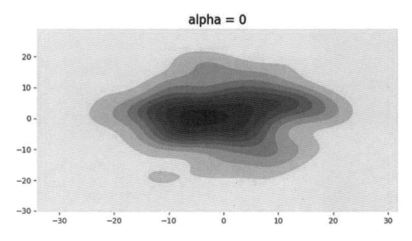

Figura 4.9 – Variações de *alpha* no gráfico de KDE *plot. (continua)*

(continuação)

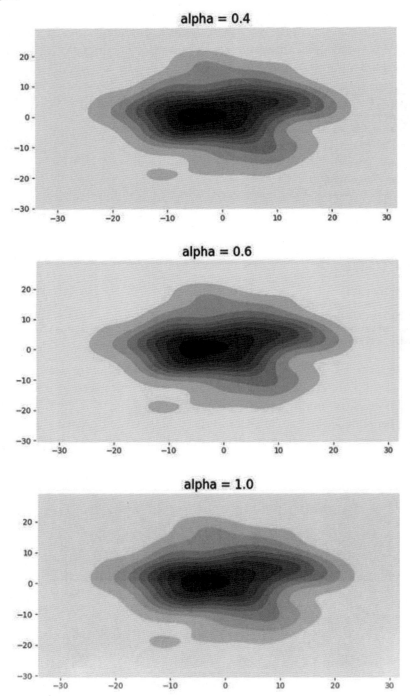

Figura 4.9 – Variações de *alpha* no gráfico de KDE *plot*.

Gráficos para análises e operações

Sem as definições de *cmap* nas linhas 20 e 21, o programa faz apenas linhas sólidas ao redor da estimativa da densidade. Ou seja, se no lugar das linhas 20 e 21 do programa anterior colocamos apenas **sns.kdeplot(aleat1, aleat2)**, o resultado obtido é o apresentado na Figura 4.10.

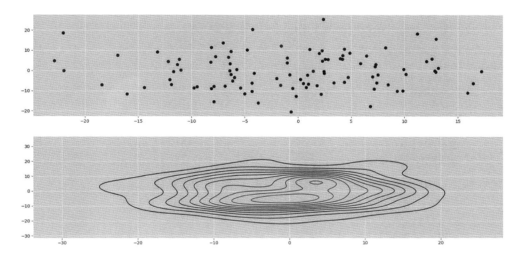

Figura 4.10 – Linhas de contorno no gráfico de KDE *plot*.

Construção de gráficos e regressão linear na biblioteca seaborn

4.5 GRÁFICO DINÂMICO

Até o presente momento, os programas que foram executados com as ferramentas gráficas do Python mostravam os resultados na janela do editor gráfico de forma instantânea com os resultados já consolidados.

No mercado de ações, principalmente quando se opera com a intenção de fazer *day-trade*, observar a janela gráfica e a tendência dos pontos pode dar um indicativo sobre o momento de compra ou venda. Por exemplo, pode-se atualizar a cada novo dado um histograma dos retornos, a densidade de probabilidade dos retornos ou a correlação entre duas ou mais ações.

Para ver o gráfico mudando a cada novo ponto, é necessário o uso da biblioteca que envolve o tempo. O nome dessa biblioteca é time. No programa a seguir, o primeiro passo é na linha 2 fazer a importação da time. O que vai dar a noção de ver os pontos se alterando é a maneira como a matplotlib é executada. Colocando a matplotlib dentro de uma iteração, realiza-se os cálculos para novos pontos e utiliza-se o **append** para alimentar uma lista.

Assim, a cada *loop*, a lista aproveita os dados anteriores na plotagem e adiciona o ponto novo, que pode vir da bolsa de valores ou ser gerado por algum cálculo. O algoritmo simula com números aleatórios dados que são adquiridos e, então, calcula-se o retorno.

Para permitir um *delay* e pausar momentaneamente a janela gráfica, na biblioteca time, utiliza o **time.sleep(segundos)**. Na figura também é interessante pausar o processamento para dar tempo da visualização, o que causa a impressão do movimento do gráfico. O método **pause** também tem como parâmetro segundos, colocados de acordo com a aquisição dos dados. Em conexão com a internet, é razoável tomar um tempo suficiente para que os dados sejam adquiridos e todos os cálculos realizados em tempo hábil.

```
import numpy as np
import time
import matplotlib.pyplot as fig
import random

fig.style.use('ggplot')

ax1=fig.subplot(211)
ax2=fig.subplot(212)
xar=[]
ret=[]
lin=10

x=np.zeros(lin)
retorno=np.zeros(lin)
for j in range(lin):
    x[j]=random.gauss(0,1)
    if j>0:
        retorno[j]=(x[j]-x[j-1])/x[j-1]
    print('%d %5.2f'% (j,x[j]))
    xar.append(x[j])
    ret.append(retorno[j])
    ax1.plot(xar,'-ok')
    ax2.plot(ret,'-ok')
    fig.pause(0.5)
    time.sleep(1)
```

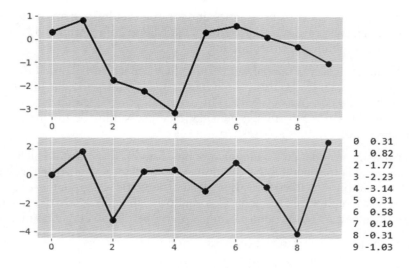

Figura 4.11 – Gráfico dinâmico.

Gráficos para análises e operações

Ao executar o programa, quando a janela gráfica se abrir, os pontos e retas vão aparecer a cada 1,5 segundo, pois temos de levar em conta a pausa de 0,5 segundo na função. A biblioteca time tem muitas outras funções interessantes que serão abordadas adiante em outros capítulos. Na Figura 4.11, pode-se observar ao lado do gráfico os pontos gerados de forma aleatória impressos pelo comando **PRINT( )** dentro do **for**.

O **subplot(211)** mostra os valores aleatórios com média zero e desvio-padrão 1 e o **subplot(212)** é a simulação de retornos financeiros com o uso de operação com os dados que estão sendo incorporados à lista retorno.

4.6 GRÁFICO TRIDIMENSIONAL

Para a construção de gráficos em três dimensões (3D), um método importante para importação é o **mplot3d** que está instalado na biblioteca matplotlib. Para disposição de dados, o Python possui **plot3D**, **scatter**, **surface** e **contour3D** como os principais métodos de plotagem.

O algoritmo a seguir demonstra como fazer um gráfico 3D com linhas e, depois, inserir pontos.

```
1  from mpl_toolkits import mplot3d
2  import matplotlib.pyplot as fig
3  import numpy as ny
4
5
6  ax=fig.axes(projection='3d')
7
8  z=ny.linspace(0,15,1000)
9  x=ny.sin(z)
10 y=ny.cos(z)
11 ax.plot3D(x,y,z,'gray')
12
13 dadZ=15*ny.random.random(100)
14 dadX=ny.sin(dadZ)+0.2*ny.random.randn(100)
15 dadY=ny.cos(dadZ)+0.2*ny.random.randn(100)
16 ax.scatter3D(dadX, dadY, dadZ, c=dadZ, cmap='Greys');
17 ax.set_xlabel('eixo x')
18 ax.set_ylabel('eixo y')
19 ax.set_zlabel('eixo z')
```

É necessário primeiro indicar ao Python o tipo de projeção no momento da criação da figura. A linha 6 do algoritmo indica que os comandos são para uma projeção de linhas em três dimensões. Da linha 8 à linha 11, os três vetores x, y e z criam os pontos do gráfico e **plot3D** é a função que realiza a projeção tridimensional no gráfico.

Da linha 13 até a linha 19, os dados são criados para o gráfico de **scatter3D**, que coloca apenas pontos sem união de linhas no gráfico. Nessa função **scatter3D**, a propriedade **cmap** significa *color map function*. É uma tabela do Python para diversas tonalidades e cores para dar a noção de aprofundamento ou distanciamento dos pontos no gráfico.

A propriedade **Greys** significa pontos cinzas em que os últimos a serem lançados no gráfico são mais escuros e os primeiros, mais antigos, são mais claros. O Quadro 4.4 apresenta outros tipos de cores que podem ser usados na **cmap** com o resultado na Figura 4.12.

Quadro 4.4 – *Palette* de cores na *color map function* (**cmap**)

'Greys'	'Purples'	'Blues'	'Greens'	'Oranges'	'Reds'
'YlOrBr'	'YlOrRd'	'OrRd'	'PuRd'	'RdPu'	'BuPu'
'GnBu'	'PuBu'	'YlGnBu'	'PuBuGn'	'BuGn'	'YlGn'

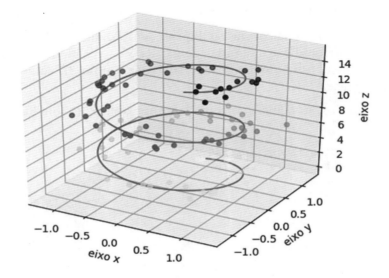

Figura 4.12 – Gráfico básico em três dimensões.

Outra função para plotar em três dimensões é a **contour3D**, apresentada no programa a seguir. A diferença entre essa função e as anteriores é que ela cria uma malha de pontos para depois unir em forma de superfície.

Os vetores *x* e *y* criam pontos dos eixos vertical e horizontal, mas depois são descartados, pois servem apenas para orientar o Python na criação da malha que é interpolada por alguma função.

Essa malha está no **meshgrid** da linha 12, onde a função tridimensional é a função *Z* (com letra maiúscula). O leitor deve perceber que existe uma diferença entre as variáveis com letras minúsculas e maiúsculas no Python. A linguagem sempre as considera diferentes.

Finalmente, a linha 14 faz a plotagem dos pontos criados pelo **meshgrid** para as novas variáveis *X*, *Y* e *Z*. O número em **contour3D** indica a quantidade de pontos desejada. Nesse caso, utilizou-se apenas cinquenta pontos na função. Novamente, assim como discutido anteriormente, a **cmap** é a mesma do Quadro 4.4. O resultado pode ser visualizado na Figura 4.13.

Outro fato interessante é que o usuário pode, ao clicar com o botão esquerdo do mouse, girar a figura em 3D, criando diferentes formas de interação com as curvas e as superfícies.

```
1 from mpl_toolkits import mplot3d
2 import matplotlib.pyplot as fig
3 import numpy as ny
4
5
6 ax=fig.axes(projection='3d')
7
8 x=ny.linspace(-20,20,50)
9 y=ny.linspace(-20,20,50)
10
11
12 X, Y = ny.meshgrid(x,y)
13 Z=ny.sin(ny.sqrt(X ** 2 + Y ** 2))
14 ax.contour3D(X,Y,Z,50, cmap='Greys')
15
16 ax.set_xlabel('eixo x')
17 ax.set_ylabel('eixo y')
18 ax.set_zlabel('eixo z')
```

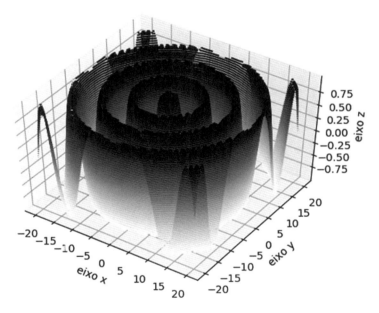

Figura 4.13 – Gráfico básico em três dimensões.

Para a realização da plotagem de uma superfície suavizada e completa, o método **contour3D** pode ser trocado pelo método **plot_surface**, como apresentado no algoritmo a seguir no Python. Por ser superfície, agora não existe mais o número indicando a quantidade de pontos, pois os pontos são automaticamente interpolados. A alteração está na linha 14 do programa, em que a grade pontos também foi diminuída de tamanho, na linha 8 e na linha 9, criando o gráfico no intervalo [−2, 2] para o eixo horizontal e vertical. As demais linhas do programa continuam as mesmas, com o resultado apresentado na Figura 4.14.

```
1 from mpl_toolkits import mplot3d
2 import matplotlib.pyplot as fig
3 import numpy as ny
4
5
6 ax=fig.axes(projection='3d')
7
8 x=ny.linspace(-2,2,50)
9 y=ny.linspace(-2,2,50)
10
11
12 X, Y = ny.meshgrid(x,y)
13 Z=ny.sin(ny.sqrt(X ** 2 + Y ** 2))
14 ax.plot_surface(X,Y,Z, cmap='Greys')
15
16 ax.set_xlabel('eixo x')
17 ax.set_ylabel('eixo y')
18 ax.set_zlabel('eixo z')
```

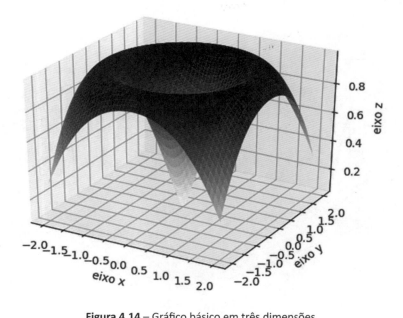

Figura 4.14 – Gráfico básico em três dimensões.

Construção de gráficos em 3D

4.7 APLICAÇÕES NO MERCADO FINANCEIRO

EXEMPLO 4.1

No vigor do crescimento brasileiro, entre 2011 e 2012, uma das discussões existentes entre os analistas econômicos era sobre a sustentação dos recordes da Bovespa. O argumento que mais se discutia era sobre a influência do fluxo de investimento externo na Bovespa. Com dados de 2011 a 2012, podemos analisar essa influência colocando dados normalizados do Ibovespa e do investimento externo na Bovespa.

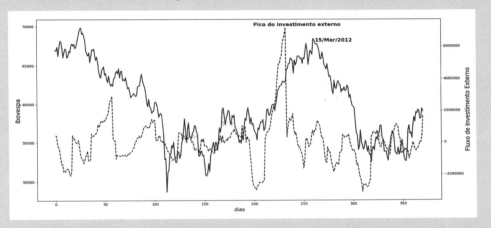

Figura 4.15 – Fluxo de investimento externo e Ibovespa entre 2011 e 2012.

A Figura 4.15 apresenta os dados sobre o fluxo de investimentos estrangeiros na Bovespa em comparação com o Ibovespa entre 2011 e 2012. Os dados do Ibovespa estão dispostos no eixo da esquerda em pontuação, enquanto os dados dos estrangeiros estão no eixo da direita. Essa disposição é mais adequada e recomendada, uma vez que os dados do fluxo de investimento estrangeiro oscilam entre patamar positivo e negativo.

Os valores do fluxo são positivos quando são anotadas mais entradas do que saídas na Bovespa, e esses valores são negativos em caso contrário. Como pode ser notado na figura, houve um aumento forte e repentino no investimento estrangeiro e, logo em correspondência, se percebe na curva contínua o crescimento do Ibovespa.

O pico do investimento estrangeiro nesse período aconteceu próximo a março de 2012, quando o Ibovespa chegou a 68.257 pontos. Em 14 de dezembro de 2011, o Ibovespa estava em 57.494 pontos tendo, portanto, em março um retorno de 18,7% em apenas três meses. Após esse período, pode-se perceber o fluxo negativo de estrangeiros e, em consequência, a queda do Ibovespa. Não existe uma perfeita correlação o tempo todo entre essas duas medidas, mas em certos períodos a correspondência é bem alta, como se pode ver na Figura 4.15.

O programa em Python a seguir apresenta como a Figura 4.15 foi construída, primeiro importando os dados do Excel do arquivo nomeado Estrang_Nao_Normalizado.xlsx.

Em seguida, com **twinx**, foi criado o eixo paralelo no lado direito. Isso foi necessário pois os limites das duas variáveis (Ibovespa e estrangeiros) são bem diferentes.

```
1  import matplotlib.pyplot as fig
2  import numpy as ny
3  import xlrd
4
5  wb=xlrd.open_workbook('Estrang_Nao_Normalizado.xlsx')
6
7  y=wb.sheet_by_name('Planilha1')
8
9  lin = y.nrows
10 col = y.ncols
11
12 dados=[]
13
14 for i in range(col):
15     coluna = y.col_values(i)
16     dados.append(coluna)
17     print(coluna)
18
19 dados=ny.array(dados)
20 eixox=ny.arange(len(dados[0]))
21
22 fig.figure()
23 ax1=fig.subplot(111)
24 ax1.plot(eixox,dados[1],'-k',linewidth=2)
25 ax1.set_xlabel('dias',fontsize=14)
26 ax1.set_ylabel('Ibovespa',fontsize=16)
27 ax1.text(x=200,y=70000,s='Pico do investimento externo',fontsize=14,color='k',weight='bold')
28 ax1.text(x=262,y=68000,s='15/Mar/2012',fontsize=14,color='k',weight='bold')
29
30
31 ax1_segundo=ax1.twinx()
32
33 ax1_segundo.plot(eixox,dados[2],'--k',linewidth=2)
34 ax1_segundo.set_ylabel('Fluxo de Investimento Externo',fontsize=16)
```

Outra forma de visualizar a relação entre fluxo de estrangeiros e Ibovespa é construindo um gráfico tridimensional. A Figura 4.16 apresenta em um eixo os dias corridos, em outro no mesmo plano estão os dados do Ibovespa e, por fim, perpendicular a esses dois há os dados do fluxo de estrangeiros. No entanto, para que a superfície fosse bem visualizada, esses dados tiveram de ser normalizados antes no Excel. Os dados foram tomados e divididos pelos máximos das duas variáveis.

Após a importação dos dados no Python, foram repetidos os mesmos passos para a importação do Excel, agora com um arquivo com nome Estrang.xlsx. Os dados das colunas onde estavam o Ibovespa normalizado e o fluxo de estrangeiros normalizados foram utilizados para gerar um **meshgrid**, necessário para uma superfície tridimensional no Python. No algoritmo da Figura 4.16, a linha 27 faz isso com o uso da biblioteca numpy.

O método **griddata** permite a criação da matriz tridimensional onde os dados são interpolados na criação da superfície, nomeado de "gd" no programa. Usou-se na linha 29 a função **scatter3D** para plotar os pontos reais do Ibovespa e do fluxo de estrangeiros, e na linha 30 foi usada a função **contour3D** que cria as curvas.

Na **contour3D**, as cores são apenas alterações em tons de cinza no **cmap**, já explicado antes, e **alpha** é a luminosidade desejada para as curvas traçadas. O resultado final da figura mostra que a ocorrência do maior pico no eixo Z se dá exatamente quando os valores do Ibovespa também são altos. Percebe-se, inclusive, os pontos próximos ao cume da superfície traçada. O algoritmo descreve a construção de toda a figura.

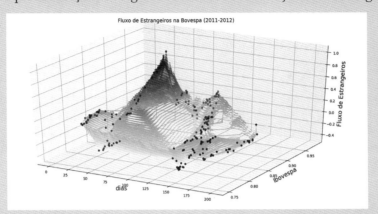

Figura 4.16 – Gráfico de contorno de fluxos dos investimentos externos no Ibovespa.

```
1  from mpl_toolkits import mplot3d
2  import matplotlib.pyplot as fig
3  import numpy as ny
4  from scipy.interpolate import griddata as gd
5  import xlrd
6
7  wb=xlrd.open_workbook('Estrang.xlsx')
8
9  y=wb.sheet_by_name('Planilha1')
10
11 lin = y.nrows
12 col = y.ncols
13
14 dados=[]
15
16 for i in range(col):
17     coluna = y.col_values(i)
18     dados.append(coluna)
19     print(coluna)
20
21 ax=fig.axes(projection='3d')
22
23 x=ny.arange(0,lin,1)
24 z=ny.array(dados[2])
25 y=ny.array(dados[3])
26
27 X, Y = ny.meshgrid(x,y)
28 Z=gd((x,y),z,(X,Y), method='linear')
29 ax.scatter3D(x, y, z,color='black');
30 ax.contour3D(X,Y,Z,70,cmap='Greys',alpha=1)
31 ax.set_xlabel('dias',fontsize=16)
32 ax.set_ylabel('Ibovespa',fontsize=16)
33 ax.set_zlabel('Fluxo de Estrangeiros',fontsize=16)
34 ax.set_title('Fluxo de Estrangeiros na Bovespa (2011-2012)',fontsize=14)
```

EXEMPLO 4.2

Quando se tem um papel em mãos, busca-se no *book* de ofertas o melhor momento para vendê-lo. O preço que é ofertado por um comprador de nosso papel é conhecido como oferta de compra (ou *bid*, em inglês) e o preço que estamos dispostos a vender se chama oferta de venda (ou *ask*, em inglês). A diferença entre *ask* e *bid* é conhecida como *spread*.

Acompanhou-se um ativo a cada um segundo em seu Book de ofertas pelo período de um dia inteiro de negócios. Os valores de *bid* e *ask* foram salvos em planilha Excel no formato a seguir.

	G	H	I	J	K	L	M	N	O	P	Q	R	S
1	Melhor compra	Melhor venda	qtde melhor venda	Último preço	ultimo trade=	59850					0,333333	40	09:00:51
2	BEST_BID	BEST_ASK		BEST_ASK	TRADE						0,666667	0	09:00:51
3	58100	57000	15	57000							0,666667	-30	09:01:00
4	58100	57000	15	58100							0,5	0	09:01:00
5	58100	57000	5	57000							0,5	-10	09:01:01
6	58100	57755	10	57755							0,5	40	09:01:01
7	58100	57810	10	57810							0,833333	0	09:01:02
8	58100	57810	10	58100							0,8	0	09:01:03
9	58100	57830	10	57830							0,8	0	09:01:03
10	58085	57830	10	58100							0,75	0	09:01:03
11	58085	57830	10	58085							0,666667	0	09:01:04
12	58080	57850	10	57850							0,666667	0	09:01:04

De posse de 400 mil dados de um dia inteiro, criou-se uma tabela de probabilidades para os *spreads*. Essa nova tabela contém em linhas os segundos até o máximo de um minuto, as colunas mostram as probabilidades de *spread* positivo, e os elementos centrais contêm os retornos em porcentagem de *spread* positivo, ou seja, a diferença entre *ask* e *bid* positiva.

A Figura 4.17 traduz a tabela importada do Excel, em que o eixo dos segundos contabiliza durante um dia inteiro os retornos positivos de *bid-ask* de uma ação na Bovespa. O eixo probabilidade indica as probabilidades em faixas para os segundos observados. O eixo perpendicular é a porcentagem de ganhos nas operações em segundos.

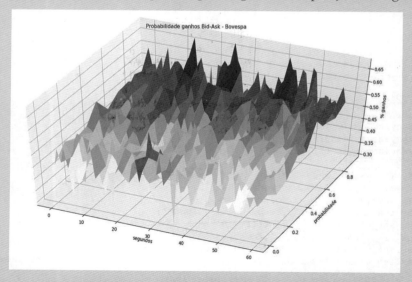

Figura 4.17 – Superfície de probabilidade de ganhos no *bid-ask*.

Gráficos para análises e operações   173

Os picos mais ao fundo da figura e mais escuros, em tons de cinza, identificam os segundos e as probabilidades dos maiores ganhos nas operações. Nessa amostra existe uma probabilidade de mais de 80% de que os *spreads* de *bid-ask* teriam retorno entre 55% e 60% aos 10 segundos, aos 25 segundos e por volta dos 45 segundos de cada minuto.

No dia de negócios dessa amostra, operações realizadas para essa ação em especial teriam mais de 80% de chance de obter retornos acima de 50%, caso fossem realizadas nos tempos observados. Para melhor visualização, a Figura 4.17 foi rotacionada para fornecer uma vista do topo da superfície. Com isso, consegue-se ver as regiões mais escuras com maiores ganhos nesse tipo de operação e nas faixas de segundos indicadas. O programa a seguir mostra como o gráfico de superfície foi construído.

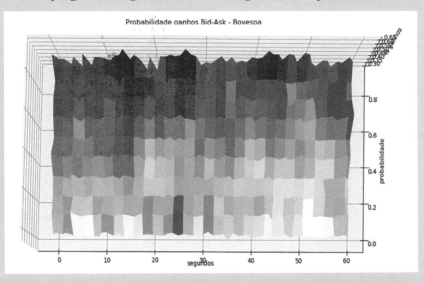

Figura 4.18 – Vista de cima da superfície de probabilidade de ganhos no *bid-ask*.

```
1  import matplotlib.pyplot as fig
2  from mpl_toolkits import mplot3d
3  import numpy as ny
4  import xlrd
5  wb=xlrd.open_workbook('BidAsk.xlsx')
6  y=wb.sheet_by_name('Plan1')
7
8  lin = y.nrows
9  col = y.ncols
10 dados=[]
11
12 for i in range(col):
13     coluna = y.col_values(i)
14     dados.append(coluna)
15
16 x=ny.linspace(0,59,60)
17 y=ny.linspace(0,0.9,10)
18 X, Y =ny.meshgrid(x,y)
19 dados=ny.array(dados)
```

```
20
21 ax=fig.axes(projection='3d')
22 ax.plot_surface(X,Y,dados,cmap='Greys')
23 ax.set_xlabel('segundos')
24 ax.set_ylabel('probabilidade')
25 ax.set_zlabel('% ganhos')
26 ax.set_title('Probabilidade ganhos Bid-Ask - Bovespa')
```

EXEMPLO 4.3

No capítulo anterior, comparamos as crises de 1929 e 2008 em termos de retornos financeiros para os dois períodos críticos da economia mundial. Novamente, neste exemplo, pode-se mostrar a mesma análise para Dow Jones em termos de KDE *plot*. Colocando no eixo horizontal os valores do retorno da crise de 1929 e no eixo vertical os valores para os retornos em 2008, o resultado obtido está na Figura 4.19.

A abrangência do período é a mesma do Exemplo 3.16, ou seja, para Dow Jones da crise de 1929 foram adquiridos dados de 3 de outubro de 1928 até 2 de janeiro de 1931; para a crise de 2008 os dados recolhidos foram de 7 de maio de 2007 até 27 de julho de 2009. Como se pode notar na Figura 4.19, em razão do pior cenário em 1929, o KDE *plot* esticou a abrangência das curvas de níveis mais para a esquerda, no eixo horizontal. O algoritmo a seguir apresenta os passos na construção da figura.

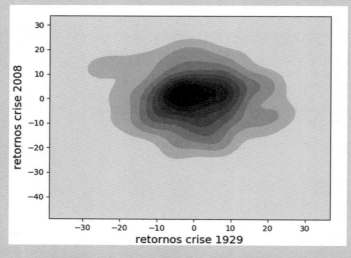

Figura 4.19 – Comparação entre as crises de 1929 e 2008.

```
1 #Gráfico KdePlot crise financeira
2 import xlrd
3 import matplotlib.pyplot as fig
4 import seaborn as sns
5 import numpy as ny
6
7 # +++++++++ Transfere dados da planilha para o primeiro ativo +++++++
8 wb1=xlrd.open_workbook('Compara_CriseDJ.xlsx')
9 plan=wb1.sheet_by_name('Planilha1')
10 lin = plan.nrows
11 col = plan.ncols
12 dados=[]
13
14 for i in range(col):
15     coluna = plan.col_values(i)
16     dados.append(coluna)
17
18 #++++++++++++++++++ Transforma lista em vetor
19 dados=ny.array(dados)
20 eixox=ny.arange(len(dados[0]))
21 #++++++++++++++++++++++++++++++++++++++++++++
22 retorno1=(dados[1][1:lin]-dados[1][0:lin-1])/dados[1][0:lin-1]
23 retorno2=(dados[3][1:lin]-dados[3][0:lin-1])/dados[3][0:lin-1]
24
25 #cmap = sns.cubehelix_palette(8, start=0.5, light=1, as_cmap='Greys')
26 #sns.kdeplot(retorno1, retorno2, cmap=cmap, shade=True)
27 ax=sns.kdeplot(aleat1, aleat2, color='black', shade=True)
28 ax.set_xlabel('retornos crise 1929',fontsize=14)
29 ax.set_ylabel('retornos crise 2008',fontsize=14)
```

4.8 EXERCÍCIOS

1. Fazer um programa para criar um gráfico só com marcadores do tipo círculo com tamanho 12. Colocar os títulos nos eixos com tamanho de fonte 14, colocar grade e título no gráfico com fonte 14. Usar os seguintes dados para o eixo x horizontal e y vertical:

$x = [0,1,2,3,4,5,6]$

$y = [10,-1,3,-2,5,6,7]$

2. Elaborar um programa em Python que primeiro gere um vetor igualmente espaçado para o eixo x com a propriedade **arange** com dezesseis pontos, iniciando em zero e com passo de 0,5 até o ponto final 8. Para o eixo y, usar a função:

$$y = \sqrt{sen(x)^2 + 1}$$

O gráfico deve ter os nomes dos eixos e o título na figura com grades, e a linha deve ser contínua entre os pontos com marcadores tipo *.

3. Fazer o mesmo programa anterior, mas usando agora a função **linspace** começando em 0 e indo até 8, com dezesseis pontos para a variável *x*. A função *y* é novamente:

$$y = \sqrt{sen(x)^2 + 1}$$

Manter as características do gráfico solicitado no exercício anterior.

4. Fazer um programa em Python para criar o eixo *x* horizontal com **linspace**, começando em zero, terminando em cem e contendo cinquenta pontos. Depois o programa deve criar novas listas *y* e *z*, em que:

$$y = \sqrt{2x+1}$$

$$z = sen(x) + \sqrt{x^2 + 1}$$

Plotar o gráfico das duas listas em relação a *x*, sendo *y* com marcador * unindo os pontos com linha contínua e *z* com marcador *o* e linha tracejada; ambos os marcadores devem ter tamanho 6. Colocar nomes nos eixos, títulos e grades.

5. Como no Exemplo 4.1, deseja-se que as duas funções *y* e *z* estejam em eixos verticais diferentes. A função *y* deve estar alinhada ao eixo da esquerda e a função *z* ao eixo da direita. Para isso, usar a definição de eixo paralelo **twinx** do exemplo. Com as propriedades dos eixos, criar primeiro o vetor *x* de zero a cem com cinquenta pontos usando **linspace**, depois as funções *y* e *z* conforme as fórmulas a seguir:

$$y = \frac{1}{x^2 + 1}$$

$$z = \frac{x^2}{x+1}$$

Deseja-se que *y* seja plotado com linha contínua de espessura 3 e que *z*, no eixo da direita, seja plotado com linha tracejada e espessura 2.

6. Os títulos da dívida pública brasileira NTNB-Principal 150545, também conhecidos como IPCA+Selic, foram negociados com as seguintes taxas de juros entre junho e julho de 2019:

3.98%	4.09%	4.01%	4.05%	4.06%	4.05%	4.05%	4.02%	4.01%
4.02%	4.03%	4.01%	3.94%	4.01%	3.89%	3.89%	3.88%	3.85%
3.84%	3.74%	3.67%	3.68%	3.76%	3.70%	3.77%	3.73%	3.74%
3.71%	3.71%	3.71%	3.73%	3.75%	3.79%	3.80%	3.82%	3.80%
3.76%	3.72%	3.69%	3.74%	3.70%	3.70%	3.72%	3.70%	3.77%

Deseja-se um gráfico de setores que crie três faixas sobre a tabela de juros anteriores, sendo elas alto, médio e baixo. Para uma taxa de juros ser considerada alta nesse período, deve estar acima de 4%. Uma taxa é média se está abaixo ou igual a 4%, mas superior a 3,7%. As taxas fora dessas especificações são consideradas baixas. No gráfico de setores devem aparecer as porcentagens da ocorrência dessas três faixas, explodindo o setor médio para fora do gráfico.

7. Foram amostradas, para efeito de comparação, doze negociações para o mesmo dia e hora da ação da Petrobras (PETR4) e sua opção de compra PETRF42. Os doze preços são apresentados na tabela a seguir:

PETR4 (R$)	9.72	10.69	11.82	12.93	12.92	12.82	13.64	13.79	13.78	13.08	12.67	12.83
PETRF42 (R$)	0.2	0.46	0.82	1.38	1.46	1.24	1.69	1.75	1.6	1.02	0.64	0.58

Elaborar um programa em Python que construa duas figuras. A primeira deve ter no eixo horizontal os dias, construídos com **arange**. Ainda na primeira figura, devem existir dois eixos verticais, usando o **twinx( )**. No eixo vertical da esquerda devem estar os preços da ação PETR4, enquanto no eixo da direita os preços da opção de compra PETRF42. A segunda figura deve ter a superfície, em que o primeiro eixo no plano é o dia, o segundo eixo no plano é o preço da PETR4 e perpendicular ao plano fica o preço da opção. Usar a cor em tons de cinza nessa superfície e incluir um título.

CAPÍTULO 5
PROGRAMANDO FUNÇÕES

5.1 CONSTRUÇÕES DE FUNÇÕES BÁSICAS EM PYTHON

Uma função nada mais é do que um programa em Python que é repetidamente utilizado por outros programas. Para agilizar os programas ou para diminuir o tamanho das linhas de um programa, resultados de comandos que sempre devem ser repetidos podem ser separados do programa principal por meio de uma função (*function*).

A estrutura básica de uma função pode ser vista na Figura 5.1, composta da definição da função, sempre acompanhada da palavra "def". Essa é uma palavra reservada e sempre obrigatória para definir uma função.

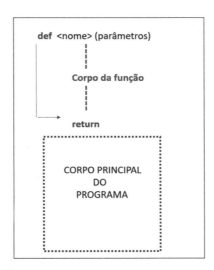

Figura 5.1 – Estrutura de uma função (*function*) e programa principal.

O parêntese que segue o nome da função pode ou não estar preenchido de uma variável. Ela vai ser necessária quando a função precisar de um valor externo, calculado por outro programa. Esse parâmetro de entrada pode somente ser um valor que foi lido pelo programa ou pode ser resultado de outra função, enfim, esse parâmetro pode ou não fazer parte do corpo da definição da função.

Ao final, quando se deseja retornar algum valor calculado pela função para o programa principal, utiliza-se a palavra "return". Essa é também uma palavra reservada do Python e pode ser usada após algum cálculo importante, tal que o valor encontrado deve ser enviado para fora da função.

EXEMPLO 5.1

Deseja-se entrar com o nome do país de origem de uma pessoa e espera-se que, como saída, o programa diga no **Console** "Eu venho do" e complete sozinho com o país.

```
1 #Exemplo países
2
3 def nacional(pais):
4     print('Eu venho do(a) ' + pais)
5
6 #++++++++++ Aqui começa o programa principal +++++++
7 nacional('Brasil')
8 nacional('França')
9 nacional('Peru')
```

No **Console**:
```
Eu venho do(a) Brasil
Eu venho do(a) França
Eu venho do(a) Peru
```

Como se vê nesse exemplo, por ser repetitiva a frase, a função recebe do programa principal logo após o **PRINT()** diversos países. Ao receber na variável *pais* o nome, a função escreve no **Console** de onde a pessoa veio. A entrada do país de origem pode ser via **input**, como apresentado a seguir. Nesse caso, em vez de um nome constante, a função depende do **input** do usuário.

```
1 #Exemplo países
2
3 def nacional(pais):
4     print('Eu venho do(a) ' + pais)
5
6 local=input('Entre com seu país = ')
7 nacional(local)
```

O Python sabe que a função terminou quando os comandos estão desalinhados com a primeira linha programada logo após o "def". O sentido desse alinhamento é o mesmo já discutido em **if, while** e **for**.

Programando funções

Figura 5.2 – Alinhamento necessário na *function*.

Obviamente, na função anterior ainda se pode colocar uma automatização maior, usando **for** para repetir a frase para cada número diferente de usuário.

```
1 #Exemplo países
2
3 def nacional(pais):
4     print('Eu venho do(a) ' + pais)
5
6
7 #+++++++++ Aqui começa o program principal +++++++++
8 n=int(input('número de pessoas = '))
9 for i in range(n):
10    local=input('Entre com seu país = ')
11    nacional(local)
```

No **Console** o exemplo para três pessoas fica:

```
número de pessoas = 3

Entre com seu país = Brasil
Eu venho do(a) Brasil

Entre com seu país = Argentina
Eu venho do(a) Argentina

Entre com seu país = Portugal
Eu venho do(a) Portugal
```

■

EXEMPLO 5.2

Pode-se usar uma função para percorrer uma lista inteira. Então, em vez de passar um parâmetro que só tem um número, ou apenas um valor, podemos passar uma lista inteira para a função. Vamos supor que temos a lista de nomes: ['João','Maria','José','Ana']. Queremos que uma função imprima listas independentemente de serem *strings* ou números.

```
1 #Exemplo listas
2
3 def Imprime(nomes):
4     for i in nomes:
5             print(i)
6
7
8 #++++++++ Aqui começa o program principal +++++++++
9 nomes=['João','Maria','José','Ana']
10
11 Imprime(nomes)
```

A função **Imprime** vai imprimir no **Console**:

```
João
Maria
José
Ana
```

Porém, devemos ter cuidado com os nomes das funções. Eles devem ser rigorosamente respeitados, com letras maiúsculas e minúsculas. O nome da função anterior é **Imprime**, mas se o leitor trocar e usar **imprime** com letra minúscula, o Python acusa erro:

```
8 #++++++++ Aqui começa o program principal +++++++++
9 nomes=['João','Maria','José','Ana']
10
11 imprime(nomes)
```

```
NameError: name 'imprime' is not defined
```

Pode-se observar que no lado esquerdo aparece um sinal de alerta no caso do erro de digitação, alertando o usuário de que não existe a função com letra minúscula.

5.2 FUNÇÕES MATEMÁTICAS BÁSICAS

No princípio da era das programações e linguagens de computador, o uso mais frequente das funções era para cálculos complexos em matemática, física ou engenharia. Usar funções que retornem valores numéricos segue o mesmo padrão comentado na seção anterior, podendo completar as funções com listas de números, vetores ou matrizes.

EXEMPLO 5.3

Fazer uma função para retornar o valor de $y = 5x$, sendo o parâmetro de entrada o valor de x.

Programando funções

```python
1 #Exemplo Calculo
2
3 def calculo(x):
4     y=5*x
5     return(y)
6
7
8 #++++++++ Aqui começa o program principal +++++++++
9 print(calculo(5))
10 print(calculo(3))
11 print(calculo(8))
12 print(calculo(7))
```

No **Console**:

```
25
15
40
35
```

A função recebe o valor de *x*, que pode ser diversos e diferentes a cada linha do programa principal. Usando **PRINT( )**, o Python imprime o resultado do cálculo não mais dentro da função, mas no programa principal, pois esse valor da operação retorna para o programa.

EXEMPLO 5.4

Fazer uma função para verificar se um número é par ou ímpar.

```python
1 #Exemplo Par/Impar
2
3 def verifica(n):
4     if n % 2 == 0:
5         print('par')
6     else:
7         print('impar')
8
9
10 #++++++++ Aqui começa o program principal +++++++++
11 n=int(input('entre com o número = '))
12
13 verifica(n)
```

No **Console** a resposta é:

```
entre com o número = 10
par
```

Em vez de imprimir pelo comando **PRINT( )** toda a função, podemos salvar o resultado em uma variável e imprimir a variável. No Exemplo 5.3, como existia a palavra "return", se na chamada a função cálculo fosse uma variável, bastava imprimir essa variável. Vamos supor que *a* = calculo(5). Precisamos apenas usar **print(a)** para imprimir o resultado de retorno da função. A linha 9 do programa a seguir mostra a mudança no programa principal.

```
1 #Exemplo Calculo
2
3 def calculo(x):
4     y=5*x
5     return(y)
6
7
8 #+++++++++ Aqui começa o program principal +++++++++
9 a = calculo(5)
10 print('++++ resultado ++++')
11 print(a)
```

No **Console** a resposta é:

```
++++ resultado ++++
25
```

EXEMPLO 5.5

Fazer uma função para decidir o tamanho de uma cidade. Cidades com população abaixo de 30 mil pessoas são consideradas pequenas, cidades com população entre 30 mil e 150 mil são consideradas médias e acima desse valor são consideradas cidades grandes.

```
1 # Criando functions
2
3 def cidade(tam):
4     if (tam <= 30000):
5         return 'pequena'
6     elif (tam> 30000) and (tam <= 150000):
7         return 'média'
8     elif (tam> 150000) and (tam <= 600000):
9         return 'grande'
10    else:
11        return 'metrópole'
12
13 tamanho=float(input("entre com a população = "))
14 a=cidade(tamanho)
15 print("++++++ categoria da cidade +++++\n")
16 print(a)
```

```
entre com a população = 175000
++++++ categoria da cidade +++++

grande
```

EXEMPLO 5.6

Elaborar uma função em Python que retorne as raízes $x1$ e $x2$ de uma equação de segundo grau. Usar Bhaskara para encontrar as raízes, em que as entradas são os parâmetros da equação de segundo grau:

$$y = ax^2 + bx + c$$

```python
1  # Criando functions
2  import math
3
4  def delta(a,b,c):
5      delta = b**2 -4*a*c
6      if (delta >0):
7          x1=(-b+math.sqrt(delta))/(2*a)
8          x2=(-b-math.sqrt(delta))/(2*a)
9          return x1,x2
10     elif (delta == 0):
11         x1=-b/(2*a)
12         return x1
13     else:
14         return 'não existem raízes reais'
15
16 a=float(input("a = "))
17 b=float(input("b = "))
18 c=float(input("c = "))
19 resp = delta(a,b,c)
20 print("++++++ solução da eq. 2o. grau +++++\n")
21 print(resp)
```

No **Console** a resposta para $a = 1$, $b = -5$ e $c = 6$ é:

```
a = 1

b = -5

c = 6
++++++ solução da eq. 2o. grau +++++

(3.0, 2.0)
```

5.3 FUNÇÕES COMO MÓDULOS EXTERNOS

Já foi utilizada em seções e capítulos anteriores a noção de importar bibliotecas de funções. Esses são módulos externos e complementares ao Python. Uma função criada e construída por um usuário pode ser chamada dentro de outro programa ou de outra função, mesmo não fazendo parte do programa.

Se uma função *.py está na mesma raiz de qualquer outro programa, a funcionalidade do **import** continua válida, agora para chamar a função construída pelo usuário.

Vamos criar primeiro uma função chamada **minha_funcao.py**. Essa função analisa algum tipo de risco. Valores abaixo de −0.5 são considerados de alto risco. Valores entre −0.5 e menores ou iguais a 0.5 são considerados de risco neutro. Valores acima de 0.5 são considerados de risco baixo. A função tem o algoritmo como segue e como entrada externa apresenta um valor *a*. O leitor deve observar que diversos **return**, um a cada decisão, são enviados ao programa principal.

```
# Criando functions
def risco(a):
    if (a <= -0.5):
        return 'risco alto'
    elif (a > -0.5) and (a <= 0.5):
        return 'risco neutro'
    else:
        return 'risco baixo'
```

Uma vez programada essa função, em outro programa, construímos as chamadas externas para a **minha_funcao.py**. O leitor deve observar que se utiliza **import** do mesmo jeito que se faz com as funções do Python, mas agora é usado para nossa particular função.

```
import minha_funcao

r=float(input("entre com o risco ="))

x=minha_funcao.risco(r)

print("++++++++ cálculo do risco ++++++++")
print(x)
```

Detalhes importantes devem ser notados pelo leitor. A função programada com o programa Python com nome **minha_funcao.py** faz o papel da biblioteca. Dentro desse programa existe uma função chamada risco. Então, no programa principal, além de importar minha_funcao com **import**, devemos colocar um ponto (.) para indicar qual função (*function*) queremos utilizar com o envio do valor de *r*.

No **Console**, se entramos com *r* = 0.65, o Python importa o programa minha_funcao e, dentro dela, envia o valor de 0.65 para a função definida como risco. O resultado é impresso de volta no programa principal.

```
entre com o risco =0.65
++++++++ cálculo do risco ++++++++
risco baixo
```

Programando funções

EXEMPLO 5.7

Programar um algoritmo com uma função para a média e o desvio-padrão de uma lista de dados. Esses dois valores devem retornar para o programa principal e serem impressos no **Console**.

```
1 #Programa com duas funcoes para media e desvioP
2 import statistics as stat
3
4 def media(lista):
5     x=stat.mean(lista)
6     return(x)
7
8 def desvio(lista):
9     y=stat.pstdev(lista)
10    return(y)
11
```

O programa anterior foi salvo como Bib.py para ser nossa biblioteca particular. Pode-se observar que foi importada do Python a biblioteca de estatística para mostrar que todas as formas de programações vistas anteriormente continuam valendo.

Agora, o programa principal é construído. Deve importar o programa Bib.py e enviar uma lista de números como vemos no algoritmo.

```
1 #Programa principal para chamar func. ext.
2 import Bib
3 numeros=[1,10,3,2,1,5,5,4,0,1,2]
4 resp1=Bib.media(numeros)
5 resp2=Bib.desvio(numeros)
6
7 print('+++++++ respostas ++++')
8 print('média = ',resp1,' desvio padrão = ',resp2)
```

Quando se está programando as linhas 4 e 5 do algoritmo anterior, o leitor pode observar que automaticamente o Python lista as duas funções **media** e **desvio** criadas no programa Bib.py. É importante que Bib.py e o programa principal anterior estejam no mesmo diretório, na mesma pasta do Windows. A resposta no **Console** é a seguinte, em que se pode ver que o Python avisa que leu uma rotina externa, no caso, o programa Bib.

```
Reloaded modules: Bib
+++++++ respostas ++++
média =  3.090909090909091  desvio padrão =  2.7120788891229632
```

Explicação passo a passo de como construir sua própria função no Python

5.4 EXERCÍCIOS

1. Fazer uma função que tenha como uma entrada dois parâmetros *a* e *b*. Essa função deve fazer a soma "a + b" e retornar ao programa principal o valor dessa soma. O programa principal deve imprimir no **Console** o resultado.

2. Construir uma função que receba três parâmetros *a*, *b* e *c*. Essa função deve calcular o seguinte valor de *y*:

$$y = a^3 - a*b + b^2 - b*c$$

   O programa principal deve imprimir no **Console** o resultado.

3. Construir uma função que receba dois parâmetros *a* e *b*. Essa função deve calcular o seguinte valor de *y*:

$$y = \sqrt{a^2 + b^2} - sen(a) + \cos(a+b)$$

   O programa principal deve imprimir no **Console** o resultado.

4. Elaborar uma função que receba dois parâmetros *x* e *y*. Essa função deve calcular o seguinte valor de *z*:

$$z = x + y \quad se\ x \geq y$$

$$z = x - y \quad se\ x < y$$

   O programa principal deve imprimir no **Console** o resultado que retorna da função.

5. Programar uma função que receba uma lista com nomes de frutas. Se a lista tem mais de quatro nomes, deve retornar ao programa principal apenas o último. Se a lista tem menos de quatro nomes, deve retornar ao programa principal apenas o primeiro.

   Testar o programa para a seguinte lista:

   lista = ['banana', 'abacate', 'maçã', 'goiaba', 'morango', 'abacaxi']

6. Programar uma função lembrando as funções de fatiamento de uma lista (*slace*). O programa deve ter uma lista com os nomes das bolsas mundiais, por exemplo:

   lista = ['dow', 'ibov', 'ftse', 'dax', 'nasdaq', 'cac']

O usuário precisa escolher com **input** com qual símbolo a função deve descobrir seu subíndice na lista. Por exemplo, se o usuário entrar no **input** com "nasdaq", a função deve retornar 4, pois lista[4] = 'nasdaq'. Lembrar o método **index** para descobrir o índice de elementos em lista. Testar o programa para a lista anterior.

7. Programar uma função lembrando as funções de fatiamento de uma lista (*slace*). O programa deve ter uma lista com os nomes das bolsas mundiais, por exemplo:

lista = ['dow','ibov','ftse','dax','nasdaq','cac']

O usuário deve escolher com **input** com qual símbolo a função deve excluir da lista. Por exemplo, se o usuário entrar no **input** com "cac", a função deve retornar a lista sem "cac". Lembrar o método **remove** para remover elementos em lista. Testar o programa para a lista anterior.

8. Programar uma função lembrando as funções de fatiamento de uma lista (*slace*). O programa deve ter uma lista com números, por exemplo:

Num = [3,3,4,1,2,1,1,2,3,4,4,1,1,5,2]

O usuário vai digitar no **input** qual número deve ser usado para contar as repetições. Por exemplo, se o usuário digita o número 1, deve aparecer no **Console** que ele repete cinco vezes na lista anterior.

9. Foram amostradas, para efeito de comparação, doze negociações para o mesmo dia e hora da ação da Petrobras (PETR4) e sua opção de compra PETRF42. Os doze preços são apresentados na tabela a seguir:

PETR4 (R$)	9.72	10.59	11.82	12.93	12.92	12.82	13.64	13.79	13.78	13.08	12.67	12.83
PETRF42 (R$)	0.2	0.46	0.82	1.38	1.46	1.24	1.69	1.75	1.6	1.02	0.64	0.58

Deseja-se criar uma biblioteca particular de funções para ser importada dentro de qualquer programa principal. Uma vez conhecidas essas duas listas dos preços da PETR4 e da opção, o programa com as bibliotecas deve ter as seguintes funções:

(a) Receber como entrada as listas de PETR4 e opção e retornar as médias separadas dessas duas listas ao programa principal.

(b) Receber como entrada as listas de PETR4 e opção e retornar os desvios-padrão populacionais separados dessas duas listas ao programa principal.

(c) Receber como entrada as listas de PETR4 e opção e retornar duas novas listas contendo os retornos da PETR4 e opção.

(d) Receber como entrada as listas dos retornos do passo anterior e calcular o máximo retorno da PETR4 e o máximo retorno da opção. Esses dois valores devem retornar para o programa principal.

CAPÍTULO 6
A DINÂMICA DO ARRAY

6.1 ESTRUTURA DE ARRAY (VETOR) UNIDIMENSIONAL

Um **array** é também conhecido como vetor ou matriz, uma vez que essa estrutura representa variáveis indexadas. Uma variável indexada é aquela que possui um índice de acesso a todos os seus elementos. Por que representar uma variável em vetor?

Um vetor tem várias propriedades em computação, entre elas, reduz espaço de programação, tornando um programa com muitas linhas mais compacto e representativo. Outro motivo para se usar vetor é o aumento na velocidade do processamento. A memória de um vetor pode ser acessada dinamicamente e todas as operações que seriam realizadas por diversas variáveis podem ser economizadas com uma única variável, tomando-se muito menos memória do que usar diversas variáveis.

A representação algébrica de (*array*) vetores

$$\vec{y} = \begin{pmatrix} y_1 \\ y_2 \\ \vdots \\ y_n \end{pmatrix}$$

$$\vec{y} = \begin{pmatrix} y[1] \\ y[2] \\ \vdots \\ y[n] \end{pmatrix} \longrightarrow \begin{array}{l} 1^\text{º valor de y} \\ 2^\text{º valor de y} \\ \text{último valor de y} \end{array}$$

Figura 6.1 – Representação de um **array** unidimensional (vetor).

Vamos imaginar que precisamos usar um procedimento que necessita de três variáveis y_1, y_2 e y_3. Com uma variável do tipo vetor (**array**), pode-se simplificar todas essas variáveis por uma única variável y, como representado na Figura 6.1. Logo, $y[1]$ está substituindo a variável y_1, $y[2]$ substitui a variável y_2, e assim sucessivamente até $y[n]$. Os números dentro do colchete representam as posições nos valores assumidos pelo vetor.

No caso do Python, deve-se tomar cuidado com a notação, pois tanto uma lista como um vetor usam colchetes para representar seus índices. A diferença fundamental é que, com uma lista, não é possível realizar operações matemáticas complexas com seus elementos, mas com um vetor é possível.

Usando a biblioteca de tempo no Python chamada timeit, é possível medir o tempo de processamento de algoritmos. O algoritmo à esquerda no quadro a seguir eleva três variáveis ao quadrado, $x0$, $x1$ e $x2$, e imprime a soma delas. No quadro à direita, o algoritmo faz a mesma operação, no entanto, substitui as variáveis pelo vetor x, adotando as componentes indexadas $x[0]$, $x[1]$ e $x[2]$. O resultado abaixo de cada código mostra que, enquanto o código com três variáveis leva 0,0000741 segundo, o código com vetor leva 0,0000512 segundo. O código sem vetor é 44% mais lento que o mesmo código que usa vetor.

```
1 import timeit
2
3 code="""
4 import numpy as ny
5 x0=30000
6 x1=40000
7 x2=100000
8
9 s=x0**2+x1**2+x2**2
10 print(s)
11 """
12 tempo=timeit.timeit(code,number=100)/100
13 print(' ')
14 print('########## tempo de processamento ##########')
15 print(tempo)
16 print('############################################')
```

```
########## tempo de processamento ##########
7.413999999982934e-05
############################################
```

```
1 import timeit
2
3 code="""
4 import numpy as ny
5 x=ny.zeros(3)
6 x[0]=30000
7 x[1]=40000
8 x[2]=100000
9 s=0
10 for i in range(3):
11     s=s+x[i]**2
12 print(s)
13 """
14 tempo=timeit.timeit(code,number=100)/100
15 print(' ')
16 print('########## tempo de processamento ##########')
17 print(tempo)
18 print('############################################')
```

```
########## tempo de processamento ##########
5.126700000005258e-05
############################################
```

Por exemplo, um vetor pode calcular o retorno de ativos financeiros, seja esse número inteiro, seja em ponto flutuante. Já uma lista com os mesmos valores não consegue realizar esse cálculo.

No programa a seguir, foi fornecida uma lista ao Python composta de cinco preços.

```
1 #Exemplo de comparação entre lista e vetor
2
3 preco=[10, 11, 11.5, 11, 10.8]
4
5 retorno=(preco[1:4]-preco[0:3])/preco[0:3]
6
7 print(retorno)
```

A dinâmica do array

Ao tentar executar o programa anterior para o cálculo automático do retorno financeiro, chega-se ao seguinte erro:

TypeError: unsupported operand type(s) for -: 'list' and 'list'

Isso ocorre porque os dados estão em formato de lista. Para o programa funcionar adequadamente, utiliza-se a biblioteca numpy para transformar a lista em vetor (**array**). A linha 7 do algoritmo a seguir usa o método chamado **array**, cujo elemento interno no parêntese é a lista original inteira. Com o **array**, a lista se transforma em vetor e o resultado é observado no **Console**.

```
1  #Exemplo de comparação entre lista e vetor
2
3  import numpy as ny
4
5  preco=[10, 11, 11.5, 11, 10.8]
6
7  preco=ny.array(preco)
8
9  retorno=(preco[1:5]-preco[0:4])/preco[0:4]
10
11 print(retorno)
```

Resultado no **Console**:

[0.1   0.04545455 -0.04347826 -0.01818182]

6.2 MÉTODOS DE CRIAÇÃO DE ARRAY (VETOR)

Algumas vezes, é necessário criar vetores para a construção de gráficos, para auxílio de cálculo em funções, para leitura de dados, entre outras necessidades. Um primeiro método é a criação de um vetor com o **arange( )**. O **arange** precisa do valor inicial do vetor a ser gerado, estando o primeiro valor dentro do parêntese. O segundo valor é o valor final desejado; o terceiro valor é o passo de geração. No programa a seguir, cria-se um vetor *x*, que se inicia em zero, tem o valor final 10, com os elementos sendo gerados a cada 0.2 ponto.

```
1  #Criação de vetores
2
3  import numpy as ny
4
5  x=ny.arange(0,10,0.2)
6  print('+++++++++++++++++++++++++')
7  print(x)
```

O resultado no **Console**:

```
+++++++++++++++++++++++++
[0.  0.2 0.4 0.6 0.8 1.  1.2 1.4 1.6 1.8 2.  2.2 2.4 2.6 2.8 3.  3.2 3.4
 3.6 3.8 4.  4.2 4.4 4.6 4.8 5.  5.2 5.4 5.6 5.8 6.  6.2 6.4 6.6 6.8 7.
 7.2 7.4 7.6 7.8 8.  8.2 8.4 8.6 8.8 9.  9.2 9.4 9.6 9.8]
```

Outro método de geração é o **linspace( )**. Esse método é parecido com o **arange**, necessitando do início e do fim, mas em vez do passo de geração precisa do número de pontos. No programa anterior, a mudança seria como mostrado a seguir. O início é zero, o valor final é 10 e deseja-se 50 pontos.

```
1 #Criação de vetores
2
3 import numpy as ny
4
5 x=ny.linspace(0,10,50)
6 print('+++++++++++++++++++++++')
7 print(x)
```

Nesse caso, o resultado no Console é:

```
+++++++++++++++++++++++
[ 0.          0.20408163  0.40816327  0.6122449   0.81632653  1.02040816
  1.2244898   1.42857143  1.63265306  1.83673469  2.04081633  2.24489796
  2.44897959  2.65306122  2.85714286  3.06122449  3.26530612  3.46938776
  3.67346939  3.87755102  4.08163265  4.28571429  4.48979592  4.69387755
  4.89795918  5.10204082  5.30612245  5.51020408  5.71428571  5.91836735
  6.12244898  6.32653061  6.53061224  6.73469388  6.93877551  7.14285714
  7.34693878  7.55102041  7.75510204  7.95918367  8.16326531  8.36734694
  8.57142857  8.7755102   8.97959184  9.18367347  9.3877551   9.59183673
  9.79591837 10.         ]
```

Quando se deseja a geração de um vetor cujas componentes são apenas zeros, utiliza-se o método **zeros( )**. Para o caso de gerar somente vetores com o valor 1, utiliza-se o método **ones( )**. No programa a seguir, x é um vetor com dez números 0 e y outro vetor com dez números 1.

```
1 #Criação de vetores
2
3 import numpy as ny
4
5 x=ny.zeros(10)
6 y=ny.ones(10)
7 print('+++++++++++++++++++++++++++++')
8 print(x)
9 print('+++++++++++++++++++++++++++++')
10 print(y)
```

No **Console**:

```
+++++++++++++++++++++++++++++
[0. 0. 0. 0. 0. 0. 0. 0. 0. 0.]
+++++++++++++++++++++++++++++
[1. 1. 1. 1. 1. 1. 1. 1. 1. 1.]
```

Outro método é o **repeat( )**, em que se deseja repetir determinado valor. Os parâmetros de entrada são o próprio número que se quer repetir e a quantidade de vezes para repeti-lo. Como no programa a seguir, o número 10 vai repetir cinco vezes.

A dinâmica do array

```
1 #Criação de vetores
2
3 import numpy as ny
4
5 x=ny.repeat(10,5)
6
7 print('+++++++++++++++++++++++++++++')
8 print(x)
```

A resposta no **Console** é:

```
+++++++++++++++++++++++++++++
[10 10 10 10 10]
```

Muitas vezes, temos diversos vetores e desejamos fazer uma composição deles para se criar um novo vetor. Nesse caso, método **append( )** agrega dois ou mais vetores em um único vetor, como apresentado no programa a seguir.

```
1 #Criação de vetores
2
3 import numpy as ny
4
5 x=ny.array([1,2,3])
6 y=ny.array([-1,5,100])
7
8 z=ny.append(x,y)
9 print('+++++++++++++++++++++++++++++')
10 print(z)
```

O resultado no **Console** do Python, após unir [1,2,3] e [−1,5,100], é o seguinte:

```
+++++++++++++++++++++++++++++
[  1   2   3  -1   5 100]
```

Introdução ao **array** *no Python*

6.3 GRÁFICOS COM A UTILIZAÇÃO DE ARRAY

Em capítulos anteriores, foi utilizada a noção de vetores, mesmo sem discutir diretamente suas propriedades, para facilitar cálculos e geração de gráficos. Quando se inicia uma lista, pode-se colocar os valores dentro dos colchetes que o Python entende que as componentes são partes da lista.

Em um vetor, no entanto, é necessário criá-lo antes por um dos métodos anteriores – **zeros( )**, **ones( )** etc. – para que o Python reserve posições de memória. No caso de uma lista, para alimentá-la, é necessário o uso do **append**. Para o vetor, podemos entrar elemento a elemento utilizando **while** ou **for**. No programa a seguir, deseja-se somar todos os elementos de dois vetores *x* e *y*.

Nas linhas 4 e 5, cria-se o vetor com zeros, ou seja, $x[0] = 0$, $x[1] = 0$, e assim sucessivamente, para todos os elementos de x, sendo o mesmo processo para y. O comando **for** pede ao usuário que entre com os dados via **input**. Ao final, a soma dos elementos de cada par (x,y) é calculada automaticamente apenas com o sinal de +, como visto na linha 10.

```
1  import numpy as np
2
3  n=int(input("número de termos = "))
4  x=np.zeros(n)
5  y=np.zeros(n)
6  for i in range(n):
7      x[i]=float(input("x= "))
8      y[i]=float(input("y= "))
9
10 soma=x+y
11 print("++++++ soma ++++")
12 print(soma)
```

Por exemplo, para os dois vetores com as componentes:

$$x = \begin{pmatrix} 1 \\ 3 \\ 6 \end{pmatrix} \quad e \quad y = \begin{pmatrix} 2 \\ -5 \\ 8 \end{pmatrix}$$

tem-se como resultado final no **Console**:

```
++++++ soma ++++
[ 3. -2. 14.]
```

Porém, entrar elemento a elemento não é muito funcional, principalmente quando se tem modelos econômicos, matemáticos, físicos a serem simulados computacionalmente. Podemos programar o Python para criar automaticamente o eixo horizontal que é usado por uma função. Por exemplo, para construir o gráfico da função:

$$f(x) = e^{-x^2}$$

podemos criar os pontos para o eixo de x usando o **for** na linha 9 do programa a seguir. Com cada elemento de x sendo calculado por $-2+i*0.1$, a função exponencial da biblioteca matemática do Python calcula o valor do eixo vertical.

```
1  import numpy as np
2  import matplotlib.pyplot as fig
3  import math as mt
4
5  n=int(input("número de pontos de x = "))
6  x=np.zeros(n)
7  y=np.zeros(n)
```

```
 8 for i in range(n):
 9     x[i]=-2+i*0.1
10     y[i]=mt.exp(-x[i]**2)
11
12 fig.plot(x,y,'-k')
13 fig.xlabel('x',fontsize=14)
14 fig.ylabel('y=f(x)',fontsize=14)
15 fig.title('f(x) = exp(-x**2)')
```

O resultado é o gráfico que está na Figura 6.2, com a curva que lembra a distribuição normal, partindo de −2 até 3.

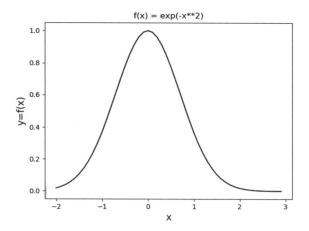

Figura 6.2 – Função e^{-x^2} com vetores.

Outra forma de programar o eixo horizontal é não usar a função **zeros** na criação do espaço de memória do **array** x, mas a função **arange( )**. Colocando como início, por exemplo, $x = -2$ e final $x = 2$, com passos de 0.1 em 0.1 para x, o comando **for** calcula os valores de y da mesma forma que o programa anterior. A vantagem é que agora o programa está todo automatizado, pois na linha 6 o valor do total de pontos que antes era indicado com **input** agora é calculado pelo método **len( )**.

```
 1 import numpy as np
 2 import matplotlib.pyplot as fig
 3 import math as mt
 4
 5 x=np.arange(-2,2,0.1)
 6 n=len(x)
 7 y=np.zeros(n)
 8 for i in range(n):
 9     y[i]=mt.exp(-x[i]**2)
10
11 fig.plot(x,y,'-k')
12 fig.xlabel('x',fontsize=14)
13 fig.ylabel('y = f(x)',fontsize=14)
14 fig.title('f(x) = exp(-x**2)')
15 fig.grid()
```

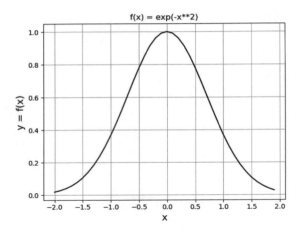

Figura 6.3 – Função e^{-x^2} com vetores automatizados.

6.4 IMPORTAÇÃO DE BIBLIOTECAS ESPECÍFICAS PARA GRÁFICOS COM ARRAY

Já foi mencionado que se pode importar bibliotecas de diversas áreas para a execução de programas em Python. Mas, em alguns casos, não precisamos da biblioteca inteira, apenas de uma ou duas funções. Nesse caso, podemos deixar o programa mais "leve" ao importar apenas a função que realmente o programa necessita. Assim, na linha do programa, não usamos **import**, mas **from**, como mostrado a seguir:

from < **biblioteca do Python**> *import* função a, função b, ...

Por exemplo, se da biblioteca matemática precisamos apenas da função cosseno e da função exponencial, pode-se deixar de lado o restante da biblioteca de matemática, importando-se apenas as duas funções. No programa a seguir, deseja-se a construção do gráfico da função:

$$f(x) = e^{-0.1x} \cdot \cos(x) \quad , \quad x \in [0, 20]$$

Como se pode observar na linha 3 do programa, da biblioteca matemática, importamos apenas as funções **cos** e **exp**, utilizadas para a construção do vetor *y* na linha 9 dentro do **for**. Qual a vantagem?

Se o leitor observar a linha 9, não precisa utilizar a palavra inteira da biblioteca math nem mesmo uma variável que a represente. Com apenas a importação da função, basta escrever a própria função sem "math" na frente, ou seja, sem a necessidade de **math.cos( )** ou **math.exp( )**.

```
1 import numpy as np
2 import matplotlib.pyplot as fig
3 from math import cos, exp
4
```

```
5 x=np.arange(0,20,0.1)
6 n=len(x)
7 y=np.zeros(n)
8 for i in range(n):
9     y[i]=cos(x[i])*exp(-0.1*x[i])
10
11 fig.plot(x,y,'-k')
12 fig.xlabel('x',fontsize=14)
13 fig.ylabel('y = f(x)',fontsize=14)
14 fig.title('f(x) = exp(-0.1x)*cos(x)')
15 fig.grid()
```

A Figura 6.4 a seguir apresenta o resultado oscilatório característico da função cosseno, mas com decaimento de 10% para cada novo ponto, em razão da constante de 0.1 multiplicando o termo do exponencial.

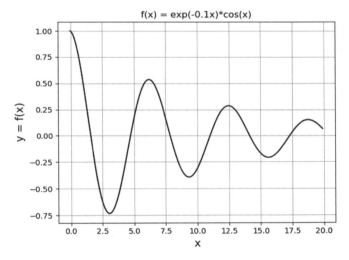

Figura 6.4 – Função $e^{-0.1x}.\cos(x)$ com importação de apenas duas funções.

Construção de gráficos com a utilização de **array** *no Python*

6.5 ESTATÍSTICAS COM ARRAY

Uma vez criado um vetor ou **array**, essa estrutura cria por si só medidas que já são usadas em diversas bibliotecas, como soma acumulada, argumentos, médias, desvio-padrão, entre muitas outras que podem ser realizadas.

Por exemplo, no algoritmo anterior, o vetor *y* que era a função matemática:

$$f(x) = e^{-0.1x}.\cos(x) \quad , \quad x \in [0,20]$$

foi gerado e armazenado na memória do Python. Para calcular a soma, não precisamos fazer um algoritmo específico nem passos com iteração utilizando **for** ou **while** como em outras linguagens. Por exemplo, para a soma, basta ir ao **Console** do Python e escrever o vetor *y* seguido de ponto decimal com o nome "sum".

```
In [39]: y.sum()
Out[39]: 2.6308658914223706
```

O valor 2.6308 no **Console** é o resultado da função soma aplicada a todos os índices do **array** *y*. As funções do vetor podem ser programadas se calculadas pelo uso do **for** na linha 8 do algoritmo a seguir. O resultado no **Console** é:

```
++++++++++ ESTATÍSTICAS DO VETOR Y ++++++++++++++++++++
soma =  2.6308658914223706
média =  0.013154329457111853
desvio padrão =  0.3556111273123994
mínimo =  -0.7334044798197936
máximo =  1.0
índice do menor valor de y =  30
índice do maior valor de y =  0
```

```python
1  import numpy as np
2  import matplotlib.pyplot as fig
3  from math import cos, exp
4
5  x=np.arange(0,20,0.1)
6  n=len(x)
7  y=np.zeros(n)
8  for i in range(n):
9      y[i]=cos(x[i])*exp(-0.1*x[i])
10
11 fig.plot(x,y,'-k')
12 fig.xlabel('x',fontsize=14)
13 fig.ylabel('y = f(x)',fontsize=14)
14 fig.title('f(x) = exp(-0.1x)*cos(x)')
15 fig.grid()
16
17 soma = y.sum()
18 media = y.mean()
19 desvio = y.std()
20 minimo = y.min()
21 maximo = y.max()
22 ptomin = y.argmin()
23 ptomax = y.argmax()
24
25
26 print('++++++++++ ESTATÍSTICAS DO VETOR Y ++++++++++++++++++++')
27 print('soma = ',soma)
28 print('média = ',media)
29 print('desvio padrão = ',desvio)
30 print('mínimo = ',minimo)
31 print('máximo = ',maximo)
32 print('índice do menor valor de y = ',ptomin)
33 print('índice do maior valor de y = ',ptomax)
```

A dinâmica do array

Em particular a linha 22 e a linha 23 são interessantes, pois são bem úteis os comandos que devolvem a localização no vetor dos valores máximos e mínimos. No caso, como o valor máximo da função está no ponto inicial e o valor mínimo está no último ponto, o algoritmo retornou o índice inicial como a localidade do maior valor do **argmax( )** e o índice final para a localização do menor valor em **argmin( )**.

*Importação de dados do Excel diretamente para um **array** no Python*

EXEMPLO 6.1

Em capítulos anteriores, foi apresentado como diversificar as medidas estatísticas com diversas bibliotecas que possuem as mais variadas e importantes distribuições de probabilidades, gráficos e medidas. No entanto, em todas foi utilizado o método de aquisição dos dados em listas. A intenção neste exemplo é demonstrar como repetir os passos para uma representação do Boxplot usando a estrutura de um **array** (vetor).

No pregão de bolsas de valores, o fechamento dos negócios sempre pode ser representado por uma tabela, como a que se segue, em que a primeira coluna representa o valor do índice de abertura dos negócios em determinado dia, o índice mais alto, o mais baixo e o fechamento, ao final do dia. É comum os dados aparecerem em *sites* financeiros com as palavras *open*, *high*, *low* e *close*.

	A	B	C	D	E
1	78614	78618	76829	77078	
2	77085	77704	76381	76819	
3	76817	76817	75633	76029	
4	76029	76497	75608	76328	
5	76327	76340	74915	75180	
6	75171	76904	74876	76902	
7	76898	77232	75466	75634	
8	75647	76629	75647	76262	
9	76264	78008	76264	77930	
10	77928	78038	77149	77473	
11	77472	78783	77399	78389	
12	78389	78389	76372	76404	
13	76386	77202	76026	76678	
14	76675	76675	75729	76193	
15	76192	76192	74605	74712	

O que se deseja é que o programa em Python represente esses dados usando o Boxplot já explicado anteriormente. Ao final, deseja-se um resultado como na Figura 6.5.

■

Resolução do Exemplo 6.1

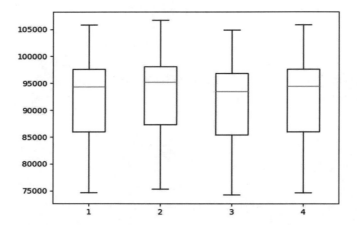

Figura 6.5 – Boxplot com vetores representando abertura, alta, baixa e fechamento na planilha do Ibovespa.

O código para gerar a Figura 6.5 é apresentado a seguir, em que as linhas 16, 17, 18 e 19 criam a estrutura de vetores, que recebem os nomes de **op**, **hig**, **low**, **clse**. Dentro do **for** na linha 21, ocorre a importação dos elementos do Excel.

Ao contrário da lista, em que usamos **append**, no vetor podemos importar termo a termo, célula a célula do Excel. O método é:

<nome da planilha> . cell(linha, coluna) . value

No algoritmo a seguir, as linhas 22 a 25 importam os dados da **Planilha1**, em que zero representa a coluna A, um a coluna B, dois a coluna C e três a coluna D.

```
1  # Box-plot
2  import xlrd
3  import statistics as estat
4  import matplotlib.pyplot as fig
5  import numpy as np
6
7  wb = xlrd.open_workbook('Ibov.xlsx')
8  #----------------------------------------
9  # seleciona a primeira planilha "PLanilh
10 #----------------------------------------
11 plan=wb.sheet_by_name('Planilha1')
12
13 lin=plan.nrows
```

A dinâmica do array

```
14 col=plan.ncols
15
16 op=np.zeros(lin)
17 hig=np.zeros(lin)
18 low=np.zeros(lin)
19 clse=np.zeros(lin)
20
21 for i in range(lin):
22     op[i]=plan.cell(i,0).value
23     hig[i]=plan.cell(i,1).value
24     low[i]=plan.cell(i,2).value
25     clse[i]=plan.cell(i,3).value
26
27 fig.boxplot([op,hig,low,clse])
```

O Boxplot da Figura 6.5 está incompleto, pois não conseguimos saber quem representa cada uma das variáveis (abertura, alta, baixa, fechamento) em cada barra do gráfico. Uma formatação precisa ser realizada para deixar o gráfico compatível com o entendimento sobre os preços ou índices que estão sendo importados.

Para realçar a mediana, basta utilizar **notch = True** dentro do método **boxplot( )**, o que vai mostrar um corte no gráfico em cima da mediana. Já **patch_artist = True** altera a cor do Boxplot, e para mostrar os nomes das variáveis em vez dos números 1, 2, 3 e 4 no eixo horizontal, basta colocar **labels** como ['abertura', 'alta', 'baixa', 'fechamento'].

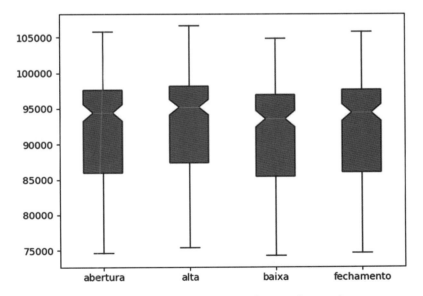

Figura 6.6 – Boxplot com vetores com formatação completa.

Com essas alterações, a Figura 6.6 é a versão com formatação melhorada da Figura 6.5, com o algoritmo modificado logo a seguir.

```
1  # Box-plot
2  import xlrd
3  import statistics as estat
4  import matplotlib.pyplot as fig
5  import numpy as np
6
7  wb = xlrd.open_workbook('Ibov.xlsx')
8  #----------------------------------------
9  # seleciona a primeira planilha "Planilha 1"
10 #----------------------------------------
11 plan=wb.sheet_by_name('Planilha1')
12
13 lin=plan.nrows
14 col=plan.ncols
15
16 op=np.zeros(lin)
17 hig=np.zeros(lin)
18 low=np.zeros(lin)
19 clse=np.zeros(lin)
20
21 for i in range(lin):
22     op[i]=plan.cell(i,0).value
23     hig[i]=plan.cell(i,1).value
24     low[i]=plan.cell(i,2).value
25     clse[i]=plan.cell(i,3).value
26
27 fig.boxplot([op,hig,low,clse],notch='True',patch_artist=True,labels=['abertura','alta','baixa','fechamento'])
```

EXEMPLO 6.2

Uma análise constantemente apresentada aos investidores é a linha de tendência dos títulos da dívida pública brasileira, que representa uma indicação de movimento futuro no mercado. Claro que do ponto de vista estatístico não tem essa representação, mas empiricamente é amplamente utilizada para estratégias de compras e vendas. Deseja-se descobrir qual a melhor reta de tendência ajustada aos preços do título NTNB-principal 2045, também conhecido como Selic + IPCA. Os dados estão dispostos em planilha do Excel, na coluna A, sendo amostrados de janeiro a novembro de 2019. A planilha a seguir é apenas uma visualização inicial dos dados que possuem 213 linhas.

	A	B
1	860,13	
2	860,33	
3	854,09	
4	882,58	
5	893,90	
6	896,34	
7	910,11	
8	929,15	
9	915,59	
10	943,75	
11	936,98	
12	932,59	
13	944,64	
14	938,10	
15	950,22	

O gráfico na Figura 6.7 apresenta o comportamento desses títulos em 2019 saindo de um patamar de R$ 900 para mais de R$ 1.500. Observa-se nesse gráfico que o título oscila em torno de uma reta com oscilações que variam conforme a perspectiva das notícias captadas pelos investidores.

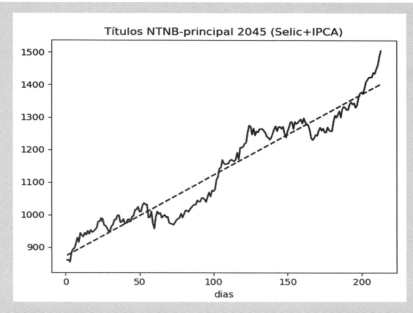

Figura 6.7 – Linha de tendência para o título do governo federal que vence em 2045.

Como descobrir essa tendência do título? No Python existe uma função da numpy que é própria para ajuste de curvas polinomiais. A função é a **polyfit( )**:

polyfit(eixo horizontal, eixo vertical, grau da curva)

O primeiro passo antes de usar a **polyfit** é criar um eixo horizontal, caso ele não exista, elaborando um vetor de pontos. Como os dados são diários, a função **linspace** é ideal, pois pode-se ajustá-la como na linha 24 do algoritmo a seguir.

```
1 # Tendencia linear
2 import xlrd
3 import statistics as estat
4 import matplotlib.pyplot as fig
5 import numpy as np
6 import matplotlib.mlab as m
7
8
9 wb = xlrd.open_workbook('Titulos.xlsx')
10 #----------------------------------------
11 # seleciona a primeira planilha "Planilha 1"
12 #----------------------------------------
13 plan=wb.sheet_by_name('Planilha1')
14
15 lin=plan.nrows
16 col=plan.ncols
17
18 op=np.zeros(lin)
19
```

```
20 for i in range(lin):
21     op[i]=plan.cell(i,0).value
22
23
24 x=np.linspace(1,lin,lin)
25
26 coef=np.polyfit(x,op,1)
27
28 tendencia=coef[1]+coef[0]*x
29
30 print("+++++++ coeficientes tendência linear y = b + ax  +++++")
31 print("a = ", coef[0],"    b = ",coef[1])
32
```

O algoritmo importa os dados do arquivo Titulos.xlsx, que estão na planilha nomeada como **Planilha1**. A linha 18 cria um vetor de importação dos preços que são alimentados dentro do **for** da linha 20. A linha 26 chama a função **polyfit** que sempre retorna os coeficientes de ajuste do polinômio. No caso da reta, sempre volta dois coeficientes, pois:

$$y = ax + b$$

sendo esses coeficientes um vetor do tipo coef=[coef[0],coef[1]]. O coef[0] é o coeficiente angular *a* e coef[1] o coeficiente linear *b*. Para gerar a reta de tendência para plotar com os preços, toma-se o vetor *x* de dias e cria-se a reta conforme a linha 28. No exemplo em questão, o ajuste foi:

```
+++++++ coeficientes tendência linear y = b + ax  +++++
a =   2.489927987959494       b =   872.3242780582873
```

EXEMPLO 6.3

Uma maneira de se medir a volatilidade nos títulos da dívida pública brasileira é calcular o desvio-padrão dos retornos financeiros sobre os preços realizados. Outra maneira é descobrir a tendência ou movimento dos preços. Estabelecida essa tendência, a oscilação oferece uma informação sobre o quanto os preços oscilam, mesmo com movimento de alta como os títulos amostrados.

A diferença entre os preços reais e estimados é conhecida como remoção da tendência (em inglês, *detrending*). No Python, para a remoção da tendência do movimento dos preços, é necessária a importação da biblioteca matplotlib.mlab( ). Uma vez importada essa biblioteca, a função para a eliminação da tendência é **detrend_linear( )**, em que se coloca o valor dos preços nos parênteses.

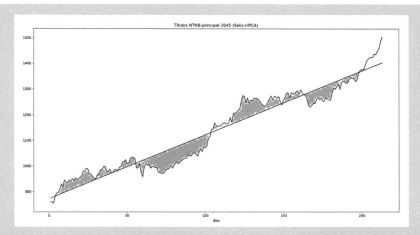

Figura 6.8 – Representação da **detrend_linear** na área hachurada.

A área hachurada na Figura 6.8 representa a região em que a eliminação da tendência se concentra. A diferença entre as duas curvas fornece exatamente a área colorida em cinza na figura. O resultado para os dados do NTNB-principal 2045 está na Figura 6.9.

Figura 6.9 – Oscilação dos títulos da dívida pública.

O algoritmo a seguir mostra as novas linhas para **detrend_linear** na linha 37, cuja variável foi nomeada de "filtro". Na linha 6, é acrescentada a importação da biblioteca matplotlib.mlab, necessária para a execução do **detrending**.

```
1 # Tendencia linear
2 import xlrd
3 import statistics as estat
4 import matplotlib.pyplot as fig
5 import numpy as np
6 import matplotlib.mlab as m
7
```

```python
 8
 9 wb = xlrd.open_workbook('Titulos.xlsx')
10 #-----------------------------------------
11 # seleciona a primeira planilha "PLanilha 1"
12 #-----------------------------------------
13 plan=wb.sheet_by_name('Planilha1')
14
15 lin=plan.nrows
16 col=plan.ncols
17
18 op=np.zeros(lin)
19
20 for i in range(lin):
21     op[i]=plan.cell(i,0).value
22
23
24 x=np.linspace(1,lin,lin)
25
26 coef=np.polyfit(x,op,1)
27
28 tendencia=coef[1]+coef[0]*x
29
30 print("++++++++ coeficientes tendência linear y = b + ax  +++++")
31 print("a = ", coef[0]," b = ",coef[1])
32
33 fig.plot(x,op,'-k',x,tendencia,'--k')
34 fig.xlabel('dias')
35 fig.title('Títulos NTNB-principal 2045 (Selic+IPCA)')
36
37 filtro=m.detrend_linear(op)
38 fig.figure()
39 fig.plot(x,filtro,'-k')
40 fig.xlabel('dias')
41 fig.title('dados com remoção da linha de tendência linear')
```

Resolução passo a passo dos Exemplos 6.2 e 6.3 e comparação da função **polyfit** *com a função* **detrend**

6.6 ÁLGEBRA COM ARRAY BIDIMENSIONAL (MATRIZ)

Além do **array** unidimensional, toda linguagem de computação possui como outra ferramenta útil o **array** bidimensional, também conhecido como matriz. No princípio muito utilizado para representar tabelas de números ou palavras, essa estrutura evoluiu exponencialmente com utilidades para todas as aplicações.

Uma matriz é uma representação matemática para compactar dados formada por linhas e colunas. No Excel, essas junções de linhas e colunas são conhecidas como células; por isso, na importação de colunas do Excel, o comando utiliza da função **cell( ).values**.

A dinâmica do array

Assim como o vetor, a matriz precisa da biblioteca numpy com a função **array** para sua geração. A criação de uma matriz 3×3 (3 linhas e 3 colunas) pode ser realizada como apresentada no código do Python a seguir.

```
1 # Matrizes
2 import numpy as np
3
4 mat=np.array( [ [2,5,8], [1, 2, 6],[4, 9, 1] ])
5
6 print('-------------------------')
7 print(mat)
```

No código não se percebe a formação matricial. Porém, com a impressão no **Console**, é possível lembrar sua representação em matemática algébrica. O primeiro elemento do **array** é a linha toda da matriz, o segundo é a segunda linha da matriz, e assim sucessivamente.

```
-------------------------
[[2 5 8]
 [1 2 6]
 [4 9 1]]
```

Assim como a lista e o vetor, a matriz utiliza colchetes para representar seus índices. Deve-se lembrar que, como a lista, o primeiro índice da matriz é sempre zero. Voltando às operações com os elementos de uma lista, pode-se repetir os seguintes comandos de linha.

- Primeira linha, segunda coluna:

```
In [5]: mat[0,1]
Out[5]: 5
```

- Segunda linha inteira:

```
In [6]: mat[1,:]
Out[6]: array([1, 2, 6])
```

- Segunda coluna inteira:

```
In [7]: mat[:,1]
Out[7]: array([5, 2, 9])
```

- Última linha, duas últimas colunas:

```
In [8]: mat[-1,-2:]
Out[8]: array([9, 1])
```

A função **reshape( )** reformata um vetor como se fosse matriz. Dado um vetor, quando se chama essa função, toma-se o primeiro termo do parêntese como nova linha da matriz e o segundo como a nova coluna. O código a seguir descreve como usar o **reshape**.

```
1 # Matrizes
2 import numpy as np
3                                              [[0 1]
4 vet=np.arange(10)                             [2 3]
5 mat=vet.reshape(5,2)                          [4 5]
6 print('------------------------')             [6 7]
7 print(mat)                                    [8 9]]
```

Uma matriz importante é a identidade, formada por números 1 na diagonal principal e 0 fora dela. No Python, a função é **identity(parâmetro)**, em que parâmetro é o número de linhas e colunas sempre para uma matriz no formato em que o número de linhas é igual ao número de colunas.

Por exemplo, para a matriz identidade 5×5:

```
1 # Matrizes
2 import numpy as np                           [[1. 0. 0. 0. 0.]
3                                               [0. 1. 0. 0. 0.]
4 mat=np.identity(5)                            [0. 0. 1. 0. 0.]
5 print('------------------------')             [0. 0. 0. 1. 0.]
6 print(mat)                                    [0. 0. 0. 0. 1.]]
```

Uma matriz nula é importante para operações matriciais em diversas ocasiões em que a álgebra matricial é necessária. A função para isso é **zeros( )**, em que se coloca nos parênteses o número de linha e coluna desejado. Diferentemente da matriz identidade, essa matriz pode ter quantidade de linhas diferente da quantidade de colunas.

```
1 # Matrizes
2 import numpy as np                           [[0. 0. 0.]
3                                               [0. 0. 0.]
4 mat=np.zeros((5,3))                           [0. 0. 0.]
5 print('------------------------')             [0. 0. 0.]
6 print(mat)                                    [0. 0. 0.]]
```

E assim como temos a matriz com **zeros( )**, o Python permite criar uma matriz apenas com o número 1. A função é **ones( )** com funcionamento semelhante a **zeros( )**.

```
1 # Matrizes
2 import numpy as np                           [[1. 1. 1.]
3                                               [1. 1. 1.]
4 mat=np.ones((5,3))                            [1. 1. 1.]
5 print('------------------------')             [1. 1. 1.]
6 print(mat)                                    [1. 1. 1.]]
```

A soma ou subtração de matrizes se dá com a operação sendo realizada elemento por elemento. Porém, não precisa de nenhuma função especial, basta usar o sinal + ou − para matrizes já existentes.

```
1 # Matrizes
2 import numpy as np
3
4 mat1=np.array( [ [2,5],[3,-2] ] )
5 mat2=np.array( [ [4,1],[-3,-7] ] )
6
7 soma = mat1 + mat2
8                                              [[ 6   6]
9 print('------------------------')             [ 0  -9]]
10 print(soma)
```

A dinâmica do array

Uma vez criada uma matriz, pode-se utilizar funções agregadas, chamadas operação agregada para linha ou coluna. Por exemplo, para se calcular o maior elemento da matriz, basta usar a função **max** agregada ao nome da matriz na forma **nome.max( )**.

No algoritmo a seguir, pode-se observar algumas funções agregadas para os valores totais da matriz soma calculada no algoritmo anterior.

```
1 # Matrizes
2 import numpy as np
3
4 mat1=np.array( [ [2,5],[3,-2] ] )
5 mat2=np.array( [ [4,1],[-3,-7] ] )
6
7 soma = mat1 + mat2
8
9 print('------------------------')
10 print(soma)
11 print('------------------------')
12 maximo = soma.max()
13 minimo = soma.min()
14 media = soma.mean()
15 desvio = soma.std()
16 print('------ Valores Totais ----------')
17 print('máximo total = ', maximo)
18 print('mínimo total = ', minimo)
19 print('média total = ', media)
20 print('desvio padrão total = ', desvio)
```

A resposta no **Console**:

```
------------------------
[[ 6  6]
 [ 0 -9]]
------------------------
------ Valores Totais ----------
máximo total =  6
mínimo total =  -9
média total =  0.75
desvio padrão total =  6.139014578904337
```

Com a função agregada **max**, por exemplo, o valor da linha 12 no algoritmo é 6, sendo esse o maior elemento da matriz soma. A função **mean( )** calcula a média entre todos os elementos da matriz soma, cujo resultado é 0.75. Pode-se também escolher se uma função agregada deve trabalhar em linha ou coluna. Para tanto, deve-se utilizar a palavra "axis":

axis = 0 (função agregada para colunas)   *axis = 1* (função agregada para linhas)

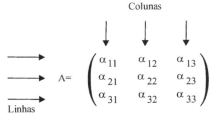

Figura 6.10 – Formação de matriz (**array**).

Por exemplo, se desejamos conhecer os máximos por colunas, devemos usar a função agregada **soma.(axis = 0)**. O resultado é um vetor de saída, que neste exemplo é o vetor [6 6], pois na coluna 0 o maior elemento é 6 e na coluna 1 o maior elemento também é 6.

A saída completa, tanto para as funções agregadas para colunas (**axis = 0**) como para linhas (**axis = 1**), é a seguinte no **Console**:

```
-------------------------
[[ 6  6]
 [ 0 -9]]
-------------------------
------ Valores Totais ----------
máximo total =   6
mínimo total =   -9
média total =   0.75
desvio padrão total =   6.139014578904337
-------Valores por coluna ---------
máximo total =   [6 6]
mínimo total =   [ 0 -9]
média total =   [ 3.  -1.5]
desvio padrão total =   [3.  7.5]
-------Valores por linha ---------
máximo total =   [6 0]
mínimo total =   [ 6 -9]
média total =   [ 6.  -4.5]
desvio padrão total =   [0.  4.5]
```

O algoritmo para as funções agregadas para as matrizes anteriores é apresentado a seguir. Da linha 22 até a linha 25, o código encontra os resultados das funções agregadas para as colunas. E da linha 31 até a 34, encontra os resultados para as linhas.

Apresentação de funções especiais para álgebra matricial no Python

```
1 # Matrizes
2 import numpy as np
3
4 mat1=np.array( [ [2,5],[3,-2]  ] )
5 mat2=np.array( [ [4,1],[-3,-7] ] )
6
7 soma = mat1 + mat2
8
9 print('-------------------------')
10 print(soma)
11 print('-------------------------')
12 maximo = soma.max()
13 minimo = soma.min()
14 media = soma.mean()
15 desvio = soma.std()
```

```
16 print('------ Valores Totais ----------')
17 print('máximo total = ', maximo)
18 print('mínimo total = ', minimo)
19 print('média total = ', media)
20 print('desvio padrão total = ', desvio)
21 print('-------Valores por coluna ---------')
22 maximo = soma.max(axis=0)
23 minimo = soma.min(axis=0)
24 media = soma.mean(axis=0)
25 desvio = soma.std(axis=0)
26 print('máximo total = ', maximo)
27 print('mínimo total = ', minimo)
28 print('média total = ', media)
29 print('desvio padrão total = ', desvio)
30 print('-------Valores por linha ---------')
31 maximo = soma.max(axis=1)
32 minimo = soma.min(axis=1)
33 media = soma.mean(axis=1)
34 desvio = soma.std(axis=1)
35 print('máximo total = ', maximo)
36 print('mínimo total = ', minimo)
37 print('média total = ', media)
38 print('desvio padrão total = ', desvio)
```

6.7 PRODUTO, MATRIZ INVERSA E TRANSPOSTA DE ARRAY BIDIMENSIONAL

O produto entre duas matrizes é uma operação algébrica importante, útil e necessária para diversos problemas. Por exemplo, sendo uma matriz formada por preços de um produto e outra formada pela quantidade vendida, o resultado final é a receita das vendas do produto.

Do ponto de vista matemático, é um conceito do ensino médio, mas que merece atenção quando se tenta calcular essa operação sem o uso de máquinas ou computadores. A programação do produto também precisa de um bom conhecimento computacional, pois o simples fato de multiplicar linhas por colunas, executando uma soma para cada nova coluna, remete o programado ao uso de três *loops* de iteração, um dentro do outro.

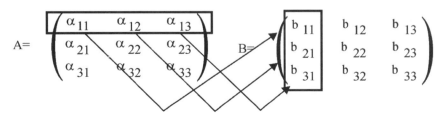

Figura 6.11 – Produto de matrizes *A* e *B*.

No Python, no entanto, o produto entre duas matrizes é bem fácil, uma vez que o código necessário está programado na biblioteca numpy pela função **matmul( )**. No código a seguir, tem-se duas matrizes *mat*1 e *mat*2:

$$mat1 = \begin{pmatrix} 2 & 5 \\ 3 & -2 \end{pmatrix} \qquad mat2 = \begin{pmatrix} 4 & 1 \\ -3 & -7 \end{pmatrix}$$

O produto das duas matrizes tem o seguinte resultado:

$$prod = \begin{pmatrix} 2 & 5 \\ 3 & -2 \end{pmatrix} \times \begin{pmatrix} 4 & 1 \\ -3 & -7 \end{pmatrix} = \begin{pmatrix} -7 & -33 \\ 18 & 17 \end{pmatrix}$$

O código a seguir demonstra como utilizar a função **matmul( )** e, ao lado, o resultado da multiplicação matricial entre *mat*1 e *mat*2.

```
1 # Matrizes
2 import numpy as np
3
4 mat1=np.array( [ [2,5],[3,-2] ] )
5 mat2=np.array( [ [4,1],[-3,-7] ] )
6
7 prod = np.matmul(mat1,mat2)
8
9 print('------------------------')
10 print(prod)
11 print('------------------------')
```

```
------------------------
[[ -7 -33]
 [ 18  17]]
------------------------
```

Se o produto não é um algoritmo tão fácil de entender para não profissionais da programação, a inversa é ainda mais difícil. A matriz inversa depende de outros algoritmos que precisam de convergência numérica para um resultado confiável. A utilidade da inversa se dá, sobretudo, em operações em que se quer encontrar valores para variáveis que solucionam problemas lineares ou não lineares. Por exemplo, na otimização de carteiras com ativos para investimentos, a solução do melhor investimento depende da resolução de sistemas lineares. Tendo-se uma matriz *A* e outra matriz *B*, a variável *x* é uma matriz com a solução do problema, na realidade, uma matriz-coluna.

$$A.x = B$$

A solução do sistema anterior é:

$$x = A^{-1}B$$

em que A^{-1} representa a inversa da matriz *A*. No Python, essa função precisa ser importada da biblioteca numpy.linalg (*linalg* significa *linear algebric*), composta de métodos especiais para resolução de sistemas lineares. A função dessa biblioteca para inverter uma matriz é a **inv( )**. No algoritmo a seguir, é apresentada a matriz e sua inversa com a importação da **inv**.

A dinâmica do array

```
1 # Matrizes
2 import numpy as np
3 from numpy.linalg import inv
4
5 A = np.array( [ [2,5],[3,-2]  ] )
6
7
8 Inversa_A= inv(A)
9
10 print('------------------------')
11 print(' Matriz A')
12 print(A)
13 print('------------------------')
14 print(' Matriz Inversa de A')
15 print(Inversa_A)
16 print('------------------------')
```

No **Console** a resolucão é:

```
------------------------
 Matriz A
[[ 2  5]
 [ 3 -2]]
------------------------
 Matriz Inversa de A
[[ 0.10526316  0.26315789]
 [ 0.15789474 -0.10526316]]
------------------------
```

Para a comprovação do resultado da matriz inversa, basta lembrar que a inversa da matriz multiplicada por ela mesma tem como solução a matriz identidade. Então, ao se usar no **Console** a função **matmul( )** para o produto de *A* e sua inversa, vai ter como solução a matriz identidade.

```
In [7]: np.matmul(A,Inversa_A)
Out[7]:
array([[1., 0.],
       [0., 1.]])
```

A transposta de uma matriz é formada pela troca entre linhas e colunas. As linhas de uma transposta são as colunas da matriz original e as colunas da transposta são as linhas da matriz original. No Python, a função é **transpose( )**, como visto nas linhas a seguir.

```
1 # Matrizes
2 import numpy as np
3
4 A = np.array( [ [2,5],[3,-2]  ] )
5
6 Transposta_A= np.transpose(A)
7
8 print('------------------------')
9 print(' Matriz A')
10 print(A)
11 print('------------------------')
12 print(' Matriz Transposta de A')
13 print(Transposta_A)
14 print('------------------------')
```

No **Console** temos como solução:

```
------------------------
Matriz A
[[ 2  5]
 [ 3 -2]]
------------------------
Matriz Transposta de A
[[ 2  3]
 [ 5 -2]]
------------------------
```

Explicação das propriedades matriciais da seção 6.7 e demonstração da programação de array *bidimensional no Python*

6.8 RESOLUÇÃO DE SISTEMA LINEAR COM ARRAY BIDIMENSIONAL

Vejamos o seguinte sistema linear:

$$\begin{cases} 2x + 5y = -1 \\ 3x - 2y = 5 \end{cases}$$

A solução se passa ao assumir que o sistema anterior pode ser representado por matriz, em que:

$$A = \begin{pmatrix} 2 & 5 \\ 3 & -2 \end{pmatrix} \qquad X = \begin{pmatrix} x \\ y \end{pmatrix} \qquad B = \begin{pmatrix} -1 \\ 5 \end{pmatrix}$$

Considerando isso, a solução para a matriz X é:

$$X = A^{-1}.B$$

No Python, toda essa passagem pode ser programada usando as funções já explicadas anteriormente, como **inv** e **matmul**. O que as passagens e linhas do código a seguir exigem é que o sistema seja transformado em matriz.

```
1 # Matrizes
2 import numpy as np
3 from numpy.linalg import inv
4
5 A = np.array( [ [2,5],[3,-2] ] )
6 B = np.array( [-1,5] )
7
8 Inversa_A= inv(A)
9 X=np.matmul(Inversa_A,B)
10 print('------------------------')
11 print(' Solução')
12 print('------------------------')
13 print(X)
14 print('------------------------')
```

```
------------------------
 Solução
------------------------
[ 1.21052632 -0.68421053]
------------------------
```

No entanto, todas essas passagens podem ser simplificadas por uma única função no Python já programada para resolver sistemas lineares, desde que as entradas sejam matrizes. A função **solve** já está programada para usar os passos anteriores, imprimindo diretamente a solução X. Como se vê no código a seguir, o resultado no **Console** é o mesmo do código anterior.

```
1 # Matrizes
2 import numpy as np
3 from numpy.linalg import solve
4
5 A = np.array( [ [2,5],[3,-2] ] )
6 B = np.array( [-1,5 ])
7
8 X=solve(A,B)
9 print('------------------------')
10 print(' Solução')
11 print('------------------------')
12 print(X)
13 print('------------------------')
```

```
------------------------
 Solução
------------------------
[ 1.21052632 -0.68421053]
------------------------
```

Uma última operação matricial é aquela que envolve o determinante de uma matriz. Também dentro da linalg existe a função **det( )** que calcula o determinante.

```
1 # Matrizes
2 import numpy as np
3 from numpy.linalg import det
4
5 A = np.array( [ [2,5],[3,-2] ] )
6 determinante = det(A)
7 print('------------------------')
8 print(' Determinante')
9 print('------------------------')
10 print(determinante)
11 print('------------------------')
```

```
------------------------
 Determinante
------------------------
-18.999999999999996
------------------------
```

EXEMPLO 6.4

Dados dois vetores:

$x = [2, 5, 7, 4, 10, 80, 1, 2]$

$y = [-3, -5, 2, 1, 4, -5, 3, 20]$

vamos programar o Python para imprimir no **Console** o valor de y quando x é máximo e o valor de y quando x é mínimo. Nesse caso, deve-se sempre lembrar que os índices dos vetores sempre iniciam sua contagem em zero.

```
1 # vetor
2 import numpy as np
3
4 x = np.array([2,5,7,4,10,80,1,2])
5 y = np.array([-3,-5,2,1,4,-5,3,20])
6
```

```
 7 indmx=x.argmax()
 8 indmin=x.argmin()
 9 y_mx=y[indmx]
10 y_min=y[indmin]
11 print('++++++++++++++++++++++++++++++')
12 print('ind máx de x = ', indmx)
13 print('ind min de x = ', indmin)
14 print('ymáximo = ',y_mx,'ymínimo = ',y_min)
```

```
++++++++++++++++++++++++++++++
ind máx de x =  5
ind min de x =  6
ymáximo =  -5 ymínimo =  3
```

EXEMPLO 6.5

Observe estes dois vetores:

$x = [2, 5, 7, 4, 10, 80, 1, 2]$

$y = [-3, -5, 2, 1, 4, -5, 3, 20]$

Vamos programar o Python para transformar os dois vetores em matrizes 2×4. O programa deve criar uma nova matriz z, formada pelo quadrado de todos os termos da nova matriz de x, somada com a nova matriz de y e multiplicada por 10. Ou seja, $z = x^2 + 10y$.

```
 1 # vetor
 2 import numpy as np
 3
 4
 5 x = np.array([2,5,7,4,10,80,1,2])
 6 y = np.array([-3,-5,2,1,4,-5,3,20])
 7 xx=x.reshape(2,4)
 8 yy=y.reshape(2,4)
 9 z=xx**2+10*yy
10 print('++++++++++++++++++++++')
11 print('xx= ',xx)
12 print('----------------------')
13 print('yy= ',yy)
14 print('----------------------')
15 print('z = ',z)
```

```
++++++++++++++++++++++
xx=  [[ 2  5  7  4]
 [10 80  1  2]]
----------------------
yy=  [[-3 -5  2  1]
 [ 4 -5  3 20]]
----------------------
z =  [[ -26  -25   69   26]
 [ 140 6350   31  204]]
```

EXEMPLO 6.6

Fazer um programa em Python em que existam dois vetores x e y. O programa deve ordenar o segundo vetor e salvar, no vetor z, a diferença entre x e y ordenado. Ao final, o programa imprime o vetor z.

Para testar o programa, pode-se entrar com o formato de lista e transformar a lista em vetor, utilizando **array**. Basta lembrar as funções agregadas ao vetor, para ordenar o segundo vetor *y*. A solução está no código a seguir.

```
1 # vetor
2 import numpy as np
3
4 x = np.array([2,5,7,4,10,80,1,2,1,2])
5 y = np.array([3,5,2,1,4,5,3,20,5,10])
6 y.sort()
7 z=x-y
8 print(z)
```

Solução no **Console**:

```
[  1   3   4   1   6  75  -4  -3  -9 -18]
```

EXEMPLO 6.7

Fazer um programa em Python para percorrer uma matriz e dizer quantos pares e quantos ímpares existem. Nesse caso, pode-se percorrer a matriz com os índices ou linhas inteiras. Nessa solução, o código separa a primeira linha inteira com um vetor chamado **elem**. De posse de **elem**, o código corre esse vetor e separa cada elemento *x*. Esse elemento *x* é, na verdade, o elemento da matriz *A(i,j)*. Terminada a primeira linha, **elem** percorre a segunda, e assim sucessivamente.

```
1 # matriz
2 import numpy as np
3
4 A = np.array( [ [2,5,7],[4,10,1],[1,2,1] ] )
5 par=0
6 imp=0
7 for elem in A:
8     for x in elem:
9         if x % 2 == 0:
10            par = par + 1
11        else:
12            imp = imp + 1
13
14 print('número de pares = ',par,'número de ímpares = ',imp)
```

A segunda maneira de programar esse código é percorrer do modo tradicional elemento a elemento da matriz, sendo necessário, nesse caso, descobrir o total de linhas e de colunas. Na linha 6 da solução a seguir, quem fornece a dimensão de uma matriz é **shape**. Essa função agregada da matriz sempre retorna dois valores no formato (linhas, colunas), em que linhas é o total de linhas da matriz e colunas é o total de colunas. Por isso, o programa salva no vetor **form** a dimensão da matriz, e **form[0]** é o total de linhas e **form[1]** o total de colunas.

```
1 # matriz
2 import numpy as np
3
4 A = np.array( [ [2,5,7],[4,10,1],[1,2,1] ] )
5
6 form = A.shape
7
8 tot_lin = form[0]
9 tot_col = form[1]
10
11 par=0
12 imp=0
13 for i in range(tot_lin):
14     for j in range(tot_col):
15         if A[i,j] % 2 == 0:
16             par = par + 1
17         else:
18             imp = imp + 1
19
20 print('número de pares = ',par,'número de ímpares = ',imp)
```

O resultado final no **Console** é o mesmo nos dois casos:

número de pares = 4 número de ímpares = 5

EXEMPLO 6.8

Fazer um programa em Python para percorrer uma matriz e descobrir os índices em que se encontra o valor máximo. Esse é um problema que sempre aparece em qualquer resolução para descobrir localizações de pontos máximos ou mínimos, seja para ativos, seja para descobrir números de clientes, seja para descobrir localidade de vendas máximas ou mínimas de uma loja em comércio físico ou digital.

Para descobrir o valor máximo, já foi mencionado que em um **array** basta usar a função agregada **max( )** com o nome do **array**. No caso de **array** unidimensional (vetor), a função **agmax( )** retorna o índice em que está o valor máximo. Mas no caso da matriz, isso não funciona, pois existem dois argumentos.

Uma das soluções é a seguinte para dada matriz *A*. Utilizando-se a função agregada **where( )** com a pergunta "onde está o máximo de *A* se a matriz é *A*?" com o comando **(A == A.max( ))**, o retorno deve ser salvo em duas variáveis do lado esquerdo da igualdade. Isso porque o retorno da função **where( )** são dois valores, o primeiro indicando a linha e o segundo mostrando a coluna do valor máximo.

Mas aqui cabe lembrar que o primeiro elemento da matriz em Python não é A(1,1) como na matemática clássica. No Python o primeiro elemento da matriz é A(0,0). Assim, para a matriz deste exemplo:

A dinâmica do array   **221**

$$A = \begin{pmatrix} 2 & 5 & 7 \\ 4 & 10 & -1 \\ 1 & 2 & 1 \end{pmatrix}$$

o máximo é 10 e está na linha 2 e coluna 2. Porém, o Python vai soltar como solução linha 1 e coluna 1, pois a primeira coluna é 0.

```
1 # matriz
2 import numpy as np
3
4 A = np.array( [ [2,5,7],[4,10,-1],[1,2,1] ] )
5
6 i,j=np.where(A==A.max())
7 print('++++++++++++++++++++++++++++++++++++++++++++++++')
8 print('linha do máximo = ',i,' coluna do máximo = ',j)
9 print('elemento máximo = ',A[i,j])
```

No **Console**, temos:

```
++++++++++++++++++++++++++++++++++++++++++++++++
linha do máximo =  [1]   coluna do máximo =   [1]
elemento máximo =  [10]
```

Caso o programador não se lembre da função **where( )**, o programa fica um pouco mais longo, mas pode ser construído da maneira tradicional de outras linguagens, comparando os elementos da matriz com uma variável e trocando-os à medida que esse elemento é maior do que a variável de armazenagem do máximo, como visto no código a seguir.

```
1 # matriz
2 import numpy as np
3
4 A = np.array( [ [2,5,7],[4,10,-1],[1,2,1] ] )
5 tam = A.shape
6 totL = tam[0]
7 totC = tam[1]
8 max=A[0,0]
9 for i in range(totL):
10     for j in range(totC):
11         if A[i,j]>=max:
12             max=A[i,j]
13             lin=i
14             col=j
15
16 print('++++++++++++++++++++++++++++++++++++++++++++++++')
17 print('linha do máximo = ',lin,' coluna do máximo = ',col)
18 print('elemento máximo = ',A[lin,col])
```

No **Console**, a resposta é a mesma:

```
++++++++++++++++++++++++++++++++++++++++++++++++
linha do máximo =  1   coluna do máximo =  1
elemento máximo =  10
```

Explicação passo a passo do Exemplo 6.8

6.9 APLICAÇÃO FINANCEIRA DE ARRAY BIDIMENSIONAL

Seja importando dados de planilhas Excel, seja construindo dentro do Python, a matriz pode facilitar a resolução de inúmeros problemas. Seja para a melhor estratégia de aporte de investimentos, correlações, análises de risco ou otimizações, os dados que estão disponíveis no mercado financeiro sempre podem ser abordados do ponto de vista matricial.

A seguir temos alguns exemplos dessa aplicação matemática no mundo dos investimentos.

EXEMPLO 6.9

João e Maria tinham, em um dia, as seguintes quantidades de ações por empresas em uma corretora:

	PETR4	GGBR4	USIM5	BBAS3
João	2000	1000	500	5000
Maria	1000	2500	2000	0

O preço de fechamento dessas ações nesse dia era R$ 30,43 para PETR4, R$ 13,91 para GGBR4, R$ 7,42 para USIM5 e R$ 47,96 para a BBAS3. Vamos fazer um programa em Python para descobrir quanto João e Maria têm em reais em sua carteira de investimentos.

O primeiro passo é montar a matriz de investimentos de João e Maria para o formato do programa. No caso, a matriz é:

$$A = \begin{pmatrix} 2000 & 1000 & 500 & 5000 \\ 1000 & 2500 & 2000 & 0 \end{pmatrix}$$

O segundo passo é montar a matriz de preço de fechamento das ações:

$$B = \begin{pmatrix} 30,43 \\ 13,91 \\ 7,42 \\ 47,96 \end{pmatrix}$$

Deve-se lembrar que esse é o formato matemático para as matrizes, mas em Python não existe o formato de coluna para B, como apresentado anteriormente. A matriz B é um **array** unidimensional. O Python identifica qual a ordem ideal do produto na função **matmul( )**.

```
1 # matriz
2 import numpy as np
3
4 A = np.array( [ [2000,1000,500,5000],[1000,2500,2000,0] ] )
5 B = np.array( [30.43,13.91,7.42,47.96])
6 C=np.matmul(A,B)
7 print('++++++++++++++++++++++++++++++++++++++++++++++++++')
8 print('João = ',C[0],' Maria = ',C[1])
```

No **Console**:

```
++++++++++++++++++++++++++++++++++++++++++++++++++
João =  318280.0  Maria =  80045.0
```

EXEMPLO 6.10

Um clube de investimentos tem um montante em dinheiro para fazer investimentos em ações. Para aceitar um risco relativo, os formadores do fundo decidiram dividir os investimentos em alto risco (AR), médio risco (MR) e baixo risco (BR). O fundo estima um retorno de 15% ao ano em ações de alto risco, 10% ao ano em ações de médio risco e 6% ao ano em investimentos de baixo risco. Os membros decidiram que investimentos de baixo risco devem ser iguais à soma das outras duas categorias. Vamos determinar quanto o clube deve investir em cada tipo de ações seguindo o seguinte cenário traçado por eles:

- O clube tem R$ 200.000 para investir, e o objetivo do investimento é ter um retorno de R$ 20.000 ao ano sobre o total de investimentos.

O modelo matemático desse exemplo deve seguir os objetivos traçados pelo fundo. Com as taxas de retorno estimadas e o retorno desejado de R$ 20.000 ao ano, tem-se a primeira equação:

$$0.15AR + 0.1MR + 0.06BR = 20000$$

A segunda equação diz respeito ao total de investimentos dos **ativos de baixo risco**:

$$BR = AR + MR$$

E, por fim, a equação sobre o total de investimentos necessários:

$$AR + MR + BR = 200000$$

Juntando as três equações no sistema linear, o objetivo é determinar quanto se deve investir em cada um dos tipos de ações: AR, MR e BR.

$$\begin{cases} 0.15AR + 0.1MR + 0.06BR = 20000 \\ -AR - MR + BR = 0 \\ AR + MR + BR = 200000 \end{cases}$$

Em termos matriciais, temos:

$$A = \begin{pmatrix} 0.15 & 0.1 & 0.06 \\ -1 & -1 & 1 \\ 1 & 1 & 1 \end{pmatrix} \quad X = \begin{pmatrix} AR \\ MR \\ BR \end{pmatrix} \quad B = \begin{pmatrix} 20000 \\ 0 \\ 200000 \end{pmatrix}$$

Assim, a programação no Python deve ser:

```
1 # matriz
2 import numpy as np
3 from numpy.linalg import solve
4
5 A = np.array( [ [0.15,0.1,0.06],[-1,-1,1],[1,1,1] ] )
6 B = np.array( [20000,0,200000])
7 X=solve(A,B)
8 print('++++++++++++++++++++++++++++++++++++++++++++++++')
9 print('Alto Risco = ',X[0])
10 print('Médio Risco = ',X[1])
11 print('Baixo Risco = ',X[2])
```

No **Console**:

```
++++++++++++++++++++++++++++++++++++++++++++++++
Alto Risco =   80000.00000000001
Médio Risco =  19999.99999999999
Baixo Risco =  100000.0
```

Explicação passo a passo do Exemplo 6.10 e da resolução de sistemas lineares no Python

EXEMPLO 6.11

Foram adquiridos os preços de fechamento da ação da Petrobras (PETR4) e dos títulos da dívida pública brasileira NTNB-principal 2045, diariamente, de janeiro a novembro de 2019. Os dados da coluna A do Excel são dos preços da PETR4, na coluna B estão os títulos. A planilha a seguir mostra como estão dispostos no Excel os primeiros doze dados.

	A	B
1	24,06	944,64
2	24,65	938,10
3	24,72	950,22
4	25,11	941,04
5	24,96	953,17
6	25,48	946,32
7	25,26	949,23
8	24,99	954,28
9	24,85	959,37
10	24,83	979,08
11	24,82	979,38
12	25,16	989,80

A planilha tem, no total, 213 linhas e deseja importar esses dados para uma matriz no Python. Devemos fazer o gráfico em dois eixos verticais separados para mostrar o comportamento dos dois ativos. Como visto anteriormente, utilizamos a biblioteca xlrd para a importação e, ao contrário de gráficos com listas, a matriz deve ser inicializada com zeros. O Python precisa zerar e criar o formato de matriz. Para criar um segundo eixo, precisamos utilizar o método **twinx( )** para que o segundo eixo seja um parente do primeiro e colocar as escalas em formatos diferentes.

A Figura 6.12 apresenta os resultados com o código logo a seguir.

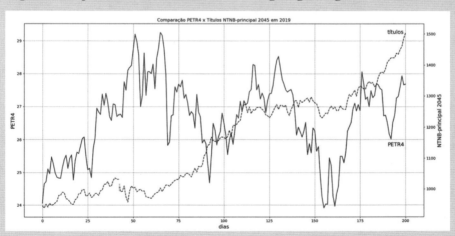

Figura 6.12 – Comparação entre PETR4 e títulos NTNB-principal 2045 em 2019.

```
1 # PETR4 e NTNB 2045 para matriz
2 import numpy as np
3 import xlrd
4 import matplotlib.pyplot as fig
5
6
7 wb=xlrd.open_workbook('PetrTitul.xlsx')
8 plan=wb.sheet_by_name('Planilha1')
9 lin=plan.nrows
10 col=plan.ncols
```

```
11
12 mat=np.zeros((lin,col))
13
14 for i in range(lin):
15     for j in range(col):
16         mat[i,j]=plan.cell(i,j).value
17
18 print(mat)
19
20 eixox=np.arange(lin)
21 ax1=fig.subplot(111)
22
23 ax1.plot(eixox,mat[:,0],'-k')
24 ax1.set_xlabel('dias',fontsize=14)
25 ax1.set_ylabel('PETR4',fontsize=14)
26 ax1.set_title('Comparação PETR4 x Títulos NTNB-principal 2045 em 2019')
27 ax1.text(190,25.8,s='PETR4',fontsize=14)
28 fig.grid()
29
30 ax2=ax1.twinx()
31 ax2.plot(eixox,mat[:,1],'--k')
32 ax2.set_ylabel('NTNB-principal 2045',fontsize=14)
33 ax2.text(190,1500,s='títulos',fontsize=14)
```

EXEMPLO 6.12

Desejamos saber qual o risco de uma carteira formada por 80% dos investimentos em PETR4 e 20% nos títulos NTNB-principal 2045.

Este problema trata de um conceito teórico conhecido como teoria do portfólio. A noção de fronteira eficiente é bastante comum nos cursos de administração e economia, em especial após a publicação do artigo "Portfolio Selection", de Markowitz, no *Journal of Finance*, em 1952.

Sendo P_A o peso do investimento no ativo A e P_B o peso do investimento no ativo B, a primeira relação que se tem é que a soma total desses pesos é 100%, ou seja:

$$P_A + P_B = 1$$

O retorno da carteira é a média dos investimentos distribuídos entre os ativos, dados pela fórmula:

$$R_p = P_A \mu_A + P_B \mu_B$$

em que μ_A e μ_B são os retornos de cada ativo A e B. A relação entre risco e retorno depende da correlação entre os ativos representada pelo terceiro termo da fórmula:

$$\sigma_p = \sqrt{P_A^2 \sigma_A^2 + P_B^2 \sigma_B^2 + 2P_A P_B \rho_{AB} \sigma_A \sigma_B}$$

Quando a correlação entre os ativos é muito baixa ou perto de ser nula, a fórmula anterior se reduz a:

$$\sigma_p = \sqrt{P_A^2 \sigma_A^2 + P_B^2 \sigma_B^2}$$

que pode ser representada pela Figura 6.13.

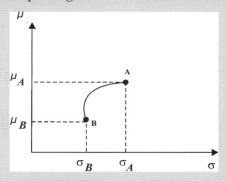

Figura 6.13 – Risco × retorno.

Antes do cálculo do risco da carteira, os *arrays* devem ser preparados para calcular os retornos médios de cada ativo μ_A e μ_B. O retorno com a matriz dos ativos importados de alguma planilha pode ser calculado com a fórmula a seguir.

```
ret1=(mat[1:lin-1,0]-mat[0:lin-2,0])/mat[0:lin-2,0]
ret2=(mat[1:lin-1,1]-mat[0:lin-2,1])/mat[0:lin-2,1]
```

Lembrando-se das funções agregadas, fica bastante simples fazer os cálculos das médias, desvios-padrão e correlação com os dois vetores de retornos. Como já visto no Capítulo 3, o coeficiente de correlação entre dois ativos *A* e *B*, com a letra grega ρ_{AB}, está na biblioteca scipy e é feito com a função **pearsonr(ativo1, ativo2)**. No caso do exemplo, como se deseja um peso de 80% no investimento em PETR4 e 20% em títulos, *PA* = 0,8 e *PB* = 0,2, como nas linhas a seguir.

```
mi1=ret1.mean()
mi2=ret2.mean()
sigma1=ret1.std()
sigma2=ret2.std()
correl,pval=stats.pearsonr(ret1,ret2)
pa=0.8
pb=1-pa
risco_cart=mt.sqrt(pa**2*sigma1**2+pb**2*sigma2**2+2*pa*pb*correl*sigma1*sigma2)
```

Assim como no exemplo anterior, importados os dados da planilha do Excel, podemos usar o **subplot** para dividir a figura em duas partes. Na parte de cima da figura, ficam os preços da PETR4 e dos títulos ao longo de 2019. A Figura 6.14 apresenta os preços dos ativos e, na parte de baixo, os retornos dos dois ativos. A curva contínua mais escura se refere ao retorno dos títulos, enquanto a curva tracejada com marcador *o* indica os retornos da PETR4.

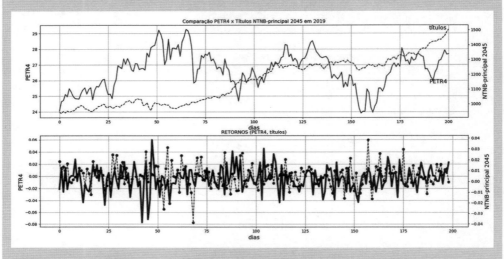

Figura 6.14 – Risco da carteira formada pela PETR4 e títulos.

O código a seguir apresenta todas as linhas para se obter os gráficos e o cálculo do risco de carteira.

```python
# PETR4 e NTNB 2045 para matriz
import numpy as np
import xlrd
import matplotlib.pyplot as fig
import math as mt
from scipy import stats


wb=xlrd.open_workbook('PetrTitul.xlsx')
plan=wb.sheet_by_name('Planilha1')
lin=plan.nrows
col=plan.ncols

mat=np.zeros((lin,col))

for i in range(lin):
    for j in range(col):
        mat[i,j]=plan.cell(i,j).value

print(mat)

eixox=np.arange(lin)
ax1=fig.subplot(211)

ax1.plot(eixox,mat[:,0],'-k')
ax1.set_xlabel('dias',fontsize=14)
ax1.set_ylabel('PETR4',fontsize=14)
ax1.set_title('Comparação PETR4 x Títulos NTNB-principal 2045 em 2019')
ax1.text(190,25.8,s='PETR4',fontsize=14)
```

```
30 fig.grid()
31
32 ax2=ax1.twinx()
33 ax2.plot(eixox,mat[:,1],'--k')
34 ax2.set_ylabel('NTNB-principal 2045',fontsize=14)
35 ax2.text(190,1500,s='títulos',fontsize=14)
36
37 ret1=(mat[1:lin-1,0]-mat[0:lin-2,0])/mat[0:lin-2,0]
38 ret2=(mat[1:lin-1,1]-mat[0:lin-2,1])/mat[0:lin-2,1]
39
40 eixR=np.arange(len(ret1))
41
42
43 ax1=fig.subplot(212)
44
45 ax1.plot(eixR,ret1,'--ok')
46 ax1.set_xlabel('dias',fontsize=14)
47 ax1.set_ylabel('PETR4',fontsize=14)
48 ax1.set_title('RETORNOS (PETR4, títulos)')
49 ax1.text(190,25.8,s='PETR4',fontsize=14)
50 fig.grid()
51
52 ax2=ax1.twinx()
53 ax2.plot(eixR,ret2,'-k',linewidth=4)
54 ax2.set_ylabel('NTNB-principal 2045',fontsize=14)
55 ax2.text(190,1500,s='títulos',fontsize=14)
56
57 mi1=ret1.mean()
58 mi2=ret2.mean()
59 sigma1=ret1.std()
60 sigma2=ret2.std()
61 correl,pval=stats.pearsonr(ret1,ret2)
62 pa=0.8
63 pb=1-pa
64 risco_cart=mt.sqrt(pa**2*sigma1**2+pb**2*sigma2**2+2*pa*pb*correl*sigma1*sigma2)
```

O resultado obtido para o risco dessa carteira aparece no **Console** com um *print* das variáveis calculadas pelo Python.

```
65 print(' ')
66 print('++++++++++++ RISCO DA CARTEIRA ++++++++++++++++++++')
67 print('MÉDIA RET (PETR4) = ',mi1)
68 print('MÉDIA RET (TÍTULOS) = ',mi2)
69 print('DESV. PAD (PETR4) = ',sigma1)
70 print('DESV. PAD (TÍTULOS) = ',sigma2)
71 print('COEF. CORREL DCS ATIVOS = ',correl)
72 print('RISCO DA CARTEIRA = ',risco_cart)
73 print('++++++++++++++++++++++++++++++++++++++++++++++++++')
```

A resposta do problema é:

```
++++++++++++ RISCO DA CARTEIRA ++++++++++++++++++++
MÉDIA RET (PETR4) =   0.0008678991519094273
MÉDIA RET (TÍTULOS) = 0.00233911791541965
DESV. PAD (PETR4) =   0.018252696335105692
DESV. PAD (TÍTULOS) = 0.011027391556659185
COEF. CORREL DOS ATIVOS =  0.07330598689141908
RISCO DA CARTEIRA =  0.01492677882946501
++++++++++++++++++++++++++++++++++++++++++++++++++
```

Então, essa carteira para os ativos PETR4 e títulos no ano de 2019 apresentou um risco de 1,49%, quando o montante investido foi de 80% de PETR4 e de 20% de títulos.

EXEMPLO 6.13

Deseja-se, com base nos dados dos preços da PETR4 e dos títulos do exemplo anterior, obter a fronteira eficiente descrita na Figura 6.13. Essa figura coloca no eixo horizontal o risco da carteira e no eixo vertical, o retorno da carteira. O mais importante já foi realizado no exemplo anterior, pois, para a construção da fronteira eficiente, são necessários as médias, os desvios-padrão e o coeficiente de correlação entre os ativos.

No lugar do retorno médio teórico,

$$R_p = P_A \mu_A + P_B \mu_B$$

podemos colocar um **array** unidimensional com diversos pontos, iniciando em 0 e terminando em 1. Esse **array** representa as porcentagens teóricas de 0% a 100% de retornos da carteira. Para cada valor desse **array**, o risco da carteira é calculado, e temos outro **array**, indicando o risco teórico para cada retorno teórico. Como temos a estatística entre os ativos, é possível analisar, do ponto de risco, qual é o melhor aporte que contemple o menor risco e o maior retorno.

Na realidade, esse ponto é sempre o ponto mais extremo da parábola clássica da fronteira eficiente. O resultado para os ativos anteriores é apresentado na Figura 6.15.

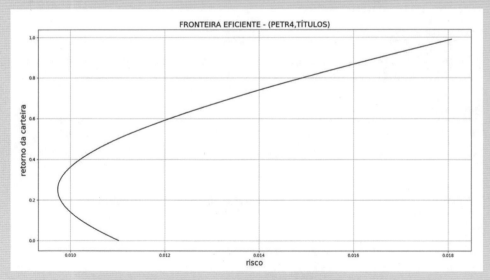

Figura 6.15 – Risco da carteira formada por PETR4 e títulos.

Na figura, é possível observar que a melhor proporção dessa carteira é, com o aporte de 80% de PETR4 e 20% de títulos, que tenha um retorno ótimo de 25% com um risco mínimo de 0,09%. As linhas de programação a seguir são continuação ao código anterior e apresentam como a Figura 6.15 foi construída no Python.

```
75 p=np.arange(0,1,0.01)
76 rc=np.zeros(len(p))
77 eixCart=np.zeros(len(p))
78 i=0
79 for x in p:
80     y=1-x
81     rc[i]=mt.sqrt(x**2*sigma1**2+y**2*sigma2**2+2*x*y*correl*sigma1*sigma2)
82     eixCart[i]=x
83     i=i+1
84 fig.figure()
85 fig.plot(rc,eixCart,'-k')
86 fig.grid()
87 fig.xlabel('risco',fontsize=18)
88 fig.ylabel('retorno da carteira',fontsize=18)
89 fig.title('FRONTEIRA EFICIENTE - (PETR4,TÍTULOS)',fontsize=18)
```

6.10 EXERCÍCIOS

1. Fazer a programação da **function** "reta" usando vetor para construir o gráfico de uma reta $y = ax + b$. O gráfico deve ter linha preta, com espessura 2, contínua e grade. O passo para os valores de x deve ser de 0,2, começando em 0 e terminando em n. O programa principal é o seguinte:

```
#++++++++++++++++++ programa principal +++++++
print('+++++++++++++++++++++++++++++++++++++++++++++')
a=float(input('coeficente angular da reta (a)= '))
b=float(input('coeficente linear da reta (b)= '))
n=float(input('valor final de x é (n) = '))

reta(a,b,n)
```

2. Fazer a programação da **function** "parabola" usando vetor para construir o gráfico de $y = ax^2 + bx + c$.

   O gráfico deve ter linha preta, com espessura 2, contínua e grade. Além disso, deve ter os títulos nos eixos. O passo para os valores de x deve ser de 0,2, começando em 0 e terminando em n. O programa principal é o seguinte:

```
#++++++++++++++++++ programa principal +++++++
print('+++++++++++++++++++++++++++++++++++++++++++++')
a=float(input('coeficente    (a)= '))
b=float(input('coeficente    (b)= '))
c=float(input('coeficente    (c)= '))
n=float(input('valor final de x (n) = '))

parabola(a,b,c,n)
```

3. Fazer a programação da **function** "cubica" usando vetor para construir o gráfico de $y = ax^3 + bx^2 + cx + d$.

   O gráfico deve ter linha preta, com espessura 2, contínua e grade. Além disso, deve ter os títulos nos eixos. O passo para os valores de x deve ser de 0.2, estando no limite [início, n], dados pelo usuário com **input**. O gráfico deve ter o título "Gráfico da equação cúbica". O programa principal é:

```
#++++++++++++++++++ programa principal +++++++
print('+++++++++++++++++++++++++++++++++++++++++++++')
a=float(input('coeficente   (a)= '))
b=float(input('coeficente   (b)= '))
c=float(input('coeficente   (c)= '))
d=float(input('coeficente   (d)= '))
inicio=float(input('inicio do domínio de x = '))
n=float(input('fim do domínio de x = '))

cubica(a,b,c,d,inicio,n)
```

4. Fazer a programação de duas **functions**, "reta" e "cubica", usando vetores para construir dois gráficos, sendo o primeiro a reta $y = ax + b$ e o segundo a cúbica $z = cx^3 + dx^2 + ex + f$.

   O gráfico da reta deve ter linha preta, com espessura 2 e contínua. O passo para os valores de x deve ser de 0.2, estando no limite [início, n], dados pelo usuário com **input**. O segundo gráfico da cúbica deve ter o título "Gráfico de duas equações", os nomes dos eixos, grade e marcadores na cúbica. A curva da cúbica deve ser tracejada, vermelha e com marcador com tamanho 8. A espessura da linha da cúbica é 2. O programa principal é:

```
#++++++++++++++++++ programa principal +++++++
print('++++++++++++ PARAMETROS DA RETA ++++++++')
a=float(input('coeficente   (a)= '))
b=float(input('coeficente   (b)= '))
print('++++++++++++ PARAMETROS DA CUBICA ++++++++')
c=float(input('coeficente   (c)= '))
d=float(input('coeficente   (d)= '))
e=float(input('coeficente   (e)= '))
f=float(input('coeficente   (f)= '))

inicio=float(input('inicio do domínio de x = '))
n=float(input('fim do domínio de x = '))

reta(a,b,inicio,n)
cubica(c,d,e,f,inicio,n)
```

5. Fazer a programação de duas **functions**, "exponencial" e "trigonometria", usando vetores para construir dois gráficos, sendo o primeiro $y = e^{taxa*(x)}$ e o segundo o cosseno com amplitude e frequência dados pelo usuário $z = amp * \cos(freq * x)$.

   O gráfico do exponencial deve ter linha vermelha contínua, com espessura 2. O passo para os valores de x deve ser de 0.2, estando no limite [início, n], dados pelo usuário com **input**. O segundo gráfico, o cosseno, deve ter o título "Gráfico de duas equações", os nomes dos eixos, grade e marcadores azuis com linha tracejada azul. Os marcadores devem ter tamanho 8. O programa principal é:

```
#++++++++++++++++++ programa principal +++++++
print('+++++++++++++ PARAMETROS DO EXPONENCIAL ++++++++')
taxa=float(input('taxa = '))
print('+++++++++++++ PARAMETROS DO COSSENO ++++++++')
amp=float(input('Amplitude = '))
freq=float(input('Frequencia = '))
inicio=float(input('inicio do domínio de x = '))
n=float(input('fim do domínio de x = '))

Exponencial(taxa,inicic,n)
trigonometria(amp,freq,inicio,n)
```

6. Fazer a programação para as curvas de oferta e demanda com base no preço de um produto. As duas funções são:

$$q^o = a_1 + b_1 p$$

$$q^d = a_2 - b_2 p$$

em que q^o é a quantidade ofertada de um produto, q^d é a quantidade demandada e p o vetor de preços.

$$z = amp * \cos(freq * x)$$

O gráfico q^o deve ter linha vermelha contínua, com espessura 2. O passo para os valores de x deve ser de 0.2, estando no limite da quantidade [início, n], dados pelo usuário com **input**. O segundo gráfico de q^d deve colocar o título "Oferta × demanda", os nomes dos eixos, grade e marcadores azuis com linha tracejada azul. Os marcadores devem ter tamanho 8. O programa principal é:

```
#++++++++++++++++++ programa principal +++++++
print('+++++++++++++ Oferta ++++++++')
a1=float(input('a1 = '))
b1=float(input('b1 = '))
print('+++++++++++++ Demanda ++++++++')
a2=float(input('a2 = '))
b2=float(input('b2 = '))
inicio=float(input('inicio do domínio de q = '))
n=float(input('fim do domínio de q = '))

OfDem(a1,b1,a2,b2,inicio,n)
```

7. Fazer um programa com numpy para converter uma lista numérica para um vetor. Exemplo:

```
lista original =  [12.2, 13.57, 100, 98.6]
vetor =  [ 12.2   13.57 100.     98.6 ]
```

8. Fazer um programa com numpy para criar um vetor nulo de tamanho 10 e atualizar o sexto valor para 11.

```
[0. 0. 0. 0. 0. 0. 0. 0. 0. 0.]
[ 0.  0.  0.  0.  0. 11.  0.  0.  0.  0.]
```

9. Escrever um programa com numpy para criar um vetor que vai de 12 a 21.

```
[12 13 14 15 16 17 18 19 20 21]
```

10. Fazer um programa com numpy para converter graus centígrados para Fahrenheit. Os graus centígrados estão em vetores. A fórmula é:

$$\frac{C}{5} = \frac{F-32}{9}$$

Usar como exemplo: C = [0, 12, 45.21, 34, 99.91].

11. Escrever um programa com numpy para testar um número dentro de **array** compostos de **array**. Por exemplo, se for criado o **array** x = np.array ([0,10,20] , [2,40,100]]), ao testar y = 40, o programa deve aparecer no **Console** a resposta:

```
número 40 achou
```

12. Escrever uma função **mul_escalar** que recebe uma constante e uma lista. Dentro da função, a lista torna-se vetor e é multiplicada pelo escalar. Ao retornar ao programa principal, o novo vetor é impresso no **Console**. Por exemplo, Z = mul_escalar(5, [1,2,5,7]) tem como impressão:

```
++++++++ multiplicação do escalar pelo vetor +++
[ 5 10 25 35]
```

13. Fazer um algoritmo para encontrar o índice do maior valor do primeiro vetor e dizer qual é o correspondente valor do segundo vetor. Por exemplo,

x = [2,5,7,4,10,80,1,2]

y = [−3,−5,2,1,4,−5,3,20]

tem maior valor em x = 80, cujo índice é 5. Isso corresponde a y = −5.

14. Fazer um programa em Python com dois vetores x e y. O programa deve ordenar o segundo vetor. Salvar no vetor z a diferença entre x e y ordenado. Ao final, o programa deve imprimir o vetor z.

```
x = [ 2  5  7  4 10 80  1  2]
y = [-3 -5  2  1  4 -5  3 20]
y-ordenado = [-5 -5 -3  1  2  3  4 20]
z = [  7 10 10  3  8 77 -3 -18]
```

15. Escrever um programa para adquirir dois vetores e transformá-los em um único vetor (**array**) com numpy. Por exemplo: $x = [1,2,3]$ $y = [-1,5,100]$. No **Console** a como resposta é:

```
++++++++++++++++++++++++++++++++
[  1   2   3  -1   5 100]
```

16. Escrever um programa para encontrar os coeficientes da linha de tendência do vetor Y e plotar os dados do vetor e da linha de tendência encontrada.

    $Y = [-4,2,3,4,5,9,2,1,0,-5,-3,-4,-1,-2]$

17. Observar a matriz:

$$A = \begin{pmatrix} 1 & 4 & 5 & 12 & 14 \\ -5 & 8 & 9 & 0 & 17 \\ -6 & 7 & 11 & 19 & 21 \end{pmatrix}$$

(a) Colocar a linha de comando do Python para criar essa matriz.

(b) Colocar os comandos de **array** (matriz) do Python que resultem nesta resposta no Console:

```
[[ 1  4  5 12]
 [-5  8  9  0]]
```

(c) Colocar os comandos de **array** (matriz) do Python que resultem nesta resposta no Console:

```
[[ 1  4  5 12 14]]
```

(d) Escrever qual comando emite esta resposta a seguir no Python:

```
[ 5  9 11]
```

(e) Escrever qual comando fornece a seguinte resposta:

```
[[ 5 12 14]
 [ 9  0 17]
 [11 19 21]]
```

18. Com os comandos básicos do Python, gerar as seguintes matrizes (**array** bidimensional):

    (a) Matriz 3×2 composta de zeros.

    (b) Matriz 4×2 composta de 1.

    (c) Matriz 10×10 identidade.

    (d) Criar as matrizes:

$$A = \begin{pmatrix} -2 & 5 \\ 3 & 0 \end{pmatrix} \quad B = \begin{pmatrix} 1 & -1 \\ 6 & 5 \end{pmatrix}$$

Colocar os comandos para imprimir a soma $A + B$.

(e) Com as matrizes anteriores, colocar os comandos para imprimir $A * B + A$.

(f) Com as matrizes anteriores, colocar os comandos para $A^{-1} * B$.

19. Escrever um programa para criar a matriz M e calcular o determinante desta matriz:

$$M = \begin{pmatrix} 2 & -1 & 3 & 1 \\ 0 & -5 & 4 & 1 \\ 10 & 8 & 7 & 9 \\ 1 & 2 & 5 & 3 \end{pmatrix}$$

20. Fazer um programa para reconhecer e voltar como variáveis o número de linhas e colunas da matriz:

$$C = \begin{pmatrix} 0 & -4 & 50 & 1 & 14 \\ -5 & -8 & 9 & 0 & 17 \\ -6 & 70 & 11 & 19 & 21 \end{pmatrix}$$

Uma vez conhecendo o número de linhas n da matriz C e m colunas, gerar uma matriz quadrada com números randômicos (aleatórios) $n \times n$.

21. Fazer um programa em Python para percorrer uma matriz e dizer quantos pares e quantos ímpares existem.

CAPÍTULO 7
AS BIBLIOTECAS TIME E DATETIME

7.1 COMANDOS BÁSICOS DA BIBLIOTECA TIME

A biblioteca time é responsável pela exibição do tempo nos computadores, sendo útil tanto na formatação dos dados como na intervenção de processos iterativos, podendo retardar ou acelerar algoritmos com funções específicas. É também com a biblioteca time que podemos trabalhar com o formato de datas e no auxílio de diversas outras bibliotecas que importam dados de planilhas.

Para o uso da biblioteca time, é necessário importá-la no Python: **import time**. Com ela, é possível ter acesso a diversos métodos que tornam o tempo da máquina disponível para o usuário. Vamos observar o programa a seguir.

```
1 import time
2 tempo=time.localtime()
3 print(tempo)
```

A saída no **Console** desse programa para as 13h08min42s do dia 7 de novembro de 2019, uma quinta-feira, é:

```
time.struct_time(tm_year=2019, tm_mon=11, tm_mday=7, tm_hour=13, tm_min=8, tm_sec=42, tm_wday=3, tm_yday=311, tm_isdst=0)
```

em que se pode reparar em alguns parâmetros de saída importante, como:

tm_year = 2019 (ano)

tm_mon = 11 (mês)

tm_mday = 7 (dia)

tm_hour = 13 (horas)

tm_min = 8 (minutos)

tm_sec = 42 (segundos)

tm_wday = 3 (dia da semana, em que 0 é segunda-feira)

tm_yday = 311 (dia do ano no calendário juliano)

Como se pode perceber, os parâmetros foram salvos em uma variável tempo, que é um vetor. Com isso, é possível obter esses valores separados, imprimindo as posições **tempo[0]**, **tempo[1]**, **tempo[2]** e assim sucessivamente.

Outra maneira de ver data e hora é buscar por time em formato ascendente, começando pelo dia da semana. Nesse caso, o comando pode ser:

```
import time
tempo=time.asctime(time.localtime(time.time()))
print(tempo)
```

A biblioteca tem a função **month** que traz o calendário e o imprime para o período desejado, como mostrado a seguir.

```
import calendar

calen=calendar.month(2019,11)
print(calen)
```

```
      November 2019
Mo Tu We Th Fr Sa Su
             1  2  3
 4  5  6  7  8  9 10
11 12 13 14 15 16 17
18 19 20 21 22 23 24
25 26 27 28 29 30
```

7.2 CÁLCULO DO TEMPO DE PROCESSAMENTO

No desenvolvimento de algoritmos, tempo de processamento é uma variável importante e fundamental. O tempo de processamento é diferente do tempo corrente e é utilizado com frequência para medir o desempenho de novos algoritmos frente aos clássicos e tradicionais. No Python existem alguns métodos para se medir o tempo de processamento.

A função **time.sleep( )** serve para pausar um programa. Em diversos algoritmos, se o tempo de processamento for muito rápido, um gráfico, por exemplo, pode não ser mostrado a tempo para ser visualizado. Para diminuir a velocidade de processamento e segurar o programa por algum tempo, essa função **sleep** pode ser colocada com o número de segundos de parada desejados dentro dos parênteses.

No programa a seguir, deseja-se imprimir os segundos da hora local em que o **localtime( )** está captando.

```
import time

for i in range(10):
    tempo=time.localtime()
    print(tempo[4])
```

A resposta é muito rápida e menor do que um segundo, pois o segundo da hora observada pelo algoritmo é impresso dez vezes com o mesmo número 9. Esse número representa os segundos de determinado minuto que foi captado. O valor é recebido por **tempo[4]**, pois os segundos de uma hora, como visto na seção anterior, é o quinto parâmetro do **localtime**. A saída no **Console** é:

```
9
9
9
9
9
9
9
9
9
9
```

Já o algoritmo seguinte é o mesmo que o anterior, no entanto, ele é obrigado a pausar por dois segundos a cada iteração do **for**.

```
1 import time
2
3 for i in range(10):
4     tempo=time.localtime()
5     print(tempo[4])
6     time.sleep(2)
```

Nesse caso, a saída no **Console** fica:

```
9
9
9
9
9
10
10
10
10
10
```

Para medir o tempo de processamento em partes de um algoritmo ou mesmo em todo o algoritmo, pode-se colocar uma função para captar o relógio interno da máquina no início do processamento de uma função e, depois, no final. A diferença entre os dois tempos fornece o quanto o processo levou para rodar. Uma função para captar esses segundos do relógio da máquina é **time.perf_counter( )**. No algoritmo seguinte, colocando-se essa função como **t0** antes do **for** e outra no final, após as iterações, a diferença marca o tempo de processamento em segundos.

```
1 import time
2 t0=time.perf_counter()
3 for i in range(10):
4     tempo=time.localtime()
5     print(tempo[4])
6 t1=time.perf_counter()
7 print(t1-t0,' segundos de processamento')
```

No **Console**, esse programa tem como resposta:

```
0.0005712000001949491    segundos de processamento
```

Outra biblioteca para medir tempo de processamento é a timeit. A vantagem dela é que o processamento pode ser repetido quantas vezes for necessário. A função escrita para a biblioteca na forma **timeit.timeit(code, number)**, roda um número (*number*) de vezes o algoritmo escrito em *code*. Dividindo-se o resultado obtido pelo total de repetições, tem-se o tempo de processamento.

Por exemplo, o código a seguir toma um vetor de zero a mil e o adiciona na lista *b*, com os elementos sendo elevados ao quadrado. O programa é rodado pela timeit cem vezes e, como pode ser observado, o código a ser testado deve estar acompanhado de três aspas (" " ") no início e fim.

```
import timeit

code="""
a=range(10000)
b=[]
for i in a:
    b.append(i*2)
"""
tempo=timeit.timeit(code,number=100)/100
print(tempo)
```

O resultado no **Console** é:

```
0.0009111750000010944
```

Pode-se usar a **time.time( )** para medir o tempo de processamento, mas sua precisão não é tão eficiente quanto a timeit. Por exemplo, no código a seguir, o Python roda cem vezes o mesmo algoritmo com **for** para usar a **time.time( )** para medir o tempo de processamento:

```
import time

inicio =time.time()
for j in range(100):
    a=range(10000)
    b=[]
    for i in a:
        b.append(i*2)

fim=time.time()
print('%10.6f segundos de processamento' % (fim-inicio))
```

O resultado desse processamento foi:

```
0.140591 segundos de processamento
```

7.3 FORMATO DE DATAS NOS GRÁFICOS

A grande utilidade da biblioteca time e da biblioteca datetime é a formatação de gráficos em que o eixo horizontal das abscissas são datas, horas ou segundos de aquisição dos dados. Em *daytrade*, por exemplo, com operações de compra e venda em segundos, é importante na visualização dos gráficos apresentar o eixo com os horários.

Para as datas, duas bibliotecas são fundamentais na construção dos *scripts*: datetime e matplotlib.dates. A datetime cria o formato de datas, com dias e horas a partir de um momento escolhido. Já a matplotlib.dates serve para formatar a disposição das datas ou horas no eixo das abscissas.

EXEMPLO 7.1

Neste exemplo faremos a geração de datas a partir de vetor com dados aleatórios. Primeiro se constrói um vetor com números aleatórios formados da função normal da numpy. A variável *hj* capta o momento do computador em termos de horário, por isso se usa **datetime.now( )**. Então, o vetor *x* cria cem datas a partir da primeira hora captada pelo computador.

```
1 import datetime as dt
2 import matplotlib.pyplot as fig
3 import matplotlib.dates as mdt
4 import numpy as np
5
6 n=100
7 y=np.random.normal(0,1,n)
8 hj=dt.datetime.now()
9 x=hj+dt.timedelta(days=n)
10 dias=mdt.drange(hj,x,dt.timedelta(days=1))
```

O novo vetor *dias* na linha 10 é criado com os passos de um em um dia, por isso **timedelta** tem como parâmetro *days* = 1. Se os dias ou horas estão com espaçamentos diferentes, é só alterar esse parâmetro.

Para construir o gráfico, precisamos de funções de formatação gráfica **gca( )** e **gcf( )** para adequar os pontos do eixo das abscissas às datas. Sem a devida formatação, o resultado fica errado, como apresentado na Figura 7.1.

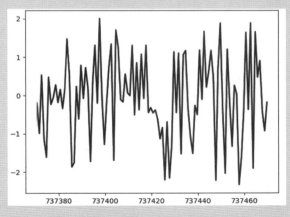

Figura 7.1 – Gráfico sem formatação de datas.

No algoritmo anterior, se é acrescentada uma linha com o comando:

```
fig.gca().xaxis.set_major_formatter(mdt.DateFormatter('%d-%m-%Y'))
```

as datas aparecem no eixo horizontal com espaçamento-padrão, conforme a Figura 7.2.

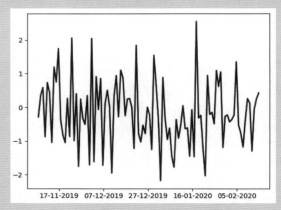

Figura 7.2 – Gráfico com datas e espaçamento automático.

A função **DateFormatter('%d-%m-%Y')** é que faz a formatação das datas no eixo com representação "17-11-2019", por exemplo. Se esse formato é trocado por barras inclinadas do tipo **%d/%m/%Y**, o resultado vai ser "17/11/2019".

Para o aparecimento de um número maior de datas, pode-se colocar mais uma linha na programação:

```
fig.gca().xaxis.set_major_locator(mdt.DayLocator(interval=5))
```

A função **DayLocator(interval = 5)** agora está colocando mais datas no eixo horizontal, resultando no gráfico na Figura 7.3. Obviamente, o resultado não ficou bom, pois as datas estão muito próximas umas das outras.

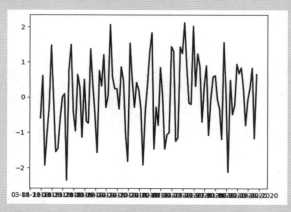

Figura 7.3 – Gráfico com muitas datas.

As bibliotecas time e datetime

Se realmente um número maior de datas for necessário no gráfico, a solução é colocar o comando:

```
fig.gcf().autofmt_xdate()
```

Esse comando formata automaticamente a disposição das datas com inclinação de 45° para os dados ficarem mais visíveis, como apresentado no gráfico da Figura 7.4.

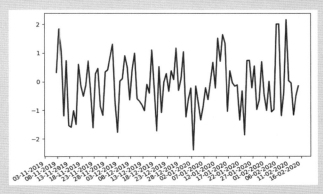

Figura 7.4 – Gráfico com datas com formatação automática.

O algoritmo a seguir apresenta o código completo para gerar números em que o eixo horizontal são datas ajustadas aos dados aleatórios.

```
1  import datetime as dt
2  import matplotlib.pyplot as fig
3  import matplotlib.dates as mdt
4  import numpy as np
5
6  n=100
7  y=np.random.normal(0,1,n)
8  hj=dt.datetime.now()
9  x=hj+dt.timedelta(days=n)
10 dias=mdt.drange(hj,x,dt.timedelta(days=1))
11
12 fig.gca().xaxis.set_major_formatter(mdt.DateFormatter('%d-%m-%Y'))
13 fig.gca().xaxis.set_major_locator(mdt.DayLocator(interval=5))
14 fig.plot(dias,y,'-k',linewidth=2)
15 fig.gcf().autofmt_xdate()
16 fig.show()
```

EXEMPLO 7.2

Vamos imaginar que abrimos um arquivo de texto, em que a primeira coluna é formada por datas que estão em formato de texto, bem como todos os dados das outras colunas. Por exemplo, se o arquivo tem três datas "01/11/2019", "03/11/2019" e "07/11/2019", não podem entrar na composição do eixo horizontal.

```
1  import datetime as dt
2  import matplotlib.pyplot as fig
3  import matplotlib.dates as mdt
4  import numpy as np
5
6  data=['01/11/2019','03/11/2019','07/11/2019']
7  x=[dt.datetime.strptime(i,'%d/%m/%Y').date() for i in data]
8  y=np.random.normal(0,1,len(x))
9
10 fig.gca().xaxis.set_major_formatter(mdt.DateFormatter('%d/%m/%Y'))
11 fig.gca().xaxis.set_major_locator(mdt.DayLocator())
12 fig.plot(x,y,'-k',linewidth=2)
13 fig.gcf().autofmt_xdate()
14 fig.show()
```

Como apresentado no código anterior, a função **strptime** transforma texto em data, usando o formato **%d/%m/%Y**. O comando **for** percorre com a variável *i* o conjunto das datas e seleciona uma a uma, transformando-as em datas com as barras inclinadas, separando dia, mês e ano. O gráfico da Figura 7.5 apresenta o resultado do programa anterior para a formatação das datas.

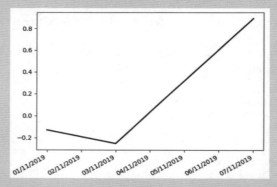

Figura 7.5 – Gráfico de datas ajustadas à entrada em formato texto.

EXEMPLO 7.3

Para negócios em bolsas de valores, em muitas negociações, sobretudo aquelas do tipo *daytrade*, os dados estão sempre dispostos no formato de horas, minutos e segundos. Em alguns casos, com as mais recentes plataformas de negócios em alta frequência, os dados são apresentados em milissegundos.

```
1  import datetime as dt
2  import matplotlib.pyplot as fig
3  import matplotlib.dates as mdt
4
5
6  y=[1,5,6,8,9,10,15]
7  x=[dt.datetime.now()+dt.timedelta(hours=i) for i in range(len(y))]
```

```
 8
 9
10 fig.gca().xaxis.set_major_formatter(mdt.DateFormatter('%H:%M'))
11 fig.gca().xaxis.set_major_locator(mdt.HourLocator(interval=2))
12 fig.plot(x,y,'-k',linewidth=2)
13 fig.gcf().autofmt_xdate()
14 fig.show()
```

Como nos outros exemplos, no código anterior, são ajustados os dados partindo-se da hora atual do computador. Usando o **timedelta(hours=i)** para varrer com *i* o arquivo de dados *y*, o computador cria horas separadas pelo intervalo de duas em duas horas. Isso acontece pois, na linha 11, usou-se o **HourLocator** com **interval = 2**.

O gráfico da Figura 7.6 apresenta o resultado para o programa anterior, com o ajuste do eixo horizontal no formato de horas.

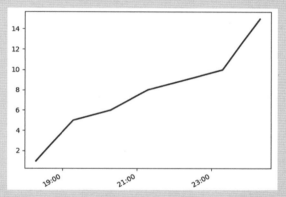

Figura 7.6 – Gráfico com eixo ajustado ao formato de horas.

São muitas as funções da matplotlib.dates, e suas divisões formam o seguinte organograma para se usar em diversas ocasiões, apresentado na Figura 7.7.

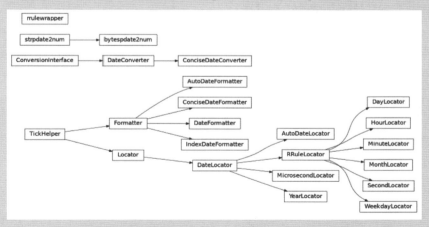

Figura 7.7 – Organograma das funções da biblioteca matplotlib.dates.

EXEMPLO 7.4

Deseja-se importar do Excel uma planilha composta de dados de preços de fechamento da VALE3, ação negociada na Bovespa. A coluna A do Excel é formada pelas datas em que se realizaram os negócios na bolsa de valores. A coluna B são os preços de fechamento ao final dos dias. Como transformar o formato de data para ser importado no Python?

A planilha a seguir é uma pequena amostra dos dados da VALE3 que estão no Excel, em um arquivo chamado VALE3.xlsx e planilha com nome **Vale**.

	A	B
1	02/01/2018	41,72
2	03/01/2018	41,47
3	04/01/2018	41,64
4	05/01/2018	42,29
5	08/01/2018	43,23
6	09/01/2018	43,07
7	10/01/2018	42,47
8	11/01/2018	43,3
9	12/01/2018	43,55
10	15/01/2018	43,47

As linhas de importação dos dados são as mesmas já mencionadas e exemplificadas em outros capítulos. Utiliza-se a biblioteca xlrd para a importação, primeiro abrindo o arquivo na linha 8 e depois selecionando a planilha na linha 9 e, por fim, importando os dados com o comando **for** nas linhas 15 a 17 do código a seguir.

```
1  import datetime as dt
2  from datetime import datetime
3  import matplotlib.pyplot as fig
4  import matplotlib.dates as mdt
5  import numpy as np
6  import xlrd
7
8  wb=xlrd.open_workbook('Vale3.xlsx')
9  plan=wb.sheet_by_name('Vale')
10 lin=plan.nrows
11 col=plan.ncols
12
13 mat=np.zeros((lin,col))
14
15 for i in range(lin):
16     for j in range(col):
17         mat[i,j]=plan.cell(i,j).value
18
```

As datas no Excel estão em calendário juliano. Para ver isso, quando se seleciona algumas células e altera-se sua formatação de **data** para **Geral**, as datas mudam para números que são contados sem interrupções desde o ano 4713 a.C. sempre ao meio-dia. Assim, o dia zero (0.0) é a origem do calendário juliano que começa ao meio-dia de 1º de janeiro de 4713 a.C.

A data é, na realidade, apenas uma máscara do dia juliano que serve de contagem referencial de eventos históricos em nossas vidas. Para efeito de programação e ciência, o correto sempre é a utilização da data juliana. No exemplo em questão, o dia 2 de janeiro de 2018 é o dia 43.102 na data juliana. O dia 3 de janeiro de 2018 é o dia 43.103 e assim por diante.

Na programação em Python, essa data deve ser informada para a biblioteca datetime que, usando a função **strftime( )**, transforma o dia juliano importado do Excel no formato de data no Python.

O dia juliano é um número inteiro, mas quando se importa do Excel no formato de data, aparece no Python como *float*. Usando o método **nome_do_array.astype(int)**, transforma-se o dia juliano em número inteiro a ser usado em **strftime( )**.

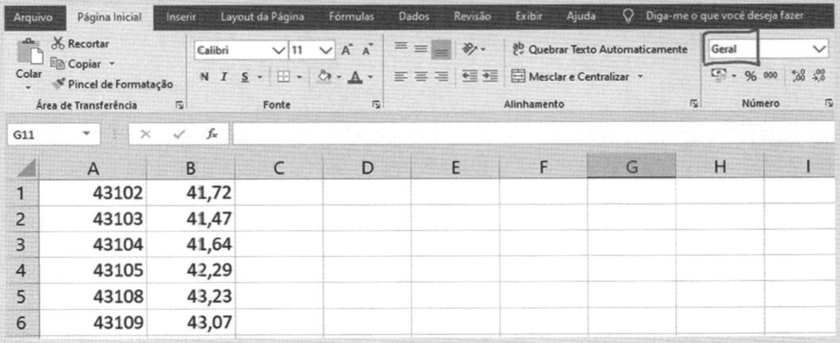

Figura 7.8 – Data com formato juliano no Excel.

Então, nas duas linhas a seguir, primeiro os dados são transformados em inteiros e depois são varridos com **for** todo **array** de dias julianos importados do Excel.

```
19 dataInt=mat[:,0].astype(int)
20 datas = [datetime.fromordinal(datetime(1900, 1, 1).toordinal() + dados_Ex - 2).strftime("%d/%m/%Y")
21          for dados_Ex in dataInt]
```

Os números "1900,1,1" na função **datetime** na linha 20 significam desde quando se considera o dia juliano no exemplo em questão. O **datetime** está selecionando dias julianos para efeito de cálculos desde 1º de janeiro de 1900. A variável *dados_Ex* percorre todos os dias julianos chamados pelo vetor **dataInt** na linha 19. E para cada dia juliano, a função **strftime** transforma o dia em dia/mês/ano usando **%d/%m/%Y**. O resultado final é apresentado na Figura 7.9.

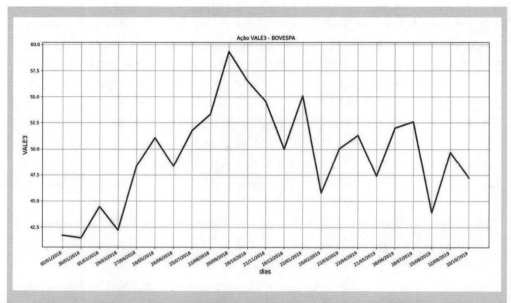

Figura 7.9 – Dados da VALE3 com eixo horizontal no formato de datas.

O código a seguir é o responsável pela importação e geração do gráfico da Figura 7.9 com os dados de fechamento da VALE3.

```
1  import datetime as dt
2  from datetime import datetime
3  import matplotlib.pyplot as fig
4  import matplotlib.dates as mdt
5  import numpy as np
6  import xlrd
7
8  wb=xlrd.open_workbook('Vale3.xlsx')
9  plan=wb.sheet_by_name('Vale')
10 lin=plan.nrows
11 col=plan.ncols
12
13 mat=np.zeros((lin,col))
14
15 for i in range(lin):
16     for j in range(col):
17         mat[i,j]=plan.cell(i,j).value
18
19 dataInt=mat[:,0].astype(int)
20 datas = [datetime.fromordinal(datetime(1900, 1, 1).toordinal() + dados_Ex - 2).strftime("%d/%m/%Y")
21             for dados_Ex in dataInt]
22 print(datas)
23
24
25
26 ax1=fig.subplot(111)
27
28
29 ax1.plot(datas[0:lin:20],mat[0:lin:20,1],'-k',linewidth=3)
30
31 fig.gcf().autofmt_xdate()
32 ax1.set_xlabel('dias',fontsize=14)
33 ax1.set_ylabel('VALE3',fontsize=14)
34 ax1.set_title('Ação VALE3 - BOVESPA')
35 fig.grid()
```

As bibliotecas time e datetime

EXEMPLO 7.5

Deseja-se importar do Excel uma planilha composta de dados de preços de fechamento das ações do Banco do Brasil. Os dados estão dispostos no Excel, mas no formato de horas. São dados de negociações intradiárias, tomadas minuto a minuto na Bovespa.

	A	B
1	10:14:00	21,62
2	10:15:00	21,6
3	10:16:00	21,58
4	10:17:00	21,58
5	10:18:00	21,6
6	10:19:00	21,63
7	10:20:00	21,6
8	10:21:00	21,62
9	10:22:00	21,65
10	10:23:00	21,63
11	10:24:00	21,62

O formato na coluna A do Excel é **H: M: S** e precisa ser identificado no Python para a devida importação. Ao contrário do formato em data juliana, quando se importam datas, o formato em horas, minutos e segundos está no Excel em decimal. Como pode ser visto na planilha a seguir, quando se escolhe formatação **Geral** dos números no Excel, "10:14:00" se transforma em "0,42639", porque as horas estão divididas por 24 horas. Por exemplo, 10 horas divididas por 24 é 0,4166. A solução então é tomar cada dado importado do Excel, multiplicar por 24 e por 3.600 segundos, pois ao final temos o tempo naquele dia medido em segundos.

	A	B
1	0,42639	21,62
2	0,42708	21,6
3	0,42778	21,58
4	0,42847	21,58
5	0,42917	21,6
6	0,42986	21,63
7	0,43056	21,6
8	0,43125	21,62
9	0,43194	21,65
10	0,43264	21,63

No Python, os dados da coluna A, multiplicados por 24 e por 3.600, devem ainda ser tomados em formato inteiro para ser usado na função **time( )**. Na linha a seguir, **mat[:,0]**, todos os dados da coluna A são importados do Excel para o **array** do Python.

```
dataInt=(mat[:,0]*24*3600).astype(int)
```

Com esses dados já transformados em novo vetor chamado **dataInt**, toma-se a função time em que / / significa o resultado inteiro da divisão entre os números. Para cada dado já transformado em segundo no intradiário dividido por 3.600, temos as horas. A segunda parcela é o resto da divisão de 3.600 por 60, para obter os minutos. E, por fim, o resto da divisão dos dados por 60 apresenta os segundos de cada hora.

Utiliza-se então o formato com letras maiúsculas **H: M: S** com a função **strftime**, como apresentada a seguir.

```
20 datas = [time(dados_Ex//3600,dados_Ex%3600//60,dados_Ex%60).strftime("%H:%M:%S")
21               for dados_Ex in dataInt]
```

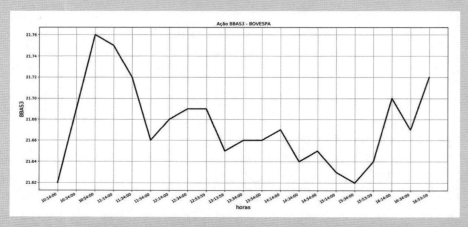

Figura 7.10 – Informações da BBAS3 para dados intradiários com formato de horas.

O código a seguir descreve o programa completo para a importação e formatação dos dados intradiários da BBAS3.

```
1  import datetime as dt
2  from datetime import time
3  import matplotlib.pyplot as fig
4  import numpy as np
5  import xlrd
6
7  wb=xlrd.open_workbook('BBrasil_intra.xlsx')
8  plan=wb.sheet_by_name('BBAS3')
9  lin=plan.nrows
10 col=plan.ncols
11
12 mat=np.zeros((lin,col))
13
14 for i in range(lin):
15     for j in range(col):
16         mat[i,j]=plan.cell(i,j).value
17
18 dataInt=(mat[:,0]*24*3600).astype(int)
19
```

As bibliotecas time e datetime

```
20 datas = [time(dados_Ex//3600,dados_Ex%3600//60,dados_Ex%60).strftime("%H:%M:%S")
21               for dados_Ex in dataInt]
22 print(datas)
23 ax1=fig.subplot(111)
24 ax1.plot(datas[0:lin:20],mat[0:lin:20,1],'-k',linewidth=3)
25
26 fig.gcf().autofmt_xdate()
27 ax1.set_xlabel('horas',fontsize=14)
28 ax1.set_ylabel('BBAS3',fontsize=14)
29 ax1.set_title('Ação BBAS3 - BOVESPA')
30 fig.grid()
```

EXEMPLO 7.6

Deseja-se importar de arquivo de texto dados separados por espaço em branco, com mais de uma coluna, em que a primeira coluna é data.

Por exemplo, vamos supor que temos um arquivo de texto com nome datas.txt, cujos dados estão dispostos da seguinte maneira:

```
01/02/2019    23.5
02/02/2019    25.8
02/04/2019    33.78
04/04/2019    28.75
07/05/2019    25.1
```

Como se pode perceber, os dados, apesar de serem texto, estão com formatos diferentes e precisam ser separados. O primeiro passo é importar datas.txt com o comando **open**. Em seguida, são abertas duas listas: em uma, são salvas as datas; na outra, são salvos os preços na segunda coluna.

```
1 import datetime as dt
2 import matplotlib.pyplot as fig
3
4 f=open("datas.txt","r")
5 datas=[]
6 prec=[]
```

Uma vez aberto o arquivo, trabalha-se para separar os dados. O leitor deve lembrar das operações com as listas, vistas anteriormente. Nos dados importados desse arquivo, a linha inteira faz parte do primeiro elemento da lista e, portanto, precisamos reconhecer a divisão do espaço em branco para quebrar a linha no ponto desejado.

Usando o comando **for**, quebra-se a divisão de linhas \n, que sempre está presente em arquivos de texto. No arquivo em questão, da primeira coluna até a coluna 9, o formato era data. Por isso, na linha 9 do código a seguir, a variável *x* tem no primeiro colchete [0], indicando a linha da lista, e no segundo colchete [0:10], indicando os elementos que vão ser fatiados, incluindo espaços e barras.

```
7  for linha in f:
8      lista=linha.split("\n")
9      x=lista[0][0:10]
10     y=lista[0][12:len(lista[0])]
11     datas.append(x)
12     prec.append(y)
```

Após o fatiamento de *x*, inicia-se o fatiamento na segunda coluna para colocar os dados via **append** dentro da lista de preços. Os dados da segunda coluna são importados como texto e, ao colocar no gráfico, temos um resultado errado. Por isso, é necessário transformar texto em *float*, para que o Python entenda que, para cada data, um valor numérico deve ser plotado no eixo vertical. Por fim, formata-se os dados das datas para impressão no gráfico, como visto a seguir.

```
16 eixoY=[float(j) for j in prec]
17 fig.plot(datas,eixoY,'-k',linewidth=3)
18 fig.gcf().autofmt_xdate()
19 fig.grid()
```

O resultado é apresentado na Figura 7.11, com as datas sendo apresentadas no eixo horizontal e a segunda coluna no eixo vertical. O algoritmo completo para a importação total do arquivo de texto é apresentado a seguir.

```
1  import datetime as dt
2  import matplotlib.pyplot as fig
3
4  f=open("datas.txt","r")
5  datas=[]
6  prec=[]
7  for linha in f:
8      lista=linha.split("\n")
9      x=lista[0][0:10]
10     y=lista[0][12:len(lista[0])]
11     datas.append(x)
12     prec.append(y)
13
14 print(datas)
15 print(prec)
16 eixoY=[float(j) for j in prec]
17 fig.plot(datas,eixoY,'-k',linewidth=3)
18 fig.gcf().autofmt_xdate()
19 fig.grid()
```

As bibliotecas time e datetime

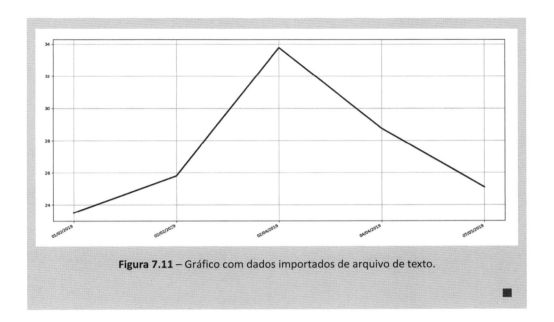

Figura 7.11 – Gráfico com dados importados de arquivo de texto.

Aplicação da biblioteca time para a colocação de datas em gráficos

7.4 EXERCÍCIOS

1. Observar os dados no arquivo de texto com três colunas:

```
07/09/2019   30.4    10.7
08/09/2019   31.5    10.8
09/09/2019   33.78   10.9
10/09/2019   28.75   14.5
11/09/2019   25.1    19.1
```

Fazer um programa em Python para ler esse arquivo separando corretamente todas as colunas e formatando corretamente datas e valores numéricos. Ao final, imprimir os resultados em um gráfico com linhas de grade e datas formatadas no eixo horizontal.

2. Dados estão dispostos em uma planilha em Excel em linhas, como visto a seguir:

	A	B	C	D	E	F	G	H	I	J
1	07/11/2019	08/11/2019	09/11/2019	10/11/2019	11/11/2019	12/11/2019	13/11/2019	14/11/2019	15/11/2019	16/11/2019
2	23,8	25,7	30,7	21	19,5	14,3	15,7	12,9	11,6	9,2
3										

Fazer um programa em Python para ler esses dados da planilha do Excel, transformar as datas no formato **date** e fazer o gráfico com eixo horizontal em datas e o eixo vertical com os valores da linha 2.

CAPÍTULO 8
A BIBLIOTECA PANDAS

8.1 COMANDOS INTRODUTÓRIOS NA BIBLIOTECA PANDAS

A biblioteca pandas é responsável por manipulação e tratamento de dados, sendo um importante complemento das outras bibliotecas do Python. Pandas tem um rápido e eficiente objeto chamado **DataFrame** para manipulação e integração indexada de informações. Existem ainda nessa biblioteca ferramentas para lidar com arquivos em Excel, para ler e escrever na memória com dados estruturados e diferentes formatos.

Outro fato interessante na pandas é a possibilidade de se trabalhar com estrutura de dados com alta dimensão, providenciando uma maneira intuitiva com indexação dos eixos de forma hierárquica.

A funcionalidade de **Time series** é um complemento fundamental para a biblioteca statistics, com geração de dados, média móvel com diferentes estatísticas para diferentes janelas de análise, regressão linear. A pandas é muito rápida e eficiente, sobretudo para dados que estão em *sites* de internet. Vamos observar o seguinte código:

```
import pandas as pd

preco = pd.Series([2.1, 7.3, 5.4, 10.9, 6])
print(preco)
```

O resultado no **Console** é:

```
0     2.1
1     7.3
2     5.4
3    10.9
4     6.0
dtype: float64
```

Uma vez conhecida a sequência de dados, a função **Series** tabelou a sequência e colocou os índex conforme foram sendo alimentados na memória, mostrando ao final da impressão o tipo de dados. Como temos números com casas decimais (números reais), os dados são do tipo *float*. Para saber qual índice está associado com algum número, podemos ir ao **Console**, por exemplo, e digitar "preco.index", como visto a seguir.

```
In [6]: preco.index
Out[6]: RangeIndex(start=0, stop=5, step=1)
```

Mas a pandas começa a se diferenciar das outras bibliotecas a partir desse ponto. Por exemplo, vamos supor que cada preço precisa ser associado para algum produto diferente ou para algum ativo no mercado financeiro. A pandas nos permite trocar os índices numéricos por *strings*. Vamos supor que desejamos que os índices sejam "Lápis", "Caneta", "Borracha", "Grampeador" e "Apontador". Então, em vez de 0, 1, 2… para os índices, temos exatamente esses nomes. Para isso, o código a seguir mostra como pode ocorrer.

```
1 import pandas as pd
2
3 preco = pd.Series([2.1, 7.3, 5.4, 10.9, 6],
4           index = ['Lápis','Caneta','Borracha','Grampeador','Apontador'])
5 print(preco)
```

O leitor deve perceber que existe uma vírgula na linha 3. É que o parâmetro da função **pd.Series( )** que segue após os dados é o índex, que associa cada valor numérico às palavras da lista oferecida. O leitor deve observar que o parêntese é fechado na linha 4. O resultado dessa modificação é:

```
Lápis          2.1
Caneta         7.3
Borracha       5.4
Grampeador    10.9
Apontador      6.0
dtype: float64
```

em que, para saber os preços dos produtos, não precisamos buscar pelo índice numérico, mas pelo nome do produto. Por exemplo:

```
In [11]: preco['Lápis']
Out[11]: 2.1

In [12]: preco['Grampeador']
Out[12]: 10.9
```

Como em listas, vetores e matrizes, pode-se buscar pelas estatísticas básicas, como média e desvio-padrão.

```
In [14]: preco.mean()
Out[14]: 6.340000000000001

In [15]: preco.std()
Out[15]: 3.189514069572354
```

A biblioteca pandas

Porém, pode-se obter automaticamente todas as estatísticas básicas com o comando **describe( )**.

```
In [16]: preco.describe()
Out[16]:
count     5.000000
mean      6.340000
std       3.189514
min       2.100000
25%       5.400000
50%       6.000000
75%       7.300000
max      10.900000
dtype: float64
```

A estrutura da pandas é ainda bastante flexível para admitir o uso das função matemáticas da numpy, como visto a seguir. Pode-se elevar todos os preços dos produtos ao quadrado, calcular o logaritmo natural dos preços, enfim, as operações matemáticas são admitidas pelas tabelas na pandas.

```
1 import pandas as pd
2 import numpy as np
3
4 preco = pd.Series([2.1, 7.3, 5.4, 10.9, 6],
5            index = ['Lápis','Caneta','Borracha','Grampeador','Apontador'])
6
7 quadrado = preco**2
8 print(quadrado)
9
10 precoLog = np.log(preco)
11 print('+++++++++++++++++++++++++++++++++')
12 print(precoLog)
```

No **Console**, o resultado é:

```
Lápis          4.41
Caneta        53.29
Borracha      29.16
Grampeador   118.81
Apontador     36.00
dtype: float64
+++++++++++++++++++++++++++++++++
Lápis         0.741937
Caneta        1.987874
Borracha      1.686399
Grampeador    2.388763
Apontador     1.791759
dtype: float64
```

Utilização da função **Series** *na biblioteca pandas*

8.2 ESTRUTURA DO DATAFRAME

DataFrame é uma estrutura parecida com uma planilha ou com uma tabela dinâmica, mas que tem associada diversas funções para múltiplas aplicações no Python. Vamos supor que desejamos criar uma tabela com os preços dos produtos, a quantidade vendida e o custo. Podemos usar **DataFrame** da pandas para criar essa tabela.

```
import pandas as pd

preco = pd.DataFrame( {'Produto': ['Lápis','Caneta','Borracha','Grampeador','Apontador'],
                       'Preço'  :[2.1, 7.3, 5.4, 10.9, 6],
                       'Qtde'   :[10, 15, 3, 2, 20],
                       'Custo'  :[0.5, 1.3, 0.7, 2, 2] } )

print('+++++++++++++++++++++++++++++++++++')
print(preco)
```

O resultado no **Console** é a seguinte tabela:

```
+++++++++++++++++++++++++++++++++++
      Produto  Preço  Qtde  Custo
0       Lápis    2.1    10    0.5
1      Caneta    7.3    15    1.3
2    Borracha    5.4     3    0.7
3  Grampeador   10.9     2    2.0
4   Apontador    6.0    20    2.0
```

Como na função **Series**, no **DataFrame** pode-se acessar funções agregadas para cálculos ou manipulações de dados. Vamos supor que temos muitas colunas em uma tabela e não lembramos a disposição das variáveis ou seus nomes. Para a função **columns**, o **DataFrame** retorna o nome das colunas. Para ver os valores de determinada coluna, basta usar, por exemplo, para a tabela de preços criada anteriormente, **preco[ ]**; nos colchetes, coloca-se entre aspas ou apóstrofos o nome da coluna desejada.

```
In [23]: preco.columns
Out[23]: Index(['Produto', 'Preço', 'Qtde', 'Custo'], dtype='object')

In [24]: preco['Produto']
Out[24]:
0         Lápis
1        Caneta
2      Borracha
3    Grampeador
4     Apontador
Name: Produto, dtype: object
```

Para mostrar a tabela em ordem alfabética ou ordenar por valores de determinada coluna, utiliza-se **<nome>.sort_values(by= 'xxxxx')**. Por exemplo, para ordenar em ordem alfabética de produtos:

A biblioteca pandas

```
In [25]: preco.sort_values(by='Produto')
Out[25]:
       Produto  Preço  Qtde  Custo
4    Apontador    6.0    20    2.0
2     Borracha    5.4     3    0.7
1       Caneta    7.3    15    1.3
3   Grampeador   10.9     2    2.0
0        Lápis    2.1    10    0.5
```

ou em ordem crescente de custos:

```
In [26]: preco.sort_values(by='Custo')
Out[26]:
       Produto  Preço  Qtde  Custo
0        Lápis    2.1    10    0.5
2     Borracha    5.4     3    0.7
1       Caneta    7.3    15    1.3
3   Grampeador   10.9     2    2.0
4    Apontador    6.0    20    2.0
```

Mas o **DataFrame** não ordena apenas em ordem crescente ou alfabética. É possível ordenar em ordem decrescente. Por exemplo, se para os custos deseja-se uma ordenação do maior para o menor valor, basta indicar **ascending=False**, como visto a seguir.

```
In [27]: preco.sort_values(by='Custo', ascending=False)
Out[27]:
       Produto  Preço  Qtde  Custo
3   Grampeador   10.9     2    2.0
4    Apontador    6.0    20    2.0
1       Caneta    7.3    15    1.3
2     Borracha    5.4     3    0.7
0        Lápis    2.1    10    0.5
```

8.3 LÓGICA CONDICIONAL NO DATAFRAME

Outro diferencial no **DataFrame** é sua condição de busca ou seleção com base em algum critério lógico. É permitida a união ou intersecção de eventos ou índices com o uso de >, >=, <, <=, &, entre outros da lógica condicional.

Voltando à tabela de preços anterior, podemos desejar ver apenas as linhas ou produtos cujos custos são superiores a 1.2. Nesse caso, colocamos esse condicional dentro do nome da tabela original, para que o Python percorra os índices separando os valores. No **Console** o comando fica desta forma:

```
In [28]: preco[preco['Custo']>1.2]
Out[28]:
       Produto  Preço  Qtde  Custo
1       Caneta    7.3    15    1.3
3   Grampeador   10.9     2    2.0
4    Apontador    6.0    20    2.0
```

O fato é que **preco[preco['Custo']>1.2]** indica que, na parte interna dos colchetes, primeiro são selecionadas as linhas e, depois, o colchete externo busca os índices relacionados.

Para uma intersecção de informações, o **DataFrame** aceita **&** como **E** condicional, sendo necessário separar por parênteses o que se deseja dentro da estrutura dos colchetes, da seguinte forma:

<nome> [(critério 1) & (critério 2) & (critério 3) & ...]

Vamos supor que desejamos custos acima de 1.2, mas somente para quantidades vendidas acima de dez produtos. A forma de programar esse comando é:

```
In [29]: preco[(preco['Custo']>1.2) & (preco['Qtde']>10) ]
Out[29]:
     Produto  Preço  Qtde  Custo
1     Caneta    7.3    15    1.3
4  Apontador    6.0    20    2.0
```

Como pode ser visto no resultado, os produtos "Caneta" e "Apontador" foram apresentados, pois seus custos estavam acima de 1.2 e suas vendas ficaram acima de dez, com quinze canetas vendidas e vinte apontadores vendidos.

8.4 TIPOS DE VISUALIZAÇÃO DE TABELAS NO DATAFRAME

No exemplo anterior, para ver a tabela formada pelo **DataFrame**, basta colocar no **Console** o nome da tabela. Outra forma é colocar o nome da tabela no **PRINT( )**. Porém, muitas vezes estamos com tabelas sendo importadas com tamanhos enormes. Alguns formatos nos permitem visualizar os primeiros dados ou os últimos dados.

Para ver as primeiras linhas, a função agregada é **head( )**. Para as últimas linhas, a função agregada é **tail( )**. Se os parênteses estiverem vazios, o Python mostra um número-padrão de linhas.

```
In [30]: preco.head()              In [31]: preco.tail()
Out[30]:                           Out[31]:
      Produto  Preço  Qtde  Custo        Produto  Preço  Qtde  Custo
0       Lápis    2.1    10    0.5   0      Lápis    2.1    10    0.5
1      Caneta    7.3    15    1.3   1     Caneta    7.3    15    1.3
2    Borracha    5.4     3    0.7   2   Borracha    5.4     3    0.7
3  Grampeador   10.9     2    2.0   3 Grampeador   10.9     2    2.0
4   Apontador    6.0    20    2.0   4  Apontador    6.0    20    2.0
```

Para ver apenas linhas específicas tanto no início como no fim da tabela, basta indicar com *n* a quantidade desejada.

```
                                   In [34]: preco.tail(n=3)
In [33]: preco.head(n=2)           Out[34]:
Out[33]:                                  Produto  Preço  Qtde  Custo
     Produto  Preço  Qtde  Custo   2    Borracha    5.4     3    0.7
0      Lápis    2.1    10    0.5   3  Grampeador   10.9     2    2.0
1     Caneta    7.3    15    1.3   4   Apontador    6.0    20    2.0
```

8.5 IMPORTAÇÕES E EXPORTAÇÕES DE DADOS VIA DATAFRAME

As importações de dados de outras plataformas para o Python utilizando a pandas são feitas de modo muito fácil. Temos, por exemplo, os três casos mais frequentes:

- **pd.read_csv**, para ler arquivos *.csv.
- **pd.read_excel**, para ler arquivos em Excel *.xlsx.
- **pd.read_hml**, para ler tabelas de *websites*.

Para a exportação, os comandos são:

- **pd.to_csv**, para ler arquivos *.csv.
- **pd.to_excel**, para ler arquivos em Excel *.xlsx.
- **pd.to_hml**, para ler tabelas de *websites*.

EXEMPLO 8.1

Importar dados do Excel de um simples *book* de compras e vendas de clientes na Bovespa. Os cadastros estão na **Planilha1** do Excel, como apresentado a seguir. Deseja-se que esses dados sejam salvos para um **DataFrame** na pandas. O nome do arquivo da planilha a seguir é Book_Ex.xlsx.

Cliente	Compras	Vendas	Ativo	Preço_Atual
212	10	5	PETR4	27,3
175	50	1	USIM5	7,98
327	100	90	PETR4	27,3
196	58	58	GGBR4	14,8
212	20	0	USIM5	7,98
212	30	15	GGBR4	14,8
175	30	3	PETR4	27,9
212	50	40	USIM5	7,65
175	100	3	GGBR4	15,6
327	150	98	PETR4	26,8
327	290	180	BBAS3	30,2
327	500	200	PETR4	29,5
212	30	30	USIM5	8,5
175	100	80	ITUB4	36,27
327	90	30	USIM5	8,3
196	100	80	PETR4	30,4

Como pode ser visto, a importação dos dados no Excel utilizando a biblioteca pandas é muito mais simples do que o uso de **array** ou lista, vistos anteriormente. No comando de leitura entre os parênteses, o primeiro termo é o nome do arquivo e o segundo, utilizando o parâmetro **sheet_name**, é o nome da planilha, que neste exemplo é **Planilha1**.

```
1 import pandas as pd
2
3 dados=pd.read_excel('Book_Ex.xlsx',sheet_name='Planilha1')
4 df=pd.DataFrame(dados)
5
6 print(df)
```

O **DataFrame** é criado pela tabela importada na linha 4, com o nome simplificado da biblioteca pandas para *pd* e a tabela dados colocada na variável *df*. O resultado da impressão no **Console** é apresentado a seguir, como se está armazenado na memória do **DataFrame**. A primeira linha não existe no Excel, mas é criada pela biblioteca pandas para indicar os índices como marcadores das linhas dos dados.

```
    Cliente  Compras  Vendas  Ativo  Preço_Atual
0       212       10       5  PETR4        27.30
1       175       50       1  USIM5         7.98
2       327      100      90  PETR4        27.30
3       196       58      58  GGBR4        14.80
4       212       20       0  USIM5         7.98
5       212       30      15  GGBR4        14.80
6       175       30       3  PETR4        27.90
7       212       50      40  USIM5         7.65
8       175      100       3  GGBR4        15.60
9       327      150      98  PETR4        26.80
10      327      290     180  BBAS3        30.20
11      327      500     200  PETR4        29.50
12      212       30      30  USIM5         8.50
13      175      100      80  ITUB4        36.27
14      327       90      30  USIM5         8.30
15      196      100      80  PETR4        30.40
```

*Utilização do **DataFrame** incluindo importação e exportação de dados para o Excel*

EXEMPLO 8.2

Aproveitando o arquivo anterior, deseja-se separar, em primeiro lugar, todos os ativos sem repetição para verificação de quantos ativos diferentes fazem parte dessa tabela de compra e venda. Após separar esses ativos, deseja-se uma averiguação da frequência com que cada ativo aparece nas atividades relacionadas na tabela. Por fim, deseja-se um novo agrupamento da tabela, em que o principal elemento é o ativo e os demais são apresentados pelos valores médios da negociação, e esses resultados devem ser exportados para o Excel.

A separação do campo dos ativos para se verificar os nomes sem repetição é feita pela função **unique( )**,

```
x=df['Ativo'].unique()
```

cujo resultado no **Console** é:

```
['PETR4' 'USIM5' 'GGBR4' 'BBAS3' 'ITUB4']
```

A frequência do aparecimento dos ativos na tabela de negociação pode ser conseguida pela função **value_counts( )** para valores absolutos e **value_counts(normalize=True)** para valores percentuais.

```
y=df['Ativo'].value_counts()
```

O que resulta em:

```
PETR4    6
USIM5    5
GGBR4    3
BBAS3    1
ITUB4    1
Name: Ativo, dtype: int64
```

E para percentuais:
```
z=df['Ativo'].value_counts(normalize=True)
```

Que tem como resultado:

```
PETR4    0.3750
USIM5    0.3125
GGBR4    0.1875
BBAS3    0.0625
ITUB4    0.0625
Name: Ativo, dtype: float64
```

O agrupamento é muito fácil e interessante na pandas. Basta, para isso, começar sempre informando quem é o ramo principal do agrupamento e, depois, para qual tipo se deseja, por exemplo, média, máximo, mínimo etc. A função para isso é **groupby( )**, ficando entre parênteses o nome da coluna desejada para serem agrupados os dados.

```
w=df.groupby('Ativo').mean()
```

```
          Cliente      Compras       Vendas   Preço_Atual
Ativo
BBAS3   327.000000   290.000000   180.000000    30.200000
GGBR4   194.333333    62.666667    25.333333    15.066667
ITUB4   175.000000   100.000000    80.000000    36.270000
PETR4   260.666667   148.333333    79.333333    28.200000
USIM5   227.600000    48.000000    20.200000     8.082000
```

Como o leitor pode perceber, existe um erro nessa solução. A coluna Cliente é o número de codificação do cliente, um número dado pela corretora ou pela bolsa de valores. É errado apresentar a média desse número, pois ele é como se fosse o nome do cliente ou uma identificação. Podemos então excluir essa coluna da solução usando função **drop( )**, em que colocamos entre os parênteses o nome da coluna a ser excluída.

```
w=w.drop(['Cliente'],axis=1)
```

O resultado final correto então é:

```
       Compras  Vendas  Preço_Atual
Ativo
BBAS3      290     180        30.20
GGBR4      100      58        15.60
ITUB4      100      80        36.27
PETR4      500     200        30.40
USIM5       90      40         8.50
```

A exportação para o Excel se dá pelo comando:

```
w.to_excel('Grupos.xlsx')
```

Quando a tabela w é aberta no Excel, tem-se a seguinte visualização:

	A	B	C	D	E
1	Ativo	Compras	Vendas	Preço_Atual	
2	BBAS3	290	180	30,2	
3	GGBR4	100	58	15,6	
4	ITUB4	100	80	36,27	
5	PETR4	500	200	30,4	
6	USIM5	90	40	8,5	
7					

O código completo para esse exemplo é:

```
1 import pandas as pd
2
3 dados=pd.read_excel('Book_Ex.xlsx',sheet_name='Planilha1')
4 df=pd.DataFrame(dados)
5
6 print(df)
7 print('-------------------------------')
8 x=df['Ativo'].unique()
```

A biblioteca pandas

```
 9 print(x)
10 print('----------------------------------')
11 y=df['Ativo'].value_counts()
12 print(y)
13 print('----------------------------------')
14 z=df['Ativo'].value_counts(normalize=True)
15 print(z)
16 print('----------------------------------')
17 w=df.groupby('Ativo').max()
18 w=w.drop(['Cliente'],axis=1)
19 print(w)
20
21 w.to_excel('Grupos.xlsx')
```

Agrupamento com **groupby** *e método* **loc** *com dados no* **DataFrame**, *incluindo a programação do algoritmo do Exemplo 8.2*

8.6 GRÁFICOS NA BIBLIOTECA PANDAS

A biblioteca pandas oferece boas opções de gráficos e medidas que advêm da manipulação de dados. Ela facilita esse tipo de procedimento para evitar que se chame outras bibliotecas ou se tenha de reformatar a saída dos dados.

Aproveitando os dados do Exemplo 8.1, o histograma com cinco classes e cor preta para as barras para a coluna Compras é obtido pelo comando:

`df['Compras'].plot.hist(bins=5,color='k')`

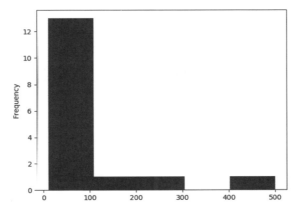

Figura 8.1 – Histograma na biblioteca pandas.

Para um gráfico de barras, basta colocar ao final de um **DataFrame** os comandos de plotagem *****.plot.bar( )**. Por exemplo, para ver a frequência dos ativos da tabela do Exemplo 8.1, o comando é **value_counts( )**, então, aproveitando esse resultado, pode-se ver a representação em barras como:

```
x=df['Ativo'].value_counts()
x.plot.bar(color='k')
```

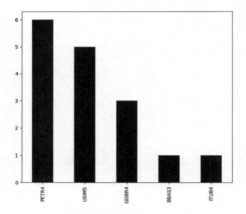

Figura 8.2 – Barras na biblioteca pandas.

Para a barra horizontal, basta colocar a letra *h* ao final de **bar( )**.

```
x=df['Ativo'].value_counts()
x.plot.barh(color='k')
```

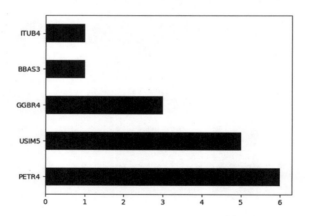

Figura 8.3 – Barras horizontais na biblioteca pandas.

Os gráficos de espalhamento ou *scatter* podem ser construídos diretamente do **DataFrame**, com o comando:

```
df.plot.scatter(x='Compras',y='Vendas',c='black')
```

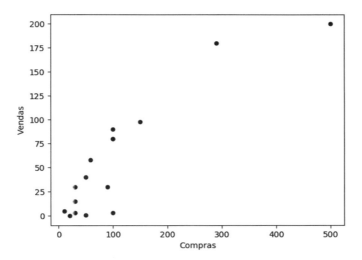

Figura 8.4 – *Scatter* na biblioteca pandas.

O leitor pode observar que, nesse caso, as cores dos pontos precisam da letra *c* e da cor em inglês. A cor utilizada aqui para os pontos foi preta, mas é possível criar uma lista de cores diferentes para cada ponto.

Para o gráfico de setores, é necessário novamente o uso do **value_counts( )** da seguinte forma:

```
df['Ativo'].value_counts().plot.pie()
```

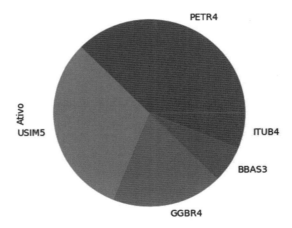

Figura 8.5 – Gráfico de setores na biblioteca pandas.

Para o tradicional gráfico de linhas, mais comumente se usa o comando **line**:

```
df['Preço_Atual'].plot.line(color='k')
```

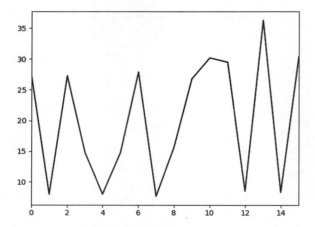

Figura 8.6 – Gráfico de linhas na biblioteca pandas.

Complemento às informações sobre a construção de gráficos com a utilização do **DataFrame**

8.7 CONSTRUINDO TABELAS AUTOMÁTICAS NO DATAFRAME

O **DataFrame** permite a construção de tabelas automáticas baseadas em algumas regras. Da mesma forma, permite a inicialização de tabelas para operações posteriores ou para auxiliar em manipulações complexas. Por exemplo, o código a seguir constrói uma tabela no **DataFrame** com três linhas repetidas.

```
1 import pandas as pd
2 df=pd.DataFrame([[2,6]]*3,columns=['x','y'])
3 print(df)
```

```
   x  y
0  2  6
1  2  6
2  2  6
```

Na linha 2, a biblioteca pandas define um **DataFrame** com a lista de dados [2,6]. O asterisco ao lado da lista não representa, nesse caso, o produto de três pelos números. Para o **DataFrame**, o número 3 indica a repetição da lista três vezes. O parâmetro **columns** serve para nomear, para dar título às colunas que estão sendo criadas automaticamente pela pandas. O resultado no **Console** aparece ao lado do programa, com as colunas x e y criadas e repetidas com os números desejados.

Qualquer tipo de operação é possível na criação automática de tabelas com o **DataFrame**. O código a seguir, por exemplo, demonstra que podemos criar duas colunas x e y com números aleatórios que são gerados pela biblioteca numpy.

```
1 import pandas as pd
2 import numpy as np
3 df=pd.DataFrame([[np.random.rand(),np.random.rand()]]*3,columns=['x','y'])
4 print(df)
```

O resultado no **Console** é uma tabela com três linhas e duas colunas que são formadas com números diferentes a cada vez que o programa roda.

```
        x         y
0  0.646823  0.252044
1  0.646823  0.252044
2  0.646823  0.252044
```

8.8 MÉTODO APPLY

Quem trabalha ou já trabalhou com tabela dinâmica no Excel sabe que colunas podem ser manipuladas e alteradas mediante algum tipo de função, podendo ter algumas já pré-programadas para a linguagem e outras criadas pelo próprio usuário. Essa técnica é também possível no **DataFrame**.

Por exemplo, vamos supor que temos essa tabela construída automaticamente pelo **DataFrame**:

```
    x  y
0  20  5
1  20  5
2  20  5
```

Mas precisamos, na realidade, que essas colunas sejam alteradas e que seus números sejam transformados pela função raiz quadrada. Nesse caso, utiliza-se da função **apply** para alterar os números existentes conforme o código a seguir.

```
1 import pandas as pd
2 import numpy as np
3
4 df=pd.DataFrame([[20,5]]*3,columns=['x','y'])
5 print(df)
6 res = df.apply(np.sqrt)
7 print(res)
```

O resultado final é que o novo **DataFrame** com nome *res* apresenta no **Console** a seguinte resposta como a raiz quadrada de cada um dos números:

```
          x         y
0  4.472136  2.236068
1  4.472136  2.236068
2  4.472136  2.236068
```

Outro exemplo é se desejamos somar todos os elementos da coluna e criar uma nova tabela com essa soma. O código a seguir demonstra como usar o **apply** com a função **sum** da biblioteca numpy.

```
1 import pandas as pd
2 import numpy as np
3
4 df=pd.DataFrame([[20,5]]*3,columns=['x','y'])
5 print(df)
6 res = df.apply(np.sum)
7 print('++++++++++++++++++++++++++++')
8 print(res)
```

```
    x   y
0  20   5
1  20   5
2  20   5
++++++++++++++++++++++++++++
x    60
y    15
dtype: int64
```

Como se pode ver, o resultado foi uma tabela com apenas uma coluna com a soma total das colunas da tabela original *df*. Mas isso pode ser alterado, tomando-se a definição de que **axis = 0** é função aplicada para a coluna e **axis = 1** é função aplicada para linha. Por exemplo, aplicando-se na linha 6 o parâmetro **axis = 1** o resultado apresentado é diferente.

```
1 import pandas as pd
2 import numpy as np
3
4 df=pd.DataFrame([[20,5]]*3,columns=['x','y'])
5 print(df)
6 res = df.apply(np.sum,axis=1)
7 print('++++++++++++++++++++++++++++')
8 print(res)
```

```
    x   y
0  20   5
1  20   5
2  20   5
++++++++++++++++++++++++++++
0    25
1    25
2    25
dtype: int64
```

No código anterior, como se direcionou o **apply** para linhas, o resultado foi uma nova tabela, mas agora com três linhas. Isso porque a função **sum** foi feita para cada linha inteira da tabela original *df*, e não para as colunas no caso anterior. Por isso, com **axis = 1**, a primeira linha da tabela *res* foi "20 + 5", bem como a segunda e a terceira, resultando em 25 em todas as três linhas da tabela *res*.

Mas, em vez de criar outra tabela com **DataFrame**, muitas vezes se deseja agregar a tabela original em que o resultado da operação é uma coluna nova da mesma tabela. Nesse caso, é simples e basta definir a tabela original com o novo nome da coluna. No exemplo a seguir, criou-se como resultado da operação de soma a coluna c na tabela *df*.

```
1 import pandas as pd
2 import numpy as np
3
4 df=pd.DataFrame([[20,5]]*3,columns=['x','y'])
5 print(df)
6 df['c'] = df.apply(np.sum,axis=1)
7 print('++++++++++++++++++++++++++++')
8 print(df)
```

```
    x   y
0  20   5
1  20   5
2  20   5
++++++++++++++++++++++++++++
    x   y   c
0  20   5  25
1  20   5  25
2  20   5  25
```

A nova coluna c foi criada, pois o resultado do **apply** foi com **axis = 1**, identificando que o final foram três linhas. Se **axis = 0**, isso não seria possível, e seria obrigatório a criação de outra tabela com dimensão menor, como realizado no código com a tabela *res*.

8.9 FUNÇÃO LAMBDA DO DATAFRAME

Até o presente momento, o método **apply** foi usado para realizar operações com as funções predefinidas do Python. A função **lambda** existe para resolver o problema de quando se deseja realizar operações com colunas ou linhas, tratando com alguma operação específica criada pelo usuário.

Por exemplo, vamos considerar a tabela a seguir:

x	y
2	3
-1	3
5	2

E se for desejado criar uma nova coluna z que seja a coluna x adicionada do número 1? A saída para isso é usar o **apply**, mas considerando a função **lambda** e indicando que se quer a operação linha após linha, usando **axis = 1**.

```
1 import pandas as pd
2
3 df=pd.DataFrame([[2,3],[-1,3],[5,2]],columns=['x','y'])
4 print(df)
5
6 print('++++++++++++++++++++++++++++')
7
8 df['z']=df['x'].apply(lambda x:x+1)
9 print(df)
```

Como pode ser notado no código anterior, **df['x']** condicionou a função **lambda** a fazer a operação $x = x + 1$ apenas para a coluna x. Mas como a saída foi **df['z']**, o resultado aparece em uma nova coluna agregada com título z. No **Console**, o resultado do programa anterior é o seguinte.

```
   x  y
0  2  3
1 -1  3
2  5  2
++++++++++++++
   x  y  z
0  2  3  3
1 -1  3  0
2  5  2  6
```

Caso não se queira criar uma nova coluna, mas realizar a operação com a função **lambda**, deve-se modificar toda a tabela, aplicando a todas as colunas. E o programa deve ser modificado como no código a seguir.

```
1 import pandas as pd
2
3 df=pd.DataFrame([[2,3],[-1,3],[5,2]],columns=['x','y'])
4 print(df)
5
6 print('++++++++++++++++++++++++++++')
7
8 df=df.apply(lambda x:x+1)
9 print(df)
```

Na linha 8, o resultado final deve ser aplicado em todo **DataFrame** *df*, o que resulta nas mesmas colunas originais, somadas de 1.

```
   x  y
0  2  3
1 -1  3
2  5  2
++++++++++++++++++++
   x  y
0  3  4
1  0  4
2  6  3
```

EXEMPLO 8.3

Deseja-se normalizar os dados de uma tabela que está em formato **DataFrame**, coluna por coluna, mantendo os resultados na mesma tabela sem a criação de novas colunas. Nesse caso, a função **lambda** é adequada para criar a regra a ser aplicada em todo **DataFrame** pelo método **apply**. Para normalizar os números, precisamos calcular a média e o desvio-padrão de cada coluna. A regra estatística para a normalização é:

$$z = \frac{x - média}{desvio\text{-}padrão}$$

A solução é apresentada no código a seguir. Supondo-se a tabela:

x	y
20	-3
-10	23
15	22

o primeiro código cria o **DataFrame**. A regra para a função **lambda** é criada na linha 6, exatamente a operação de normalização. É interessante notar que a variável *x* na função **lambda** é genérica e "ensina" o **DataFrame**, uma vez dentro da tabela, a tomá-la toda e usar a função média (***.mean( )**) e a função desvio-padrão (***.std( )**) para normalizar todos os dados.

```
1 import pandas as pd
2
3 df=pd.DataFrame([[20,-3],[-10,23],[15,22]],columns=['x','y'])
4 print(df)
5
6 z_normal = lambda x:(x-x.mean())/x.std()
7
8 print('+++++++++++++++++++++++++++++')
9
10 df=df.apply(z_normal)
11 print(df)
```

Na linha 10, a função **lambda** é chamada de forma indireta, por meio da variável criada para ser usada, cujo nome é *z_normal*. O resultado é o que se segue.

```
     x   y
0   20  -3
1  -10  23
2   15  22
++++++++++++++++++++++++++++++
         x          y
0   0.725866  -1.154035
1  -1.140647   0.610960
2   0.414781   0.543075
```

Explicações e informações complementares sobre o uso das funções apply *e* lambda *no* DataFrame

8.10 RETORNO FINANCEIRO NO DATAFRAME

Em finanças, como visto em diversas seções e exemplos anteriores, um cálculo fundamental para a visualização da volatilidade dos ativos, dos possíveis lucros, dos riscos, entre outras buscas por informações, é o retorno financeiro. Uma das fórmulas mais simples é o retorno diário de um investimento, cálculo esse cuja solução é encontrada aplicando-se a seguinte equação:

$$retorno\_diário = \frac{preço(hoje) - preço(ontem)}{preço(ontem)}$$

Na biblioteca pandas, sobretudo para tabelas em formato **DataFrame**, esse cálculo já está disponível. Três funções são possíveis de uso para o cálculo do retorno financeiro, considerando uma tabela em **DataFrame** com nome *df*:

- **df.pct_change(1)**   # para um dia de intervalo
- **df.pct_change(21)**   # para um mês de intervalo
- **df.pct_change(252)**   # para um ano de intervalo

EXEMPLO 8.4

Deseja-se um programa em Python para calcular os retornos diários dos valores na seguinte lista:

Lista = [10.1, 10.2, 10.1, 9.8, 9.7, 9.9, 10.2, 10.5, 10.1, 10.3]

```
1 import pandas as pd
2
3 df=pd.DataFrame([10.1,10.2,10.1,9.8,9.7,9.9,10.2,10.5,10.1,10.3])
4 print(df)
5
6 ret_diario = df.pct_change(1) # para um dia de intervalo
7
8 print('++++++++++++++++++++++++++++')
9 print(ret_diario)
10 ret_diario.plot.line(color='k')
```

No **Console** o resultado é:

```
      0
0   10.1
1   10.2
2   10.1
3    9.8
4    9.7
5    9.9
6   10.2
7   10.5
8   10.1
9   10.3
++++++++++++++++++++++++++++
          0
0       NaN
1  0.009901
2 -0.009804
3 -0.029703
4 -0.010204
5  0.020619
6  0.030303
7  0.029412
8 -0.038095
9  0.019802
```

em que os primeiros dados são a lista de valores e os segundos, os retornos diários com intervalos iguais a 1 na função **pct_change(1)**. O gráfico resultante é:

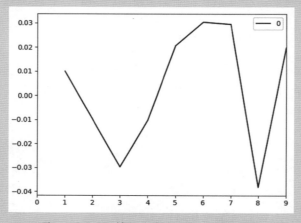

Figura 8.7 – Gráfico de linhas no **DataFrame**.

EXEMPLO 8.5

Deseja-se comparar os dados do Ibovespa para o ano todo de 2008 com a média móvel de trinta dias para obter a média móvel da crise financeira. Vamos supor que os dados estão dispostos em uma planilha apenas com duas colunas, sendo a primeira coluna com a data e a segunda com os dados de fechamentos diários do Ibovespa.

	A	B
1	data	Ibov
2	02/01/2008	62815
3	03/01/2008	62891
4	04/01/2008	61036
5	07/01/2008	60772
6	08/01/2008	62080
7	09/01/2008	62673
8	10/01/2008	63515
9	11/01/2008	61942
10	14/01/2008	62187
11	15/01/2008	59907
12	16/01/2008	58777
13	17/01/2008	57036
14	18/01/2008	57506
15	21/01/2008	53709

Como já foi visto em seções anteriores, a importação dos dados do Excel para o Python com o uso da biblioteca pandas é muito simples, bastando apenas o comando **read_excel( )**. O interessante da pandas e do **DataFrame** é que, se a primeira célula na planilha Excel é o título da coluna, o **DataFrame** reconhece como título e coloca na tabela do Python.

No caso deste exemplo, pode-se perceber que a célula A1 do Excel tem o nome "data" e a célula B1 do Excel tem o nome Ibov. Ao importar para o **DataFrame**, esses vão ser os nomes das colunas.

No caso do **DataFrame**, o cálculo da média móvel pode ser feito pela função **mean( )**, com o interessante fato de que podemos escolher em qual janela a média vai ser calculada para os dados da referida coluna. Colocando a coluna do Ibovespa como nome de referência do **DataFrame** e o *rolling method*, **window = 30** refere-se à janela e trinta dias para a média.

```
df['med_mov']=df['Ibov'].rolling(window=30,min_periods=0).mean()
```

Após essa linha de comando, o **DataFrame** cria mais uma coluna na tabela original, agora com o nome med_mov escolhida pelo usuário. O nome da coluna pode ser qualquer um.

```
1  import pandas as pd
2
3  df=pd.read_excel('Ibv_crise_2008.xlsx',sheet_name='Planilha1')
4  print(df)
5
6  df['med_mov']=df['Ibov'].rolling(window=30,min_periods=0).mean()
7
8  print('+++++++++++++++++++++++++++++')
9  print(df)
10 df.plot.line(x='data',color='k')
```

O resultado do código anterior segue no gráfico da Figura 8.8. A linha mais contínua é a média móvel calculada pelo comando na linha 6 do código anterior. Essa é a média móvel de trinta dias. A linha 10 do código mostra que, se colocamos a informação x = data dentro dos parênteses do **plot.line( )**, o **DataFrame** coloca como eixo horizontal a coluna com as datas já formatadas, dispensando as formatações necessárias caso o gráfico fosse feito com a biblioteca matplotlib.pyplot.

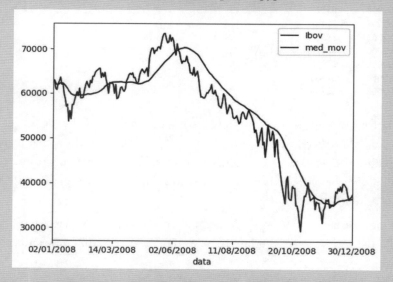

Figura 8.8 – Ibovespa e média móvel no **DataFrame**.

EXEMPLO 8.6

Neste exemplo, aproveitando os dados do Excel discutidos no exemplo anterior, deseja-se usar **subplot** para construir três gráficos, sendo o primeiro para o Ibovespa, o segundo para a média móvel de trinta dias e o terceiro para os retornos diários.

Já foi apresentado e discutido o formato de **subplot** para outras bibliotecas do Python, sendo o mais utilizado o da biblioteca matplotlib.pyplot. Neste exemplo, a construção das medidas para a média móvel e retornos são as mesmas dos exemplos anteriores.

```
1 import pandas as pd
2
3 df=pd.read_excel('Ibv_crise_2008.xlsx',sheet_name='Planilha1')
4 print(df)
5
6 df['med_mov']=df['Ibov'].rolling(window=30,min_periods=0).mean()
7 df['retorno'] = df['Ibov'].pct_change(1) # para um dia de intervalo
8 print('+++++++++++++++++++++++++++++')
9 print(df)
10 df.plot.line(x='data',y=['Ibov','med_mov','retorno'],subplots=True,
11              layout=(3,1),color='k')
```

A diferença neste exemplo é de apresentação. Para que os gráficos apareçam no formato do **subplot** com três gráficos em única coluna, devemos utilizar o parâmetro **subplots** com a palavra **True** para que o Python prepare a tela de saída. O formato de quantos gráficos vão ser necessários vem pelo parâmetro **layout**, definido no formato de parênteses, em que o primeiro termo indica o número de linhas e o segundo, o número de colunas. Assim, na linha 11 do código anterior, **layout = (3,1)** indica que se deseja três gráficos em janelas diferentes para uma única coluna.

O resultado é o que aparece na Figura 8.9.

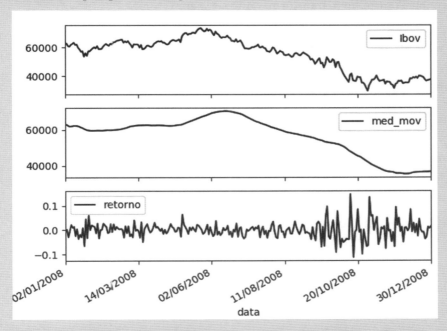

Figura 8.9 – Subplot do **DataFrame** para Ibovespa, média móvel e retornos.

Explicação sobre média móvel, retorno, porcentagens e outras informações complementares sobre dados financeiros adquiridos direto de sites

8.11 EXERCÍCIOS

1. Fazer um programa em Python para que, uma vez conhecidas duas séries por meio da biblioteca pandas, por exemplo,

   Series1 = [2,1,3,6,7]

   Series2 = [1,–3,5,–5,8]

   uma nova série seja gerada com:

   (a) A soma elemento a elemento das duas séries.

   (b) A subtração elemento a elemento das duas séries.

   (c) A multiplicação elemento a elemento das duas séries.

   (d) A divisão elemento a elemento das duas séries.

2. Fazer um programa em Python para converter um *array* numpy em séries na biblioteca pandas. Por exemplo, *array* em numpy: [2 5 –4 8 7 1].

3. Fazer um programa para transformar uma série da biblioteca pandas em *array* da numpy. Por exemplo, transformar esta série em vetor:

       0 100

       1 Alberto

       2 Ibovespa

       3 30.2

       4 2.8

4. Fazer um programa em Python para ordenar uma série do formato pandas. Por exemplo, usando a série:

       0 –1

       1 40

       2 0

       3 –100

5. Escrever um programa em Python para incluir uma série em outra série. Por exemplo, imagine que se tenha a série original:

       0 –1

       1 40

       2 0

       3 –100

Incluir na série anterior a série de palavras ['Comprar', 'Vender', 'Manter'].

6. Observar a seguinte série com ativos do Ibovespa e com seus preços de fechamento:

```
USIM5     8.2
PETR4    30.9
VALE3    48.3
BBAS3    47.8
BBDC4    33.9
ITUB4    36.5
```

   (a) Fazer um programa para mostrar apenas os dois primeiros ativos da série com seus preços.

   (b) No mesmo programa anterior, mostrar apenas os dois últimos ativos.

   (c) Aproveitando o programa, indicar o nome do ativo com maior preço e do ativo com menor preço.

7. Considerar esta série na biblioteca pandas com as moedas de alguns países:

```
++++++++++ MOEDAS +++++++
DOLAR    4.170
PESO     0.070
EURO     4.600
YUAN     0.590
RÚPIA    0.058
IENE     0.038
```

   Fazer um programa em Python que:

   (a) Imprima as moedas com cotação menor que R$ 1.

   (b) Imprima as moedas com cotação maior que R$ 4.

   (c) Imprima as moedas com cotação entre R$ 0.05 e R$ 0.6.

8. Criar um programa para gerar uma série com números aleatórios pela numpy, com oito termos distribuídos pela gaussiana com média zero e desvio-padrão unitário.

9. Fazer um programa para criar a seguinte série na biblioteca pandas:

```
Dow        27.747
S&P500      3.099
Nasdaq      8.501
HSI        27.065
Ibov      107.266
Ftse        7.379
```

   (a) Imprimir a série toda no **Console**.

   (b) Imprimir no **Console** apenas os pontos da Nasdaq, HSI e Ibov.

   (c) Colocar o comando adequado para gerar a impressão no **Console** como se segue:

```
++++++++++++
Dow         27747
Nasdaq       8501
Ibov       107266
dtype: int64
```

(d) Escrever o comando para imprimir no **Console** a série em ordem inversa.

10. Criar um programa que construa o seguinte **DataFrame** na biblioteca pandas com uma amostra de empresas da BMFBOVESPA.

Nome	Valor	Oscilação	% Mudança	Abrt	Máx	Mín
COSAN ON NM	57.53 D	-3.06	-5.05%	60.50	60.50	57.15
CEMIG PN N1	13.01 D	-0.13	-0.99%	13.09	13.09	12.95
ENGIE BRASILO...	44.48 D	-0.59	-1.31%	45.19	45.27	44.39

11. Aproveitar o programa anterior para modificar os nomes dos índices. Em vez dos números indicando as linhas 0, 1, 2, trocá-los pelos nomes EMP01, EMP02 e EMP03.

12. Ainda no programa do **DataFrame** dos Exercícios 10 e 11, mostrar uma consulta no **Console** em que apareçam os dados da empresa Cemig combinados com os dados de oscilação menores que 0.5 e com preço máximo acima de 50.

13. No **DataFrame** do Exercício 10, fazer um programa para excluir a coluna Abrt com comando da biblioteca pandas.

14. As tabelas a seguir demonstram as relações entre os bancos no Brasil e nos Estados Unidos com a economia de cada país, no que se refere à relação crédito/depósito.

Tabela 1 – Bancos e economia (Brasil)

Ano	Relação crédito/depósito	Inflação anual
1999	0.74	8.94%
2000	0.71	5.97%
2001	0.64	7.67%
2002	0.69	12.53%
2003	0.60	9.30%
2004	0.59	7.60%
2005	0.59	5.69%
2006	0.62	3.14%
2007	0.72	4.46%
2008	0.82	5.90%

Tabela 2 – Bancos e economia (Estados Unidos)

Ano	Relação crédito/depósito	Inflação anual
1999	0.76	2.20%
2000	0.77	3.36%
2001	0.76	2.84%
2002	0.75	1.58%
2003	0.77	2.27%
2004	0.81	2.66%
2005	0.83	3.38%
2006	0.83	3.22%
2007	0.80	2.84%
2008	0.77	3.83%

Criar um **DataFrame** que contemple as duas tabelas. Ao final, apresentar as respostas para as seguintes questões:

(a) Qual a relação crédito/depósito nos Estados Unidos quando a relação crédito/depósito no Brasil ficou abaixo de 0.6 e a inflação nos Estados Unidos ficou acima de 3%?

(b) Qual a relação crédito/depósito no Brasil quando a relação crédito/depósito nos Estados Unidos foi maior do que 0.75 e a inflação nos Estados Unidos ficou abaixo de 2.5%? Dizer em que anos isso ocorreu.

(c) Quais as médias para as inflações no Brasil e nos Estados Unidos nesses anos das tabelas?

15. As tabelas a seguir tentam relacionar o crescimento na abertura de empresas de porte médio nos Estados Unidos com o índice Dow Jones, o preço do barril de petróleo e a produção de petróleo entre 1962 e 1970.

Tabela 1 – Produção de petróleo (Estados Unidos)

Ano	Preço barril petróleo (US$)	Produção (milhões barril/dia)
1962	4.01	7.54
1963	4.01	7.61
1964	3.96	7.80
1965	3.85	8.30
1966	4.01	8.81
1967	3.69	8.66
1968	3.56	8.78
1969	3.56	9.18
1970	4.01	9.03

Tabela 2 – Dow Jones e abertura de empresas

Ano	Dow Jones	Abertura de empresas de médio porte
1962	652	56
1963	762	23
1964	874	48
1965	969	150
1966	785	17
1967	905	70
1968	943	170
1969	800	120
1970	838	150

(a) Escrever um programa em Python para criar um **DataFrame** na pandas com as duas tabelas em conjunto, sendo cada uma das medidas uma coluna. Imprimir esse **DataFrame** no **Console** e um gráfico das quatro variáveis, com marcadores e dois eixos para separar os valores. No eixo da esquerda, devem ficar Dow Jones e empresas de porte médio. No eixo da direita, devem ficar preço e produção do petróleo.

(b) Escrever uma linha no código anterior para imprimir no **Console** a resposta sobre quantas empresas abriram nos Estados Unidos quando Dow Jones ficou acima de 750 pontos, a produção de petróleo ficou acima de 8.9 milhões de barris e o preço permaneceu acima de US$ 4. Em que ano isso ocorreu?

16. A crise atingiu o mundo financeiro em 2008 e influenciou não apenas bolsas de valores como também a inflação e o desemprego nos países. O país mais afetado foi os Estados Unidos, com altas taxas de desemprego e deflação. Os gráficos a seguir mostram as turbulências da bolsa norte-americana Dow Jones e da bolsa brasileira Bovespa, comparando o desempenho durante a crise. O mercado é turbulento e a medida de sua pressão é a volatilidade, calculada como o retorno entre um dia e outro em termos de porcentagem.

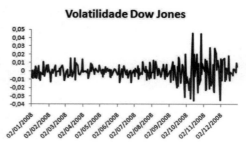

A Tabela 1 apresenta a volatilidade no primeiro dia de cada mês em Dow Jones (VolaDow) e Ibovespa (VolaBov). A Tabela 2 apresenta a inflação nos Estados Unidos.

Tabela 1 – Volatilidade

Mês	VolaBov	VolaDow
Agosto	-2.56%	0.12%
Dezembro	-3.25%	-0.20%
Julho	-0.94%	-0.10%
Novembro	0.52%	-0.08%
Outubro	2.65%	-0.02%
Setembro	-5.34%	-3.48%

Tabela 2 – Economia

Mês	Inflação
Agosto	2.90%
Dezembro	1.00%
Julho	1.00%
Novembro	2.10%
Outubro	2.30%
Setembro	1.00%

Fazer um programa em Python que coloque todas as tabelas em um único **DataFrame** na biblioteca pandas.

(a) Imprimir o **DataFrame** no **Console** e fazer um **subplot** para cada coluna do **DataFrame** para as variáveis volatilidade Ibovespa, volatilidade Dow Jones e inflação nos Estados Unidos.

(b) Escrever linhas no código anterior para apresentar a resposta sobre a volatilidade em Dow Jones quando a inflação nos Estados Unidos estava acima de 3% ou quando a volatilidade em Ibovespa estava acima de 2%.

Parte II
PROGRAMAÇÃO AVANÇADA

CAPÍTULO 9
FINANÇAS E PYTHON

9.1 INTRODUÇÃO

As funções de matemática financeira estão programadas há muitos anos em diversas calculadoras e diversos *softwares* e são, com frequência, utilizadas pelos profissionais de mercado. Para introduzir o leitor na programação de finanças para o mercado financeiro, vamos construir uma série de funções simples com as definições já apresentadas no Capítulo 5, que pode ser consultado a todo momento.

9.1.1 VALOR PRESENTE

O valor presente (vp) de um fluxo de caixa futuro depende do valor desejado no futuro (vf), da taxa de juros, também conhecida como desconto (r), e do número de períodos (n) de um investimento. A fórmula é:

$$VP = \frac{VF}{(1+r)^n}$$

O valor presente é utilizado com muita frequência e, como visto no Capítulo 5, fórmulas ou procedimentos que são muito usados podem ser estruturados na forma de **function** no Python. A função de valor presente pode ser construída da seguinte forma:

```
def vp(vf,r,n):
    x=vf/(1+r)**n
    return(x)
```

No programa principal, o usuário entra com o valor do investimento futuro desejado, com a taxa de juros e com o período. A **function** retorna para o programa principal o valor x, que é o próprio valor presente da função. Essa **function** pode ser usada quantas vezes for necessária, diminuindo o tamanho do programa para inúmeras consultas.

Vamos supor que um investidor deseja ter vf = R$ 100 com uma taxa de juros de 10% ao ano, para o período de um ano. O código completo nesse caso é:

```python
# Cálculo do Valor Presente

def vp(vf,r,n):
    x=vf/(1+r)**n
    return(x)

#+++++++++++++++ programa principal ++++++++
valor=vp(100,0.1,1)    # chamada da função vp
print('+++++++++++++++++++++++++++')
print(' ')
print('valor presente = ',valor)
```

Quando executado, esse código apresenta no **Console** a resposta:

```
+++++++++++++++++++++++++++

valor presente =  90.9090909090909
```

ou seja, para se ter R$ 100 em um ano, com taxa de 10% ao ano, é necessário investir R$ 90.90 hoje.

9.1.2 VALOR PRESENTE LÍQUIDO (VPL)

O valor presente líquido, também conhecido como valor atual líquido, é muito utilizado por empresas para determinar o valor presente de uma série de pagamentos futuros, descontados de uma taxa de juros e do custo de investimento inicial. Para fluxos de caixa uniformes, podemos utilizar a seguinte fórmula:

$$VPL = FC_1 + \frac{FC_2}{(1+r)^j} + \frac{FC_3}{(1+r)^j} + \frac{FC_4}{(1+r)^j} + \ldots$$

em que j = 1, 2, 3, ..., n; e FC é o fluxo de caixa.

Vamos supor a seguinte situação: uma empresa deseja lançar um novo produto no mercado consumidor (automóveis, móveis, celulares, computadores etc), o que leva a custos iniciais para elaboração, divulgação e fluxos de caixa entrantes durante um período (adotamos n = 6 anos). Suponha que o investimento no tempo zero é R$ 155000. São esperadas saídas do caixa do primeiro ao sexto ano no valor de R$ 15000. As entradas desejadas no caixa são de R$ 70000 ao ano. Não há fluxo de caixa esperado após o sexto ano com uma taxa mínima de atratividade (juros) de 17% ao ano.

Para esses casos, a empresa deve analisar o VPL entre os valores positivos e negativos. Ao final do cálculo, se o VPL é positivo, a empresa deve investir no novo produto, caso contrário, a empresa deve recusar o lançamento do produto.

Para o exemplo em questão, a tabela a seguir demonstra os cálculos dessa situação:

Ano	Fluxo de caixa	VPL – Valor presente (R$)
0	$\dfrac{-155000}{(1.17)^0}$	-155000
1	$\dfrac{(70000-15000)}{(1.17)^1}$	47008.54
2	$\dfrac{(70000-15000)}{(1.17)^2}$	40178.24
3	$\dfrac{(70000-15000)}{(1.17)^3}$	34340.38
4	$\dfrac{(70000-15000)}{(1.17)^4}$	29350.75
5	$\dfrac{(70000-15000)}{(1.17)^5}$	25086.11
6	$\dfrac{(70000-15000)}{(1.17)^6}$	21441.12
	Total	R$ 42405.16

No caso do Python, a biblioteca numpy possui a função para cálculos do VPL programada. O nome da função é **npv(rate, values)**. Os parâmetros são a taxa de juros e um vetor em que consta o desembolso inicial do projeto e a série de fluxo de caixa, vetorizada pelo **array**. O código a seguir demonstra como o programa pode ser usado.

```
1 # Cálculo do VPL
2 import numpy as np
3
4 vinicial = -155000
5 esaida = 70000 - 15000
6 FC = np.array([vinicial, esaida, esaida, esaida, esaida, esaida, esaida])
7
8 #++++++++++++++++++++ VPL na biblioteca numpy
9 investimento = np.npv(rate=0.17,values=FC)
10
11 print('++++++++++++++++++++++++++')
12 print(' ')
13 print('VPL = ',investimento)
```

O resultado no **Console** é o mesmo da tabela exemplificada anteriormente, ou seja, temos o resultado final:

```
++++++++++++++++++++++++++++

VPL =   42405.161495817825
```

No código, *vinicial* é o investimento inicial no novo produto e, por isso, deve ser negativo. A variável *esaida* é o fluxo de caixa contínuo, formado pela diferença entre a entrada no caixa e a saída. Não necessariamente o fluxo de caixa precisa ser contínuo. Caso as estimativas mudem conforme alguma regra ou método de previsão, o valor de *esaida* pode também ser um vetor, como mostrado a seguir. O código mostra um caso em que as saídas do caixa não foram apenas de R$ 15000 todos os meses, mas oscilaram com 15000, 25000, 35000, 15000, 25000 e 10000.

```python
1 # Cálculo do VPL - FC não constante
2 import numpy as np
3
4 vinicial = -155000
5 esaida=np.zeros(6)
6 esaida[0] = 70000 - 15000
7 esaida[1] = 70000 - 25000
8 esaida[2] = 70000 - 35000
9 esaida[3] = 70000 - 15000
10 esaida[4] = 70000 - 25000
11 esaida[5] = 70000 - 10000
12
13 FC = np.array([vinicial, esaida[0], esaida[1], esaida[2], esaida[3],
14                esaida[4], esaida[5] ])
15
16 #+++++++++++++++++++ VPL na biblioteca numpy
17 investimento = np.npv(rate=0.17,values=FC)
18
19 print('+++++++++++++++++++++++++')
20 print(' ')
21 print('VPL = ',investimento)
```

Nesse caso, o VPL diminui, mas ainda se torna positivo, mostrando um cenário viável para o lançamento do produto. No **Console** a resposta é:

```
++++++++++++++++++++++++++++

VPL =   20000.69629223886
```

Como o leitor deve ter percebido, o código anterior pode ser otimizado com o uso do **for**, o que evita a criação de dois vetores e das entradas constantes no vetor *esaida*. Para tanto, podemos colocar o primeiro valor do vetor *FC* como o investimento inicial no produto e os demais como fluxo de caixa, como visto a seguir.

```python
1 # Cálculo do VPL - FC não constante
2 import numpy as np
3
4 FC=np.zeros(7)
```

```
 5 FC[0]=-155000
 6 for i in range(6):
 7     FC[i+1]=70000-15000
 8 #++++++++++++++++++++ VPL na biblioteca numpy
 9 investimento = np.npv(rate=0.17,values=FC)
10
11 print('+++++++++++++++++++++++++++')
12 print(' ')
13 print('VPL = ',investimento)
```

9.1.3 TAXA INTERNA DE RETORNO (TIR)

A taxa interna de retorno (TIR) é amplamente utilizada em finanças para avaliação de investimentos e novos projetos de empresas. A TIR corresponde ao cálculo da taxa de desconto que, aplicada a uma série de entradas e saídas, iguala o fluxo a zero. É uma taxa de desconto que, quando aplicada ao fluxo de caixa, faz com que os valores das despesas de um projeto empresarial, ao serem trazidos ao valor presente, sejam iguais aos retornos dos investimentos (também trazidos ao valor presente).

A TIR é uma medida relativa (por isso, sempre expressa em porcentagem) que demonstra o quanto rende um projeto de investimento, considerando a periodicidade dos fluxos de caixa do projeto. Como a TIR deve ser apresentada em %, a linha 13 do código a seguir transforma a saída com o símbolo de %. A TIR no Python também está na biblioteca numpy, e a função a ser usada é **irr(fluxo de caixa)**, em que "fluxo de caixa" deve ser um vetor (**array**).

```
 1 # Cálculo da TIR - taxa interna de retorno
 2 import numpy as np
 3
 4 FC=np.zeros(7)
 5 FC[0]=-155000
 6 for i in range(6):
 7     FC[i+1]=70000-15000
 8 #++++++++++++++++++++ TIR na biblioteca numpy
 9 tir = np.irr(FC)
10
11 print('+++++++++++++++++++++++++++')
12 print(' ')
13 print('TIR = ' + str(round(100*tir,2)) + ' %')
```

Para o exemplo anterior com o fluxo de caixa adotado como constante, quando executado o código, a saída dever ser:

+++++++++++++++++++++++++++

TIR = 27.04 %

O cálculo da TIR torna-se interessante quando observamos seu gráfico. Essa taxa é exatamente o valor quando o VPL cruza o eixo das abscissas, tornando seu valor zero. Para fazer o gráfico, além da função **irr** da numpy, precisamos novamente da função **npv**.

Como apresentado nas linhas 15 e 16, torna-se necessário criar o eixo horizontal com taxas de juros. Nesse caso, foram de 0% a 35%, com 200 pontos pelo **linspace**. Na linha 16, usando o vetor do eixo horizontal, usa-se o **for** para varrer todos os valores, colocando-os como taxas de juros variáveis e com os fluxos de caixa *FC* já construídos na linha 7.

Com isso, coloca-se um marcador exatamente onde o VPL cruza o valor zero, na linha 18, marcando-se o ponto em que, após ele, os valores do VPL tornam-se negativos. O resultado pode ser visto na Figura 9.1.

```
1 # Cálculo da TIR - taxa interna de retorno
2 import numpy as np
3 import matplotlib.pyplot as fig
4 FC=np.zeros(7)
5 FC[0]=-155000
6 for i in range(6):
7     FC[i+1]=70000-15000
8 #++++++++++++++++++++ TIR na biblioteca numpy
9 tir = np.irr(FC)
10
11 print('++++++++++++++++++++++++++')
12 print(' ')
13 print('TIR = ' + str(round(100*tir,2)) + ' %')
14
15 eixox=np.linspace(0,0.35,200)
16 vpl=np.array([np.npv(i,FC) for i in eixox])
17 fig.plot(eixox,vpl,'--k',linewidth=2)
18 fig.plot(tir,0,'k*',markersize=15)
19 fig.xlabel('juros - i')
20 fig.title('TIR - taxa interna de retorno',fontsize=16)
21 fig.grid()
```

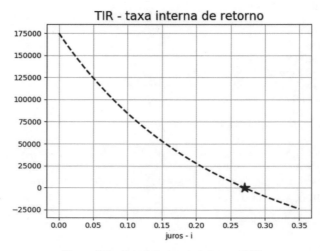

Figura 9.1 – Taxa interna de retorno (TIR).

9.2 RELAÇÃO RISCO *VERSUS* RETORNO EM CARTEIRAS DE INVESTIMENTO

A análise de investimentos em ativos tem como ponto fundamental de partida decisões otimizadas sobre o aporte financeiro. Essas decisões sobre os pesos dos ativos de uma carteira têm como base a relação clássica de risco contra retorno. Para uma carteira com apenas dois ativos, a fórmula para o retorno médio depende de quanto se deseja investir em cada um dos ativos, no caso, A ou B. Os pesos de cada ativo, PA ou PB, podem ser visualizados pela noção tradicional de vetores:

$$P = \begin{pmatrix} PA & PB \end{pmatrix} \qquad P^T = \begin{pmatrix} PA \\ PB \end{pmatrix}$$

O retorno da carteira é a média ponderada do aporte dos ativos, ou seja:

$$R_p = P_A \mu_A + P_B \mu_B$$

em que μ_A e μ_B são os retornos esperados de cada ativo A e B (também chamados de retornos médios). O risco da carteira também depende dos pesos dos ativos e pode ser visualizado como:

$$\text{risco} = \sqrt{P \times \Omega \times P^T}$$

sendo Ω a matriz de covariâncias:

$$\Omega = \begin{pmatrix} \sigma_1^2 & \rho\sigma_1\sigma_2 \\ \rho\sigma_1\sigma_2 & \sigma_2^2 \end{pmatrix}$$

Desenvolvendo as fórmulas anteriores, elemento a elemento, temos que a fórmula do risco para uma carteira com apenas dois ativos é:

$$\sigma_p = \sqrt{P_A^2 \sigma_A^2 + P_B^2 \sigma_B^2 + 2 P_A P_B \rho_{AB} \sigma_A \sigma_B}$$

em que a variável grega *ro* é a correlação entre os dois ativos e a variável *sigma* é o desvio-padrão dos retornos dos ativos, com *ro* tendo como base a fórmula estatística:

$$\rho_{AB} = \frac{n \sum_{i=1}^{n} a_i b_i - \left(\sum_{i=1}^{n} a_i\right) \times \left(\sum_{i=1}^{n} b_i\right)}{\sqrt{n \sum_{i=1}^{n} a_i^2 - \left(\sum_{i=1}^{n} a_i\right)^2} \times \sqrt{n \sum_{i=1}^{n} b_i^2 - \left(\sum_{i=1}^{n} b_i\right)^2}}$$

E quando temos inúmeros ativos? O desenvolvimento anterior serve de referência, mas se deve ampliar a visão das fórmulas para múltiplos formatos de aplicações em diversos ativos. Essa é a ferramenta fundamental em fundos de investimentos, que procuram diminuir o risco com aporte em ativos de forma que se tenha o menor risco possível e o maior retorno.

O retorno esperado para um portfólio com diversas ações parte do pressuposto que desejamos o valor esperado E da carteira, ou seja:

$$R_p = E\left(\sum_{i=1}^{n} w_i r_i\right)$$
$$= \sum_{i=1}^{n} w_i E(r_i)$$
$$= \sum_{i=1}^{n} w_i \mu_i$$

O que nos leva à equação do retorno global da carteira:

$$R_p = w^T \mu \qquad (9.1)$$

em que os pesos w^T estão no vetor transposto e μ é o vetor com todos os retornos individuais dos ativos. A equação do risco da carteira para n ativos segue a mesma linha de raciocínio do retorno, com a relação de variância entre ativos diferentes dada pela covariância:

$$\sigma_{ij} = \rho_{ij} E\left((r_i - \mu_i)(r_j - \mu_j)\right)$$

Para toda a carteira:

$$\sigma_p^2 = \sum_{i=1}^{n}\sum_{j=1}^{n} w_i w_j \rho_{ij} \sigma_{ij}$$

ou, em forma matricial,

$$\sigma_p^2 = w^T \Omega w \qquad (9.2)$$

em que

$$w^T = (w_1, w_2, \ldots, w_n) \quad w = \begin{pmatrix} w_1 \\ w_2 \\ \vdots \\ w_n \end{pmatrix} \quad \Omega = \begin{pmatrix} \sigma_1^2 & \rho_{12}\sigma_{12} & \cdots & \rho_{1n}\sigma_{1n} \\ \rho_{21}\sigma_{21} & \sigma_2^2 & \cdots & \rho_{2n}\sigma_{2n} \\ \vdots & \vdots & \ddots & \vdots \\ \rho_{n1}\sigma_{n1} & \rho_{n2}\sigma_{n2} & \cdots & \sigma_n^2 \end{pmatrix} \qquad (9.3)$$

Então, a teoria de otimização de portfólio, que minimiza os riscos e maximiza os retornos, utiliza em sua programação para n ativos as Equações (9.1) para os retornos, (9.2) para os riscos, com a programação matricial de (9.3).

Vamos supor que temos os seguintes ativos em uma carteira de investimentos:

Ativo A (preços)	Ativo B (preços)	Ativo C (preços)
4	1	3
5	5	4
6	10	3
5	4	4
5	11	5
6	7	6
7	8	5
8	3	4
4	1	5
3	5	3
5	7	4

O primeiro passo é calcular o retorno financeiro de cada um dos ativos que compõem essa carteira. A fórmula clássica é:

$$r_i = \frac{p(i) - p(i-1)}{p(i-1)}$$

mas é possível manipular essa fórmula para usar em um **DataFrame** da biblioteca pandas, considerando que:

$$r_i = \frac{p(i)}{p(i-1)} - \frac{p(i-1)}{p(i-1)}$$

O que nos leva à segunda formulação para o retorno de cada ativo (A, B, C):

$$r_i = \frac{p(i)}{p(i-1)} - 1 \qquad (9.4)$$

Na programação em Python, entramos com os dados dos preços no formato de vetor usando a numpy. Esses dados aparecem como linhas, mas desejamos que estejam em colunas para que possamos calcular a média e a covariância por ativo, e não por linhas. Então o início do código é:

```
1 # Otimizacao de Portfolio
2 import numpy as np
3 import pandas as pd
4
5 #+++++++++++++++++ nomes dos ativos +++++++++++++++++
6 ativo = ['A','B','C']
```

```
 1 # Otimizacao de Portfolio
 2 import numpy as np
 3 import pandas as pd
 4
 5 #++++++++++++++++++ nomes dos ativos ++++++++++++++++++
 6 ativo = ['A','B','C']
 7 n=len(ativo)
 8
 9 #++++++++++++++++ construção dos ativos +++++++++++++
10 A=np.array([4,5,6,5,5,6,7,8,4,3,5])
11 B=np.array([1,5,10,4,11,7,8,3,1,5,7])
12 C=np.array([3,4,3,4,5,6,5,3,5,3,4])
13
14 #++++++++++++++++ dataframe dos ativos ++++++++++++++
15 df=pd.DataFrame([A,B,C],index=ativo)
16 prec=df.T      # transposta para colocar os dados em colunas
```

Para o retorno de cada ativo, utiliza-se a fórmula deduzida (9.4) de forma facilitada pelo **DataFrame**, como apresentado nas linhas seguintes:

```
18 #++++++++++++++ retornos dos preços ++++++++++++++++++++
19 ri=prec/prec.shift(1)-1
20 mi=ri.mean()           # retorno médio dos ativos por colunas
21 sigma=ri.cov()         # covariância da carteira
```

A linha 21 do código anterior é a matriz de covariância Ω (9.3) que o Python já possui como função agregada ao vetor *ri* dos retornos individuais. Para o exemplo anterior, o resultado dessa matriz para os preços hipotéticos de *A*, *B* e *C* é:

```
+++++++++++ matriz de covariancia da carteira ++++
         A          B          C
A  0.102785   0.013396  -0.015790
B  0.013396   3.266941  -0.138910
C -0.015790  -0.138910   0.134395
++++++++++++++++++++++++++++++++++++++++++++++++++
```

Nesse caso, interpreta-se, por exemplo, que o ativo *A* tem volatilidade de 10% no período e uma correlação positiva de 1.3% com o ativo *B* e correlação negativa de −1.5% com o ativo *C* (representados pela primeira linha da matriz).

Os pesos *w* devem ser escolhidos, lembrando que sua soma deve ser de 100% dos investimentos na carteira. Podemos supor, por exemplo, que o investimento vai ser com o montante alocado em 60% no ativo *A*, 30% no ativo *B* e 10% no ativo *C*. As linhas no Python então ficam:

```
26 #++++++++++++++++ pesos da alocação dos investimentos +++++
27 w=np.array([0.6,0.3,0.1])
28
29 ############## RETORNO E RISCO DA CARTEIRA ####################
30 retorno=np.sum(w*mi)
31 risco=np.sqrt(np.dot(w.T,np.dot(sigma,w)))
32 ##############################################################
```

As fórmulas para retorno da carteira (9.1) e risco da carteira (9.2) são programadas nas linhas 30 e 31, respectivamente. A função **numpy "dot"** faz o produto do vetor de pesos *w* e seu transposto pela matriz de covariância Ω (9.3).

Finanças e Python

É interessante mostrar os resultados em termos de porcentagem para retorno e risco da carteira como um todo. Isso pode ser feito no comando de impressão **PRINT( )** que aparece no **Console**. A programação dessa saída em termos de porcentagem pode ser como segue:

```
34 print('+++++++++++++++++++++++++++++++++++++++++++++++++++++++++')
35 print(' ')
36 print('retorno esperado da carteira = ',str(round(100*retorno,2)) + ' %')
37 print('risco da carteira = ',str(round(100*risco,2)) + ' %')
```

O resultado no **Console** para os dados anteriores é:

```
+++++++++++++++++++++++++++++++++++++++++++++++

retorno esperado da carteira =   32.27 %
risco da carteira =    57.18 %
```

O programa completo para a otimização desse portfólio com os pesos escolhidos está no seguinte código:

```
1 # Otimizacao de Portfolio
2 import numpy as np
3 import pandas as pd
4
5 #+++++++++++++++++ nomes dos ativos +++++++++++++++++
6 ativo = ['A','B','C']
7 n=len(ativo)
8
9 #++++++++++++++++ construção dos ativos ++++++++++++
10 A=np.array([4,5,6,5,5,6,7,8,4,3,5])
11 B=np.array([1,5,10,4,11,7,8,3,1,5,7])
12 C=np.array([3,4,3,4,5,6,5,3,5,3,4])
13
14 #+++++++++++++++ dataframe dos ativos +++++++++++++++
15 df=pd.DataFrame([A,B,C],index=ativo)
16 prec=df.T      # transposta para colocar os dados em colunas
17
18 #+++++++++++++++ retornos dos preços ++++++++++++++++++
19 ri=prec/prec.shift(1)-1
20 mi=ri.mean()            # retorno médio dos ativos por colunas
21 sigma=ri.cov()          # covariância da carteira
22 print(' ')
23 print(' ')
24 print('+++++++++++ matriz de covariancia da carteira +++++++++')
25 print(sigma)
26 #+++++++++++++++++ pesos da alocação dos investimentos +++++
27 w=np.array([0.6,0.3,0.1])
28
29 ############ RETORNO E RISCO DA CARTEIRA ###################
30 retorno=np.sum(w*mi)
31 risco=np.sqrt(np.dot(w.T,np.dot(sigma,w)))
32 ###########################################################
33
34 print('+++++++++++++++++++++++++++++++++++++++++++++++++++++++++')
35 print(' ')
36 print('retorno esperado da carteira = ',str(round(100*retorno,2)) + ' %')
37 print('risco da carteira = ',str(round(100*risco,2)) + ' %')
```

O vetor de pesos *w* foi escolhido e está fixo no programa anterior, como pode ser visto na linha 27. Mais interessante, no entanto, é medir o desempenho da carteira para diversos tipos de investimentos. A diversificação da carteira pode ser testada colocando-se, em vez de pesos constantes e fixos, pesos *w* aleatórios para testar a relação risco e retorno.

Para isso, a linha 27 pode ser alterada para:

```
26 #++++++++++++++++ pesos da alocação dos investimentos +++++
27 w=np.random.random(n)
28 w=w/np.sum(w)
```

Ao trocar a linha 27 por essas duas novas linhas, a 27 e a 28, estamos colocando pesos aleatórios. Na linha 32 do código completo apresentado a seguir, os pesos são padronizados para que a soma seja 100%, dividindo-se cada elemento do vetor *w* pela soma de todos os pesos. No **Console**, cada vez que o programa é executado, um resultado diferente aparece, pois os pesos mudam.

```
++++++++++++++++++++++++++++++++++++++++++++++++++++++++
retorno esperado da carteira =    20.95 %
risco da carteira =   32.05 %

++++++++++++++++++++++++++++++++++++++++++++++++++++++++
retorno esperado da carteira =    21.26 %
risco da carteira =   33.05 %

++++++++++++++++++++++++++++++++++++++++++++++++++++++++
retorno esperado da carteira =    50.25 %
risco da carteira =   94.71 %
```

Em vez de realizar e simular várias vezes os pesos diferentes na carteira de investimentos, podemos colocar esses testes em um *loop*, por exemplo, utilizando o comando **for**. Após os cálculos da matriz de covariância na linha 26 do código anterior, basta colocar o *loop* para que o Python sozinho simule quantas vezes forem necessárias. A modificação pode ser vista no código a seguir, em que as linhas 27 e 28 criam listas vazias para receber os retornos e volatilidades de cada *loop*. Na linha 29 começa o *loop*, testando a carteira para duzentas simulações e, então, uma vez terminada, plotando o resultado na linha 40.

```
27 vet_R=[]
28 vet_Vol=[]
29 for i in range(200):
30          #++++++++++++++++ pesos da alocação dos investimentos +++++
31          w=np.random.random(n)
32          w=w/np.sum(w)
33          ############## RETORNO E RISCO DA CARTEIRA ###################
34          retorno=np.sum(w*mi)
35          risco=np.sqrt(np.dot(w.T,np.dot(sigma,w)))
36          ############################################################
37          vet_R.append(retorno)
38          vet_Vol.append(risco)
39
```

Finanças e Python

```
40 fig.plot(vet_Vol,vet_R,'ok')
41 fig.grid()
42 fig.xlabel('VOLATILIDADE ESPERADA')
43 fig.ylabel('RETORNO ESPERADO')
```

Para essas duzentas simulações, o resultado pode ser visualizado na Figura 9.2.

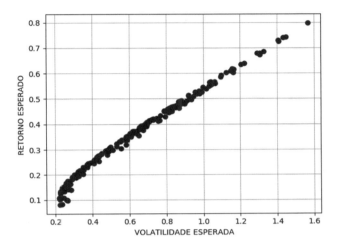

Figura 9.2 – Relação risco *versus* retorno de uma carteira teórica de investimentos.

Interpreta-se que, se o investidor deseja retornos por volta de 30% (eixo vertical à esquerda), segundo o gráfico da Figura 9.2, tem de estar disposto a correr o risco próximo de 60% (eixo horizontal próximo de 0.6).

EXEMPLO 9.1

Foram selecionados, para formação de uma carteira real do Ibovespa, os seguintes ativos: [PETR4, VALE3, USIM5, GGBR4, BBAS3, BBDC4, ITUB4, ELET6, EMBR3, MGLU3]. A amostra foi tomada entre 2015 e 2019, com os preços de fechamento na Bovespa salvos no formato Excel. Para calcular a relação risco *versus* retorno, como visto anteriormente, necessitamos como primeiro passo transformar esses dados em **DataFrame**. Isso porque é mais fácil usar as funções agregadas para facilitar os cálculos.

Para importar os dados da planilha **BOV** do arquivo Portfolio_Bov.xlsx, utiliza-se o método **read_excel( )** apresentado anteriormente.

```
df=pd.read_excel('Portfolio_Bov.xlsx',sheet_name='BOV')
```

Depois de importados os dados, é interessante criar uma lista com os nomes das colunas.

	A	B	C	D	E	F	G	H	I	J	K
1	Date	PETR4	VALE3	USIM5	GGBR4	BBAS3	BBDC4	ITUB4	ELET6	EMBR3	MGLU3
2	17/11/2014	12,6	22,93	5,1	10,59	25,08	18,2402	19,3058	7,3	24	0,97125
3	18/11/2014	12,45	22,03	5,01	10,37	26	19,0594	19,8678	6,99	24,78	1,00625
4	19/11/2014	12,78	22,16	5,02	10,4	27,54	19,8785	20,6667	7,3	24,52	1,0375
5	21/11/2014	14,3	23,59	5,4	10,82	29,83	21,3916	22,0275	7,67	23,67	1,0375

Para o **DataFrame** em si, não é necessária a criação da lista de nomes dos ativos, pois ele reconhece os nomes que constam nas colunas. Mas essa lista vai ajudar a colocar os nomes das empresas no gráfico, pois identifica cada ação com sua curva. A lista construída no Python com os comandos para fazer o gráfico dos ativos é:

```
list=['PETR4','VALE3','USIM5','GGBR4','BBAS3','BBDC4','ITUB4','ELET6','EMBR3','MGLU3']
fig.figure()
ax1=fig.subplot(111)
ax1.plot(df.Date,df[list],'-k',alpha=0.8)
ax1.legend(list)
```

O resultado gráfico é o apresentado na Figura 9.3.

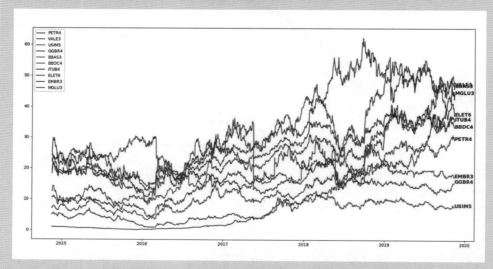

Figura 9.3 – Ativos do Ibovespa de 2015 a 2019.

No caso em questão, ao observar a planilha, o leitor pode ver que a coluna A do Excel contém datas. Para a construção do gráfico, isso é importante, mas para os cálculos com as funções agregadas, a data causa um erro no caso do cálculo dos retornos dos ativos e das médias.

Uma vez pronto o gráfico, exclui-se a coluna das datas para que um novo **DataFrame** chamado **prec** seja usado nos cálculos em vez da tabela original. Outro fator importante é trabalhar com os retornos e as covariâncias anualizadas sempre que se tiver uma amostragem com fechamentos diários.

Então, considerando 252 dias úteis por ano, tanto o retorno (*mi*), como a matriz de covariância (*sigma*) estão multiplicados por 252. As linhas seguintes demonstram como se exclui a coluna com as datas, deixando apenas os preços dos ativos com a função *.**drop( )** e a multiplicação pelo fator de *trading* 252:

```
17 n=len(df)
18 #++++++++++++++++++++++++ exclui a coluna de datas para o cálculo do retorno
19 prec=df.drop([' Date'],axis=1)
20 #+++++++++++++ retornos dos preços ++++++++++++++++++++
21 ri=prec/prec.shift(1)-1
22 mi=ri.mean().values*252          # retorno médio dos ativos por colunas
23 sigma=ri.cov()*252               # covariância da carteira
24 print(' ')
25 print(' ')
26 print('+++++++++++ matriz de covariancia da carteira +++++++++')
27 print(sigma)
```

No **Console** a matriz de covariância é:

```
+++++++++++ matriz de covariancia da carteira +++++++++
         PETR4     VALE3     USIM5   ...     ELET6     EMBR3     MGLU3
PETR4  0.259488  0.108853  0.146695  ...  0.102150  0.021384  0.079352
VALE3  0.108853  0.243447  0.142245  ...  0.040763  0.031678  0.059511
USIM5  0.146695  0.142245  0.406590  ...  0.100652  0.012579  0.102315
GGBR4  0.114041  0.142276  0.192181  ...  0.070650  0.026586  0.073094
BBAS3  0.142953  0.069107  0.130706  ...  0.107419  0.014405  0.093244
BBDC4  0.102926  0.056229  0.095058  ...  0.074796  0.015045  0.062948
ITUB4  0.090650  0.047418  0.079750  ...  0.066911  0.017161  0.054886
ELET6  0.102150  0.040763  0.100652  ...  0.262736  0.021788  0.059974
EMBR3  0.021384  0.031678  0.012579  ...  0.021788  0.116195  0.018929
MGLU3  0.079352  0.059511  0.102315  ...  0.059974  0.018929  0.428933
```

Por fim, a parte da simulação numérica para aplicação de pesos aleatórios é desenvolvida conforme estas linhas:

```
29 vet_R=[]
30 vet_Vol=[]
31 for i in range(2000):
32         #+++++++++++++++ pesos da alocação dos investimentos +++++
33         w=np.random.random(len(list))
34         w=w/np.sum(w)
35         ############# RETORNO E RISCO DA CARTEIRA ###################
36         retorno=np.sum(w*mi)
37         risco=np.sqrt(np.dot(w.T,np.dot(sigma,w)))
38         ############################################################
39         vet_R.append(retorno)
40         vet_Vol.append(risco)
41 fig.figure()
42 ax2=fig.subplot(111)
43 ax2.plot(vet_Vol,vet_R,'ok')
44 ax2.set_xlim(0.2, 0.45)
45 ax2.set_ylim(0.1, 0.5)
46 ax2.grid()
47 ax2.set_xlabel('VOLATILIDADE ESPERADA',fontsize=14)
48 ax2.set_ylabel('RETORNO ESPERADO',fontsize=14)
49 fig.title('Retorno esperado x Volatilidade esperada ativos da Bovespa',fontsize=20)
```

A geração dos números aleatórios na linha 33 do código anterior sempre vai colocar dentro do **for** números cujo vetor *w* tem o tamanho da lista de *strings* com os nomes dos ativos, por isso utiliza-se **len(list)**. A Figura 9.4 apresenta o resultado final da relação retorno esperado *versus* volatilidade esperada para essa carteira de ativos da Bovespa. O programa completo para a relação risco *versus* retorno com os gráficos anteriores é apresentado a seguir.

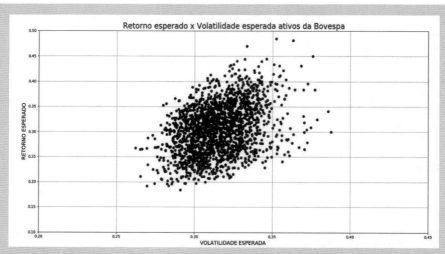

Figura 9.4 – Retorno esperado *versus* volatilidade esperada para os ativos da Bovespa.

```
1  import pandas as pd
2  import matplotlib.pyplot as fig
3  import numpy as np
4
5  df=pd.read_excel('Portfolio_Bov.xlsx',sheet_name='BOV')
6
7  list=['PETR4','VALE3','USIM5','GGBR4','BBAS3','BBDC4','ITUB4','ELET6','EMBR3','MGLU3
8  fig.figure()
9  ax1=fig.subplot(111)
10 ax1.plot(df.Date,df[list],'-k',alpha=0.8)
11 ax1.legend(list)
12
13 for i in range(10):
14         ax1.text(x=df.Date[-1:],y=df[list[i]][-1:],
15                  s=list[i],fontsize=12,color='k',weight='bold')
16
17 n=len(df)
18 #+++++++++++++++++++++++++ exclui a coluna de datas para o cálculo do retorno
19 prec=df.drop(['Date'],axis=1)
20 #+++++++++++++++ retornos dos preços ++++++++++++++++++++
21 ri=prec/prec.shift(1)-1
22 mi=ri.mean().values*252         # retorno médio dos ativos por colunas
23 sigma=ri.cov()*252              # covariância da carteira
24 print(' ')
25 print(' ')
26 print('+++++++++++ matriz de covariancia da carteira +++++++++')
27 print(sigma)
28
29 vet_R=[]
30 vet_Vol=[]
31 for i in range(2000):
32         #++++++++++++++++ pesos da alocação dos investimentos +++++
33         w=np.random.random(len(list))
34         w=w/np.sum(w)
35         ############## RETORNO E RISCO DA CARTEIRA ####################
36         retorno=np.sum(w*mi)
37         risco=np.sqrt(np.dot(w.T,np.dot(sigma,w)))
38         ###############################################################
39         vet_R.append(retorno)
40         vet_Vol.append(risco)
41 fig.figure()
```

```
42 ax2=fig.subplot(111)
43 ax2.plot(vet_Vol,vet_R,'ok')
44 ax2.set_xlim(0.2, 0.45)
45 ax2.set_ylim(0.1, 0.5)
46 ax2.grid()
47 ax2.set_xlabel('VOLATILIDADE ESPERADA',fontsize=14)
48 ax2.set_ylabel('RETORNO ESPERADO',fontsize=14)
49 fig.title('Retorno esperado x Volatilidade esperada ativos da Bovespa',fontsize=
```

EXEMPLO 9.2

Pretende-se aqui apresentar a mesma relação risco *versus* retorno para um portfólio composto de moedas estrangeiras com cotação em reais: dólar (Estados Unidos), euro (União Europeia) e libra (Reino Unido). O arquivo Portfolio_Moedas.xlsx apresenta uma planilha de nome **moedas** com dados arquivados de 1º de dezembro de 2014 a 15 de novembro de 2019. A seguir, uma pequena mostra do início das linhas.

	A	B	C	D
1	data	dolar	euro	libra
2	01/12/2014	2,5525	3,18295	4,01505
3	02/12/2014	2,5694	3,18655	4,02495
4	03/12/2014	2,5535	3,14625	4,00895
5	04/12/2014	2,5838	3,19905	4,05005
6	05/12/2014	2,6022	3,19715	4,05565
7	06/12/2014	2,6022	3,18095	4,03495
8	07/12/2014	2,6022	3,19865	4,05325
9	08/12/2014	2,6125	3,21775	4,08895
10	09/12/2014	2,5908	3,20585	4,05895

Seguindo o exemplo anterior, o programa seguinte inicia suas linhas importando os dados do Excel e cria uma lista com os nomes das moedas, para colocar nos dados mais recentes esses nomes na identificação das curvas.

```
1 import pandas as pd
2 import matplotlib.pyplot as fig
3 import numpy as np
4
5 df=pd.read_excel('Portfolio_Moedas.xlsx',sheet_name='moedas')
6
7 list=['dolar','euro','libra']
8
9 fig.style.use('ggplot')
10
11 fig.figure()
12 ax1=fig.subplot(111)
13 ax1.plot(df.data,df[list],'-k',alpha=0.8)
14 ax1.legend(list)
15
16 for i in range(3):
17         ax1.text(x=df.data[-1:],y=df[list[i]][-1:],
18                 s=list[i],fontsize=12,color='k',weight='bold')
```

O estilo usado nesse exemplo foi **ggplot**, que modifica a tela e a deixa em tonalidade cinza, com grades em cor branca. Esse estilo está programado na linha 9 do código anterior.

A matriz de covariância entre as moedas é apresentada no **Console** com estes valores:

```
++++++++++++ matriz de covariancia da carteira +++++++++
            dolar        euro        libra
dolar     0.021160    0.018042    0.017755
euro      0.018042    0.022319    0.019994
libra     0.017755    0.019994    0.023750
```

Percebe-se que todas as moedas seguem a mesma direção em termos de cotação em reais. A evidência estatística se comprova com as correlações positivas na matriz de covariância. O gráfico das três moedas estrangeiras pode ser visualizado na Figura 9.5 e a relação risco *versus* retorno é apresentado na Figura 9.6.

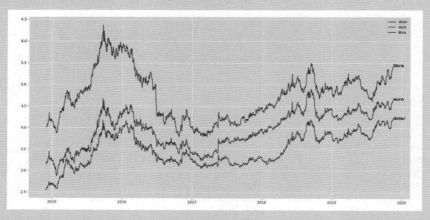

Figura 9.5 – Trajetória para as cotações de dólar, euro e libra, de 2014 a 2019.

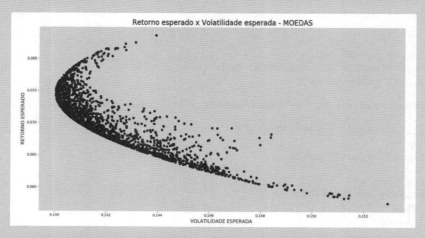

Figura 9.6 – Retorno esperado e volatilidade esperada para as moedas estrangeiras.

Finanças e Python 305

A partir da linha 16, o código completo indicado a seguir é o mesmo do exemplo anterior, modifica-se apenas os títulos dos eixos e os nomes das moedas. Esse código executado fornece a covariância anterior e as Figuras 9.5 e 9.6.

```python
 1 import pandas as pd
 2 import matplotlib.pyplot as fig
 3 import numpy as np
 4
 5 df=pd.read_excel('Portfolio_Moedas.xlsx',sheet_name='moedas')
 6
 7 list=['dolar','euro','libra']
 8
 9 fig.style.use('ggplot')
10
11 fig.figure()
12 ax1=fig.subplot(111)
13 ax1.plot(df.data,df[list],'-k',alpha=0.8)
14 ax1.legend(list)
15
16 for i in range(3):
17         ax1.text(x=df.data[-1:],y=df[list[i]][-1:],
18                  s=list[i],fontsize=12,color='k',weight='bold')
19
20 n=len(df)
21 #++++++++++++++++++++++++++ exclui a coluna de datas para o cálculo do retorno
22 prec=df.drop(['data'],axis=1)
23 #++++++++++++++ retornos dos preços ++++++++++++++++++++
24 ri=prec/prec.shift(1)-1
25 mi=ri.mean().values*252            # retorno médio dos ativos por colunas
26 sigma=ri.cov()*252                 # covariância da carteira
27 print(' ')
28 print(' ')
29 print('+++++++++++ matriz de covariancia da carteira +++++++++')
30 print(sigma)
31
32 vet_R=[]
33 vet_Vol=[]
34 for i in range(2000):
35         #+++++++++++++++++ pesos da alocação dos investimentos +++++
36         w=np.random.random(len(list))
37         w=w/np.sum(w)
38         ############## RETORNO E RISCO DA CARTEIRA ####################
39         retorno=np.sum(w*mi)
40         risco=np.sqrt(np.dot(w.T,np.dot(sigma,w)))
41         ##############################################################
42         vet_R.append(retorno)
43         vet_Vol.append(risco)
44
45 fig.figure()
46 ax2=fig.subplot(111)
47 ax2.plot(vet_Vol,vet_R,'ok')
48 fig.grid()
49 ax2.set_xlabel('VOLATILIDADE ESPERADA',fontsize=14)
50 ax2.set_ylabel('RETORNO ESPERADO',fontsize=14)
51 fig.title('Retorno esperado x Volatilidade esperada - MOEDAS',fontsize=20)
```

9.3 OTIMIZAÇÃO DE PORTFÓLIO: FRONTEIRA EFICIENTE

Todo processo de otimização necessita da elaboração ou construção de uma função objetiva. Essa função, também conhecida como índice de *performance* em outras áreas, reflete uma medida que demonstra o quanto um processo pode melhorar considerando algumas mudanças em variáveis de controle, de forma a maximizar ou minimizar a função objetivo.

No caso de finanças, a otimização pode ser em termos de minimização de alguma função custo ou de maximização de alguma função lucro. Uma das formulações para otimização na teoria de portfólio é a formulação de Markowitz, que busca minimizar a volatilidade esperada por meio da construção da fronteira eficiente.

Considerando-se n ativos, deseja-se

$$\text{minimizar } F(w) = \frac{1}{2} \sum_{i=1}^{n} \sum_{j=1}^{n} w_i w_j \sigma_{ij} \quad (9.5)$$

Sujeito às restrições:

$$\sum_{i=1}^{n} w_i \overline{r_i} - \mu = 0$$

$$\sum_{i=1}^{n} w_i - 1 = 0 \quad (9.6)$$

em que $\overline{r_i}$ é a média dos retornos do ativo i, μ é a média do portfólio todo e w_i é o peso (% de investimento) do ativo i. Nesse problema, deseja-se minimizar a covariância $F(w)$, que representa a volatilidade do portfólio, seguindo as restrições em que a diferença entre a média calculada para todo o portfólio e a soma $w_i \overline{r_i}$ deve ser nula e a soma dos pesos w_i deve ser 100% – por isso o número 1 na segunda restrição em (9.6).

O que a programação numérica realiza é uma busca para encontrar os melhores pesos w no investimento de forma que se tenha o menor risco possível (menor volatilidade). A função objetivo $F(w)$ deve ser definida no Python como uma **function** da seguinte forma:

```
def f_obj(peso):
    return np.sqrt(np.dot(peso.T,np.dot(sigma,peso)))
```

Nessa **function**, a variável *peso* é recebida externamente e representa o vetor de pesos w. O que retorna para o programa principal é o valor numérico exato da volatilidade estimada.

A otimização de funções depende de métodos numéricos já programados em diversas linguagens e com utilização frequente em todas as áreas de pesquisa e ensino. No Python, os métodos de otimização estão na biblioteca scipy e devem ser importados como:

```
import scipy.optimize as solver
```

A palavra "solver" é usada para chamar a rotina de otimização do Python. Essa rotina utiliza o método **SLSQP** (*sequential least squares programming*), um algoritmo que usa um método conhecido como **quasi-Newton** e uma versão modificada de outro método de mínimos quadrados para funções não lineares conhecido como algoritmo de Lawson e Hanson, ou NNLS.

O algoritmo precisa de um "chute" inicial de pesos *w* para começar sua busca pelos valores ótimos. Isso é fácil de realizar, construindo um vetor *x*0 com todos os valores iniciando com 1/*n*, da seguinte forma:

```
x0 = np.array([1.0 / (len(list)) for x in range(len(list))])
```

Como todo método numérico, o algoritmo precisa de limites para que não tome valores negativos para os pesos. Todos os pesos *w* devem estar entre 0% e 100% nos investimentos dos ativos do portfólio. Para isso, é criada uma *tuple* considerando para todos os pesos o limite [0,1] chamado pela variável *bounds*.

```
bounds = tuple((0, 1) for x in range(len(list)))
```

Quanto mais pontos, mais refinada e acurada é a solução ótima. Deve-se, então, criar um vetor para o espaçamento dos pontos encontrados. Considerando o caso das moedas estrangeiras, podemos ver que a faixa de retornos na Figura 9.6 começa em 0.06 e termina em 0.085. Tomamos o espaçamento com passo de 0.001 para esse intervalo da seguinte forma:

```
faixa_ret = np.arange(0.06, 0.085, .001)
```

Os resultados que retornam do otimizador **SLSQP** são salvos em uma lista, que chamamos de "risk". Para cada passo determinado de retorno nas faixas criadas, a função de otimização **minimize** da biblioteca scipy deve ser chamada. O padrão que deve ser respeitado segundo o guia do Python é: primeiro criar um dicionário chamado de constraints com as restrições. Só então devemos utilizar **minimize** com a função objetivo *F*(*w*), Equação (9.5); a inicialização dos pesos *w*; as restrições, Equações (9.6); os limites para *w*; e o método utilizado. Isso é programado como nas linhas seguintes:

```
risk = []

for i in faixa_ret:
    constraints = [{'type': 'eq', 'fun': lambda x: sum(x) - 1},
                   {'type': 'eq', 'fun': lambda x: sum(x * mi) - i}]
    outcome = solver.minimize(f_obj,x0, constraints=constraints, bounds=bounds,
                              method='SLSQP')
    risk.append(outcome.fun)
```

As restrições das Equações (9.6) utilizam a função **lambda** descrita no Capítulo 8, seção 8.9. Essa função varre todo o vetor de pesos calculando os valores para as duas restrições do problema. Isso está dentro do dicionário criado no interior do comando **for** para a faixa de passos dos retornos. Cada valor ótimo encontrado em cada passo do vetor **faixa_ret** é salvo com **append** na lista "risk".

O cálculo final que retorna para a saída **outcome** da função **minimize** tem diversos parâmetros, como os vistos a seguir:

```
In [3]: outcome
Out[3]:
     fun: 0.14509643933195954
     jac: array([0.14545863, 0.12486652, 0.12264063])
 message: 'Optimization terminated successfully.'
    nfev: 10
     nit: 2
    njev: 2
  status: 0
 success: True
       x: array([0.98241139, 0.01758861, 0.          ])
```

O que nos interessa para a construção da fronteira eficiente de Markowitz é a saída **fun**, que é o valor da covariância (nossa função objetivo $F(w)$). Por isso esse valor é salvo na lista "risk" para a construção do gráfico. Já na saída x de **outcome** são os pesos ótimos que, no caso das moedas estrangeiras, convergem para 98.2% para dólar, 1.8% para euro e zero para libra.

```
++++++++++++++++++++++++++++++++++++++++++++++
pesos ótimos (w) =  [0.982 0.018 0.    ]
++++++++++++++++++++++++++++++++++++++++++++++
```

Como "risk" é uma lista com diversos valores, pode-se construir a fronteira da seguinte maneira:

```
fig.plot(risk, faixa_ret, 'r--x',linewidth=5)
```

Agora, de posse dos pesos ótimos w com **outcome['x']**, podemos imprimir o resultado no **Console**, arredondando os valores para três casas decimais:

```
print(' ')
print('++++++++++++++++++++++++++++++++++++++++++++++')
print('pesos ótimos (w) = ',outcome['x'].round(3))
print('++++++++++++++++++++++++++++++++++++++++++++++')
print(' ')
```

Qual é o retorno ótimo? Qual é o valor da volatilidade mínima para o portfólio no exemplo das moedas estrangeiras?

O otimizador não retorna esses valores, apenas retorna os pesos ótimos. Nesse caso, é interessante construir uma nova busca, restringindo a busca usando apenas a limitação de que a soma dos pesos deve ser 100%.

```
#+++++++++++++++++++++++++++ PONTO OTIMO - MINIMA VOLATILIDADE +++++++++++++
for i in faixa_ret:
    constraints = [{'type': 'eq', 'fun': lambda x: sum(x) - 1}]
    outcome = solver.minimize(f_obj,x0, constraints=constraints, bounds=bounds,
                              method='SLSQP')
    risk.append(outcome.fun)
```

Com os valores ótimos desses pesos, é interessante criar uma **function** para recalcular o retorno e a volatilidade apenas para o ponto ótimo, não mais com pesos *w* aleatórios, mas com os pesos ótimos que retornaram da função **minimize**.

A título de exemplo, criamos a seguinte **function**, que vai receber o vetor com os pesos ótimos de **outcome['x']** e calcular o retorno do portfólio e a volatilidade, usando a média e a covariância encontrada dos dados reais. Chamamos aqui a **function** de **estatistica_port**.

```
def estatistica_port(peso):
    peso = np.array(pesc)
    ret_ot=np.sum(peso*mi)
    risco_ot=np.sqrt(np.dot(peso.T,np.dot(sigma,peso)))
    return np.array([ret_ot,risco_ot])
```

em que a variável *peso = outcome['x']* é importada do programa principal. Essa função retorna ao programa principal os dois valores, retorno máximo e volatilidade mínima esperados para a fronteira eficiente. No caso das moedas, estes são os valores ótimos para retorno e volatilidade:

```
retorno ótimo esperado =  7.466 %
volatilidade ótima esperada =  14.003 %
```

A fronteira eficiente usando o modelo matemático com as Equações (9.5) e (9.6) e a função **minimize** do Python pode ser visualizada na Figura 9.7. O ponto ótimo com a segunda chamada da função com restrição apenas nos pesos é apresentado com a estrela em cor branca e borda preta na mesma figura, representando o retorno ótimo esperado de 7.4%, a volatilidade de 14% para a alocação de 98.2% para dólar, 1.8% para euro e zero para libra.

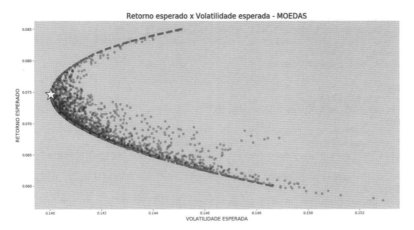

Figura 9.7 – Fronteira eficiente: otimização dos pesos no portfólio.

A seguir, apresentamos o programa completo em Python para a descrição, passo a passo, desses resultados para o caso da entrada com portfólio das moedas. É o programa completo para a geração aleatória dos pesos, a fronteira eficiente e o ponto ótimo de volatilidade para o caso das moedas estrangeiras.

```python
import pandas as pd
import matplotlib.pyplot as fig
import numpy as np
import scipy.optimize as solver

df=pd.read_excel('Portfolio_Moedas.xlsx',sheet_name='moedas')

list=['dolar','euro','libra']

fig.style.use('ggplot')

fig.figure()
ax1=fig.subplot(111)
ax1.plot(df.data,df[list],'-k',alpha=0.8)
ax1.legend(list)

for i in range(3):
        ax1.text(x=df.data[-1:],y=df[list[i]][-1:],
                 s=list[i],fontsize=12,color='k',weight='bold')

n=len(df)
#++++++++++++++++++++++++++ exclui a coluna de datas para o cálculo do retorno
prec=df.drop(['data'],axis=1)
#++++++++++++++ retornos dos preços ++++++++++++++++++++
ri=prec/prec.shift(1)-1
mi=ri.mean().values*252              # retorno médio dos ativos por colunas
sigma=ri.cov()*252          # covariância da carteira
print(' ')
print(' ')
print('+++++++++++ matriz de covariancia da carteira +++++++++')
print(sigma)

vet_R=[]
vet_Vol=[]
for i in range(2000):
        #++++++++++++++++ pesos da alocação dos investimentos +++++
        w=np.random.random(len(list))
        w=w/np.sum(w)
        ############## RETORNO E RISCO DA CARTEIRA ####################
        retorno=np.sum(w*mi)
        risco=np.sqrt(np.dot(w.T,np.dot(sigma,w)))
        #############################################################
        vet_R.append(retorno)
        vet_Vol.append(risco)

fig.figure()
ax2=fig.subplot(111)
ax2.plot(vet_Vol,vet_R,'ok',alpha=0.2)
fig.grid()
ax2.set_xlabel('VOLATILIDADE ESPERADA',fontsize=14)
ax2.set_ylabel('RETORNO ESPERADO',fontsize=14)
fig.title('Retorno esperado x Volatilidade esperada - MOEDAS',fontsize=20)

#+++++++++++++++++++++ FRONTEIRA EFICIENTE- GRAFICO +++++++++++++++++++++++++++
def f_obj(peso):
    return np.sqrt(np.dot(peso.T,np.dot(sigma,peso)))

x0 = np.array([1.0 / (len(list)) for x in range(len(list))])

bounds = tuple((0, 1) for x in range(len(list)))

faixa_ret = np.arange(0.06, 0.085, .001)

risk = []
```

```
66 for i in faixa_ret:
67     constraints = [{'type': 'eq', 'fun': lambda x: np.sum(x) - 1},
68                    {'type': 'eq', 'fun': lambda x: np.sum(x * mi) - i}]
69     outcome = solver.minimize(f_obj,x0, constraints=constraints, bounds=bounds,
70                               method='SLSQP')
71     risk.append(outcome.fun)
72
73 fig.plot(risk, faixa_ret, 'r--x',linewidth=5)
74
75 print(' ')
76 print('++++++++++++++++++++++++++++++++++++++++++++++')
77 print('pesos ótimos (w) = ',outcome['x'].round(3))
78 print('++++++++++++++++++++++++++++++++++++++++++++++')
79 print(' ')
80
81 #+++++++++++++++++++++++++++ PONTO OTIMO - MINIMA VOLATILIDADE +++++++++++++
82 def estatistica_port(peso):
83     peso = np.array(peso)
84     ret_ot=np.sum(peso*mi)
85     risco_ot=np.sqrt(np.dot(peso.T,np.dot(sigma,peso)))
86     return np.array([ret_ot,risco_ot])
87
88 for i in faixa_ret:
89     constraints = [{'type': 'eq', 'fun': lambda x: sum(x) - 1}]
90     outcome = solver.minimize(f_obj,x0, constraints=constraints, bounds=bounds,
91                               method='SLSQP')
92     risk.append(outcome.fun)
93
94 ret_ot,vol_ot=estatistica_port(outcome['x'])
95 print('retorno ótimo esperado = ',str((ret_ot*100).round(3)) + ' %')
96 print('volatilidade ótima esperada = ',str((vol_ot*100).round(3)) + ' %')
97 fig.plot(vol_ot,ret_ot,'*',markersize=35,markerfacecolor='w',markeredgecolor='black')
```

9.4 VALOR EM RISCO (*VALUE AT RISK*)

O valor em risco, ou *value at risk*, representado na literatura especializada por VaR é a perda máxima esperada da carteira de ações, ou de uma ação, em um nível de significância de $\alpha\%$. Uma forma bastante simplificada de entender o VaR é que o resultado numérico do cálculo responde a seguinte questão: "Quanto eu posso perder com $\alpha\%$ de probabilidade em um horizonte de tempo predefinido?".

A área de risco está sempre na cauda das distribuições de probabilidades, o que leva o VaR a descobrir qual é a área crítica da cauda embaixo da distribuição normal, a qual é ajustada aos dados de média e ao desvio-padrão.

O valor em risco quantifica a área da distribuição mais exposta e mais distante da média. Quantificar essa área significa representar em termos de probabilidade o que se pode esperar em termos de perda, dependendo da área da distribuição que os dados amostrados se encontram.

Existem três áreas de risco nas quais o VaR é tradicionalmente calculado: 1%, 5% e 10%. Essas áreas dizem, quando se observam os pontos nas abscissas, quais são os valores mais extremos esperados para a distribuição. E como sempre estamos interessados nos valores extremos de perdas monetárias, o lado esquerdo da média da distribuição é utilizado no cálculo do VaR.

Tomemos o exemplo dos preços de fechamento das ações do Banco do Brasil (BBAS3) de 2015 a 2019. A aquisição dos dados pode ser realizada como nos exemplos anteriores, em que os dados são importados do Excel e colocados no **DataFrame**. O código a seguir explicita esses passos novamente:

```
1  import pandas as pd
2  import matplotlib.pyplot as fig
3  import numpy as np
4  from scipy.stats import norm
5  import math
6
7  df=pd.read_excel('BBrasil.xlsx',sheet_name='Planilha1')
8
9  list=['BBAS3']
10 fig.figure()
11 ax1=fig.subplot(211)
12 ax1.plot(df.Date,df[list],'-k',alpha=1)
13 ax1.legend(list)
14
15 for i in range(1):
16         ax1.text(x=df.Date[-1:],y=df[list[i]][-1:],
17                  s=list[i],fontsize=12,color='k',weight='bold')
18
19 n=len(df)
20 #+++++++++++++++++++++++++ exclui a coluna de datas para o cálculo do retorno
21 prec=df.drop(['Date'],axis=1)
22 #++++++++++++++ retornos dos preços ++++++++++++++++++++
23 ri=prec/prec.shift(1)-1
24 mi=ri.mean().values           # retorno médio dos ativos por colunas
25 sigma=ri.std()                # desvio padrão
26 ax1=fig.subplot(212)
27 ax1.plot(df.Date,ri,'-k',alpha=1)
28 print(' ')
29 print(' ')
30 print('+++++++++++ desvio padrão do ativo +++++++++')
31 print(sigma)
```

O vetor *ri* representa os retornos da ação BBAS3 negociada na Bovespa. As linhas 24 e 25 do código representam os cálculos da média e o desvio-padrão dos retornos dessa ação, com o resultado gráfico apresentado na Figura 9.8.

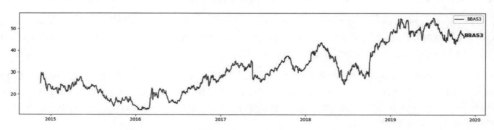

Figura 9.8 – Preços de fechamento da BBAS3 e seus respectivos retornos financeiros. *(continua)*

(continuação)

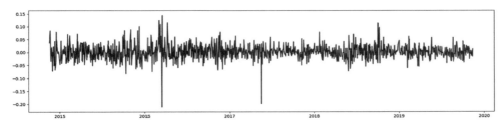

Figura 9.8 – Preços de fechamento da BBAS3 e seus respectivos retornos financeiros.

Um complemento que ajuda a ter noção do risco da ação é sempre fazer uma observação criteriosa sobre o histograma e o ajuste da distribuição normal. Na sequência das linhas do código anterior, a construção do histograma e da curva normal pode ser programada como as linhas a seguir. Detalhes sobre essa construção foram fornecidos na apresentação da biblioteca de estatística no Python.

```
33 #++++++++++++++++ Histograma e curva normal do ativo ++++++++++++++
34 fig.figure()
35 ax1=fig.subplot(111)
36 ax1.hist(np.asarray(ri, dtype='float'),bins=10,normed=True,
37          color='black',alpha=0.4)
38
39 xmin,xmax=fig.xlim()
40 eixox=np.linspace(xmin,xmax,100)
41 eixoy=norm.pdf(eixox,mi,sigma)
42 ax1.plot(eixox,eixoy,'--k',linewidth=3)
43
```

Para seu cálculo, o VaR necessita do valor da variável Z padronizada pela distribuição de probabilidade normal (gaussiana). Com o valor dessa variável Z, tem-se a abscissa do ponto cuja área à esquerda é $\alpha\%$, a qual indica a probabilidade de valor extremo. A fórmula para o VaR é:

$$VaR(\alpha) = média + desvio \times Z(\alpha) \qquad (9.7)$$

Para se calcular $Z(\alpha)$, basta usar a função do Python **norm.ppf(α)** que está na biblioteca scipy.stats e precisa ser importada para o programa. A linha com o valor de Z é a 45 do código a seguir. Então, com o valor de Z, na linha 46 o programa calcula o VaR. No exemplo em questão, utilizou-se $\alpha = 5\%$ (0.05) que representa um nível de confiança de 95% sobre o resultado final.

```
44 #+++++++++++++++++++++ VaR e área abaixo da normal ++++++++++++++++++
45 z=norm.ppf(0.05)
46 VaR=float(mi+z*sigma)
47 Ix=np.linspace(xmin,VaR,100)
48 Iy=norm.pdf(Ix,mi,sigma)
49 ax1.fill_between(Ix,Iy,color='k')
50 ax1.text(xmin+0.12,3,'5% de risco',fontsize=14,weight='bold')
51 # ++++++++++++++++++++++ VaR Monetário (R$ ) +++++++++++++++++++++++++
```

As linhas seguintes ao cálculo do VaR no código anterior calculam os parâmetros da área hachurada do VaR no gráfico da distribuição normal, como visto na área da Figura 9.9.

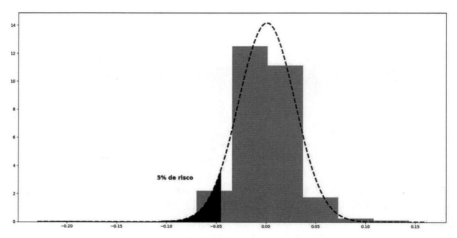

Figura 9.9 – Área do VaR sob a distribuição normal.

Quanto isso significa em moeda, ou seja, em reais? Qual valor mínimo esses preços podem atingir? Para ter um valor monetário, o VaR deve ser multiplicado pelo preço do último dia observado, visto que depende do horizonte de tempo de previsão, que no caso é de um dia. Assim, multiplica-se o VaR pelo último preço do investimento para se obter o caso mais extremo. Esse resultado é conhecido como VaR monetário, pois indica a perda em moeda do investimento a ser alocado no ativo.

$$VaR\,(\alpha) = (média + desvio \times Z\,(\alpha)) \times preço\_último \tag{9.8}$$

Caso se deseje saber o risco além de um dia seguinte ao último preço de fechamento, deve-se obter o horizonte dos eventos monetários, multiplicando a Equação (9.8) por raiz quadrada dos dias futuros. Ou seja:

$$VaR\,(\alpha) = (média + desvio \times Z\,(\alpha)) \times preço\_último \times \sqrt{dias}$$

Essa fórmula foi introduzida no programa anterior e na linha 54 a seguir usando o número de dias desejado, colocado na variável *dias* na linha 53.

```
51 # +++++++++++++++++++++ VaR Monetário (R$ ) +++++++++++++++++++++++
52
53 dias=1      # dias que deseja manter o ativo no futuro
54 VaR_Mon=VaR*float(prec[-1:].values)*math.sqrt(dias)
55
56 print(' ')
57 print('+++++++++++ VaR do ativo +++++++++++++')
58 print('dias na posição futura = ',dias)
59 print('última posição = ',float(prec[-1:].values))
60 print('VaR ( 5% ) = ',str(round(100*VaR,3)) + ' %')
61 print('VaR Monetario por ação = ',round(VaR_Mon,3))
62 print('+++++++++++++++++++++++++++++++++++++++')
```

Finanças e Python **315**

O resultado final para a ação BBAS3 é no **Console**:

```
++++++++++++ VaR do ativo ++++++++++++
dias na posição futura = 1
última posição = 46.509998
VaR ( 5% ) = -4.536 %
VaR Monetario por ação = -2.11
+++++++++++++++++++++++++++++++++++++++
```

Esse resultado indica que, para o investimento apenas mais um dia à frente do preço de fechamento, cujo valor foi de R$ 46.50, existe um risco de 5% para perdas maiores do que 4.53%. Em termos monetários, com 5% de probabilidade, espera-se que em um dia a perda possa ser de R$ 2.11. Na Figura 9.9, a área hachurada preta abaixo da curva normal indica essa região de probabilidades de perdas, prevista no VaR.

O programa completo desse resultado pode ser observado nestas linhas:

```
1  import pandas as pd
2  import matplotlib.pyplot as fig
3  import numpy as np
4  from scipy.stats import norm
5  import math
6
7  df=pd.read_excel('BBrasil.xlsx',sheet_name='Planilha1')
8
9  list=['BBAS3']
10 fig.figure()
11 ax1=fig.subplot(211)
12 ax1.plot(df.Date,df[list],'-k',alpha=1)
13 ax1.legend(list)
14
15 for i in range(1):
16         ax1.text(x=df.Date[-1:],y=df[list[i]][-1:],
17                  s=list[i],fontsize=12,color='k',weight='bold')
18
19 n=len(df)
20 #++++++++++++++++++++++++ exclui a coluna de datas para o cálculo do retorno
21 prec=df.drop(['Date'],axis=1)
22 #++++++++++++++ retornos dos preços ++++++++++++++++++++
23 ri=prec/prec.shift(1)-1
24 mi=ri.mean().values         # retorno médio dos ativos por colunas
25 sigma=ri.std()              # desvio padrão
26 ax1=fig.subplot(212)
27 ax1.plot(df.Date,ri,'-k',alpha=1)
28 print(' ')
29 print(' ')
30 print('+++++++++++ desvio padrão do ativo +++++++++')
31 print(sigma)
32
33 #++++++++++++++++++ Histograma e curva normal do ativo ++++++++++++++
34 fig.figure()
35 ax1=fig.subplot(111)
36 ax1.hist(np.asarray(ri, dtype='float'),bins=10,normed=True,
37          color='black',alpha=0.4)
38
39 xmin,xmax=fig.xlim()
40 eixox=np.linspace(xmin,xmax,100)
41 eixoy=norm.pdf(eixox,mi,sigma)
42 ax1.plot(eixox,eixoy,'--k',linewidth=3)
43
44 #++++++++++++++++++++++++ VaR e área abaixo da normal ++++++++++++++++++
```

```
45 z=norm.ppf(0.05)
46 VaR=float(mi+z*sigma)
47 Ix=np.linspace(xmin,VaR,100)
48 Iy=norm.pdf(Ix,mi,sigma)
49 ax1.fill_between(Ix,Iy,color='k')
50 ax1.text(xmin+0.12,3,'5% de risco',fontsize=14,weight='bold')
51 # +++++++++++++++++++ VaR Monetário (R$ ) +++++++++++++++++++++
52
53 dias=1    # dias que deseja manter o ativo no futuro
54 VaR_Mon=VaR*float(prec[-1:].values)*math.sqrt(dias)
55
56 print(' ')
57 print('+++++++++++++ VaR do ativo +++++++++++++')
58 print('dias na posição futura = ',dias)
59 print('última posição = ',float(prec[-1:].values))
60 print('VaR ( 5% ) = ',str(round(100*VaR,3)) + ' %')
61 print('VaR Monetario por ação = ',round(VaR_Mon,3))
62 print('++++++++++++++++++++++++++++++++++++++')
```

9.5 SIMULAÇÃO DE MONTE CARLO

Georges-Louis Leclerc, ou conde de Buffon, viveu entre 1707 e 1788 em Paris (França) e escreveu cerca de 44 volumes de livros para descrever como a vida biológica teria evoluído. Ele foi precursor de Jean-Baptiste de Lamarck e Charles Darwin, e seus textos de alguma forma influenciaram os dois nas considerações sobre as teorias do evolucionismo. O conde herdou uma fortuna de seu pai e resolveu estudar direito e matemática. Uma de suas contribuições à matemática foi a elaboração de uma maneira diferente de se calcular o valor do número irracional π.

Buffon imaginou em sua época colocar uma agulha entre linhas paralelas e, aleatoriamente, marcar pontos para calcular a área de um círculo formada pelo giro da agulha. Então mencionou que, se contarmos o número de pontos dentro do raio R e o dividirmos pela área total de um quadrado, é possível o cálculo do valor de π. Ou seja, conforme visto na Figura 9.10, pode-se gerar n pontos e contar quantos pontos caem na área do círculo e quantos caem fora do círculo.

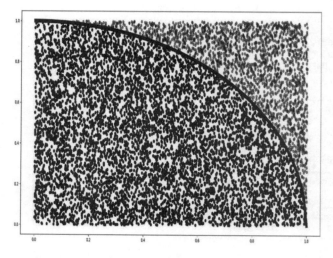

Figura 9.10 – Simulação de Monte Carlo para calcular π.

A ideia de Buffon foi bastante engenhosa e, na forma contemporânea, o que ele fez foi calcular a probabilidade de um ponto cair na área do círculo.

$$P(x^2 + y^2 < 1) = \frac{\text{área círculo}}{\text{área quadrado}}$$

Como a ideia era não usar fórmula, a tarefa passou a ser contar a quantidade de pontos mais escuros dentro da área hachurada da Figura 9.10 e dividir pela quantidade de pontos na área externa ao círculo, incluindo os pontos mais escuros dentro do círculo e os pontos mais claros fora dele. Se o total de pontos dentro do círculo é representado por N e o total de pontos aleatórios gerados é representado por M, então a razão N/M é a probabilidade.

$$P(x^2 + y^2 < 1) = \frac{N}{M}$$

O que se encontra quando se divide N/M? Como a área do círculo (temos na realidade 1/4 do círculo) dividida pela área do quadrado de lado R é:

$$P(x^2 + y^2 < 1) = \frac{N}{M} = \frac{\pi R^2}{4R^2}$$

então:

$$\frac{N}{M} = \frac{\pi}{4}$$

Assim, para se encontrar o valor de π, segundo Buffon, bastava multiplicar por 4 a razão N/M, ou seja:

$$\pi = 4 \times \frac{N}{M}$$

A ideia de Buffon no Python é simples, reproduzida pelo seguinte código, que gerou a Figura 9.10:

```
1 import numpy as np
2
3 import matplotlib.pyplot as fig
4 x=np.random.random([10000])
5 y=np.random.random([10000])
6 eix=np.linspace(0,1,100)
7 circ=np.sqrt(np.ones(100)-eix**2)
8 fig.plot(eix,circ,'-k',linewidth=8)
9
10
11 N=0
12 M=0
```

```
11 N=0
12 M=0
13 for i in range(10000):
14     M=M+1
15     if x[i]**2+y[i]**2<1:
16         N=N+1
17         fig.plot(x[i],y[i],'ok')
18     else:
19         fig.plot(x[i],y[i],'ok',alpha=0.4)
20 pi=4*N/M
21 print(pi)
```

Para 10 mil pares de números aleatórios no intervalo (0,1), o resultado da aproximação do valor de π foi 3.1404, quando o valor para as primeiras casas decimais é 3.1416. Embora seja popular o uso de números aleatórios em problemas estatísticos, de física e de engenharia, a formalização com o nome método de Monte Carlo teve uma das primeiras aparições na literatura em 1949, em publicação de Nicholas Metropolis e S. Ulam, no volume 44 do *Journal of the American Statistical Association*.

Os autores usaram a geração de números aleatórios para encontrar a solução de modelos da física baseados em equações diferenciais ordinárias. Aproveitando a mesma ideia de área de Buffon, conseguiram resolver algumas integrais sem solução exata na área de matemática. O nome do método foi derivado do Cassino de Monte Carlo, mais especificamente das roletas do cassino. Adotando-se o giro da roleta e dos lançamentos das bolinhas como números aleatórios, imaginaram que esse método repetia, em média, resultados do experimento da roleta de cassinos.

Para o mercado financeiro, o método é amplamente utilizado em previsões de volatilidade, tendências, retornos financeiros. O método de Monte Carlo faz parte das ferramentas quantitativas utilizadas no dia a dia dos negócios financeiros.

EXEMPLO 9.3

Queremos fazer uma simulação de Monte Carlo para retornos. Neste exemplo, tomamos os dados históricos de fechamento para Ibovespa de 2015 a 2019. Os dados foram salvos em planilha Excel e importados para o Python utilizando a biblioteca pandas. A construção do gráfico de linhas para o fechamento e para os retornos foi realizada seguindo os mesmos passos já apresentados. O nome do arquivo é Ibovespa. xlsx e o nome da planilha com os dados é **IBV**. As linhas iniciais podem ser visualizadas a seguir:

	A	B
1	Date	Ibov
2	19/11/2014	53403
3	21/11/2014	56084
4	24/11/2014	55407
5	25/11/2014	55561
6	26/11/2014	55098
7	27/11/2014	54721
8	28/11/2014	54664
9	01/12/2014	52276
10	02/12/2014	51612
11	03/12/2014	52320
12	04/12/2014	51427
13	05/12/2014	51992
14	08/12/2014	50274
15	09/12/2014	50193
16	10/12/2014	49543
17	11/12/2014	49861
18	12/12/2014	48002
19	15/12/2014	47019
20	16/12/2014	47008
21	17/12/2014	48714

```python
import pandas as pd
import matplotlib.pyplot as fig
import numpy as np
from scipy.stats import norm

df=pd.read_excel('Ibovespa.xlsx',sheet_name='IBV')

list=['Ibov']
fig.figure()
ax1=fig.subplot(211)
ax1.plot(df.Date,df[list],'-k',alpha=1)
fig.title('Ibovespa (2015-2019)',fontsize=16)
ax1.legend(list)

for i in range(1):
        ax1.text(x=df.Date[-1:],y=df[list[i]][-1:],
                 s=list[i],fontsize=12,color='k',weight='bold')
n=len(df)
#++++++++++++++++++++++++ exclui a coluna de datas para o cálculo do retorno
prec=df.drop(['Date'],axis=1)
#+++++++++++++ retornos dos preços ++++++++++++++++++++
ri=prec/prec.shift(1)-1
mi=ri.mean().values        # retorno médio dos ativos por colunas
sigma=ri.std()             # desvio padrão
ax1=fig.subplot(212)
ax1.plot(df.Date,ri,'-k',alpha=1)
fig.xlabel('Anos ',fontsize=16)
fig.ylabel('RETORNOS',fontsize=16)
```

A Figura 9.11 apresenta o resultado das linhas do código anterior para Ibovespa e retornos. Pode-se perceber alguns picos mais fortes para altas e baixas no indicador da bolsa de valores. O retorno mais negativo ao redor de 8% ocorreu no primeiro semestre de 2017, quando foram divulgados os áudios da denúncia de corrupção por parte dos donos do frigorífico JBS envolvendo o ex-presidente Michel Temer.

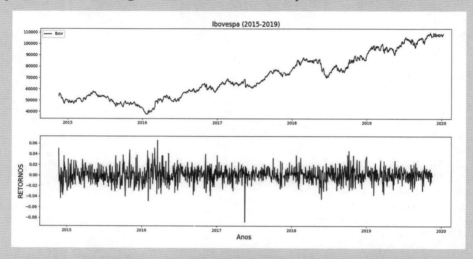

Figura 9.11 – Ibovespa histórico de 2015 a 2019 e retornos financeiros.

Para a preparação da simulação do método de Monte Carlo, é necessário construir o histograma dos retornos e do ajuste da normal. Isso vai auxiliar na idealização dos sinais aleatórios baseados na distribuição normal. Os números aleatórios com distribuição normal podem ser gerados com diversas bibliotecas. Na biblioteca numpy, basta usar **random** seguido de **norm** com a média e o desvio-padrão real dos retornos.

O histograma e a curva normal podem ser construídos como os outros exemplos, conforme as linhas a seguir.

```
30 #++++++++++++++++++ Histograma e curva normal do ativo ++++++++++++++
31 fig.figure()
32 ax1=fig.subplot(111)
33 ax1.hist(np.asarray(ri, dtype='float'),bins=10,normed=True,
34         color='black',alpha=0.4)
35
36 xmin,xmax=fig.xlim()
37 eixox=np.linspace(xmin,xmax,100)
38 eixoy=norm.pdf(eixox,mi,sigma)
39 ax1.plot(eixox,eixoy,'--k',linewidth=3)
40 fig.xlabel('faixas de retornos financeiros ',fontsize=16)
41 fig.title('Histograma de retornos - Ibovespa (2015-2019)',fontsize=16)
```

O resultado do histograma dos retornos pode ser observado na Figura 9.12, aparentemente mostrando uma boa representação para o ajuste da distribuição normal. No entanto, apesar de parecer pequenos, os erros nas bordas do histograma são grandes, denunciando um risco real maior de perdas do que os previstos pela normal. Na linha 33 do código, utilizou-se o comando *normed=True*, mas em versões mais recentes o Python trocou esse comando para *density=True*.

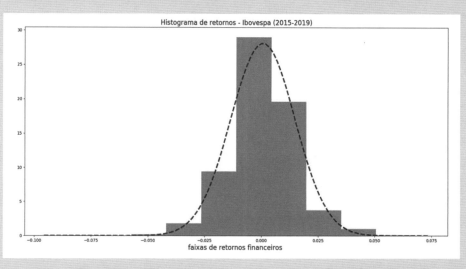

Figura 9.12 – Histograma dos retornos do Ibovespa (2015-2019).

Com a média e o desvio-padrão dos retornos reais, construiu-se uma matriz com a mesma quantidade de linhas do arquivo dos fechamentos do Ibovespa e com cinco colunas. Cada coluna representa uma realização da simulação do método de Monte Carlo. Na realidade, quanto mais simulações, melhor o resultado. Pode-se gerar tamanhos maiores de colunas com realizações com os parâmetros reais de média e desvio-padrão. As linhas 44 a 47 do código a seguir constroem os resultados com a distribuição normal.

```
43 #++++++++++++++++++ simulacao de monte carlo ++++++++++++++++++++++++++
44 x=np.zeros((n,5))
45 for j in range(5):
46     for i in range(n):
47         x[i,j]=np.random.normal(mi,sigma)
48
49
50 fig.figure()
51 fig.plot(df.Date,ri,'-k')
52 fig.plot(df.Date,x,'-k',alpha=0.2)
53 fig.xlabel('Anos ',fontsize=16)
54 fig.ylabel('RETORNOS',fontsize=16)
55 fig.title('Simulação de Monte Carlo para os retornos do Ibovespa(2015-2019)',
56           fontsize=16)
57 print(' ')
58 print('++++++++++++ RESULTADO DA SIMULAÇÃO DE MONTE CARLO ++++++++')
59 print('RETORNO MÉDIO REAL = ',float(mi)*252)
60 print('RETORNO MÉDIO SIMULADO = ',x.mean()*252)
61 print('VOLATILIDADE REAL = ',float(sigma)*252)
62 print('VOLATILIDADE SIMULADA = ',x.std()*252)
63 print('++++++++++++++++++++++++++++++++++++++++++++++++++++++++++')
```

A Figura 9.13 apresenta uma comparação entre as simulações dos retornos e os valores reais. O retorno real está em curva mais escura, para facilitar a diferenciação entre os resultados numéricos. Como se pode perceber, o risco real é maior do que o simulado, pois as simulações não conseguiram repetir as fortes quedas e as altas expressivas. Por isso, o estudo e o desenvolvimento de distribuições de probabilidades que refletem os retornos reais ainda é um grande desafio.

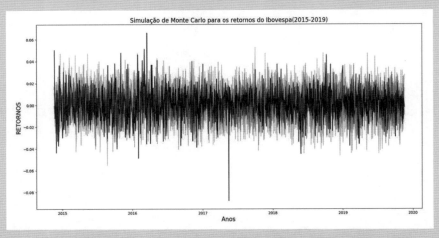

Figura 9.13 – Simulação de Monte Carlo para retornos (linha cinza) e retornos reais (linha preta).

No entanto, em termos de média e desvio-padrão, o resultado é bastante satisfatório do ponto de vista de anualização da média e do desvio. Por isso as linhas 59 a 62 foram multiplicadas por 252 dias úteis. O retorno médio diário para o Ibovespa ficou em torno de 0.16%, enquanto a simulação de Monte Carlo encontrou 0.2%. Já a volatilidade real foi de 3.57%, enquanto a simulação de Monte Carlo chegou a 3.58%.

```
++++++++++++ RESULTADO DA SIMULAÇÃO DE MONTE CARLO ++++++++
RETORNO MÉDIO REAL   =   0.1627509382510584
RETORNO MÉDIO SIMULADO =   0.200255179325552
VOLATILIDADE REAL =    3.576223580672359
VOLATILIDADE SIMULADA  =    3.588672163947439
++++++++++++++++++++++++++++++++++++++++++++++++++++++++++
```

EXEMPLO 9.4

Outra aplicação de Monte Carlo é para analisar a tendência do movimento dos preços ou dos índices. No exemplo anterior, a simulação de Monte Carlo foi utilizada para replicar a volatilidade dos retornos. Deseja-se neste exemplo aplicar a simulação para analisar um movimento futuro levando em conta a dispersão em torno de alguma tendência observada historicamente.

Muitas tendências podem ser assumidas para a previsão de movimentos futuros sendo, no entanto, a mais utilizada a tendência linear. Vamos assumir novamente, como no exemplo anterior, os dados importados do Excel para o Ibovespa de 2015 a 2019 diariamente.

A Figura 9.14 apresenta, em seu quadro superior, o movimento do Ibovespa e, no quadro inferior, o gráfico da linha de tendência linear (reta) ajustada aos dados do Ibovespa e a comparação com o movimento da bolsa de valores. A área hachurada é a diferença entre a reta e o Ibovespa.

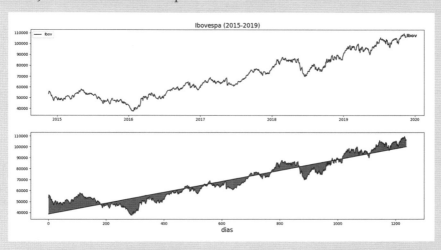

Figura 9.14 – Fechamento Ibovespa (quadro superior) e comparação da linha de tendência linear com o Ibovespa (quadro inferior).

Pode-se perceber que, ao longo de cinco anos, o Ibovespa oscilou ao redor de uma reta, mas essa oscilação é o objeto da simulação de Monte Carlo. Esse movimento errático ou oscilação da pontuação do Ibovespa é a diferença dia após dia entre o que se esperava caso os dados lineares fossem verdadeiros e o que aconteceu com o Ibovespa. O movimento errático dessa diferença é o que se chama *detrends*, cálculo que possui uma função específica no Python. Precisamos, para acessar a função do Python ***.detrend_linear( )**, importar a biblioteca matplotlib.mlab:

```
import matplotlib.mlab
```

A Figura 9.15 apresenta, em seu quadro superior, exatamente o *detrend*, essa diferença entre a reta de tendência e os pontos do Ibovespa. Esse movimento aleatório corresponde aos valores da área hachurada na Figura 9.14. No quadro inferior, é apresentado o histograma de classes para o *detrend*. O ajuste para a curva normal é apresentado na mesma figura, e é possível observar que a oscilação tem uma variabilidade de cerca de 10 mil pontos ao redor da tendência.

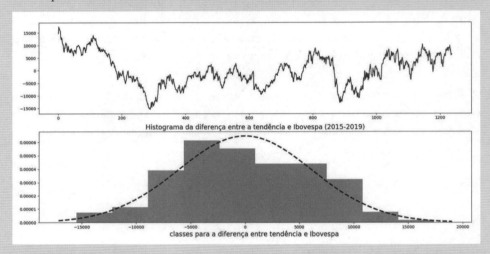

Figura 9.15 – Diferença entre Ibovespa e reta de tendência (quadro superior) e histograma das diferenças com ajuste gaussiano (quadro inferior).

Em termos de estatística, a distribuição das diferenças entre a reta e a linha de tendência apresentou a média $\mu = 6 \cdot 10^{-13}$ e o desvio-padrão $\sigma = 6172.67$ pontos. Para a simulação de Monte Carlo, esses valores são utilizados para a projeção futura do Ibovespa. A simulação de Monte Carlo é uma amostragem dos possíveis cenários futuros e, como tal, da estatística sabemos que a distribuição amostral possui a mesma média μ da população, mas o desvio-padrão deve ser corrigido pelo número de amostragens da população, ou seja, $\sigma/\sqrt{n}$.

$$Dist.Amostral \sim \left(\mu, \frac{\sigma}{\sqrt{n}}\right) \tag{9.9}$$

A média da distribuição amostral em torno da qual devem variar possíveis valores é a própria média da população. De propriedades estatísticas, sabe-se que os valores com que se dispersam os dados de uma distribuição amostral é *n* vezes menor do que a variância da população da qual é retirada a amostra. E como a variância é σ^2/n, o desvio-padrão das amostras torna-se $\sigma/\sqrt{n}$.

Outro fator de correção vem da teoria de processos estocásticos, em que se demonstra que a variabilidade de um processo corrompido por sinais aleatórios distribuídos no tempo aumenta a incerteza em uma taxa de raiz quadrada do tempo percorrido, ou:

$$\pm \frac{\sigma}{\sqrt{n}} \times \sqrt{dias\ futuros} \qquad (9.10)$$

Esse fator cria uma curva de números aleatórios que se abrem à medida que mais pontos no futuro são simulados. O resultado se parece com a curvas apresentadas na Figura 9.16.

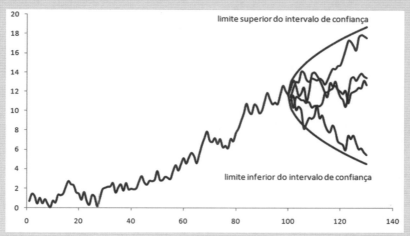

Figura 9.16 – Incerteza da variabilidade futura em simulação de Monte Carlo.

Para o exemplo do Ibovespa com 1237 dias de fechamentos amostrados, se supomos que se deseja conhecer o cenário do índice da bolsa vinte dias à frente do ponto final, usando a média $\mu = 6 \cdot 10^{-13}$ e o desvio-padrão amostral:

$$\pm \frac{\sigma}{\sqrt{1237}} \times \sqrt{20} \qquad (9.11)$$

temos o gráfico da Figura 9.17 para quinze simulações de Monte Carlo. É possível observar na figura a abertura da incerteza nas simulações à medida que o futuro se distancia do último valor real coletado do Ibovespa.

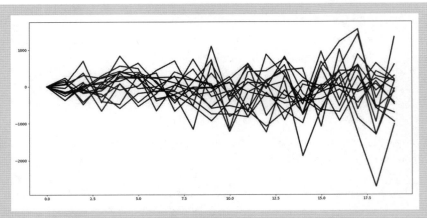

Figura 9.17 – Simulações de Monte Carlo para o caso do Ibovespa.

Essas simulações devem ser somadas ao último valor do Ibovespa, para que se possa reproduzir seus possíveis movimentos. O último valor real amostrado para o Ibovespa foi no dia 18 de novembro de 2019, com pontuação de 106347 pontos. Logo, para quinze cenários possíveis para vinte dias à frente, a programação em Python é a seguinte nas linhas do código:

```
#+++++++++++++++++++ simulacao de monte carlo +++++++++++++++++++++++++
num = 15
dias = 20
aleat=np.zeros((dias,num))
simul=np.zeros((dias,num))
eixo=np.zeros((dias,num))
for j in range(num):
    for i in range(dias):
        eixo[i,0]=n+i
        aleat[i,j]=np.random.normal(mi,sigma/np.sqrt(n))*np.sqrt(i)
        simul[i,j]=df['Ibov'][-1:]+aleat[i,j]


fig.figure()
fig.plot(x[-60:],df['Ibov'][-60:],'-k',linewidth=5)
fig.plot(eixo[:,0],simul,'--k',alpha=0.7)
fig.xlabel('dias',fontsize=16)
fig.ylabel('IBOVESPA',fontsize=16)
fig.grid()
fig.title('Simulação de Monte Carlo para o Ibovespa',
          fontsize=16)
```

Os dados do Ibovespa foram importados para o **DataFrame df['Ibov']**, em que a matriz **aleat[i,j]** é a simulação de Monte Carlo com média μ e desvio-padrão segundo a Equação (9.11), em que a variável *i* dentro da raiz quadrada são os dias futuros iniciando em 1 e terminando em 20. A Figura 9.18 apresenta o resultado final da simulação de Monte Carlo e a Figura 9.19 mostra a região em destaque para as curvas da simulação.

Finanças e Python

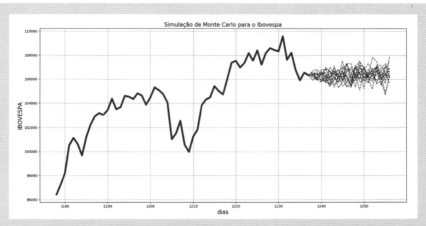

Figura 9.18 – Simulações de Monte Carlo com cenários de incerteza para $\pm \dfrac{\sigma}{\sqrt{1237}} \times \sqrt{dias}$, com *dias* = 1, 2, 3, ..., 20.

É possível observar na Figura 9.19 o aumento de incerteza simulado por Monte Carlo à medida que mais dias vão se afastando do último dado real do Ibovespa. Os dados consolidados da simulação são apresentados no **Console** como:

```
++++++++++++ RESULTADO DA SIMULAÇÃO DE MONTE CARLO ++++++++
MÉDIA REAL (detrends) =  6.117215779103285e-13
MÉDIA DA SIMULAÇÃO (detrends) =  106355.5664948379
VOLATILIDADE REAL (desvio padrão dos detrends passados) =  6172.6753284978695
VOLATILIDADE DA SIMULAÇÃO (desvio padrão dos detrends futuros) =  527.7547440906498
++++++++++++++++++++++++++++++++++++++++++++++++++++++++++
```

A média e o desvio-padrão reais já foram apresentados antes, enquanto a média da simulação para os dados futuros fica ao redor de 106340 pontos. Já a volatilidade futura fica em torno de 527 pontos. Para próximo do final dos vinte dias no futuro, a Figura 9.19 apresenta valores que oscilam entre 105 mil pontos e quase 109 mil pontos.

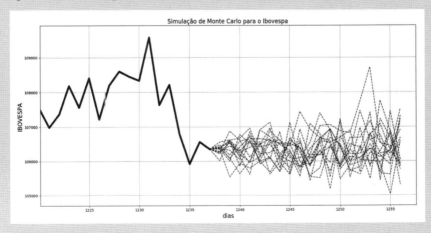

Figura 9.19 – Região de interesse da simulação de Monte Carlo para o Ibovespa.

Pode-se ainda, com os dados da simulação, criar intervalos de confiança, testar hipóteses e analisar riscos futuros. No exemplo foram simuladas apenas quinze realizações para o Ibovespa, mas, para a variabilidade alta, quanto mais realizações, mais os limites convergem para a distribuição real dos números aleatórios.

No entanto, para o caso do Ibovespa e de outros ativos financeiros, novamente recomendamos cuidados, pois, como se pode notar, a distribuição de probabilidade normal nem sempre se ajusta perfeitamente às oscilações dos preços. Assim, apesar de parecer próxima da realidade, às vezes quedas ou altas repentinas fazem as previsões se descolarem dos valores reais, podendo ocasionar perdas significativas. A seguir, é apresentado o código completo para esse exemplo.

```
1 # Simulação de Monte Carlo para tendencias
2 import pandas as pd
3 import matplotlib.pyplot as fig
4 import numpy as np
5 import matplotlib.mlab as m
6 from scipy.stats import norm
7 df=pd.read_excel('Ibovespa.xlsx',sheet_name='IBV')
8
9 list=['Ibov']
10 fig.figure()
11 ax1=fig.subplot(211)
12 ax1.plot(df.Date,df[list],'-k',alpha=1)
13 fig.title('Ibovespa (2015-2019)',fontsize=16)
14 ax1.legend(list)
15
16 for i in range(1):
17         ax1.text(x=df.Date[-1:],y=df[list[i]][-1:],
18                  s=list[i],fontsize=12,color='k',weight='bold')
19 n=len(df)
20 #++++++++++++++++++++++++++ exclui a coluna de datas para o cálculo do retorno
21 x=np.linspace(1,n,n)
22 coef=np.polyfit(x,df['Ibov'],1)
23 tendencia=coef[1]+coef[0]*x
24
25 print("+++++++ coeficientes tendência linear y = b + ax +++++")
26 print("a = ", coef[0]," b = ",coef[1])
27
28 ax1=fig.subplot(212)
29 ax1.plot(x,df['Ibov'],'-k',x,tendencia,'-k')
30 ax1.fill_between(x,df['Ibov'], tendencia,facecolor='gray')
31 fig.xlabel('dias',fontsize=16)
32
33 fig.figure()
34 ax1=fig.subplot(211)
35 filtro=m.detrend_linear(df['Ibov'])
36 mi=filtro.mean()
37 sigma=filtro.std()
38 ax1.plot(x,filtro,'-k')
39
40 ax1=fig.subplot(212)
41 ax1.hist(np.asarray(filtro, dtype='float'),bins=10,normed=True,
42          color='black',alpha=0.4)
43 fig.title('Histograma da diferença entre a tendência e Ibovespa (2015-2019)',fontsize=16)
44 xmin,xmax=fig.xlim()
45 eixox=np.linspace(xmin,xmax,100)
46 eixoy=norm.pdf(eixox,mi,sigma)
47 ax1.plot(eixox,eixoy,'--k',linewidth=3)
48 fig.xlabel('classes para a diferença entre tendência e Ibovespa ',fontsize=16)
49

50 #+++++++++++++++++++++ simulacao de monte carlo ++++++++++++++++++++++++++++++
51 num = 15
52 dias = 20
53 aleat=np.zeros((dias,num))
54 simul=np.zeros((dias,num))
```

```
50 #++++++++++++++++++ simulacao de monte carlo ++++++++++++++++++++++++++
51 num = 15
52 dias = 20
53 aleat=np.zeros((dias,num))
54 simul=np.zeros((dias,num))
55 eixo=np.zeros((dias,num))
56 for j in range(num):
57     for i in range(dias):
58         eixo[i,0]=n+i
59         aleat[i,j]=np.random.normal(mi,sigma/np.sqrt(n))*np.sqrt(i)
60         simul[i,j]=df['Ibov'][-1:]+aleat[i,j]
61
62
63 fig.figure()
64 fig.plot(x[-60:],df['Ibov'][-60:],'-k',linewidth=5)
65 fig.plot(eixo[:,0],simul,'--k',alpha=0.7)
66 fig.xlabel('dias',fontsize=16)
67 fig.ylabel('IBOVESPA',fontsize=16)
68 fig.grid()
69 fig.title('Simulação de Monte Carlo para o Ibovespa',
70           fontsize=16)
71
72 print(' ')
73 print('++++++++++++ RESULTADO DA SIMULAÇÃO DE MONTE CARLO ++++++++')
74 print('MÉDIA REAL (detrends) = ',float(mi))
75 print('MÉDIA DA SIMULAÇÃO (detrends) = ',simul.mean())
76 print('VOLATILIDADE REAL (desvio padrão dos detrends passados) = ',float(sigma))
77 print('VOLATILIDADE DA SIMULAÇÃO (desvio padrão dos detrends futuros) = ',simul.std())
78 print('+++++++++++++++++++++++++++++++++++++++++++++++++++++++++')
```

9.6 SIMULAÇÃO ESTOCÁSTICA

O movimento aleatório de qualquer evento com desenvolvimento no tempo é conhecido como processo estocástico. Esse movimento depende da oscilação que varia com o decorrer do tempo e da oscilação perturbadora aleatória assumida com alguma distribuição de probabilidade. A equação clássica para a descrição do movimento aleatório é a Equação (9.12) a seguir, em que a letra grega σ (sigma) indica uma variabilidade do fenômeno no tempo e a letra grega μ (mi) indica a direção média a ser seguida. O termo dt indica uma variação no passo de observação no tempo. O termo dB_t indica como a perturbação aleatória interfere no movimento do processo X_t.

$$dX_t = \mu dt + \sigma dB_t \tag{9.12}$$

Então, conhecendo-se as duas letras gregas, é possível saber o caminho do evento denominado como X_t. O problema que surge é: se a letra grega sigma que está no segundo termo é algo que depende da trajetória de X_t, a previsão é impossível em muitos casos. Na verdade, a solução é impossível, mas numericamente conseguimos estimar onde X_t vai estar. A diferença de X_t entre dois instantes t é um número aleatório que depende da distribuição de probabilidade normal:

$$\Delta X = X(t + \Delta t) - X(t) \sim N\left(0, \sqrt{\Delta t}\right)$$

Como simular numericamente um processo estocástico? À primeira vista, fazer isso parece muito complicado, mas na verdade depende do conhecimento existente sobre métodos numéricos e estatísticas, dois componentes fundamentais.

Em finanças, uma vez que o retorno financeiro sobre o preço y de um ativo pode ser representado pela relação diferencial dy/y, um modelo de processo estocástico utilizado com frequência para estudo de preços é:

$$dy = \mu y dt + \sigma y dW_t \tag{9.13}$$

em que y representa o preço de um ativo, μ representa o retorno esperado, σ^2 é a variância, e W_t indica um processo que representa ruído aleatório conhecido como processo de Wiener.

O método mais antigo e simples para se encontrar soluções numéricas de processos estocásticos é o método de Euler, que consiste em discretizar a função do processo em pequenos intervalos de tempo. Assim, um modelo contínuo na forma:

$$dX_t = \mu dt + \sigma dW_t \tag{9.14}$$

torna-se:

$$\Delta X = \mu \Delta t + \sigma \Delta W$$

em que a letra grega Δ (delta) representa uma diferença entre dois tempos diferentes para a medida realizada. Nesse caso, a representação para essas diferenças é:

$$\Delta X = X_{i+1} - X_i$$
$$\Delta t = t_{i+1} - t_i$$
$$\Delta W = W_{i+1} - W_i$$

O termo da diferença entre dois tempos Δt é assumido constante nas simulações, não mudando durante todo o processo de soma dos valores. Para a diferença entre valores da variável estocástica, ΔX se altera a cada nova avaliação das medidas e cálculos do processo. O termo para o ruído aleatório ΔW deve ser a soma aleatória de dois valores aleatórios com distribuição de probabilidade gaussiana ou normal, admitindo-se média zero e desvio-padrão igual a $\sqrt{t}$. Esse fato simula a expansão do processo de ruído variando de forma crescente à medida que o tempo avança até o valor final do período T. O processo de soma de W representa a adição numérica do ruído conhecido como ruído branco gaussiano.

No Python, a geração para ΔW pode ser obtida na biblioteca numpy com a função ***.random.randn( )**, como vista a seguir. A soma acumulada para esses ruídos aleatórios é necessária, pois os valores alternam entre positivos e negativos, e devemos lembrar que o processo de simulação é na realidade uma integração no tempo. Assim, na biblioteca numpy, pode-se utilizar a função ***.cumsum( )**.

```
dW=np.sqrt(dt)*np.random.randn(N)
W=np.cumsum(dW)
```

O método de simulação estocástica amplamente utilizado é Euler-Maruyama, formado pela seguinte equação de recorrência:

$$X_{i+1} = X_i + F\Delta t + G\Delta W_i \qquad (9.15)$$

Com o intuito de apenas demonstrar o uso da integração numérica, vamos exemplificar como proceder com o método de Euler-Maruyama para o modelo estocástico:

$$dx = \frac{-x}{1+t}dt + \frac{1}{1+t}dw \qquad (9.16)$$

No Python, a soma recorrente com a Equação (9.15) é realizada após a geração dos números aleatórios de ΔW e após sua soma acumulada para gerar W, que no programa se chamará *Winc*, nome derivado de incremento para W. Essa soma recorrente é utilizada dentro do comando **for**, como segue:

```
for j in range(1,L-1):
    Winc=np.sum(dW[ R*(j-1) : R*j ])
    Xtemp=Xtemp+(-1/(1+t[j]))*Xtemp*Dt+(1/(1+t[j]))*Winc   # MODELO ESTOCASTICO
    Xem[j]=Xtemp
```

A Equação (9.16) é colocada na iteração, e os termos *dt* e *dw* são os vetores do incremento no tempo (determinístico *Dt*) e aleatório (*Winc*). O processo, como todo modelo matemático, precisa de um ponto de condição inicial ou ponto de partida. Para esse modelo, por exemplo, X_0 é zero. A variável R nesse código indica o tamanho de passo de integração no tempo, que nesse exemplo foi utilizado como $R = 1$, pois *dt* é assumido como a divisão entre o tempo final de integração T e a quantidade de pontos ($N = 500$ nesse exemplo). O programa completo no Python para a Equação (9.16) é apresentado a seguir:

```
1 # Modelo 1
2 #+++++++++++++++++++++++++++++++++++++++++
3 #      dx = -x/(1+t) dt + 1/(1+t) dw
4 #+++++++++++++++++++++++++++++++++++++++++
5
6 import numpy as np
7 import matplotlib.pyplot as fig
8 #+++++++++++++++++++++++++++ condicoes inciais do modelo +++++++++++
9 T=10                         # ------> tempo final
10 N=500                       # ------> numero de pontos
11 dt=T/N                      # ------> passo de simulacao
```

```
12 t=np.arange(0,T,dt)          # ------> vetor tempo para o modelo
13 #+++++++++++++++++++++++++++++++++++++++++++++++++++++++++++++++
14 Xzero=0                      # ------> condicao inicial
15
16 #++++++++++++++++++ geracao dos deltas estocasticos +++++++++++++++
17 dW=np.sqrt(dt)*np.random.randn(N)
18 W=np.cumsum(dW)
19 #+++++++++++++++++++++++++++++++++++++++++++++++++++++++++++++++
20 R=1
21 Dt=R*dt                      # -------> delta de integracao no tempo
22 L=int(N/R)
23 Xem=np.zeros(L)              # -------> inicializacao do vetor solucao
24 Xtemp=Xzero
25
26 #++++++++++++++++++++++++++ resolucao numerica do modelo estocastico +++++
27 for j in range(1,L-1):
28     Winc=np.sum(dW[ R*(j-1) : R*j ])
29     Xtemp=Xtemp+(-1/(1+t[j]))*Xtemp*Dt+(1/(1+t[j]))*Winc  # MODELO ESTOCASTICO
30     Xem[j]=Xtemp
31
32 #+++++++++++++++++++++++++++ grafico da solucao ++++++++++++++++++++++++++
33 fig.plot(t,Xem,'-k')
34 fig.xlabel('tempo da simulação t',fontsize = 16)
35 fig.ylabel('x(t)', fontsize = 20)
36 fig.grid()
```

A Figura 9.20 apresenta o resultado da simulação. Para cada simulação, os resultados se alteram, mas o padrão de acontecimentos se repete para esse modelo, representando fenômenos que possuem um choque inicial; então os valores começam a convergir e estacionar. Em termos financeiros, pode simular uma onda de notícias esperadas pelo mercado financeiro para uma empresa na bolsa de valores.

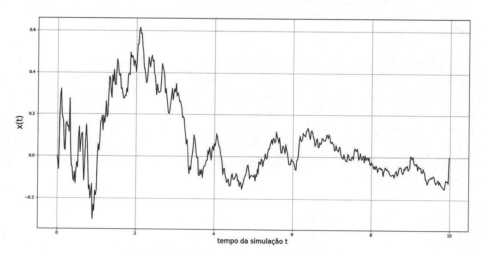

Figura 9.20 – Simulação estocástica do modelo 1.

O modelo seguinte é interessante porque serve de representação de vários processos semelhantes aos observados no mercado financeiro. Após uma fase de crescimento exponencial, o processo segue uma queda vertiginosa nos valores de $x(t)$, retornando depois para um ponto intermediário. A equação é:

$$dx = \frac{1-\sqrt{x}}{4}dt + \sqrt{x}dw \qquad (9.17)$$

O resultado na Figura 9.21 apresenta como a simulação se aproxima de muitos fenômenos observados em ativos financeiros. Um *boom* de crescimento, como se fosse uma bolha nos investimentos, e depois um *crash* assustador, levando os países e as economias a crises financeiras, como as de 1929 e 2008. Com esse potencial de simular cenários, os analistas conseguem usar os modelos para testar suas estratégias de negociação, verificar se as análises de risco podem corresponder aos lucros desejados ou testar seus algoritmos de compra e venda. Para esse modelo, as condições iniciais no Python são:

```
 7 #++++++++++++++++++++++++++++++ condicoes inciais do modelo +++++++++
 8 T=1                             # ------> tempo final
 9 N=1300                          # ------> numero de pontos
10 dt=T/N                          # ------> passo de simulacao
11 t=np.arange(0,T,dt)             # ------> vetor tempo para o modelo
12 #++++++++++++++++++++++++++++++++++++++++++++++++++++++++++++++++++++
13 Xzero=0.1                       # ------> condicao inicial
14
15 #+++++++++++++++++++ geracao dos deltas estocasticos +++++++++++++++++
```

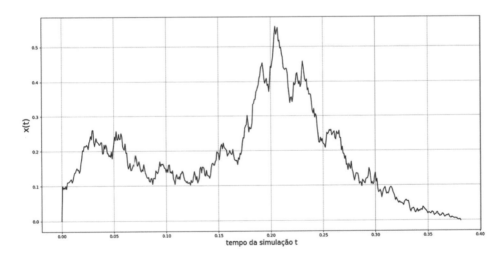

Figura 9.21 – Simulação estocástica do modelo 2.

O programa completo a seguir serve de referência para a simulação do modelo estocástico 2, representado pela Equação (9.17).

```python
1 # Modelo 2
2 #+++++++++++++++++++++++++++++++++++++++++
3 #      dx = (1-sqrt(x))/4 dt + sqrt(x) dw
4 #+++++++++++++++++++++++++++++++++++++++++
5 import numpy as np
6 import matplotlib.pyplot as fig
7 #+++++++++++++++++++++++++++++++ condicoes inciais do modelo +++++++++
8 T=1                              # ------> tempo final
9 N=1300                           # ------> numero de pontos
10 dt=T/N                          # ------> passo de simulacao
11 t=np.arange(0,T,dt)             # ------> vetor tempo para o modelo
12 #++++++++++++++++++++++++++++++++++++++++++++++++++++++++++++++++++++
13 Xzero=0.1                        # ------> condicao inicial
14
15 #++++++++++++++++++ geracao dos deltas estocasticos ++++++++++++++++
16 dW=np.sqrt(dt)*np.random.randn(N)
17 W=np.cumsum(dW)
18 #++++++++++++++++++++++++++++++++++++++++++++++++++++++++++++++++++++

19 R=1
20 Dt=R*dt                         # -------> delta de integracao no tempo
21 L=int(N/R)
22 Xem=np.zeros(L)
23 Xtemp=Xzero
24 #++++++++++++++++++++++++++++ resolucao numerica do modelo estocastico +++++
25 for j in range(1,L):
26     Winc=np.sum(dW[R*(j-1):R*j])
27     Xtemp=Xtemp+0.25*(1-np.sqrt(Xtemp))*Dt+np.sqrt(Xtemp)*Winc # MODELO ESTOCASTICO
28     Xem[j]=Xtemp
29 #+++++++++++++++++++++++++++ grafico da solucao +++++++++++++++++++++++++++
30 fig.plot(t,Xem,'-k')
31 fig.xlabel('tempo da simulação t',fontsize = 16)
32 fig.ylabel('x(t)', fontsize = 20)
33 fig.grid()
```

EXEMPLO 9.5

A crise financeira de 2008 teve como impulso ou golpe final a falência do Lehman Brothers, banco de investimento e provedor de serviços financeiros com atuação globalizada, que fechou em 15 de setembro de 2008. O efeito de manada e o pânico tomaram conta de todas as bolsas de valores do mundo, criando uma crise sistêmica de grandes proporções.

No Brasil, o Ibovespa teve seu máximo histórico em 20 de maio de 2008, no patamar de 73516 pontos, com o mínimo valor atingindo 29435 pontos, em 27 de outubro de 2008. A perda do patamar máximo foi de 60%.

Para efeito de aplicação de simulação estocástica, utilizamos o modelo estocástico para o Ibovespa com a seguinte equação:

$$dX_t = \breve{\theta}_1\left(1-\sqrt{X_t}\right)dt + \breve{\theta}_2\sqrt{X_t}\,dW_t \tag{9.18}$$

em que X_t é a pontuação padronizada do Ibovespa e $\breve{\theta}_1$ e $\breve{\theta}_2$ são parâmetros desconhecidos identificados pelo método dos mínimos quadrados – como em nosso outro texto (CAETANO, 2017). Os valores encontrados para esses parâmetros foram $\breve{\theta}_1 = 0{,}0068$ e $\breve{\theta}_2 = 0{,}0192$. A condição inicial para a partida da simulação é $X_0 = 0{,}48$, e utilizamos a semente para geração dos números aleatórios *seed* = 2.

```
15 #++++++++++++++++++++++++++++++++++++++++++++++++++++++++++++++
16 Xzero=0.48                        # ------> condicao inicial
17 u1=0.0068;
18 u2=0.0192;
19 #++++++++++++++++++ geracao dos deltas estocasticos ++++++++++++++++
20 np.random.seed(2)
21 dW=np.sqrt(dt)*np.random.randn(N)
22 W=np.cumsum(dW)
23 #++++++++++++++++++++++++++++++++++++++++++++++++++++++++++++++
```

A utilização de uma semente para geração de números aleatórios se dá quando se deseja repetir o resultado diversas vezes para testar parâmetros ou estratégias de investimentos. Com uso da semente geradora, o método numérico que gera números aleatórios no Python cria a cada momento diferentes números, o que torna difícil a repetição dos mesmos resultados com outras análises. A semente ou *seed* é um número segundo o qual o método numérico para a escolha aleatória de números uniformes dá partida no processo.

Para a simulação do Ibovespa neste exemplo, a linha 20 no código anterior indica como semente de partida o número 2. Pode-se usar qualquer número como semente, cada qual vai gerar novos resultados, alguns bons, outros nem tanto.

E como o objetivo da simulação estocástica é criar eventos ou cenários para análises de investimentos, uma semente fixa torna-se importante nesse caso. Para verificar a importância da simulação usando esse modelo da Equação (9.18), a Figura 9.22 apresenta o resultado da simulação estocástica e o resultado real para os fechamentos do Ibovespa antes e depois do *crash* de 2008.

A linha contínua mais escura mostra o comportamento do modelo; a linha tracejada apresenta a curva real do índice da bolsa de valores. É possível notar um comportamento bastante similar ao do Ibovespa real por parte da simulação, com altas e quedas abruptas, com o mesmo comportamento dos mercados.

Figura 9.22 – Ibovespa real (*crash* de 2008) e simulação estocástica.

O ajuste ainda mais próximo pode ser conseguido gerando outras simulações, com outras condições iniciais e novas gerações de números aleatórios. Uma vez ajustado, pode-se predizer movimentos futuros ainda não realizados pelo Ibovespa e simular estratégias com o objetivo de treinar mudanças de posições diante de mudanças abruptas no cenário da bolsa de valores.

Para uma boa solução, é importante não usar os valores reais do Ibovespa em termos de pontuação, mas números padronizados entre zero e um. Após o término da simulação, esses números podem ser multiplicados pela pontuação máxima real do período e recuperar valores nominais.

Essa técnica é aconselhável porque o método de soma numérica discretizada de Euler é muito sensível e instável a oscilações fortes nos passos de iterações. Com números padronizados entre zero e um, os resultados obtidos são sempre melhores.

```
35 fig.figure()
36 ax1=fig.subplot(111)
37 ax1.plot(t,Xem*69052,'-k',t,df['Ibov']*69052,'--k')
38 ax1.text(x=t[400],y=Xem[400]*69052,s='Simulação',fontsize=16,color='k',weight='bold')
39 ax1.text(x=t[400],y=df['Ibov'][400]*69052,s='Ibovespa',fontsize=16,color='k',weight='bold')
40 ax1.set_xlabel('tempo da simulação t',fontsize = 16)
41 ax1.set_ylabel('x(t)', fontsize = 20)
42 fig.grid()
43 fig.title('CRASH 2008 - Ibovespa x Simulação Estocástica',fontsize=20)
```

Para este exemplo, pode-se ver nas linhas do código anterior que a correção foi feita na parte gráfica, no momento da plotagem dos pontos na figura, multiplicando os valores da simulação estocástica **Xem(t)** e **df['Ibov']** do formato **DataFrame** pelo fator 69052 pontos. Esse foi o máximo valor no período dos pontos reais do Ibovespa pré-crise e pós-crise de 2008.

A seguir, é apresentado o programa completo para a simulação estocástica do Ibovespa com os resultados da Figura 9.22.

```
1 # Modelo 3 (Ibovespa)
2 #++++++++++++++++++++++++++++++++++++++++
3 #      dx = theta1*(1-sqrt(x)) dt + theta2*sqrt(x) dw
4 #++++++++++++++++++++++++++++++++++++++++
5 import numpy as np
6 import matplotlib.pyplot as fig
7 import pandas as pd
8 df=pd.read_excel('Bov2008.xlsx',sheet_name='Planilha1')
9
10 #++++++++++++++++++++++++++++ condicoes iniciais do modelo +++++++++
11 T=len(df['Ibov'])                # ------> tempo final
12 N=len(df['Ibov'])                # ------> numero de pontos
13 dt=T/N                           # ------> passo de simulacao
14 t=np.arange(0,T,dt)              # ------> vetor tempo para o modelo
15 #++++++++++++++++++++++++++++++++++++++++++++++++++++++++++++++++++
16 Xzero=0.48                       # ------> condicao inicial
17 u1=0.0068;
18 u2=0.0192;
19 #+++++++++++++++++++ geracao dos deltas estocasticos +++++++++++++++
20 np.random.seed(2)
21 dW=np.sqrt(dt)*np.random.randn(N)
22 W=np.cumsum(dW)
```

```
23 #++++++++++++++++++++++++++++++++++++++++++++++++++++++++++++++
24 R=1
25 Dt=R*dt                      # ------> delta de integracao no tempo
26 L=int(N/R)
27 Xem=np.zeros(L)
28 Xtemp=Xzero
29 #+++++++++++++++++++++++++ resolucao numerica do modelo estocastico +++++
30 for j in range(L):
31     Winc=np.sum(dW[R*(j-1):R*j])
32     Xtemp=Xtemp+u1*(1-np.sqrt(Xtemp))*Dt+u2*np.sqrt(Xtemp)*Winc # MODELO ESTOCASTICO
33     Xem[j]=Xtemp
34 #+++++++++++++++++++++++++ grafico da solucao +++++++++++++++++++++++
35 fig.figure()
36 ax1=fig.subplot(111)
37 ax1.plot(t,Xem*69052,'-k',t,df['Ibov']*69052,'--k')
38 ax1.text(x=t[400],y=Xem[400]*69052,s='Simulação',fontsize=16,color='k',weight='bold')
39 ax1.text(x=t[400],y=df['Ibov'][400]*69052,s='Ibovespa',fontsize=16,color='k',weight='bold')
40 ax1.set_xlabel('tempo da simulação t',fontsize = 16)
41 ax1.set_ylabel('x(t)', fontsize = 20)
42 fig.grid()
43 fig.title('CRASH 2008 - Ibovespa x Simulação Estocástica',fontsize=20)
```

9.7 OPÇÕES E BLACK-SCHOLES

Existem dois tipos de opções que um investidor pode adquirir: a opção de compra representada pela letra C e a opção de venda representada pela letra P. Essas letras vêm de sua designação original, em que em inglês uma opção de compra é conhecida como *call* e uma opção de venda é conhecida como *put*.

De uma maneira bastante simples, um investidor que compra uma opção de compra (C) tem a esperança de que o preço dessa ação pode subir bastante no futuro. Se realmente ocorre uma alta da ação para preços (S) bem mais altos que o estabelecido preço de vencimento (K) em seu contrato, esse investidor pode comprar a ação a um preço de mercado K mais barato que os realmente negociados ao preço S. Ou, se desejar, esse investidor pode vender essa opção no mesmo mercado em que comprou e embolsar muitas vezes lucros extraordinários, ou pode ter um forte revés com mudanças bruscas no mercado financeiro.

Existe uma relação teórica e gráfica bem conhecida entre o prêmio da opção de compra (C), o prêmio da opção de venda (P), o preço da ação S e o preço de vencimento ou *strike* K. A Figura 9.23 apresenta a relação entre o prêmio da opção de compra (C) ou *call* e o valor da ação (S).

Na Figura 9.23, se o valor da ação (S) está abaixo (à esquerda de K) do valor de vencimento (K), ninguém exerce essa opção de compra e seu valor é nulo. Mas para cada valor da ação acima do valor do contrato (à direita de K), o valor da opção de compra (C) aumenta dependendo do grau de agressividade dessa relação. Se o preço da ação (S) aumenta muito rápido, a reta representada na Figura 9.23 é mais inclinada, pois mais investidores desejam a opção para comprar mais barata a ação. Se a velocidade de aumento nos preços da ação (S) é lenta, a inclinação da reta é menor. O caso oposto a esse é o caso da opção de venda, como mostrado na Figura 9.24.

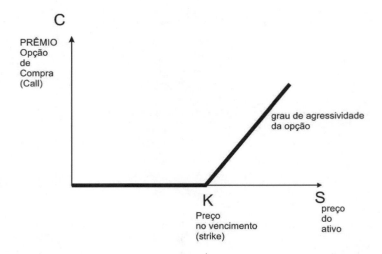

Figura 9.23 – Relação entre opção de compra (C) com o preço do ativo (S).

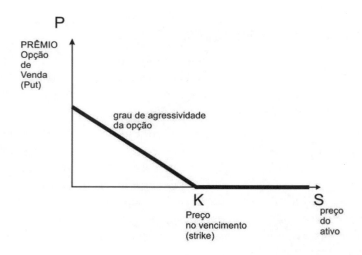

Figura 9.24 – Relação entre opção de venda (P) e preço do ativo (S).

No caso de uma opção de venda (P) ou *put*, o comprador dessa opção tem o direito de vender um ativo ao mercado por determinado preço de vencimento. Esse é um caso em que o comprador dessa opção realmente estima que um cenário negativo vai assolar a empresa. Quanto mais o valor dessa ação está abaixo (à esquerda de K na figura) do valor de vencimento (K) da Figura 9.24, mais valorizada é essa opção.

A relação real entre os preços da ação e de sua opção é bastante diferente da previsão teórica, como apresentado na Figura 9.25. O gráfico mostra no eixo das abscissas os preços da PETR4, e no eixo das ordenadas estão os preços realizados nos mesmos dias para sua opção de compra (*call*) PETRL299, com *strike* K = R$ 28.81. Nota-se com dados reais que a dispersão ou volatilidade é muito maior que a reta teórica, o que dificulta a previsão para os preços da opção.

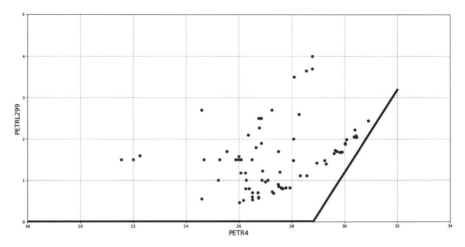

Figura 9.25 – Relação entre opção de compra PETRL299 e ação PETR4.

Os dados foram importados da planilha **Opcao** do arquivo Excel OpcaoPETRL.xlsx, como visto na amostra seguinte para os primeiros dados. O vencimento dessa opção de compra foi 16 de dezembro de 2019 e a dispersão aumenta em muitos momentos porque o preço de *strike* está longe de sua realização. À medida que o vencimento se aproxima, os dados começam a ficar próximos da reta teórica desenhada na Figura 9.25.

	A	B	C
1	Data	PETR4	PETRL299
2	06/12/2018	24,59	2,7
3	18/12/2018	22	1,5
4	19/12/2018	22,25	1,6
5	21/12/2018	21,55	1,5
6	13/03/2019	28,1	3,5
7	21/03/2019	28,56	3,65
8	05/04/2019	28,78	3,7

As linhas do código a seguir demonstram como a Figura 9.25 pode ser construída quando se tem os dados pareados entre a opção de compra e sua ação. Pode-se importar os dados para um **DataFrame** e usar o gráfico de *scatter*, pois os dados são de dispersão, cada abscissa com sua ordenada para os pares de dados.

```
1 # Simulação de Monte Carlo para tendencias
2 import pandas as pd
3 import numpy as np
4
5 df=pd.read_excel('OpcaoPETRL.xlsx',sheet_name='Opcao',columns=['Data','PETR4','PETRL299'])
6 #++++++++++++++++++++ gráfico da opcao e ação ++++++++++++++++++++++++++++++++
7 ax1=df.plot.scatter(x='PETR4',y='PETRL299',c='black',s=40)
8
9 #++++++++++++++++++++ gráfico da reta teorica da Opcao +++++++++++++++++++++++
```

```
10 x=np.linspace(18,28.81,20)
11 y=np.zeros(20)
12 z=np.linspace(28.81,32,20)
13 fz=z-28.81
14 #++++++++++++++++++++++ transforma a reta em lista
15 x=x.tolist()
16 y=y.tolist()
17 z=z.tolist()
18 fz=fz.tolist()
19 #++++++++++++++++++ transforma a lista em DataFrame para adicionar o gráfico
20 r={'x':x,'y':y,'z':z,'fz':fz}
21 reta=pd.DataFrame(r,columns=['x','y','z','fz'])
22 reta.plot.line(x='x',y='y',c='black',ax=ax1,linewidth=8)
23 reta.plot.line(x='z',y='fz',c='black',ax=ax1,linewidth=5)
24 ax1.set_xlim(18,34)
25 ax1.set_ylim(0,5)
26 ax1.set_xlabel('PETR4',fontsize=16)
27 ax1.set_ylabel('PETRL299',fontsize=16)
28 ax1.grid()
29 ax1.get_legend().remove()
```

Depois de construída a reta teórica $fz(z) = z - 28.81$, os vetores são transformados em listas usando *.**tolist**( ) e são colocados em um **DataFrame**. Como já existe um gráfico *scatter* dos pontos da opção e ação, usando o mesmo eixo com $ax = ax1$ (linhas 22 e 23 do código), direciona-se os novos pontos para o gráfico anterior, adicionando-se todos os valores a uma mesma figura. A última linha do código serve para deletar a legenda que automaticamente aparece quando se usa *scatter* para o **DataFrame**.

Qual a relação entre os preços da *call* PETRL299 e PETR4? Como pode ser notado na Figura 9.26, o comportamento é o mesmo, mas em escalas diferentes. A ação tem seus preços colocados no eixo da esquerda enquanto a opção está no eixo da direita.

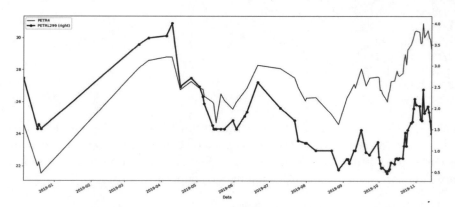

Figura 9.26 – Relação entre opção de compra PETRL299 e ação PETR4.

A opção se mostra claramente com maior oscilação, pois à medida que se aproxima do vencimento, caso esteja próxima do valor de *strike* (K), os negócios tornam-se mais frequentes entre compra e venda. A Figura 9.26 foi programada em continuação ao código anterior usando as linhas seguintes, com o mesmo **DataFrame**.

```
31 #++++++++++++++++ Gráfico Ação x Opção ++++++++++++++++++++++++++++++++++
32 ax2=df.plot(x='Data',y='PETR4',c='black')
33 ax3=df.plot(x='Data',y='PETRL299',ax=ax2,secondary_y=True,c='black',style='-o',linewidth=3)
```

No caso do uso do **DataFrame**, o eixo secundário pode ser construído não como **twinx( )**, como no caso da biblioteca matplotlib.pyplot, mas com o uso do comando **secondary_y** ajustando para a palavra *True*.

A precificação ou previsão de preços futuros para uma ação segue o conceito de Black-Scholes. Em 1973, Fischer Black e Myron Scholes apresentaram o artigo "The pricing of options and corporate liabilities", deixando o mercado mais próximo da matemática teórica e longe dos testes empíricos (BLACK; SCHOLES, 1973). Porém, foi com Robert Merton (1973) que a Equação (9.19), hoje conhecida como equação de Black-Scholes, foi mais bem compreendida e recebeu o termo de modelo de precificação de opções. Por essa elaboração, Merton e Scholes receberam o prêmio Nobel de Economia em 1997, e Black foi citado como um dos colaboradores do modelo, uma vez que já havia falecido.

Este é o modelo de opções de Black-Scholes:

$$\frac{\partial c}{\partial t} = \frac{\sigma^2 S^2}{2}\frac{\partial^2 c}{\partial S^2} + rS\frac{\partial c}{\partial S} - rc \qquad (9.19)$$

A solução fechada da equação de calor no modelo da Equação (9.19), obtida por Merton, Black e Scholes, parte do pressuposto de que o preço da opção de compra $c(t)$ é, na verdade, uma função do preço da ação $S(t)$, do preço no vencimento do contrato ou *strike* K, do tempo que falta para o vencimento do contrato T, da volatilidade dos retornos da ação σ, da taxa de juros livre de risco r e dos dividendos da ação d, que em termos matemáticos foi representado pelo autor como:

$$c(t) = f\big(S(t), K, T, \sigma, r, d\big)$$

De maneira similar, o preço da opção de venda $p(t)$ pode ser calculado em função desses mesmos parâmetros:

$$p(t) = f\big(S(t), K, T, \sigma, r, d\big)$$

A solução analítica para a opção de compra $c(t)$ e opção de venda $p(t)$ é descrita no modelo de Black-Scholes como:

$$\begin{aligned} c(t) &= S(t) \times N(d_1) \times e^{-dT} - K \times e^{-rT} \times N(d_2) \\ p(t) &= c(t) + K \times e^{-rT} - S(t) \times e^{-dT} \end{aligned} \qquad (9.20)$$

em que N é a distribuição-padrão normal acumulativa, e é o número de Euler (2,718...) e d_1 e d_2 são os parâmetros que definem o limite da integral da distribuição de probabilidade. A normal com limite d_1 é representada como:

$$N(d_1) = \frac{1}{\sqrt{2\pi}} \int_{-\infty}^{d_1} e^{-x^2/2} dx \qquad (9.21)$$

em que:

$$d_1 = \frac{\ln\left(\frac{S}{K}\right) + \left(r + \frac{\sigma^2}{2}\right)T}{\sigma\sqrt{T}} \qquad (9.22)$$

com *ln* sendo o logaritmo natural (*log*) na base *e*.

De maneira similar, $N(d_2)$ representa a distribuição normal, mas agora calculada sobre o novo limite d_2, que é calculado da seguinte forma:

$$d_2 = d_1 - \sigma\sqrt{T} \qquad (9.23)$$

Os passos para calcular os preços das opções podem ser resumidos desta maneira:

- Toma-se o preço atual da ação $S(t)$.
- Toma-se o preço do contrato de vencimento (*strike*) K.
- Calcula-se a volatilidade histórica dos retornos da ação, anualizando-a, caso os dados adquiridos sejam diários com mais de um ano de aquisição, multiplicando o resultado por $\sqrt{252\ dias\ úteis}$.
- Adquire-se a taxa atual livre de risco, no caso do Brasil, Selic (ou contratos futuros de juros).
- Calcula-se o tempo T de maturação da opção, padronizando em dias úteis como $T/252$.
- Calcula-se d_1 com o valor encontrado e calcula-se d_2 com as Equações (9.22) e (9.23).
- Calcula-se as normais acumuladas $N(d_1)$ e $N(d_2)$ com a Equação (9.21).
- Calcula-se o preço da opção com a Equação (9.20).

EXEMPLO 9.6

Definir uma **function** no Python para calcular a *call* de uma ação que tem seu preço corrente de S = R$ 40, seu preço de exercício de K = R$ 42, o tempo de maturidade de 6 meses (0.5, pois é metade de um ano), taxa livre de risco r = 1.5% e volatilidade da ação de 20%.

Define-se a **function** conforme as Equações (9.20) a (9.23) da seguinte maneira:

```
1 # Opção de Compra
2 #+++++++++++++++++++++++++++++++++++++++++++
3 import numpy as np
4 import math
5 from scipy import stats
6
```

Finanças e Python

```
 1 # Opção de Compra
 2 #++++++++++++++++++++++++++++++++++++++++++
 3 import numpy as np
 4 import math
 5 from scipy import stats
 6
 7 #++++++++++++++++++ function para a Call ++++++++++++++++++++++++
 8 def call(S,K,T,r,sigma):
 9     d1=(math.log(S/K)+(r+sigma**2/2)*T)/(sigma*np.sqrt(T))
10     d2=d1-sigma*np.sqrt(T)
11     c_t = S*stats.norm.cdf(d1)-K*math.exp(-r*T)*stats.norm.cdf(d2)
12     return c_t
13 #+++++++++++++++++++++++++++++ programa principal +++++++++++++++++
14 c=call(40,42,0.5,0.015,0.2)
15 print(' ')
16 print('+++++++++++++ preço da call +++++++++++++++++++++++')
17 print('call = ', round(c,3))
```

Ao executar o programa, o resultado no **Console** é que o preço justo para a *call* é de R$ 1,55:

```
+++++++++++++ preço da call +++++++++++++++++++++++
call =   1.557
```

Para o cálculo da *call*, é necessário utilizar a área que representa a volatilidade da opção na distribuição normal. Para o caso em questão, pode-se colocar um **PRINT( )** dentro da **function** para ver os valores de d_1 e d_2 das Equações (9.22) e (9.23). Para esse exemplo, os valores são $d_1 = -0.22$ e $d_2 = -0.36$. Mas torna-se mais interessante observar quais são as áreas assumidas para o cálculo. O resultado para esses dados é apresentado na Figura 9.27

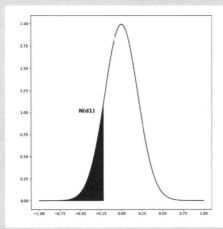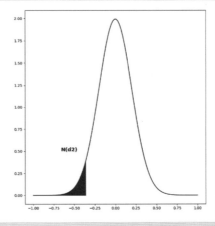

Figura 9.27 – $N(d_1)$ e $N(d_2)$ para o cálculo da *call*..

O programa para imprimir a Figura 9.27 enquanto calcula o preço da opção é o apresentado a seguir, apenas uma modificação da **function** anterior.

```python
# Opção de Compra
#+++++++++++++++++++++++++++++++++++++++++++
import numpy as np
import math
from scipy import stats
import matplotlib.pyplot as fig
#+++++++++++++++++ function para a Call +++++++++++++++++++++++
def call(S,K,T,r,sigma):
    d1=(math.log(S/K)+(r+sigma**2/2)*T)/(sigma*np.sqrt(T))
    d2=d1-sigma*np.sqrt(T)
    #+++++++ grafico da area de d1 e d2 na normal +++++++++
    Ix1=np.linspace(-1,d1,100)
    Ix2=np.linspace(-1,d2,100)
    Iy1=stats.norm.pdf(Ix1,0,sigma)
    Iy2=stats.norm.pdf(Ix2,0,sigma)
    eixox=np.linspace(-1,1,100)
    eixoy=stats.norm.pdf(eixox,0,sigma)
    fig.figure()
    ax1=fig.subplot(121)
    ax1.plot(eixox,eixoy,'-k')
    ax1.fill_between(Ix1,Iy1,color='k')
    ax1.text(d1-0.3,1,'N(d1)',fontsize=14,weight='bold')
    ax2=fig.subplot(122)
    ax2.plot(eixox,eixoy,'-k')
    ax2.fill_between(Ix2,Iy2,color='k')
    ax2.text(d2-0.3,0.5,'N(d2)',fontsize=14,weight='bold')
    #+++++++++++ calculo do preço da call ++++++++++++++++++++
    c_t = S*stats.norm.cdf(d1)-K*math.exp(-r*T)*stats.norm.cdf(d2)
    print(d1,d2)
    return c_t
#++++++++++++++++++++++++++++ programa principal ++++++++++++++++++
c=call(40,42,0.5,0.015,0.2)
print(' ')
print('+++++++++++++ preço da call +++++++++++++++++++++++')
print('call = ', round(c,3))
```

EXEMPLO 9.7

Qual é o preço da *call* para a opção de compra PETRL299 da PETR4 apresentados no início dessa seção?

Seguindo os passos, temos que o último preço da ação foi S = R$ 29.30. O preço de exercício para a PETRL299 é K = R$ 28.81, e a última data de observação foi em 14 de novembro de 2019. Como a data do vencimento é 16 de dezembro de 2019, temos 21 dias úteis para o término do contrato. Deve-se lembrar que T/252 dias úteis, o que fornece T = 21/252 dias. Em novembro de 2019 a taxa Selic era de r = 5%. Então os parâmetros de entrada para a opção PETRL299 são:

- $S = 29.30$
- $K = 28.81$
- $\sigma = 0.044$ (calculado pelo retorno)
- $r = 0.05$
- $T = 0.083$

O cálculo da opção em 14 de novembro com vencimento em 16 de dezembro gerou no **Console** o resultado para a *call*:

```
++++++++++++++ preço da call ++++++++++++++++++++++
call =   1.317
```

O preço negociado na Bovespa em 14 de novembro era de R$ 1.40, demonstrando que o preço estava 6.8% acima do esperado para essa opção; portanto, era uma vantagem sua venda naquele momento.

```python
1 # Opção de compra para a PETRL299 da PETR4
2 import pandas as pd
3 import numpy as np
4 import math
5 from scipy import stats
6 import matplotlib.pyplot as fig
7
8 def call(S,K,T,r,sigma):
9     d1=(math.log(S/K)+(r+sigma**2/2)*T)/(sigma*np.sqrt(T))
10    d2=d1-sigma*np.sqrt(T)
11    c_t = S*stats.norm.cdf(d1)-K*math.exp(-r*T)*stats.norm.cdf(d2)
12    return c_t
13
14 df=pd.read_excel('OpcaoPETRL.xlsx',sheet_name='Opcao',columns=['Data','PETR4','PETRL299'])
15 n=len(df)
16 #++++++++++++++++++++++++ exclui a coluna de datas para o cálculo do retorno
17 prec=df['PETR4']
18 #+++++++++++++ retornos dos preços ++++++++++++++++++++
19 ri=prec/prec.shift(1)-1
20 mi=ri.mean()              # retorno médio dos ativos por colunas
21 sigma=ri.std()            # desvio padrão anualizado
22
23 ax1=fig.subplot(111)
24 ax1.plot(df.Data,ri,'-k',alpha=1)
25 fig.xlabel('dias ',fontsize=16)
26 fig.ylabel('RETORNOS',fontsize=16)
27 fig.grid()
28
29 #++++++++++++++++++++++++++ VALORES DE ENTRADA PARA CALL +++++++++++++
30 S=float(df['PETR4'][-1:].values)  # último preco da ação
31 K=28.1                             # Preço de Exercício (strike)
32 T=21/252                           # 21 dias úteis para o vencimento
33 r=0.05                             # taxa Selic
34 #+++++++++++++++++++++ calculo do preço da Call ++++++++++++++++++++++
35 c=call(S,K,T,r,sigma)
36 print(' ')
37 print('+++++++++++++ preço da call ++++++++++++++++++++++')
38 print('call = ', round(c,3))
```

O programa completo para o cálculo da opção de compra PETRL299 da Petrobras usa o **DataFrame** para importar os dados da planilha Excel. As linhas 19 a 21 são os cálculos necessários para a entrada na **function** que calcula o preço da opção. O gráfico da Figura 9.28 apresenta os retornos da ação PETR4 de dezembro de 2018 a novembro de 2019, necessários para a estimativa de volatilidade σ necessária para o cálculo da *call*.

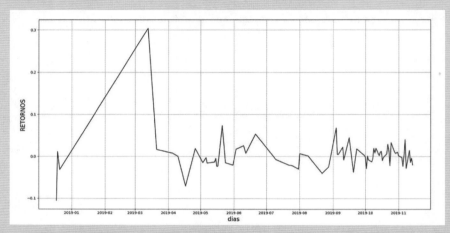

Figura 9.28 – Retornos da ação da PETR4 necessários para o cálculo do preço da opção.

9.8 VOLATILIDADE IMPLÍCITA

O modelo de Black-Scholes adota os parâmetros como constantes, como a taxa de juros, a média e, sobretudo, a volatilidade. Como ao longo do período a volatilidade é um parâmetro que se altera muito, manter o desvio-padrão fixo e constante ao histórico dos dados distancia a precificação dos preços realmente exercidos.

Uma forma de melhorar a precificação é calcular qual seria o valor teórico ideal da volatilidade σ que aproximaria o preço teórico da opção do preço real e negociado no mercado financeiro. Essa volatilidade implicitamente ou indiretamente aproximaria o preço teórico do preço real. E esse tipo de volatilidade se chama volatilidade implícita. Encontrar a volatilidade implícita $\check{\sigma}$ significa encontrar o valor que torna zero a diferença entre o preço real $c(t)$ e o preço estimado $\check{c}$, que matematicamente é representado como:

$$f(\check{\sigma}) = c(t) - \check{c}(S, T, K, r, \check{\sigma}) \qquad (9.24)$$

Observa-se os preços realizados de diversas opções com o mesmo tempo de maturação e, com essas diversas opções, resolve-se o problema de otimização da Equação (9.24), que busca da melhor maneira o valor de $\check{\sigma}$ que faz $f(\check{\sigma}) = 0$.

Finanças e Python

Um método para buscar o ponto ótimo em que a diferença entre duas funções é nula é o conhecido método de Newton-Raphson. Foi construído por Isaac Newton para encontrar raízes de funções, e em sua formulação original é descrito como:

$$x_{k+1} = x_k - \frac{f(x_k)}{f'(x_k)}$$

em que $f'(x_k)$ é a derivada da função na k-ésima iteração, que pode ser com uso do **while** ou do comando **for**. Mas como calcular a derivada da Equação (9.24)? Na realidade esse cálculo se resume à derivada de:

$$c(t) = S(t) \times N(d_1) \times e^{-dT} - K \times e^{-rT} \times N(d_2)$$

A derivada de c(t) é conhecida como grega e recebe o nome de vega, cuja fórmula é:

$$v = S(t) \times N(d_1) \times \sqrt{T}$$

Logo, a iteração para se encontrar a volatilidade implícita deve usar a fórmula:

$$\sigma_{k+1} = \sigma_k - \frac{f(\sigma_k)}{v(\sigma_k)}$$

em que f é a função da Equação (9.24), ou seja, a diferença entre o preço real $c(t)$ e o preço estimado pelo modelo de Black-Scholes. Encontrar a volatilidade implícita significa achar o valor da volatilidade que está agindo na opção, de forma a tornar a diferença entre a estimativa e a realidade mais próxima possível.

Primeiro, devemos fornecer um grau de tolerância para o algoritmo, para garantir a convergência. Nas linhas seguintes, essa variável foi $tol = 10^{-3}$. A variável delta é a diferença entre cada passo, recalculado a cada iteração e verificado se não estourou a tolerância de convergência.

Com a derivada grega vega, chama-se Black-Scholes por meio da **function** já construída antes (a **function call**) e calcula-se a diferença entre o preço real da opção e o preço estimado. O método de Newton-Raphson exige um chute inicial, que no código a seguir começa com $\sigma = 0.5$. Esse valor pode ser qualquer número entre zero e um para a volatilidade e o valor de $c0$ é o preço real da opção.

```
tol=1e-3
delta=1
cont=0
max_it=100
vol=0.5
while delta>tol:
    cont=cont+1
    if cont>=max_it:
        print('máximo de iterações')
        break;
    vol_anterior=vol
```

```
    c,d1 = call(S,K,T,r,vol)
    funcao=c-c0
    vega = S*stats.norm.pdf(d1)*np.sqrt(T)
    vol=vol-funcao/vega
    delta=abs((vol-vol_anterior)/vol_anterior)
```

Esse código é inserido dentro do programa principal apresentado no Exemplo 9.6 como a seguir:

```
1  # Volatilidade Implícita
2  #++++++++++++++++++++++++++++++++++++++++
3  import numpy as np
4  import math
5  from scipy import stats
6
7  #++++++++++++++++++ function para a Call ++++++++++++++++++++++
8  def call(S,K,T,r,sigma):
9      d1=(math.log(S/K)+(r+sigma**2/2)*T)/(sigma*np.sqrt(T))
10     d2=d1-sigma*np.sqrt(T)
11     c_t = S*stats.norm.cdf(d1)-K*math.exp(-r*T)*stats.norm.cdf(d2)
12     return c_t,d1
13 #+++++++++++++++++++++++++++++ programa principal +++++++++++++++++++
14 S=40
15 K=42
16 T=0.5
17 r=0.015
18 sigma=0.2
19 c0=1.6
20 #+++++++++++++++++ Newton Raphson para calcular a volatilidade implícita ++++
21 tol=1e-3
22 delta=1
23 cont=0
24 max_it=100
25 vol=0.5
26 while delta>tol:
27     cont=cont+1
28     if cont>=max_it:
29         print('máximo de iterações')
30         break;
31     vol_anterior=vol
32     c,d1 = call(S,K,T,r,vol)
33     funcao=c-c0
34     vega = S*stats.norm.pdf(d1)*np.sqrt(T)
35     vol=vol-funcao/vega
36     delta=abs((vol-vol_anterior)/vol_anterior)
37
38 print('+++++++++++++++++++++++++++++++++++++++++')
39 print('preço call = ',round(c,3))
40 print('volatilidade = ',round(vol,3))
41 print('iteracões = ',cont)
```

Quando utilizados os mesmos valores do Exemplo 9.6, encontra-se no **Console** os seguintes valores para a *call* e a volatilidade implícita:

```
+++++++++++++++++++++++++++++++++++++++++
preço call =   1.6
volatilidade =   0.204
iteracões =   3
```

Finanças e Python

Como pode ser observado, na linha 19, o preço real da opção foi $c0 = 1.6$ e o preço encontrado por Black-Scholes foi muito próximo (1.55), com a volatilidade implícita de $\sigma = 0.20$.

EXEMPLO 9.8

Qual é a volatilidade implícita para a opção de compra PETRL299 da PETR4?

Nesse caso, basta colocar as linhas do código de Newton-Raphson no programa onde foi calculado o preço da opção. No entanto, deve-se prestar a atenção porque a **function call** deve ser modificada para retornar não somente o preço $c(t)$ como também o parâmetro d_1, visto que é necessário para calcular a letra grega vega, que é a derivada no método de Newton-Raphson.

No programa completo a seguir, para o cálculo da volatilidade implícita da PETRL299, a linha que deve ser modificada na **function call** é a linha 12. O *return* agora deve voltar dois parâmetros. Essa informação é usada na linha 48 para ajudar a calcular a letra grega vega.

```
1  # Volatilidade Implícita PETRL299 da PETR4
2  import pandas as pd
3  import numpy as np
4  import math
5  from scipy import stats
6  import matplotlib.pyplot as fig
7
8  def call(S,K,T,r,sigma):
9      d1=(math.log(S/K)+(r+sigma**2/2)*T)/(sigma*np.sqrt(T))
10     d2=d1-sigma*np.sqrt(T)
11     c_t = S*stats.norm.cdf(d1)-K*math.exp(-r*T)*stats.norm.cdf(d2)
12     return c_t,d1
13
14 df=pd.read_excel('OpcaoPETRL.xlsx',sheet_name='Opcao',columns=['Data','PETR4','PETRL299'])
15 n=len(df)
16 #++++++++++++++++++++++++ exclui a coluna de datas para o cálculo do retorno
17 prec=df['PETR4']
18 #+++++++++++++ retornos dos preços ++++++++++++++++++++
19 ri=prec/prec.shift(1)-1
20 mi=ri.mean()           # retorno médio dos ativos por colunas
21 sigma=ri.std()         # desvio padrão anualizado
22
23 ax1=fig.subplot(111)
24 ax1.plot(df.Data,ri,'-k',alpha=1)
25 fig.xlabel('dias ',fontsize=16)
26 fig.ylabel('RETORNOS',fontsize=16)
27 fig.grid()
28
29 #++++++++++++++++++++++++++ VALORES DE ENTRADA PARA CALL ++++++++++++++++
30 S=float(df['PETR4'][-1:].values)    # último preco da ação
31 K=28.1                              # Preço de Exercício (strike)
32 T=21/252                            # 21 dias úteis para o vencimento
```

```python
33  r=0.05                            # taxa Selic
34  #++++++++++++++++++++ preço real da Call ++++++++++++++++++++
35  c0=float(df['PETRL299'][-1:].values)
36  #++++++++++++++++ Newton Raphson para calcular a volatilidade implícita ++++
37  tol=1e-3
38  delta=1
39  cont=0
40  max_it=100
41  vol=0.5
42  while delta>tol:
43      cont=cont+1
44      if cont>=max_it:
45          print('máximo de iterações')
46          break;
47      vol_anterior=vol
48      c,d1 = call(S,K,T,r,vol)
49      funcao=c-c0
50      vega = S*stats.norm.pdf(d1)*np.sqrt(T)
51      vol=vol-funcao/vega
52      delta=abs((vol-vol_anterior)/vol_anterior)
53
54  print('++++++++++++++++++++++++++++++++++++++++')
55  print('preço call = ',round(c,3))
56  print('volatilidade = ',round(vol,3))
57  print('iteracões = ',cont)
```

O resultado no **Console** apresenta uma informação importante. O método de Newton-Raphson converge rapidamente, encontrando a volatilidade implícita de 14,5% para tornar zero a estimativa da *call* e seu preço real. Em comparação com a volatilidade dos retornos, o patamar é muito mais alto. Antes do ajuste dos preços, a volatilidade apenas com base nos retornos foi de apenas 4,4%.

```
++++++++++++++++++++++++++++++++++++++++
preço call =  1.4
volatilidade =   0.145
iteracões =   4

In [23]: sigma
Out[23]: 0.044600941765191575
```

Por que a volatilidade implícita serve de parâmetro de avaliação de risco? Existe uma diferença entre os conceitos de volatilidade explícita, calculada historicamente pelo desvio-padrão, e volatilidade implícita, calculada via modelo de opções.

A volatilidade histórica ou explícita é calculada usando os preços dos negócios que refletem o que o investidor acredita ser a verdade do mercado no momento. Já a volatilidade implícita capta a incerteza futura do investidor, uma vez que é calculada com ativos que derivam do mercado à vista.

Se uma companhia está enfrentando uma acusação judicial ou com problemas de escândalos sobre corrupções internas, enquanto os dados oficiais ainda não forem relatados ao mercado, a volatilidade implícita dispara com as incertezas sobre os acontecimentos futuros. A volatilidade histórica vai demorar mais para captar essas oscilações no preço à vista, pois está baseada em preços com dados consolidados, o que pode levar um tempo maior para ter reflexo nos preços do mercado à vista.

Finanças e Python

Nesse sentido, a volatilidade implícita calculada de forma correta pode servir de alerta para grandes acontecimentos que ainda estão por vir no mercado, refletindo um risco futuro alto, ainda não observado pela volatilidade histórica. O valor de volatilidade implícita muitas vezes é muito mais elevado do que a volatilidade histórica, principalmente quando o preço da ação está longe do *strike K*, mas surge alguma notícia inesperada.

EXEMPLO 9.9

Qual é a volatilidade implícita para uma série de opções da PETR4 com vencimento em 16 de dezembro de 2019?

A volatilidade implícita serve de melhor referência quando é baseada em uma série de opções, criando o que se conhece como curva *smile* (curva sorriso). A curva *smile* apresenta uma disposição estimando para cada valor do vencimento quanto a volatilidade está influenciando no preço da opção.

Para exemplificar, tomamos como base 27 opções com a mesma data de vencimento para a ação da Petrobras (PETR4). Vamos construir a curva de volatilidade implícita para as 27 opções, com último valor observado no dia 23 de novembro de 2019. Como o vencimento é 16 de dezembro de 2019, o período para o vencimento é de dezessete dias úteis.

O preço da PETR4, nesse dia 23 de novembro de 2019, fechou em R$ 29,98, e precisamos desse valor para adotá-lo como constante na busca dos diversos preços de *call* para cada opção. Os preços e nomes das opções foram salvos no arquivo Excel OpcaoSmile.xlsx, na planilha **Planilha1**, como pode ser visto a seguir. Esses dados são importados para o Python e colocados em **DataFrame**. Duas diferenças importantes devem ser notadas, pois agora o preço de *strike* (exercício) de cada opção é uma lista de valores, assim como os últimos preços. Assim, temos n strikes para n preços das opções.

	A	B	C
1	opcao	strike	ultimo
2	PETRL311	30,81	0,51
3	PETRL328	31,81	0,24
4	PETRL307	30,31	0,72
5	PETRL302	29,81	0,96
6	PETRL32	31,56	0,31
7	PETRL342	33,81	0,07
8	PETRL81	31,06	0,42

9	PETRL34	33,56	0,08
10	PETRL317	31,31	0,36
11	PETRL332	32,81	0,13
12	PETRL30	29,31	0,56
13	PETRL33	32,56	0,15
14	PETRL331	32,06	0,21
15	PETRL315	30,56	0,6
16	PETRL304	30,06	0,82
17	PETRL337	33,31	0,09
18	PETRL327	32,31	0,19
19	PETRL345	34,06	0,07
20	PETRL352	34,81	0,05
21	PETRL335	33,06	0,09
22	PETRL299	28,81	1,59
23	PETRL305	29,56	1,12
24	PETRL347	34,31	0,05
25	PETRL369	33,81	0,03
26	PETRL35	35,06	0,04
27	PETRL3	29,06	1,41

Planilha1

No código a seguir, cria-se o **DataFrame** *df*, definem-se os parâmetros iniciais, como o preço da ação $S(t)$, o tempo para o vencimento T (nesse caso, 17 dias) dividido por 252 dias úteis e a taxa livre de risco r. Foi adotada, como nos outros exemplos, a taxa Selic de 5% para novembro de 2019.

```
df=pd.read_excel('OpcaoSmile.xlsx',sheet_name='Planilha1',columns=['opcao','strike','ultimo'])
n=len(df)
######################### VALORES DE ENTRADA PARA CALL ++++++++++++++
S=29.98                        # último valor da ação
K=df['strike'].values          # vetor do preço de exercício (strike)
T=17/252                       # 17 dias uteis para o vencimento
r=0.05                         # taxa Selic
####################### preço real da Call +++++++++++++++++++++++
c0=df['ultimo'].values
vol=np.zeros(n)
c=np.zeros(n)
```

Em seguida, *K* é uma lista com valores de preços de exercícios, que está no **DataFrame** como **df['strike']**. Da mesma forma, ao contrário do exemplo anterior, o preço inicial da *call* chamado de *c0* não é mais constante, mas uma lista do **DataFrame** **df['ultimo']**. A volatilidade implícita inicial que é a guia de partida do método de Newton-Raphson começa em zero e, por isso, *vol* = np.zeros(n). O resultado pode ser visto na Figura 9.29. Como o preço da ação era R$ 29.98 no dia observado, é possível notar o reflexo no aumento da volatilidade para preços de *strike* superiores a esse. Essas relações são chamadas fora do dinheiro, ou *out-of-money*.

Finanças e Python

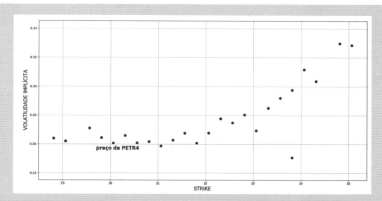

Figura 9.29 – Relação *strike versus* volatilidade implícita (curva *smile*).

O programa a seguir descreve como calcular todas as estimativas de volatilidades implícitas, para cada uma das opções, com seus preços de exercício na forma de lista importada do Excel.

```
1  # Opção de compra - curva smile da PETR4
2  import pandas as pd
3  import numpy as np
4  import math
5  from scipy import stats
6  import matplotlib.pyplot as fig
7
8  def call(S,K,T,r,sigma):
9      d1=(math.log(S/K)+(r+sigma**2/2)*T)/(sigma*np.sqrt(T))
10     d2=d1-sigma*np.sqrt(T)
11     c_t = S*stats.norm.cdf(d1)-K*math.exp(-r*T)*stats.norm.cdf(d2)
12     return c_t,d1
13
14 df=pd.read_excel('OpcaoSmile.xlsx',sheet_name='Planilha1',columns=['opcao','strike','ultimo'])
15 n=len(df)
16 #++++++++++++++++++++++ VALORES DE ENTRADA PARA CALL ++++++++++++++
17 S=29.98                     # último valor da ação
18 K=df['strike'].values       # vetor do preço de exercício (strike)
19 T=17/252                    # 17 dias úteis para o vencimento
20 r=0.05                      # taxa Selic
21 #+++++++++++++++++++++ preço real da Call +++++++++++++++++++++
22 c0=df['ultimo'].values
23 vol=np.zeros(n)
24 c=np.zeros(n)
25
26 #++++++++++++++++++++ Newton Raphson para calcular a volatilidade implícita ++++
27 for i in range(n):
28     tol=1e-3
29     delta=1
30     cont=0
31     max_it=100
32     vol[i]=0.5
33     while delta>tol:
34         cont=cont+1
35         if cont>=max_it:
36             print('máximo de iterações')
37             break;
38         vol_anterior=vol[i]
39         c[i],d1 = call(S,K[i],T,r,vol[i])
40         funcao=c[i]-c0[i]
41         vega = S*stats.norm.pdf(d1)*np.sqrt(T)
42         vol[i]=vol[i]-funcao/vega
43         delta=abs((vol[i]-vol_anterior)/vol_anterior)
```

```
44 fig.scatter(K,vol,color='k')
45 fig.xlabel('STRIKE',fontsize=16)
46 fig.ylabel('VOLATILIDADE IMPLÍCITA',fontsize=16)
47 fig.grid()
48
49 print('++++++++++++++++++++++++++++++++++++++')
50 print(c)
51 print(vol)
```

CAPÍTULO 10
DATAREADER E ANÁLISES COM YAHOO! FINANCE

10.1 INTRODUÇÃO

Com o advento da internet, uma vasta janela de oportunidades se abriu para estudos e análises sobre os mercados financeiros. O que antes era um problema, como a falta de dados, hoje continua problemático, mas por motivos diferentes. O montante de dados é extraordinariamente grande a ponto de ser mais do que necessário a automatização para se processar as informações. Muitas informações que antes ficavam armazenadas em planilhas de Excel, hoje em dia estão nas chamadas nuvens ou *cloud servers*.

Com o Python, um avanço importante foi a criação de bibliotecas específicas para a importação de dados. Antes de executar os programas e a importação de dados de forma correta, é necessário no **Console** do Python instalar a biblioteca específica pandas: pandas_datareader. Ela permite a conexão com os servidores de internet que armazenam dados financeiros. Assim, nas linhas do **Console**, o leitor deve digitar o seguinte comando de instalação:

>> *pip install pandas_datareader*

Além dessa biblioteca, é necessário importar a biblioteca datetime, como já visto antes, para que os programas que trabalham com dados financeiros sejam o mais completos possível. Essa biblioteca formata corretamente os dias e meses na forma de datas dos calendários. Por exemplo, para importar dados da Petrobras (PETR4) do Yahoo! Finance são necessárias as seguintes linhas:

```
import matplotlib.pyplot as fig
import datetime as dt
import pandas_datareader.data as web


inicio=dt.datetime(2019,1,1)
fim=dt.datetime(2019,11,24)
df=web.DataReader('PETR4.SA','yahoo',inicio,fim)
```

A função para baixar dados das nuvens é **DataReader (ação, servidor, início, fim)**. O primeiro parâmetro é o nome do ativo do qual se deseja obter os dados. No caso do Yahoo! Finance, todo ativo do Ibovespa possui a extensão *.SA, necessária para baixar os dados dos ativos. O segundo parâmetro é o servidor de dados necessários, que no exemplo foi escolhido como **yahoo**. No terceiro e no quarto parâmetros estão as datas de início e fim, nos formatos da biblioteca time. A função **datetime** deve ter primeiro o ano, depois o mês e, por fim, o dia em que se deseja a aquisição dos dados.

EXEMPLO 10.1

Baixar os dados de 1º de janeiro a 24 de novembro de 2019 da PETR4 e plotar seu gráfico de linha com as datas no eixo horizontal.

Nesse caso, as linhas de comandos são as seguintes.

```
1 ################################################################
2 #                                                              #
3 #    ANTES DE RODAR A PRIMEIRA VEZ PRECISA INSTALAR A BIBLIOTECA #
4 #      pip install pandas_datareader                           #
5 #                                                              #
6 ################################################################
7
8 import matplotlib.pyplot as fig
9 import datetime as dt
10 import pandas_datareader.data as web
11
12
13 inicio=dt.datetime(2019,1,1)
14 fim=dt.datetime(2019,11,24)
15 df=web.DataReader('PETR4.SA','yahoo',inicio,fim)
16 df['Close'].plot(color='k',lw=4)
17 fig.grid()
18 fig.title('PETR4 (Jan-Nov / 2019)',fontsize=18,weight='bold')
```

Ao obter os dados do Yahoo! na linha 15, eles se encontram já no formato da biblioteca pandas, em **DataFrame**. Mas e as colunas? Como saber quais colunas o Yahoo! disponibiliza? Usando a definição de **DataFrame** e colocando a extensão *.columns, o Python retorna as colunas que foram adquiridas. No caso em questão, as colunas do Yahoo! são as colunas dos preços do ativo: Alta (*High*), Baixa (*Low*), Abertura (*Open*), Fechamento (*Close*), Volume (*Volume*), Preço Ajustado (*Adj Close*).

```
In [13]: df.columns
Out[13]: Index(['High', 'Low', 'Open', 'Close', 'Volume', 'Adj Close'], dtype='object')
```

O gráfico pode ter o formato das bibliotecas pandas ou matplotlib.pyplot, que também comporta os dados do Yahoo!. Nas linhas do código anterior, o gráfico da PETR4 é construído na linha 16. A função **plot** está associada com **df['Close']**, e o resultado é possível de ser verificado na Figura 10.1 a seguir. Como detalhe, na área de plotagem, a linha 16 tem um parâmetro chamado de *lw* = 4. Esse parâmetro representa a espessura da linha no gráfico de **DataFrame**. O leitor não deve confundir esse *lw* com **linewidth**, pois esse é o comando para a matplotlib.pyplot. Ao tentar usar **linewidth** = 4, o Python acusa um erro.

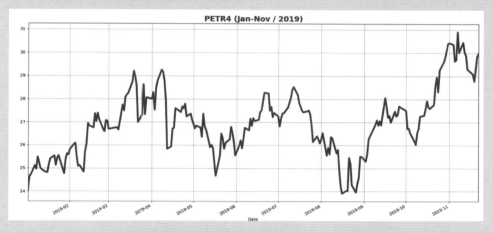

Figura 10.1 – Dados do Yahoo! Finance para a PETR4.

Os dados numéricos podem ser visualizados no próprio **Console**, totalmente ou para algum intervalo. Por exemplo, **head(5)** apresenta os cinco primeiros dados baixados do servidor e **tail(5)**, os últimos cinco dados.

```
In [26]: print(df['Close'].head(5))
    ...:
Date
2019-01-02    24.059999
2019-01-03    24.650000
2019-01-04    24.719999
2019-01-07    25.110001
2019-01-08    24.959999
Name: Close, dtype: float64

In [27]: print(df['Close'].tail(5))
Date
2019-11-14    29.299999
2019-11-18    29.080000
2019-11-19    28.780001
2019-11-21    29.850000
2019-11-22    29.980000
Name: Close, dtype: float64
```

EXEMPLO 10.2

Baixar os dados de 1º de janeiro a 24 de novembro de 2019 do Ibovespa e plotar seu gráfico de linha com as datas no eixo horizontal.

Os símbolos para as bolsas variam de servidor para servidor. No Yahoo!, enquanto o Dow Jones tem símbolo apenas com suas iniciais *dow*, o Ibovespa necessita antes do acento circunflexo, ou seja, *^bvsp*. Esse símbolo deve entrar na linha 15 na definição do **DataReader** para o formato pandas. As linhas do código para fazer o gráfico são as seguintes:

```
1 ################################################################
2 #                                                              #
3 #    ANTES DE RODAR A PRIMEIRA VEZ PRECISA INSTALAR A BIBLIOTECA #
4 #      pip install pandas_datareader                           #
5 #                                                              #
6 ################################################################
7
8 import matplotlib.pyplot as fig
9 import datetime as dt
10 import pandas_datareader.data as web
11
12
13 inicio=dt.datetime(2019,1,1)
14 fim=dt.datetime(2019,11,24)
15 df=web.DataReader('^bvsp','yahoo',inicio,fim)
16 df['Close'].plot(color='k',lw=4)
17 fig.grid()
18 fig.title('IBOVESPA (Jan-Nov / 2019)',fontsize=18,weight='bold')
```

O resultado é apresentado na Figura 10.2.

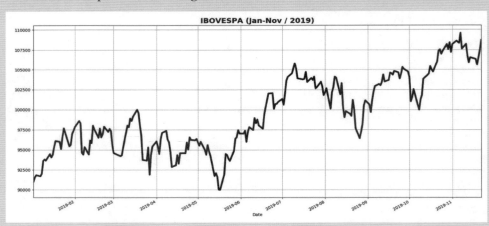

Figura 10.2 – Dados do Yahoo! Finance para o Ibovespa.

Utilização do **DataReader** *para baixar dados do Yahoo!*

EXEMPLO 10.3

Baixar os dados de 1º de janeiro a 24 de novembro de 2019 da ação PETR4 e da Gerdau (GGBR4), descobrindo a relação linear entre os preços no período em questão.

Neste exemplo, o código mostra que se pode baixar dados do Yahoo! e relacionar todas as ferramentas de estatística para analisar correlação, tendência, risco, volatilidade, fazendo uma composição de diversas bibliotecas diferentes. Usando a biblioteca seaborn, por exemplo, pode-se utilizar os dados do **DataReader** para analisar um conjunto de ações.

O gráfico da Figura 10.3 usou a função **regplot** da seaborn e apresentou uma relação linear positiva entre os preços da GGBR4 e PETR4. Isso indica que, quando os preços da GGBR4 aumentaram em 2019, os preços da PETR4 também seguiram a mesma tendência.

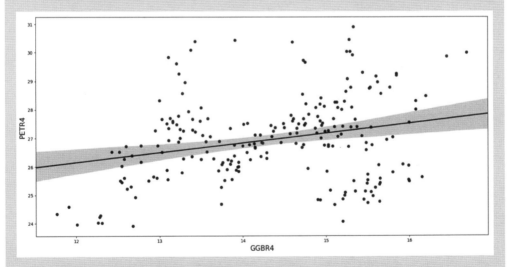

Figura 10.3 – Dados do Yahoo! Finance para a relação linear entre GGBR4 e PETR4.

Podemos ainda ver o comportamento dessa relação linear com os histogramas dos preços das duas ações usando a função *.**jointplot( )** e apresentando o histograma e o *scatter* das duas ações, como na Figura 10.4.

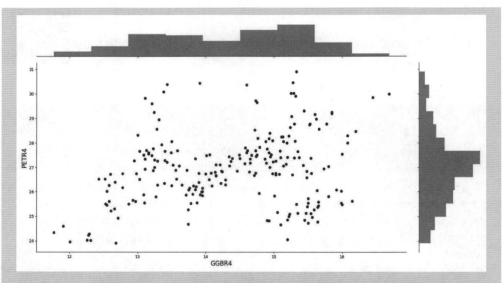

Figura 10.4 – Dados do Yahoo! Finance para a relação conjunta entre GGBR4 e PETR4.

As linhas do código a seguir descrevem como se pode utilizar a função **jointplot** para os dados adquiridos do Yahoo! com a regressão linear entre as ações. E no caso de mais do que duas ações? Se for desejado fazer uma análise de cinco ações, será necessário criar cinco **DataFrames**: *df*1, *df*2, ..., *df*5?

```
1 ################################################################
2 #                                                              #
3 #    ANTES DE RODAR A PRIMEIRA VEZ PRECISA INSTALAR A BIBLIOTECA #
4 #      pip install pandas_datareader                           #
5 #                                                              #
6 ################################################################
7
8 import datetime as dt
9 import pandas_datareader.data as web
10 import seaborn as sns
11
12 inicio=dt.datetime(2019,1,1)
13 fim=dt.datetime(2019,11,24)
14 df1=web.DataReader('GGBR4.SA','yahoo',inicio,fim)
15 df1['Data']=df1.index
16 df2=web.DataReader('PETR4.SA','yahoo',inicio,fim)
17 df2['Data']=df2.index
18
19 dados=sns.regplot(df1['Close'],df2['Close'],color='black')
20 dados.set_xlabel('GGBR4',fontsize=16)
21 dados.set_ylabel('PETR4',fontsize=16)
22
23 dad_conj=sns.jointplot(df1['Close'],df2['Close'],kind='scatter',color='black')
24 dad_conj.set_axis_labels('GGBR4', 'PETR4', fontsize=16)
```

DataReader e análises com Yahoo! Finance

EXEMPLO 10.4

Baixar os dados de 1º de janeiro a 24 de novembro de 2019 para cinco ações do Yahoo! Finance e fazer o gráfico direto do **DataReader**. Adotar as ações para esse exemplo como: 'GGBR4.SA', 'BBAS3.SA', 'PETR4.SA', 'USIM5.SA', 'ITUB4.SA'.

Não é necessária a criação de cinco **DataFrames** para cada uma das ações, sendo muito mais fácil colocar esses símbolos em uma lista, como na linha 13 do código a seguir. A linha 17 executa a função **plot** para fazer o gráfico simultâneo de todas as ações que foram baixadas do Yahoo!.

```
8  import datetime as dt
9  import pandas_datareader.data as web
10
11 inicio=dt.datetime(2019,1,1)
12 fim=dt.datetime(2019,11,24)
13 acoes=['GGBR4.SA','BBAS3.SA','PETR4.SA','USIM5.SA','ITUB4.SA']
14 df=web.DataReader(acoes,'yahoo',inicio,fim)
15 df['Data']=df.index
16
17 dados=df['Close'].plot(style=['-','--','-o','-*','-d'],color='k',lw=1)
18 dados.set_xlabel('data',fontsize=16)
19 dados.set_ylabel('ações',fontsize=16)
20 fig.grid()
21 fig.title('AÇÕES (Jan-Nov / 2019)',fontsize=18,weight='bold')
```

O resultado é o gráfico das ações na figura a seguir.

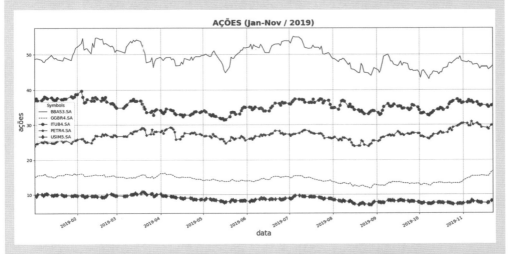

Figura 10.5 – Dados do Yahoo! Finance para uma lista de ações simultâneas.

EXEMPLO 10.5

Baixar os dados de 1º de janeiro a 24 de novembro de 2019 para cinco ações do Yahoo! Finance e relacioná-las na matriz de *scatter*. Adotar estas ações para esse exemplo: 'GGBR4.SA', 'BBAS3.SA', 'PETR4.SA', 'USIM5.SA', 'ITUB4.SA'.

A matriz de *scatter*, ou matriz de dispersão, permite uma visualização completa dos dados adquiridos de um servidor, de forma imediata, sem a necessidade de salvar esses dados no Excel para posterior avaliação. No entanto, o único inconveniente é que se deve ter o sinal de internet funcionando para que o Python se conecte, por exemplo, com o Yahoo!.

Existem dois tipos de matriz de *scatter*. Pode-se colocar na diagonal o KDE (*kernel density estimation*) ou HIST (histograma). O algoritmo a seguir, quando executado, apresenta a matriz de *scatter* com KDE.

```
 8 import datetime as dt
 9 import pandas_datareader.data as web
10 import pandas as pd
11
12 inicio=dt.datetime(2019,1,1)
13 fim=dt.datetime(2019,11,24)
14 acoes=['GGBR4.SA','BBAS3.SA','PETR4.SA','USIM5.SA','ITUB4.SA']
15 df=web.DataReader(acoes,'yahoo',inicio,fim)
16 retorno=df['Close'].pct_change()
17 pd.plotting.scatter_matrix(retorno, diagonal='kde', alpha=0.8,color='black')
```

O resultado é apresentado na Figura 10.6 em que a linha 17 do algoritmo anterior ajusta os gráficos das ações, colocando os retornos em KDE na diagonal. O KDE é uma densidade de probabilidade obtida diretamente dos dados, e não das curvas teóricas de probabilidade.

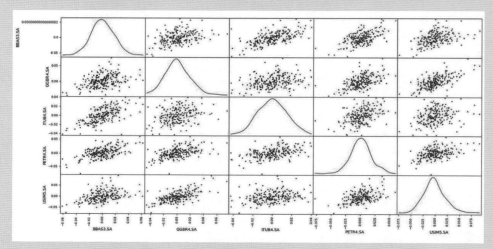

Figura 10.6 – Dados do Yahoo! Finance com matriz de *scatter* (com KDE na diagonal).

Outra funcionalidade rápida é o cálculo dos retornos de todas as ações, e se usa para isso a função ***.pct_change( )** da biblioteca pandas. Pode-se observar na figura que em alguns casos não é interessante colocar em um portfólio ações que não possuem nenhuma correlação, por exemplo, GGBR4 e ITUB4, que no período observado têm correlação praticamente nula, visto que os pontos estão dispostos em círculo.

Caso se queira observar a matriz de *scatter* com histogramas, basta trocar a linha 17, onde o parâmetro diagonal é igual a 'hist', como visto a seguir.

```
17 pd.plotting.scatter_matrix(retorno, diagonal='hist', alpha=0.8,color='black')
```

A Figura 10.7 apresenta o resultado com os histogramas na diagonal.

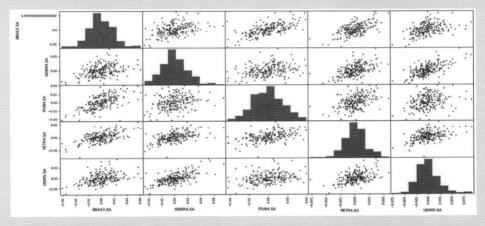

Figura 10.7 – Dados do Yahoo! Finance com matriz de *scatter* (com histogramas na diagonal).

10.2 PAREAMENTO DE DADOS

Em diversas ocasiões, a comparação de dados de diferentes índices tem o problema de falta de dados. Pode ocorrer de um arquivo ter mais dados do que outro e, assim, as medidas estatísticas ficam prejudicadas, pois é necessário que os dados estejam pareados. Ou seja, os dados devem estar em pares de ocorrência para a maioria das análises quantitativas.

Um problema bastante comum é quando se deseja comparar índices ou ações de diferentes países. Como cada país tem seus feriados ou pontos facultativos em datas diferentes, é comum deparar com o problema de que, ao final de um ano, um índice tenha mais valores do que outro. A resolução comum é eliminar dados em datas que uns mercados funcionaram e outros não para deixar os dados pareados. A primeira maneira é observar as datas e, caso sejam poucas, eliminar as linhas dos dados. Outra forma é programar para alguma linguagem um algoritmo para varrer os arquivos e eliminar dados ou valores de datas não coincidentes.

No Python, uma função muito interessante é *****.intersection( )** que elimina e coloca os dados pareados entre arquivos. Suponha que temos dois arquivos [arq1, arq2] e que arq2 tem menos dados do que arq1. Então o formato seguinte elimina dados de arq1 para que seja coincidente com arq2:

arq2.index.intersection(arq1.index)

EXEMPLO 10.6

Usar a função **intersection** do Python para ajustar os dois arquivos [arq1, arq2] para as mesmas datas do arq2.

Arq1

1/12/2019	2
2/12/2019	3
3/12/2019	1
4/12/2019	5

Arq2

1/12/2019	20
3/12/2019	11
4/12/2019	17

Como se pode observar, o arquivo arq2 tem menos dados e a data 2/12/2019 tem um dado no arq1, mas não no arq2. As linhas a seguir demonstram como utilizar a função **intersection**.

```
1 # Algoritmo para ajustamento de datas diferentes em arquivos
2
3 import pandas as pd
4
5 arq1=pd.Series([2,3,1,5],
6            index=['1/12/2019','2/12/2019','3/12/2019','4/12/2019'])
7
8 arq2=pd.Series([20,11,17],
9            index=['1/12/2019','3/12/2019','4/12/2019'])
10 #++++++++++++++++++ pareamento de datas para o mesmo dia +++++++++
11 intersect = arq2.index.intersection(arq1.index)
```

As linhas 5 e 8 criam a estrutura do **DataFrame** para os dados em séries dos arquivos arq1 e arq2. Os índices são as datas para cada um dos *dataframes*. A linha 11 faz a intersecção entre os dois *dataframes*, indicando que o arq1 que está dentro dos parênteses deve ajustar seus índices ao arq2.

Após o ajuste dos índices, a função **intersection** apenas seleciona os índices para que as mesmas datas estejam nos dois arquivos. O próximo passo é indicar para os arquivos quais datas devem permanecer e quais devem sair. Nesse ponto, as duas linhas a seguir modificam os arquivos arq1 e arq2 para permanecer as mesmas datas da intersecção entre eles. Para isso, as datas de intersecção são localizadas pela função **loc** que modifica o índice de cada arquivo e transfere os dados existentes para as datas localizadas na variável que armazenou, na linha 11, os índices de intersecção chamada *intersect*.

```
12 arq1_mod=arq1.loc[intersect]
13 arq2_mod=arq2.loc[intersect]
```

Ao final, os dois arquivos apresentam a seguinte formatação:

```
++++++++++++++++++++++++++++++++++
arquivo1 mod =
1/12/2019    2
3/12/2019    1
4/12/2019    5
dtype: int64
----------------------------------
arquivo2 mod =
1/12/2019    20
3/12/2019    11
4/12/2019    17
dtype: int64
```

Pode-se observar que os dados de 2 de dezembro de 2019 foram eliminados de arq1, pois a data não existia no arq2. O código completo a seguir apresenta como o programa trabalha.

```
1 # Algoritmo para ajustamento de datas diferentes em arquivos
2
3 import pandas as pd
4
5 arq1=pd.Series([2,3,1,5],
6                index=['1/12/2019','2/12/2019','3/12/2019','4/12/2019'])
7
8 arq2=pd.Series([20,11,17],
9                index=['1/12/2019','3/12/2019','4/12/2019'])
10 #+++++++++++++++++ pareamento de datas para o mesmo dia +++++++++
11 intersect = arq2.index.intersection(arq1.index)
12 arq1_mod=arq1.loc[intersect]
13 arq2_mod=arq2.loc[intersect]
14 print('++++++++++++++++++++++++++++++++++')
15 print('arquivo1 mod = ')
16 print(arq1_mod)
17 print('----------------------------------')
18 print('arquivo2 mod = ')
19 print(arq2_mod)
```

EXEMPLO 10.7

A comparação entre dados do Ibovespa e Dow Jones tem um problema na quantidade de dados para o uso da função que correlaciona ambos os índices. Deseja-se um programa em Python para encontrar a reta de regressão linear entre os índices, eliminando as datas não coincidentes de funcionamento das duas bolsas de valores no período entre 1º de janeiro de 2019 e 24 de novembro de 2019.

O resultado final é o apresentado na Figura 10.8. Para os índices Ibovespa e Dow Jones, percebe-se uma forte correlação linear mantendo a tendência de crescimento entre os dois índices. Assim, quando o Ibovespa aumenta, o Dow Jones segue na mesma direção (no caso contrário, a tendência também é a mesma).

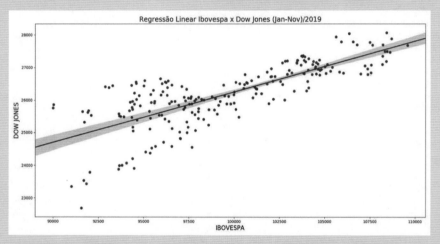

Figura 10.8 – Dados do Yahoo! Finance e regressão linear entre Ibovespa e Dow Jones.

Para traçar a reta de regressão, pode-se usar diversas bibliotecas já mencionadas nos capítulos anteriores. Nesse algoritmo do exemplo, utilizou-se a biblioteca seaborn que trabalha de forma bastante interessante com a regressão linear e com a correlação entre os *dataframes*.

O primeiro passo é o uso do **DataReader** para ler os dados do Ibovespa e do Dow Jones. No algoritmo a seguir, isso é feito nas linhas 16 e 17. Como Dow Jones possui menos dados, a linha 20 elimina do Ibovespa as datas em que o Dow Jones não tem dados. Nas linhas 21 e 22, os arquivos são ajustados, colocando as datas pareadas em novos arquivos bov e dow nas linhas 21 e 22.

Como correlacionar colunas específicas no formato **DataFrame**? Quando se trabalha com séries, a função é **corr( )**, mas no **DataFrame** deve-se usar a função que especifica qual coluna é desejada e, nesse caso, a função é **corrwith( )**, como programada na linha 24.

A regressão linear da Figura 10.8 é construída com a função **seaborn.regplot( )** programada na linha 25 e tem a vantagem que essa função já plota os gráficos com as curvas de confiança de 95%, como na Figura 10.8.

DataReader e análises com Yahoo! Finance 367

```
1 #################################################################
2 #                                                               #
3 #    ANTES DE RODAR A PRIMEIRA VEZ PRECISA INSTALAR A BIBLIOTECA #
4 #       pip install pandas_datareader                           #
5 #                                                               #
6 #################################################################
7
8 import datetime as dt
9 import pandas_datareader.data as web
10 import seaborn as sns
11 import pandas as pd
12
13 inicio=dt.datetime(2019,1,1)
14 fim=dt.datetime(2019,11,24)
15
16 df1=web.DataReader('^bvsp','yahoo',inicio,fim)
17 df2=web.DataReader('^dji','yahoo',inicio,fim)
18
19 #++++++++++++++++ pareamento de datas para o mesmo dia +++++++++
20 intersect = df2.index.intersection(df1.index)
21 bov=df1.loc[intersect]
22 dow=df2.loc[intersect]
23 #++++++++++++++++++++++++++++++++++++++++++++++++++++++++++++++++
24 correlacao=bov.corrwith(dow, axis = 0)
25 dados=sns.regplot(bov['Close'],dow['Close'],color='black')
26
27 dados.set_xlabel('IBOVESPA',fontsize=16)
28 dados.set_ylabel('DOW JONES',fontsize=16)
29 dados.set_title('Regressão Linear Ibovespa x Dow Jones (Jan-Nov)/2019',
30                 fontsize=18)
31 print('+++++++ correlação +++++++++++++')
32 print(correlacao)
```

Para o período selecionado, o resultado no **Console** é:

```
+++++++ correlação +++++++++++++
High        0.789701
Low         0.776596
Open        0.783764
Close       0.773553
Volume      0.198977
Adj Close   0.773553
dtype: float64
```

Na linha 25 do código, pode-se verificar que a regressão linear foi realizada com o *close* (fechamento) dos índices. Logo, pode-se reparar que a correlação no período é alta, por volta de 77% entre o Ibovespa e Dow Jones.

EXEMPLO 10.8

Fazer um programa em Python para encontrar a reta de regressão linear entre os retornos dos índices e eliminar as datas não coincidentes de funcionamento das duas bolsas de valores no período entre 1º de janeiro e 24 de novembro de 2019.

O problema é similar ao exemplo anterior, mas neste é interessante, além de eliminar datas não coincidentes, utilizar a função *.**pct_change( )** do Python, nas linhas 24 e 25 do código a seguir. A diferença é que essa função não retorna *dataframes*, mas séries. Logo, a função de correlação nesse caso deve ser a função **corr( )** específica para calcular a correlação linear entre séries de dados, programada na linha 26.

```
1 ####################################################################
2 #                                                                  #
3 #    ANTES DE RODAR A PRIMEIRA VEZ PRECISA INSTALAR A BIBLIOTECA   #
4 #       pip install pandas_datareader                              #
5 #                                                                  #
6 ####################################################################
7
8 import datetime as dt
9 import pandas_datareader.data as web
10 import seaborn as sns
11 import pandas as pd
12
13 inicio=dt.datetime(2019,1,1)
14 fim=dt.datetime(2019,11,24)
15
16 df1=web.DataReader('^bvsp','yahoo',inicio,fim)
17 df2=web.DataReader('^dji','yahoo',inicio,fim)
18
19 #++++++++++++++++++ pareamento de datas para o mesmo dia +++++++++
20 intersect = df2.index.intersection(df1.index)
21 bov=df1.loc[intersect]
22 dow=df2.loc[intersect]
23 #++++++++++++++++++++++++++++++++++++++++++++++++++++++++++++++++++
24 retornoBV=bov['Close'].pct_change()
25 retornoDJ=dow['Close'].pct_change()
26 correlacao=retornoBV.corr(retornoDJ)
27
28 dados=sns.regplot(retornoBV,retornoDJ,color='black')
29
30 dados.set_xlabel('IBOVESPA',fontsize=16)
31 dados.set_ylabel('DOW JONES',fontsize=16)
32 dados.set_title('Regressão Linear RETORNOS (Ibovespa x Dow Jones) (Jan-Nov)/2019',
33                 fontsize=18)
34 print('+++++++ correlação +++++++++++++')
35 print(correlacao)
```

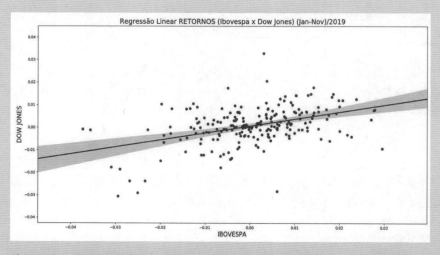

Figura 10.9 – Regressão linear entre os retornos financeiros de Ibovespa e Dow Jones.

Como pode ser visto na Figura 10.9, para os retornos financeiros, o resultado não é tão compatível entre os dois índices, mostrando uma dispersão muito maior entre os dados. Isso se comprova no resultado da correlação, com o valor no **Console** impresso pela linha 35 como 43% de correlação. Ou seja, embora a tendência entre as bolsas seja linear e crescente no período observado, para os retornos, a mesma relação não se mantém. Os ganhos financeiros entre os dois índices não seguiram de maneira tão forte uma relação linear.

```
+++++++ correlação +++++++++++++
0.43910171441629514
```

EXEMPLO 10.9

Fazer um programa em Python para encontrar a reta de regressão linear, os preços do barril de petróleo e os preços das ações da Exxon Mobil Company na bolsa de Nova York, entre 2008 e 2019. Comparar o resultado com as ações da PETR4 na Bovespa.

Aproveitando os programas anteriores, é possível buscar correlações entre diversos tipos de investimentos. Nesse exemplo, deseja-se saber qual a real correlação linear entre uma das maiores empresas de petróleo dos Estados Unidos e os preços do barril de petróleo. O código no Yahoo! para o preço do barril é CL e para a Exxon é XOM.

```
inicio=dt.datetime(2008,1,1)
fim=dt.datetime(2019,11,24)

df1=web.DataReader('CL','yahoo',inicio,fim)
df2=web.DataReader('XOM','yahoo',inicio,fim)
```

O resultado pode ser visto na Figura 10.10, que mostra que a relação não é tão linear entre o preço da ação e do petróleo. A própria correlação mostra que existe uma baixa relação entre elas, cerca de 42% para o período. Apesar de demonstrar que quando o preço do barril aumenta a ação também tem seu preço elevado, a correlação fica abaixo de 50% em dez anos.

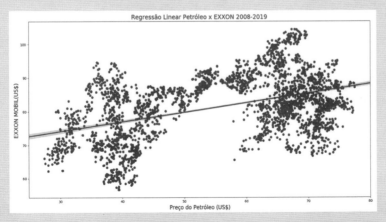

Figura 10.10 – Regressão linear entre preço do barril de petróleo e ações da Exxon Mobil, nos Estados Unidos, entre 2008 e 2019.

Já para as ações da Petrobras (PETR4) o resultado é negativo. Ou seja, após a crise financeira de 2008, a regressão mostra que com o tempo, quando há aumento nos preços do petróleo, também há queda no preço das ações. A correlação para esse caso foi muito contundente (*close*), com valor de -70%. O sinal negativo mostra um movimento inversamente proporcional entre os dois ativos.

```
+++++++ correlação +++++++++++++
High         -0.703000
Low          -0.697032
Open         -0.699443
Close        -0.700297
Volume       -0.140299
Adj Close    -0.556089
dtype: float64
```

A Figura 10.11 apresenta o resultado inversamente proporcional para o preço do petróleo e para as ações da PETR4.

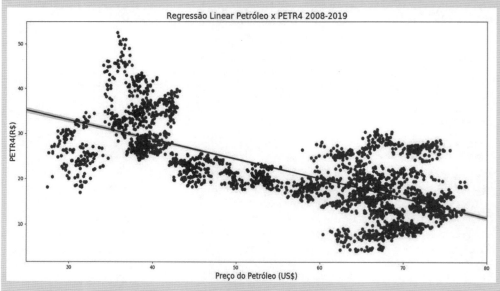

Figura 10.11 – Regressão linear entre preço do barril de petróleo (US$) e ações da PETR4 (R$) entre 2008 e 2019.

10.3 CÁLCULOS COM JANELAS MÓVEIS (*ROLLING METHOD*)

A técnica de utilizar janelas móveis para os dados é bem interessante e amplamente usada em séries temporais para descrever séries econômicas que possuem alta frequência e sazonalidade. Somas, médias, desvio-padrão, filtragem, *candles*, enfim, diversas medidas podem ser ajustadas com as janelas que adquirem dados por períodos predefinidos de amostragem.

Na biblioteca pandas, as janelas móveis estão inseridas dentro do *rolling method*, que permite com facilidade fazer cálculos que teriam de ser programados com muitas linhas em outras linguagens. Usando esse método com o **DataReader**, todas as informações contidas na nuvem de algum servidor são perfeitamente objeto de análise de grande porte para qualquer quantidade de dados.

Por exemplo, vamos supor que desejamos analisar a tendência do Ibovespa de médio prazo, de 2015 a 2019. Usando o **DataReader** podemos obter os dados do Yahoo!, e usando uma janela móvel (*rolling window*) podemos filtrar os dados para períodos de dados a cada 150 dias de amostragem. Com a extensão **rolling( ).mean( )**, temos a média móvel para cada 150 dias amostrados. Então, podemos criar uma nova coluna no **DataFrame** original, onde essa coluna vai ser a média móvel.

```
df['med_mov']=df['Close'].rolling(window=150,min_periods=0).mean()
```

Com essa nova coluna de **DataFrame**, um gráfico contendo os fechamentos do Ibovespa com a média móvel pode ser plotado para análise de tendência, como na Figura 10.12.

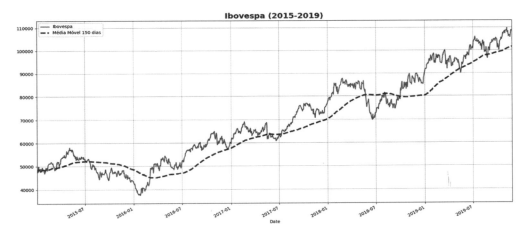

Figura 10.12 – Média móvel (tracejada) do Ibovespa pelo *rolling method*.

O programa para essa média móvel segue nas linhas do código, em que a linha 17 calcula a média móvel para o período de 150 dias.

```
1 ################################################################
2 #                                                              #
3 #    ANTES DE RODAR A PRIMEIRA VEZ PRECISA INSTALAR A BIBLIOTECA #
4 #       pip install pandas_datareader                          #
5 #                                                              #
6 ################################################################
7
8 import matplotlib.pyplot as fig
9 import datetime as dt
10 import pandas_datareader.data as web
```

```
11
12
13 inicio=dt.datetime(2015,1,1)
14 fim=dt.datetime(2019,11,24)
15 df=web.DataReader('^BVSP','yahoo',inicio,fim)
16 df['Close'].plot(color='k',lw=2,alpha=0.6)
17 df['med_mov']=df['Close'].rolling(window=150,min_periods=0).mean()
18 df['med_mov'].plot(color='k',lw=3,style='--')
19
20 fig.grid()
21 fig.title('Ibovespa (2015-2019)',fontsize=18,weight='bold')
22 fig.legend(['Ibovespa','Média Móvel 150 dias'])
```

É interessante o fato de os dados do Yahoo! estarem na nuvem, porque podemos analisar comportamentos históricos, apenas com a mudança do período de aquisição do **DataReader**.

Na Figura 10.13, por exemplo, vemos o comportamento do Ibovespa desde 2000 até 2019, quase vinte anos de história, incluindo a crise financeira de 2008. A análise pode ser complementada com a média móvel para mostrar a tendência do movimento. A título de exemplo, foi adotada uma janela móvel a cada quinhentos dias. Para isso, basta apenas alterar a linha 13 para a data e a linha 17 para aumentar a janela de observação para quinhentos dias.

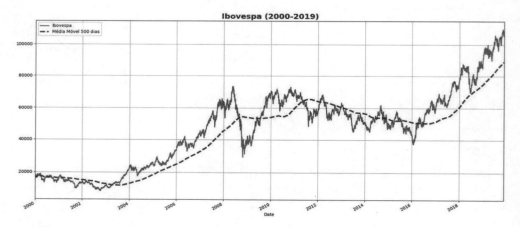

Figura 10.13 – Média móvel (tracejada) do Ibovespa pelo *rolling method* para vinte anos de dados históricos, incluindo a crise financeira.

EXEMPLO 10.10

Outra ferramenta importante existente no *rolling method* é o desvio-padrão, que também está programado e serve de parâmetro de alerta para possíveis *crashes*. A Figura 10.14 apresenta os retornos financeiros do Ibovespa, diários, entre 1995 e 2019. Usando o *rolling method*, selecionamos uma janela diária de dez dias para o cálculo do desvio-padrão. Com isso, a cada novo dia, o programa analisa a volatilidade do retorno usando o **rolling( ).std( )** como nas linhas seguintes.

```
inicio=dt.datetime(1995,1,1)
fim=dt.datetime(2019,11,24)
df=web.DataReader('^BVSP','yahoo',inicio,fim)
df['retorno']=df['Close'].pct_change()
df['retorno'].plot(color='k',lw=2,alpha=0.4)
df['std_mov']=df['retorno'].rolling(window=10,min_periods=0).std()
df['std_mov'].plot(color='k',lw=3,style='-')
```

A extensão *.std (*standard deviation*) trabalha como a média móvel, tomando o período todo de dez dias; quando adiciona um novo dia, descarta o mais antigo. A Figura 10.14 apresenta a volatilidade em linha preta, ou o desvio-padrão em linha contínua. Já as Figuras 10.15 e 10.16 mostram a região aumentada de interesse para duas crises financeiras importantes, as crises de 1998 e de 2008. Em ambas, percebe-se a mudança abrupta na volatilidade do Ibovespa.

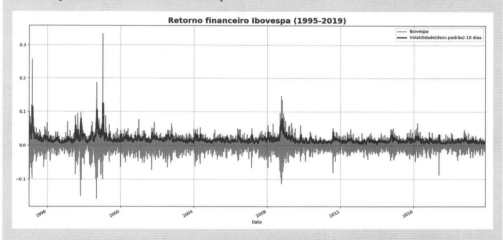

Figura 10.14 – Desvio-padrão móvel para janela de dez dias no retorno do Ibovespa.

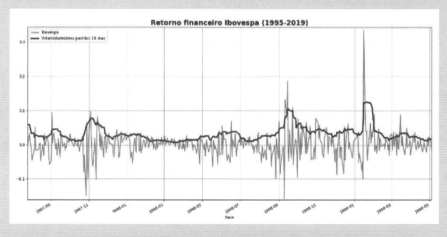

Figura 10.15 – Volatilidade (1998).

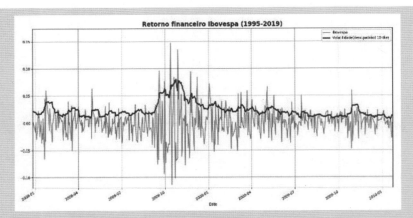

Figura 10.16 – Volatilidade (2008).

O programa completo do algoritmo pode ser acompanhado a seguir.

```
1  ###############################################################
2  #                                                             #
3  #    ANTES DE RODAR A PRIMEIRA VEZ PRECISA INSTALAR A BIBLIOTECA #
4  #       pip install pandas_datareader                         #
5  #                                                             #
6  ###############################################################
7
8  import matplotlib.pyplot as fig
9  import datetime as dt
10 import pandas_datareader.data as web
11
12
13 inicio=dt.datetime(1995,1,1)
14 fim=dt.datetime(2019,11,24)
15 df=web.DataReader('^BVSP','yahoo',inicio,fim)
16 df['retorno']=df['Close'].pct_change()
17 df['retorno'].plot(color='k',lw=2,alpha=0.4)
18 df['std_mov']=df['retorno'].rolling(window=10,min_periods=0).std()
19 df['std_mov'].plot(color='k',lw=3,style='-')
20
21 fig.grid()
22 fig.title('Retorno financeiro Ibovespa (1995-2019)',fontsize=18,weight='bold')
23 fig.legend(['Ibovespa','Volatilidade(desv.padrão) 10 dias'])
```

Com o programa e o *rolling method*, pode-se ainda plotar todas as análises de forma conjunta usando o **subplot** da biblioteca matplotlib.pyplot. Agora, é necessário informar ao Python qual é o eixo das abscissas. Nesse caso é o índice do **DataFrame** que vai ser utilizado como eixo vertical em cada **subplot**. O interessante de usar a matplotlib é que podemos chamar outros gráficos como os de barra para observar o volume das operações. No caso do histórico do Ibovespa, a Figura 10.17 apresenta um grande volume de operações no Ibovespa um ano antes da crise de 2008.

Logo em seguida, pode-se observar que a volatilidade começou a aumentar para os retornos do Ibovespa. Isso foi decorrente da obtenção por parte do Brasil do grau de investimento internacional, o que fez novos fundos comprarem mais ativos brasileiros.

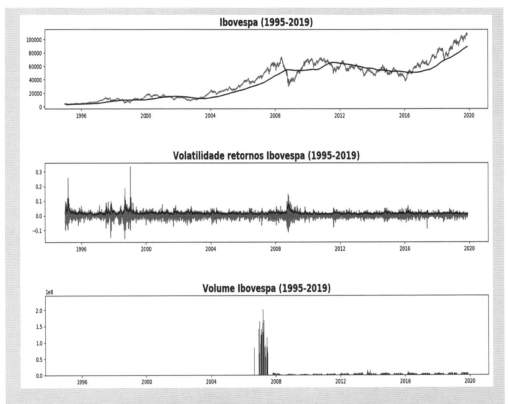

Figura 10.17 – Volatilidade Ibovespa entre 1998 e 2019.

A ferramenta **tight.layout( )** foi colocada na linha 31 do código a seguir, para espaçar melhor os títulos de cada um dos **subplots**. O gráfico de barras aparece no **subplot (313)** e foi programado na linha 33. Como nos outros programas, novas colunas foram criadas no **DataFrame** original chamado *df*. A coluna **med_mov** é a média móvel dos pontos do Ibovespa e a nova coluna **std_mov** é o desvio-padrão dos retornos do Ibovespa, por isso foram colocados em **subplots** diferentes.

```
1 ################################################################
2 #                                                              #
3 #   ANTES DE RODAR A PRIMEIRA VEZ PRECISA INSTALAR A BIBLIOTECA #
4 #      pip install pandas_datareader                           #
5 #                                                              #
6 ################################################################
7
8 import matplotlib.pyplot as fig
9 import datetime as dt
10 import pandas_datareader.data as web
11
12
13 inicio=dt.datetime(1995,1,1)
14 fim=dt.datetime(2019,11,24)
15 df=web.DataReader('^BVSP','yahoo',inicio,fim)
16 df['retorno']=df['Close'].pct_change()
17 #df['retorno'].plot(color='k',lw=2,alpha=0.4)
18 df['med_mov']=df['Close'].rolling(window=500,min_periods=0).mean()
19 df['std_mov']=df['retorno'].rolling(window=10,min_periods=0).std()
20 #df['std_mov'].plot(color='k',lw=3,style='-')
21
```

```
22 ax=fig.subplot(311)
23 ax.plot(df.index,df['Close'],color='black',alpha=0.5)
24 ax.plot(df.index,df['med_mov'],color='black')
25 ax.set_title('Ibovespa (1995-2019)',fontsize=18,weight='bold')
26
27 ax=fig.subplot(312)
28 ax.plot(df.index,df['retorno'],color='black',alpha=0.5)
29 ax.plot(df.index,df['std_mov'],color='black')
30 ax.set_title('Volatilidade retornos Ibovespa (1995-2019)',fontsize=18,weight='bold')
31 fig.tight_layout()
32 ax=fig.subplot(313)
33 ax.bar(df.index,df['Volume'],color='black')
34 ax.set_title('Volume Ibovespa (1995-2019)',fontsize=18,weight='bold')
```

EXEMPLO 10.11

Fazer um programa para comparar a taxa de juros dos Estados Unidos, os títulos do tesouro com vencimento em dez anos, e o Dow Jones.

Uma das grandes preocupações nas finanças mundiais é como se comporta a economia norte-americana frente a diversas situações de volatilidade no mundo. Para tanto, uma medida de risco ou de evolução para a economia mundial é a volatilidade dos títulos do tesouro dos Estados Unidos tidos como os mais seguros do mundo. Pode-se usar o **DataReader** para obter dados do tesouro norte-americano, como o título com vencimento de dez anos (10-*year Treasury*). O servidor desses dados está no Banco Central dos Estados Unidos, o Federal Reserve (FED). O nome do servidor é FRED e o símbolo do título é DGS10, como nas linhas a seguir:

```
inicio=dt.datetime(1970,1,1)
fim=dt.datetime(2019,11,24)
df1=web.DataReader('DGS10','fred',inicio,fim)
df2=web.DataReader('^DJI','yahoo',inicio,fim)
```

Como descobrir qual é o servidor? No *website* de pesquisa do Federal Reserve, conhecido como FRED (disponível em: https://fred.stlouisfed.org/series/DGS10, acesso em: 28 out. 2020), é possível encontrar diversas séries históricas do tesouro dos Estados Unidos. Nesse *website*, como visto na Figura 10.18, o símbolo do título está marcado com um retângulo, o qual o FED nomeia como DGS10 o título de dez anos. Por isso, para baixar os dados do tesouro basta colocar DGS10 e FRED no **DataReader**.

Figura 10.18 – *Website* do Federal Reserve para baixar dados dos títulos dos Estados Unidos.

Para comparar com os dados da bolsa dos Estados Unidos, novamente baixamos os dados do Dow Jones, mas agora de 1970 a 2019. O resultado é apresentado na Figura 10.19, com a média móvel dos títulos.

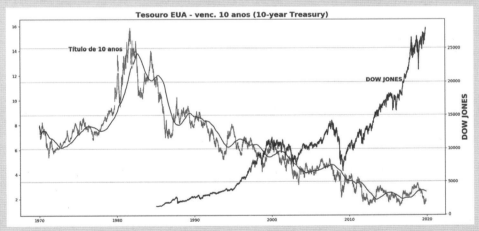

Figura 10.19 – Comparação de títulos dos Estados Unidos e Dow Jones.

Como pode ser visto, existe uma inversão entre os títulos norte-americanos e a bolsa de valores, no caso, Dow Jones. Nesse caso, fica claro que a curva crescente do Dow Jones está sobrevalorizada pela inflação ano após ano. Mas é possível reparar que nos anos pós-crise de 2008, os títulos norte-americanos nunca estiveram tão baixos. E essa é a preocupação mundial, pois os investimentos estão sendo canalizados para os ativos em bolsas de valores e podem gerar novas bolhas e crises.

A plotagem dos gráficos foi construída usando a matplotlib, para ajustar de forma mais interessante os dois eixos. Na Figura 10.19, o eixo da esquerda se refere aos valores em dólares do título norte-americano de dez anos e o eixo da direita é o índice Dow Jones. As linhas do código a seguir se referem à construção da figura e dos cálculos para a média móvel. Como o título norte-americano é diário, a média móvel se refere a uma janela de quinhentos dias de observação.

```
1 ################################################################
2 #                                                              #
3 #    ANTES DE RODAR A PRIMEIRA VEZ PRECISA INSTALAR A BIBLIOTECA #
4 #       pip install pandas_datareader                          #
5 #                                                              #
6 ################################################################
7
8 import matplotlib.pyplot as fig
9 import datetime as dt
10 import pandas_datareader.data as web
11
12 inicio=dt.datetime(1970,1,1)
13 fim=dt.datetime(2019,11,24)
14 df1=web.DataReader('DGS10','fred',inicio,fim)
15 df2=web.DataReader('^DJI','yahoo',inicio,fim)
16 df1['med_mov']=df1['DGS10'].rolling(window=500,min_periods=0).mean()
17
18 ax=fig.subplot(111)
19 ax.plot(df1.index,df1['DGS10'],color='black',alpha=0.5)
20 ax.plot(df1.index,df1['med_mov'],color='black')
21 ax.set_title('Tesouro EUA - venc. 10 anos (10-year Treasury)',fontsize=18,weight='bold')
22 ax.text(x=df1.index[1000],y=14,s='Título de 10 anos',fontsize=14,weight='bold')
23
24 ax2=ax.twinx()
25 ax2.plot(df2.index,df2['Close'],color='black')
26 ax2.set_ylabel('DOW JONES',fontsize=18,weight='bold')
27 ax2.text(x=df1.index[11000],y=20000,s='DOW JONES',fontsize=14,weight='bold')
28 fig.grid()
```

Utilização de dados do tesouro americano baixados diretamente pelo **DataReader**

EXEMPLO 10.12

É importante para as séries financeiras fazer uma comparação justa, sem a influência da inflação. Analisando os retornos em **log**, pode-se ter um olhar mais justo sobre a verdadeira variabilidade das séries. No caso dos títulos dos Estados Unidos de dez anos e da bolsa de valores, torna-se interessante observar os retornos. A comparação entre os retornos apresentada na Figura 10.20 demonstra a volatilidade dos títulos e do Dow Jones. Apesar de baixo valor, o título de dez anos, após a crise de 2008, comporta-se de modo mais volátil do que os retornos do Dow Jones. Com exceção de 1987, quando o Dow Jones caiu mais de 20%, em todos os outros períodos após a crise de 2008, sua oscilação foi menor do que os títulos de dez anos. Por ser um investimento mundial seguro, após a crise financeira, esses títulos passaram a ser ainda mais importantes na garantia do pagamento em seu vencimento, ao contrário da bolsa de valores que pode ter quedas abruptas e imediatas. Usando a ferramenta *.pct_change( ) novamente, foram calculados os retornos para as duas séries.

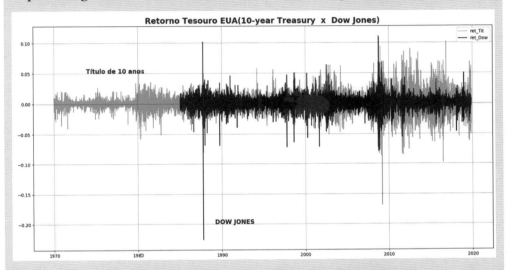

Figura 10.20 – Comparação entre os retornos dos títulos norte-americanos e o retorno do Dow Jones.

O código a seguir demonstra como o programa funciona na análise das duas séries para os retornos na Figura 10.20.

```
################################################################
#                                                              #
#     ANTES DE RODAR A PRIMEIRA VEZ PRECISA INSTALAR A BIBLIOTECA #
#        pip install pandas_datareader                         #
#                                                              #
################################################################

import matplotlib.pyplot as fig
import datetime as dt
import pandas_datareader.data as web
import numpy as np

inicio=dt.datetime(1970,1,1)
fim=dt.datetime(2019,11,24)
df1=web.DataReader('DGS10','fred',inicio,fim)
df2=web.DataReader('^dji','yahoo',inicio,fim)
df1['ret_Tit']=df1['DGS10'].pct_change()
df2['ret_Dow']=df2['Close'].pct_change()
ax=fig.subplot(111)
ax.plot(df1.index,df1['ret_Tit'],color='black',alpha=0.3)
ax.set_title('Retorno Tesouro EUA(10-year Treasury  x  Dow Jones)',fontsize=18,weight='bold')
ax.text(x=tit.index[1000],y=0.05,s='Título de 10 anos',fontsize=14,weight='bold')
ax.plot(df2.index,df2['ret_Dow'],color='black')
ax.text(x=tit.index[5000],y=-0.2,s='DOW JONES',fontsize=14,weight='bold')
fig.legend()
fig.grid()
```

EXEMPLO 10.13

Agora queremos comparar os retornos do título norte-americano com vencimento de dez anos e do preço do barril de petróleo. Utilizando a ideia anterior, apenas trocamos a série ^DJI do Dow Jones para o preço do petróleo que tem o símbolo CL (*crude oil*).

```
inicio=dt.datetime(1970,1,1)
fim=dt.datetime(2019,11,24)
df1=web.DataReader('DGS10','fred',inicio,fim)
df2=web.DataReader('CL','yahoo',inicio,fim)
df1['ret_Tit']=df1['DGS10'].pct_change()
df2['ret_oil']=df2['Close'].pct_change()
```

O destaque na Figura 10.21 evidencia que, nos anos 1970, o preço do barril disparou e aumentou a volatilidade. A curva cinza mostra que o preço do barril oscilou em quedas fortes de 10% e altas que atingiram em apenas um dia algo próximo a 15%. A linha preta indica que, após a crise financeira de 2008, a volatilidade tem sido a mesma para as duas séries.

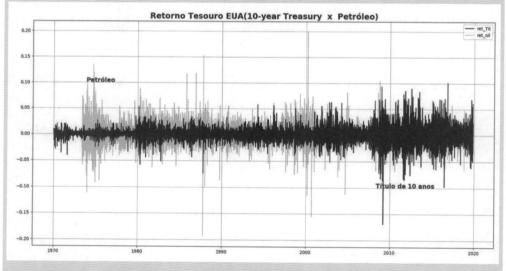

Figura 10.21 – Comparação dos retornos dos títulos norte-americanos e do preço do petróleo.

10.4 VISUALIZAÇÃO COM *CANDLESTICK* DA BIBLIOTECA MPL_FINANCE

Quando se utiliza o **DataReader** para ler dados do Yahoo! de ativos em bolsas de valores, os arquivos sempre retornam com as colunas de preço de abertura (*open*), alta (*high*), baixa (*low*), fechamento (*close*), volume e preço ajustado (*adj close*). Uma ferramenta amplamente utilizada para análise do movimento de ativos é o *candlestick*, que no caso do Python está programado na biblioteca mpl_finance.

A técnica de previsão de preços conhecida como candelabro japonês, ou *candlestick*, surgiu no Japão feudal e foi influenciada pelas intensas condições de guerra e batalhas da época. Conta a história que Munehisa Homma fez grande fortuna prevendo os movimentos dos preços futuros do arroz usando a técnica de *candlestick*, tornando-se uma lenda no Japão de 1700. Quando o pai de Homma faleceu, ele começou a realizar seus negócios baseado em dados arquivados de clima e observações dos negócios diários. Aprendeu a psicologia do comportamento dos negociadores. Teve muito sucesso ao criar seus padrões e regras com base nos preços passados e tornar-se consultor de investimentos na bolsa de arroz usando *candlesticks*. Após seu falecimento, em 1803, os livros de Homma foram estudados e divulgados no Ocidente com os padrões clássicos dos candelabros que conhecemos hoje.

Segundo os usuários dessa técnica, o *candlestick* inclui estratégia, psicologia, competição e, por que não dizer, sorte. As batalhas influenciaram a nomenclatura de alguns dos padrões observados pela técnica. Por exemplo, existe o padrão "ataque de noite e pela manhã" ou ainda "avanço dos três soldados". Os padrões elaborados por Homma ficaram famosos, inclusive pelas lendas que se espalharam sobre sua farta riqueza obtida com o *candlestick*.

Quando os preços de um ativo ficam em alta quando termina o período de negociação (dias, horas, minutos etc.), o *candlestick* representa a disposição em branco da Figura 10.22. Se os preços acabam em baixa, o padrão é o da Figura 10.23 com uma cor escura. As barras verticais acima e abaixo do retângulo representam os preços durante o período dos negócios. Barras verticais mais longas para baixo significam que os preços atingiram, ao longo do período, valores menores do que a abertura. Barras verticais mais longas acima indicam que os preços ultrapassaram o preço inicial durante os negócios.

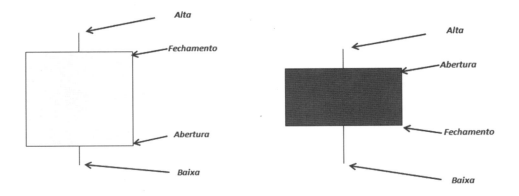

Figura 10.22 – *Candlestick* de alta.   **Figura 10.23** – *Candlestick* de baixa.

Antes de usar os *candles*, é necessário instalar a biblioteca mpl_finance e utilizar o gerenciador de pacotes **pip** (**Python Package Index**) no **Console**:

>> *pip install mpl_finance*

Após a instalação o leitor deve reiniciar o *kernel* do **Console**, para o uso correto das ferramentas da biblioteca. Vamos supor que desejamos construir um *candlestick* para o Ibovespa com dados de janeiro a novembro de 2019. O primeiro passo a ajustar é o período de amostragem para o ativo. Os dados do Yahoo! sempre retornam no formato conhecido como **ohlc** (*open-high-low-close*) e precisam ser amostrados para a construção dos *candles*, como apresentados nas Figuras 10.22 e 10.23.

A extensão *.resample(período).ohlc( ) faz a amostragem para o período definido no primeiro parêntese e é estendida para todas as colunas **ohlc**. Assim, com esses valores de *open-high-low-close*, o Python constrói um *candle* para cada dia amostrado. Se for desejada uma amostragem de valores a cada sete dias, a variável criada *df_ohlc* tem o seguinte formato:

```
df_ohlc=df['Close'].resample('7D').ohlc()
```

Como as datas estão no formato de texto, para o uso no eixo das abscissas, deve-se transformá-las em números usando estas duas linhas:

```
df_ohlc.reset_index(inplace=True)
df_ohlc['Date']=df_ohlc['Date'].map(mdates.date2num)
```

Transformada em números, as datas podem ser usadas pelo eixo do comando **plot** para fazer o gráfico. Então, pode-se chamar a função **candlestick_ohlc( )** que constrói os *candles*, a qual deve ter o seguinte formato:

```
candlestick_ohlc(ax1,df_ohlc.values, width=2, colorup='k',colordown='gray')
```

Nesse caso, **colorup** significa a cor desejada para o dia com fechamento de alta e o parâmetro **colordown** é a cor para dias com fechamentos em baixa. O resultado para o caso do Ibovespa pode ser visto na Figura 10.24

Figura 10.24 – *Candlestick* de sete dias para o Ibovespa (jan.-nov. 2019).

Como pode ser visto na Figura 10.24, a cada sete dias, se o resultado do fechamento (*close*) foi de alta em relação ao período anterior, o *candle* será preto (**colorup = 'k'**), caso contrário, o *candle* será cinza (**colordown = 'gray'**).

O programa completo pode ser visto nas linhas seguintes do código que construiu a Figura 10.24.

```
1 ################################################################
2 #                                                              #
3 #    ANTES DE RODAR A PRIMEIRA VEZ PRECISA INSTALAR A BIBLIOTECA #
4 #    >> pip install pandas_datareader                          #
5 #    Para usar o candles precisa instalar o mpl_finance:       #
6 #    >> pip install mpl_finance                                #
7 ################################################################
8
9 import matplotlib.pyplot as fig
10 import datetime as dt
11 from mpl_finance import candlestick_ohlc
12 import matplotlib.dates as mdates
13 import pandas_datareader.data as web
14
15
16 inicio=dt.datetime(2019,1,1)
17 fim=dt.datetime(2019,11,27)
18 df=web.DataReader('^bvsp','yahoo',inicio,fim)
19 #+++++++++++++++++++ amostragem para os candles +++++++++++++++++++++++++
20 df_ohlc=df['Close'].resample('7D').ohlc()
21 df_ohlc.reset_index(inplace=True)
22 df_ohlc['Date']=df_ohlc['Date'].map(mdates.date2num)
23
24 ax1=fig.subplot(111)
25
26 ax1.xaxis_date()
27
28 candlestick_ohlc(ax1,df_ohlc.values, width=2, colorup='k',colordown='gray')
29 ax1.set_xlabel('DATA',fontsize=16)
30 ax1.set_ylabel('IBOVESPA',fontsize=16)
31 fig.grid()
```

Outros períodos podem ser solicitados ao Python, usando o **resample** da linha 20 com outros números, 15D, 30D etc., em que *D* indica dias. Para períodos mais longos de dados, pode-se amostrar mensalmente usando *M*. Por exemplo, no comando a seguir, os dados do Ibovespa são amostrados a cada um mês.

```
df_ohlc=df['Close'].resample('1M').ohlc()
```

O resultado pode ser observado na Figura 10.25.

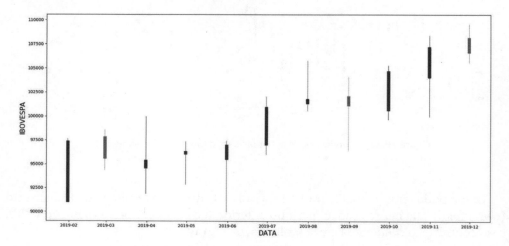

Figura 10.25 – *Candlestick* de um mês para o Ibovespa (jan.-nov. 2019).

Quando os *candles* estão muito espaçados, torna-se interessante anexar ao gráfico a média móvel. Com isso, podemos ter uma visão melhor da oscilação dos preços à medida que conseguimos observar se ocorreram mais baixas ou mais altas no período. A Figura 10.26 apresenta o resultado para o caso em que se tomou uma média móvel de vinte dias para os *candles* de sete dias para o Ibovespa.

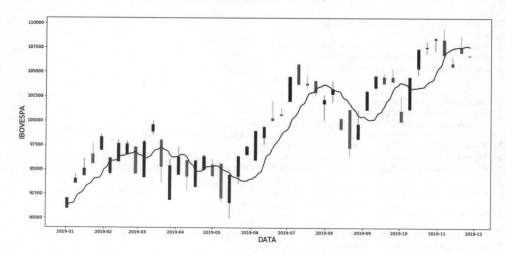

Figura 10.26 – *Candlestick* de sete dias e média móvel de vinte dias para o Ibovespa.

DataReader e análises com Yahoo! Finance

O código modificado está nas linhas do programa a seguir, em que a linha 23 apresenta a programação para a média móvel de vinte dias usando o *rolling method*.

```
9  import matplotlib.pyplot as fig
10 import datetime as dt
11 from mpl_finance import candlestick_ohlc
12 import matplotlib.dates as mdates
13 import pandas_datareader.data as web
14
15
16 inicio=dt.datetime(2019,1,1)
17 fim=dt.datetime(2019,11,27)
18 df=web.DataReader('^bvsp','yahoo',inicio,fim)
19 #++++++++++++++++++++ amostragem para os candles ++++++++++++++++++++++++++
20 df_ohlc=df['Close'].resample('7D').ohlc()
21 df_ohlc.reset_index(inplace=True)
22 df_ohlc['Date']=df_ohlc['Date'].map(mdates.date2num)
23 df['med_mov']=df['Close'].rolling(window=20,min_periods=0).mean()
24 ax1=fig.subplot(111)
25
26 ax1.xaxis_date()
27
28 candlestick_ohlc(ax1,df_ohlc.values, width=2, colorup='k',colordown='gray')
29 ax1.plot(df.index,df['med_mov'],color='k')
30 ax1.set_xlabel('DATA',fontsize=16)
31 ax1.set_ylabel('IBOVESPA',fontsize=16)
```

Por fim, o volume das operações no Ibovespa também pode prover uma análise sobre a movimentação do mercado. Nesse sentido, a amostragem com o **resample** pode utilizar a extensão *.sum para acumular volumes a cada período idêntico ao acumulado por *candles*.

Um eixo com **subplot** pode ser programado para obter o seguinte resultado no caso do Ibovespa, como apresentado na Figura 10.27.

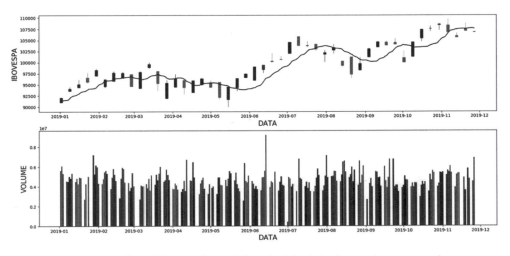

Figura 10.27 – *Candlestick* de sete dias, média móvel de vinte dias e volume para o Ibovespa.

A modificação no código anterior é apresentada a seguir, com as linhas 33 a 37 apresentando a criação do novo eixo no **subplot(212)**.

```
 9 import matplotlib.pyplot as fig
10 import datetime as dt
11 from mpl_finance import candlestick_ohlc
12 import matplotlib.dates as mdates
13 import pandas_datareader.data as web
14
15
16 inicio=dt.datetime(2019,1,1)
17 fim=dt.datetime(2019,11,27)
18 df=web.DataReader('^bvsp','yahoo',inicio,fim)
19 #++++++++++++++++++++ amostragem para os candles ++++++++++++++++++++++++++
20 df_ohlc=df['Close'].resample('7D').ohlc()
21 df_ohlc.reset_index(inplace=True)
22 df_ohlc['Date']=df_ohlc['Date'].map(mdates.date2num)
23 df['med_mov']=df['Close'].rolling(window=20,min_periods=0).mean()
24
25 ax1=fig.subplot(211)
26 ax1.xaxis_date()
27
28 candlestick_ohlc(ax1,df_ohlc.values, width=2, colorup='k',colordown='gray')
29 ax1.plot(df.index,df['med_mov'],color='k')
30 ax1.set_xlabel('DATA',fontsize=16)
31 ax1.set_ylabel('IBOVESPA',fontsize=16)
32
33 ax2=fig.subplot(212)
34 df_volume=df['Volume'].resample('7D').sum()
35 ax2.bar(df.index,df['Volume'],color='black')
36 ax2.set_xlabel('DATA',fontsize=16)
37 ax2.set_ylabel('VOLUME',fontsize=16)
```

Para uma análise completa, é interessante colocar todas as informações referentes aos ativos em uma mesma figura. Por exemplo, usando quatro **subplots**, podemos visualizar todas as ferramentas estatísticas descritas anteriormente, como apresentado na Figura 10.28. Nessa figura pode-se ver *candles*, volumes, histograma com ajuste da normal para os retornos e Boxplot dos retornos para o Ibovespa de janeiro a novembro de 2019.

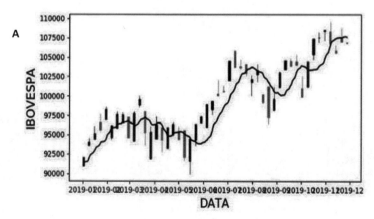

Figura 10.28 – *Candlestick* de sete dias e média móvel de vinte dias (A); volume para o Ibovespa (B); histograma dos retornos (C); e Boxplot dos retornos (D). *(continua)*

(continuação)

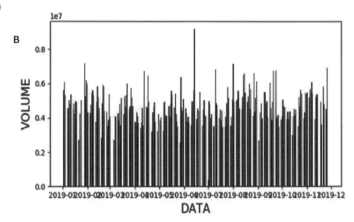

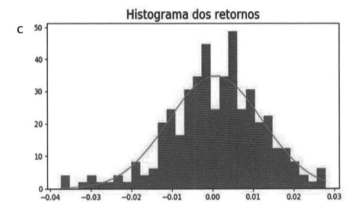

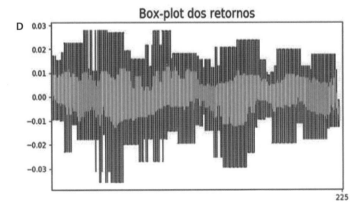

Figura 10.28 – **Figura 10.28** – *Candlestick* de sete dias e média móvel de vinte dias (A); volume para o Ibovespa (B); histograma dos retornos (C); e Boxplot dos retornos (D).

A seguir, é apresentado o código completo para os gráficos construídos na Figura 10.28.

```python
1  ################################################################
2  #                                                              #
3  #    ANTES DE RODAR A PRIMEIRA VEZ PRECISA INSTALAR A BIBLIOTECA #
4  #    >> pip install pandas_datareader                          #
5  #    Para usar o candles precisa instalar o mpl_finance:       #
6  #    >> pip install mpl_finance                                #
7  ################################################################
8
9  import numpy as np
10 import matplotlib.pyplot as fig
11 import datetime as dt
12 from mpl_finance import candlestick_ohlc
13 import matplotlib.dates as mdates
14 import pandas as pd
15 import pandas_datareader.data as web
16 import matplotlib.mlab as mlab
17
18
19 inicio=dt.datetime(2019,1,1)
20 fim=dt.datetime(2019,11,27)
21 df=web.DataReader('^bvsp','yahoo',inicio,fim)

41
42 lin=df['Close'].count()
43 x=np.zeros(lin)
44 for i in range(lin):
45     x[i]=df['Close'][i]
46
47 retorno=(x[1:lin]-x[0:lin-1])/x[0:lin-1]
48 df2=pd.DataFrame(columns=[])
49 df2['retorno']=retorno
50 #++++++++++++++++++++++++++++ HISTOGRAMA ++++++++++++++++++++++++++++
51 ax3=fig.subplot(223)
52 [n,bins,patches]=ax3.hist(retorno,bins=30,normed=True)
53 mu=np.mean(retorno)
54 sigma=np.std(retorno)
55 dist_norm=mlab.normpdf(bins,mu,sigma)
56 ax3.plot(bins,dist_norm)
57 ax3.set_title('Histograma dos retornos',fontsize=16)
58 #++++++++++++++++++++++++++++ BOX-PLOT ++++++++++++++++++++++++++++
59 ax4=fig.subplot(224)
60 for i in range(len(retorno)):
61     d=ax4.boxplot(df2.retorno[1+i:20+i],positions=[i],
62                   showfliers=False,patch_artist=True,
63                   boxprops=dict(facecolor="C0", color="C1"))
64 ax4.set_xlim(0,len(retorno))
65 ax4.set_title('Box-plot dos retornos',fontsize=16)
66 fig.tight_layout()
```

*Explicação sobre a utilização de candles para dados financeiros baixados pelo **DataReader***

10.5 DADOS COM BIBLIOTECA REQUESTS PARA *TICKER-BY-TICKER*

Para análise com investimentos conhecidos como intradiários (*intraday*), é necessário o uso de ferramentas específicas para conexão com o servidor de dados ligado diretamente com as bolsas de valores. Para o uso com o Yahoo! Finance, precisa-se da instalação de mais duas bibliotecas de importação de dados online, a requests e a yahoo_fin:

>> *pip install requests_html*

>> *pip install yahoo_fin*

A biblioteca requests permite a conexão online com a internet enquanto a biblioteca yahoo_fin possibilita usar a função **get_live_price( )** para baixar o preço de um específico ativo que deve ser colocado nos parênteses. Um simples programa para baixar dados da PETR4 é descrito no código a seguir:

```
#####################################################
#           PRECISA INSTALAR ANTES yahoo_fin
#
#       >> pip install requests_html
#       >> pip install yahoo_fin
#####################################################

from yahoo_fin.stock_info import *
import numpy as np
import time
import matplotlib.pyplot as fig
import datetime as dt
from mpl_finance import candlestick_ohlc
import matplotlib.dates as mdates
import pandas as pd
import pandas_datareader.data as web
import matplotlib.mlab as mlab

lin=10
x=np.zeros(lin)

for i in range(lin):
    x[i]=get_live_price("PETR4.SA")
    print(i,round(x[i],2))
    time.sleep(5)
```

O resultado observado no **Console** é:

```
0 29.4
1 29.4
2 29.4
3 29.41
4 29.4
5 29.41
6 29.41
7 29.42
8 29.42
9 29.42
```

O leitor deve notar que a função **time.sleep(5)** foi utilizada na linha 25, pois se deseja observar com o **PRINT( )** a cada 5 segundos os preços da PETR4. A função **get_live** amostra os dados do servidor do Yahoo! segundo a segundo. Sem essa pausa na coleta dos dados, o resultado seria praticamente instantâneo e o preço praticamente não mudaria. Com esse espaçamento no tempo de amostragem, é possível a construção de gráficos, cálculos de retornos, análises estatísticas ou estratégias de investimentos.

Com essa ferramenta digital da **get_live_price**, pode-se preparar gráficos e estudos estatísticos não apenas para uma ação, mas para um conjunto de ações.

```
1 #######################################################
2 #           PRECISA INSTALAR ANTES yahoo_fin
3 #
4 #       >> pip install requests_html
5 #       >> pip install yahoo_fin
6 #######################################################
7
8 from yahoo_fin.stock_info import *
9 import numpy as np
10 import time
11 import matplotlib.pyplot as fig
12 import datetime as dt
13 from mpl_finance import candlestick_ohlc
14 import matplotlib.dates as mdates
15 import pandas as pd
16 import pandas_datareader.data as web
17 import matplotlib.mlab as mlab
18 from scipy.stats import norm
19
20 lin=50
21 x=np.zeros(lin)
22 y=np.zeros(lin)
23 xar=[]
24 yar=[]
25
26 fig.style.use('ggplot')
27 figura=fig.figure()
28
29 ax1_din=fig.subplot(211)
30 ax2_din=fig.subplot(212)
31
32 for i in range(lin):
33     x[i]=get_live_price("PETR4.SA")
34     y[i]=get_live_price("USIM5.SA")
35     print(i,round(x[i],2),round(y[i],2))
36     xar.append(x[i])
37     yar.append(y[i])
38     ax1_din.plot(xar,'k')
39     ax2_din.plot(yar,'k')
40     fig.pause(0.5)
41     time.sleep(10)
42
43 ax1_din.set_title('PETR4')
44 ax2_din.set_title('USIM5')
```

No código anterior, o programa baixa, quando executado, os preços de duas ações ao mesmo tempo. Os preços da PETR4 e da USIM5 são colocados em duas listas **xar** e **yar**. Com essas listas, um gráfico dinâmico é colocado dentro da iteração com **for** que, no total de tempo, baixa preços de 50 × 10 segundos. No **Console** os dados aparecem da seguinte maneira:

```
0  29.49 8.37
1  29.47 8.37
2  29.48 8.36
3  29.48 8.36
4  29.48 8.37
5  29.48 8.37
6  29.48 8.37
7  29.5  8.37
8  29.51 8.37
9  29.5  8.37
10 29.49 8.37
11 29.48 8.37
12 29.48 8.36
13 29.49 8.36
14 29.49 8.37
15 29.49 8.37
16 29.49 8.37
17 29.5  8.37
18 29.5  8.37
19 29.5  8.37
```

A primeira coluna é a iteração, a segunda coluna é o preço da PETR4 e a terceira coluna, o preço da USIM5. Na linha 26, o estilo de gráfico foi definido pelo **ggplot** que colore a aparência do **plot** de forma mais acinzentada, como visto na Figura 10.29. A linha 40 tem um comando de pause na figura, para permitir a plotagem dos pontos antes que a iteração continue após os dados serem adquiridos da **get_live_price**.

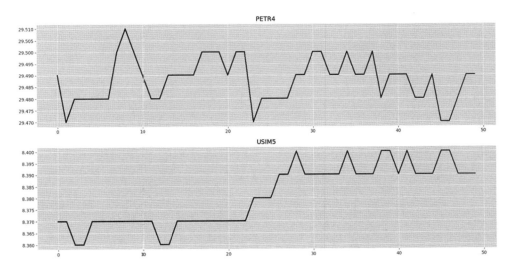

Figura 10.29 – Preços de PETR4 e USIM5 da **get_live_price**.

CAPÍTULO 11
PROCESSAMENTO EM PARALELO

11.1 INTRODUÇÃO

O fluxo de um programa pode ser diversificado com diversos passos envolvendo a chamada de **functions**, a execução de outros programas por meio de bibliotecas ou tratamento de dados para análises.

Vamos imaginar que temos três tipos de ativos diferentes que estão operando em bolsas de valores diferentes e merecem tratamentos em diferentes tempos. Em vez de deixarmos o programa esperando para calcular determinadas funções sendo que são independentes, podemos particionar esse processo fazendo computação paralela.

Os disparos desses processos estão no mesmo programa, mas atuam em tempos diferentes de forma independente. Por exemplo, imaginemos que foram criados três tipos de sensores de compra e venda de ativos. Um deles deve medir o desempenho do ativo a cada 30 segundos, outro a cada 50 segundos e outro a cada 95 segundos.

Uma maneira de executar esses sensores de forma separada é usar, por exemplo, funções da biblioteca threading. Um *thread* é um fluxo de serviço que atua no programa de forma paralela e independente, iniciando diversas atividades em processadores separados daqueles que estão rodando o programa principal. Enquanto uma estrutura de repetição é executada, o programa pode executar outra rotina separadamente.

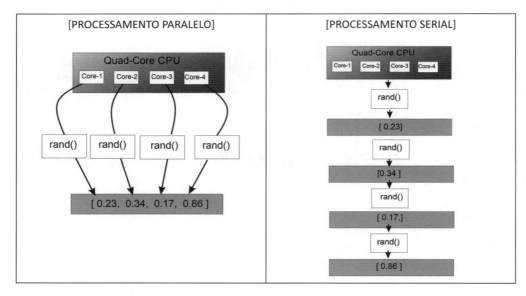

Figura 11.1 – Comparação entre processamento paralelo e serial.

11.2 MÓDULO THREAD

Esse módulo conhecido por **Thread** é o responsável por transformar procedimentos de um programa de modo a serem executados de forma paralela. Por exemplo, vamos supor que desejamos imprimir uma frase. O primeiro passo é a importação da biblioteca threading:

```
1 import threading
```

Após a importação da biblioteca que vai paralelizar o programa, vamos definir uma **function** que apenas vai imprimir uma frase. A **function** pode ser:

```
3 def Frase():
4     print('tarefa executada')
5     return
```

Nesse procedimento, a **function Frase( )** é chamada pelo programa principal e vai imprimir no **Console** a frase "tarefa executada". Então, no programa principal, a **function Frase( )** é colocada dentro do **Thread** para paralelizar e rodar de forma independente de qualquer outro programa.

```
7 t = threading.Thread(target=Frase)
8 t.start()
9 t.join()
```

O resultado no **Console** é a impressão da frase "tarefa executada". O programa completo é:

```
1 import threading
2
3 def Frase():
4     print('tarefa executada')
5     return
6
7 t = threading.Thread(target=Frase)
8 t.start()
9 t.join()
```

Outro tipo de chamada pelo **Thread** que também é possível é passar algum tipo de parâmetro por argumento, desde que esteja definido no programa principal. No exemplo anterior, podemos passar a frase para a **function** por meio de uma variável chamada *texto*. A frase desejada deve estar dentro do parâmetro do **Thread** conhecido como **args**. O leitor deve observar que existe uma vírgula após a frase dentro de **args**, e ela é necessária toda vez que uma variável é passada por parâmetro para **function** via **Thread**.

```
1 import threading
2
3 def Frase(texto):
4     print(texto)
5     return
6
7 t = threading.Thread(target=Frase,args=('tarefa executada',))
8 t.start()
9 t.join()
```

Uma das principais consequências do processo paralelo na programação é a velocidade de execução do algoritmo. Processos mais longos, quando processados em paralelo, tomam tempos extremamente menores do que quando o fluxo na execução é único.

O código a seguir, por exemplo, quando executado, aparece automaticamente na tela de uma única vez e com todas as impressões da **function**:

```
1 import threading
2
3 def Frase(texto):
4     print(texto)
5     return
6
7 for i in range(5):
8     t = threading.Thread(target=Frase,args=('tarefa executada',))
9     t.start()
10    t.join()
```

11.3 THREAD EM OPERAÇÕES MATEMÁTICAS

Em operações mais complexas que envolvem funções matemáticas e que, dependendo do processo, demandam muito tempo de processamento, o uso de **Thread** fica mais evidente. Vamos supor que temos o vetor $k = (1\ 2\ 3)$ e desejamos elevar seus termos ao quadrado em uma função. Como pode ser visto a seguir, podemos passar o vetor todo para a função via **Thread**, que divide o processo de elevar ao quadrado em três **Thread**, um para cada elemento do vetor, que é separadamente elevado ao quadrado.

```
import threading
import numpy as np

def Squad(num):
    s=num*2
    print(s)
    return

k=np.array([1,2,3])
t=threading.Thread(target=Squad, args=(k,))
t.start()
t.join()
```

A impressão no **Console** após a execução é [2, 4, 6].

O método **join( )**, que tem sido colocado em todos os programas, é o que ordena a parada na execução do **Thread**. Vamos supor que, em vez de um vetor, temos dois vetores e desejamos elevar os elementos dos dois vetores $k1$ e $k2$ ao quadrado. Com **t1.start( )** disparamos o primeiro processo para elevar os elementos ao quadrado do primeiro vetor, enquanto com **t2.start( )** disparamos o processo para elevar o segundo vetor ao quadrado. É a ordem desse disparo que faz o programa rodar primeiro um processo ou outro.

Para esse primeiro programa, o primeiro vetor $k1$ tem os elementos elevados ao quadrado e o segundo vetor, em seguida, tem seus elementos elevados ao quadrado.

```
import threading
import numpy as np

def Squad(num):
    s=num*2
    print(s)
    return

k1=np.array([1,2,3])
k2=np.array([5,6,7])
t1=threading.Thread(target=Squad, args=(k1,))
t2=threading.Thread(target=Squad, args=(k2,))
#++++++++++++++ dispara o processo 1 ++++++++++++++++++
t1.start()
#++++++++++++++ dispara o processo 2 ++++++++++++++++++
t2.start()
#++++++++++++++ ordem para parar o process 1 +++++++++++++
t1.join()
#++++++++++++++ ordem para parar o processo 2 ++++++++++
t2.join()
```

O resultado no **Console** é:

```
[2 4 6]
[10 12 14]
```

Processamento em paralelo

O que acontece se alteramos a posição de **t1.start( )** com **t2.start( )** nas linhas 14 e 16? Se isso ocorre como no programa a seguir, ele primeiro executa o código para elevar os elementos do segundo vetor ao quadrado e só então elevar os elementos do primeiro vetor ao quadrado. O método *.**start**( ) dita a ordem da execução, enquanto *.**join**( ) dita a ordem da parada do programa.

```
1  import threading
2  import numpy as np
3
4  def Squad(num):
5      s=num*2
6      print(s)
7      return
8
9  k1=np.array([1,2,3])
10 k2=np.array([5,6,7])
11 t1=threading.Thread(target=Squad, args=(k1,))
12 t2=threading.Thread(target=Squad, args=(k2,))
13 #++++++++++++ dispara o processo 1 ++++++++++++++++++
14 t2.start()
15 #++++++++++++ dispara o processo 2 ++++++++++++++++++
16 t1.start()
17 #++++++++++++ ordem para parar o process 1 +++++++++++++
18 t1.join()
19 #++++++++++++ ordem para parar o processo 2  ++++++++++
20 t2.join()
```

Para esse segundo programa, a saída no **Console** é:

```
[10 12 14]
[2 4 6]
```

11.4 RETORNANDO VALORES CALCULADOS NO THREAD

Uma vez disparado um processo via **Thread**, é bastante útil retornar o valor obtido para o programa principal. Isso ajuda a processar os dados para algum tipo de análise, estatística ou simulação.

Para retornar valores disparados pelo método **Thread**, uma maneira é colocar no segundo argumento de **args** o nome da variável de saída. Essa variável pode ser uma lista que anexa os valores dos cálculos com **append**. No programa a seguir, isso é feito na linha 10, com o disparo do processo chamando a função **Squad** e, dentro da função, na linha 5, os valores são salvos na variável *res* que é impressa na linha 14.

```
1  import threading
2
3  def Squad(num,res):
4      s=num*2
5      res.append(s)
6      return
```

```
 7 #++++++++++++++++++ programa principal ++++++++++++++++++++++++++
 8 res=[]
 9 for i in range(5):
10     t=threading.Thread(target=Squad, args=(i,res))
11     t.start()
12     t.join()
13 #++++++++++++++++++ impressão do resultado calculado nos processos +++++++
14 print(res)
```

O retorno dos valores do **Thread** pode ser visto no **Console** como:

```
[0, 2, 4, 6, 8]
```

Os valores retornados podem ainda servir para a construção de gráficos e, caso sejam gráficos que dependam de cálculos complexos, o resultado pode ser apresentado de forma mais rápida. No programa a seguir, as linhas demonstram como fazer o gráfico da função seno com os valores antes calculados via **Thread**.

```
 1 import threading
 2 import matplotlib.pyplot as fig
 3 import numpy as np
 4
 5 def Squad(num,res):
 6     s=np.sin(num*0.1)
 7     res.append(s)
 8     res=np.array(res)
 9     return
10 #++++++++++++++++++ programa principal ++++++++++++++++++++++++++
11 res=[]
12 for i in range(200):
13     t=threading.Thread(target=Squad, args=(i,res))
14     t.start()
15     t.join()
16 #++++++++++++++++++ impressão do resultado calculado nos processos +++++++
17
18 res=np.array(res)
19 eixox=np.linspace(0,len(res),len(res))
20 fig.plot(eixox,res)
```

11.5 PROCESSOS PARALELOS COM POOL E MAP

Ao contrário do **Thread**, o método de **pool** coleta uma série de processos e executa ao mesmo tempo na quantidade de *core* (núcleo do processador) desejada. O método **pool.map** aplica a mesma função para muitos argumentos com os resultados retornando na ordem em que os parâmetros foram chamados.

Por trabalhar com números de núcleos escolhidos em paralelo, os processos sobre o **pool.map** são mais velozes do que processos com **Thread**.

Vamos supor que desejamos calcular a função:

$$f(x) = sen(x^3)$$

Para valores de *x* entre 1 e 7. O processo clássico é criar um *range*, um vetor ou utilizar um comando **for** para percorrer *x* entre os valores [1,7]. No entanto, podemos abordar esse cálculo colocando cada *x* em um núcleo e disparando o processador para calcular os valores de *f(x)* todos de uma vez.

A maneira de fazer isso está no código apresentado a seguir. As linhas 3 e 4 definem a **function** cubo para calcular a função *f(x)*. A linha 6 define o programa principal, necessário com esse formato de **if** para rodar processos com **pool**. Sem esse tipo de entrada, o processador entra em *loop* infinito. A linha 7 cria um *range* de valores que varia de 1 a 7, chamados na linha seguinte para agrupar um *pool* de processadores. Com parênteses em branco, o Python usa um número-padrão de núcleos (*core*). A linha 9 usa o método **map** para enviar em bloco as entradas para a **function** calcular a expressão matemática e retornar com os valores na variável *res* desse programa.

```
import multiprocessing as mp
import numpy as np
def cubo(x):
    return np.sin(x**3)

if __name__ == '__main__':
    k=range(1,7)
    p=mp.Pool()
    res=p.map(cubo,k)
    print(res)
    p.close()
```

Outra maneira de disparar um processo é colocando o número de núcleos de forma a aumentar a velocidade de processamento. Por exemplo, no programa a seguir disparou-se o mesmo processo anterior, mas agora foi ordenado que o Python separasse o processo em 32 núcleos de processadores (linha 8).

```
import multiprocessing as mp
import numpy as np
def cubo(x):
    return np.sin(x**3)

if __name__ == '__main__':
    k=range(1,7)
    p=mp.Pool(processes=32)
    res=p.map(cubo,k)
    print(res)
    p.close()
```

Quanto se ganha com essas ferramentas de processamento paralelo? Vamos usar a biblioteca timeit, vista no Capítulo 7, para medir o tempo de processamento de três processos diferentes. Vamos usar a mesma **function**, ou seja, o cálculo do seno ao cubo do argumento *f(x)*. No entanto, vamos analisar do ponto de vista de desempenho computacional o quanto um processo é mais rápido do que o outro. Para lembrar a vantagem de se utilizar a timeit, podemos expor o processo de repetição a números enormes para estressar ao máximo o processador e verificar a rapidez dos diversos algoritmos.

O primeiro código é disparar o processo em paralelo por meio de **pool**. O segundo código é usar o procedimento-padrão com **range** e com processamento clássico serial. Por fim, o terceiro código usa o método **Thread**, já comentado anteriormente. Vamos expor os três algoritmos para serem repetidos um milhão de vezes, e a cada execução é medido o tempo de processamento de forma isolada entre eles.

PROCESSO 1	PROCESSO 2	PROCESSO 3
| ```
import multiprocessing as mp
import numpy as np
def cubo(x):
    return np.sin(x**3)

if __name__ == '__main__':
    k=range(1,7)
    p=mp.Pool(processes=32)
    res=p.map(cubo,k)
    print(res)
    p.close()
``` | ```
for i in range(1,7):
    x=i**3
``` | ```
import threading
import numpy as np
def cubo(x):
    return np.sin(x**3)
if __name__ == '__main__':
    k=range(1,7)
    t=threading.Thread(target=Squad,
                       args=(k,))
    t.start()
    t.join()
``` |

O programa para avaliar o tempo dos três processos é:

```
1  import timeit
2  code1="""
3  import multiprocessing as mp
4  import numpy as np
5  def cubo(x):
6      return np.sin(x**3)
7
8  if __name__ == '__main__':
9      k=range(1,7)
10     p=mp.Pool(processes=32)
11     res=p.map(cubo,k)
12     print(res)
13     p.close()
14 """
15 code2="""
16 for i in range(1,7):
17     x=i**3
18 """
19 code3="""
20 import threading
21 import numpy as np
22 def cubo(x):
23     return np.sin(x**3)
24 if __name__ == '__main__':
25     k=range(1,7)
26     t=threading.Thread(target=Squad, args=(k,))
27     t.start()
28     t.join()
29 """
30 tempo1=timeit.timeit(code1,number=1000000)/1000000
31 print(tempo1)
```
```

A Tabela 11.1 apresenta, como exemplo, o resultado em milissegundos da execução dos três processos usando o código anterior. Em média, o processo com **pool** levou 3.59 E-07, o processo clássico com **range** levou 2.23 E-06 e o processo com **Thread** levou 3.77 E-07.

Tabela 11.1 – Tempo de processamento em milissegundos

PROCESSO 1	PROCESSO 2	PROCESSO 3
3.829 E-07	2.132 E-06	3.391 E-07
3.934 E-07	2.259 E-06	3.930 E-07
3.526 E-07	2.170 E-06	4.163 E-07
3.257 E-07	2.370 E-06	3.133 E-07
3.292 E-07	2.215 E-06	3.833 E-07
3.6745 E-07	2.289 E-06	3.202 E-07
3.7086 E-07	2.213 E-06	4.798 E-07
Média = 3.59 E-07	**Média = 2.23 E-06**	**Média = 3.77 E-07**

Com isso, pode-se concluir que o processo com **pool** é seis vezes mais rápido do que o processo para o cálculo do seno usando o comando **for** e que o processo com **pool** é uma vez mais rápido do que o **Thread**. Para tanto, foi usado para o pool 32 *core* (núcleo) na linha 10. Para uma função simples como essa do exemplo, o método **pool** já mostrou enorme eficiência, o que pode ser ampliado para processos mais complexos e mais longos.

11.6 SIMULAÇÃO ESTOCÁSTICA COM PROCESSOS PARALELOS POOL E MAP

A equação diferencial estocástica foi o ponto de partida para o modelo de Black--Scholes. Como apresentado anteriormente, esse tipo de equação é utilizado para a criação de cenários financeiros e análises de carteiras de investimentos. Um modelo financeiro com base em equação diferencial estocástica se baseia no movimento geométrico browniano, que tem a equação estocástica:

$$dS_t = rS_t dt + \sigma S_t dW_t$$

A solução analítica para esse tipo de equação é conhecida como solução de Itô e tem sua fórmula final:

$$S_{t+1} = S_t exp\left(\left(r - \frac{\sigma^2}{2}\right)\Delta t + \sigma \sqrt{\Delta t}\, W_t\right)$$

Para $0 \le t \le T$, em uma realização. Se temos M realizações desse processo estocástico S, temos uma matriz de valores com I linhas e M colunas. Para valores extremamente grandes para I e M, o tempo computacional pode ser dispendioso. Uma maneira de aumentar a velocidade dessa simulação estocástica é utilizar a noção de paralelismo de processos com **pool**, colocando M simulações rodando de forma paralela.

A Figura 11.2, por exemplo, mostra cinquenta simulações do movimento browniano geométrico para $t \in [0,500]$.

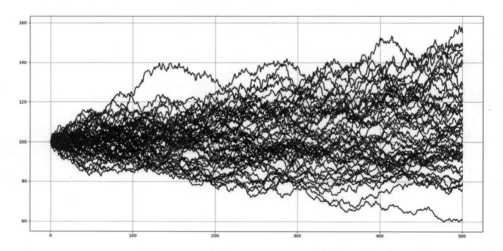

Figura 11.2 – Simulação estocástica do movimento browniano
(cinquenta realizações com tempo final T = 500).

A matriz de simulações com **pool** foi obtida de forma rápida: com quinhentas realizações tomou um tempo de apenas 2,53 segundos. Porém, quando se colocou dois *core* (núcleos) como processos, o tempo final de processamento foi de apenas 1,6 segundo. O código a seguir apresenta as linhas de programação para o processo de Monte Carlo do movimento geométrico browniano.

```
1 import multiprocessing as mp
2 import numpy as np
3 import math
4 import matplotlib.pyplot as fig
5 from time import time
6 def simul_estoc(x):
7     M,I = x
8     S0=100
9     r=0.05
10    sigma=0.2
11    T=1
12    dt=T/M
13    y = np.zeros((M+1,I))
```

```
14      y[0]=S0
15      for t in range(1,M+1):
16          y[t]=y[t-1]*np.exp((r-0.5*sigma**2)*dt+
17            sigma*math.sqrt(dt)*np.random.standard_normal(I))
18      return y
19
20 if __name__ == '__main__':
21          t0=time()
22          p=mp.Pool(processes=2)
23          res=p.map(simul_estoc,((500,50),))
24          p.close()
25          fig.plot(res[0][:],'-k',linewidth=2)
26          fig.grid()
27          print(time()-t0)
```

CAPÍTULO 12
GOOGLE TRENDS E MERCADO FINANCEIRO

12.1 O QUE AS PESSOAS ESTÃO FALANDO?

Com a explosão da internet, a disponibilidade de informações em tempo real e o advento de computadores e linhas de conexões mais velozes, passou a fazer parte da comunidade online a necessidade da avaliação de suas tarefas.

A criação e o desenvolvimento de novas ferramentas digitais fizeram surgir uma nova comunidade mundial, a comunidade das mídias digitais. Com essa comunidade, as redes sociais dispararam para comentar sobre todo tipo de assunto. Não demorou muito para as empresas perceberem que poderiam conhecer o comportamento de seus clientes e investigar o melhor momento de lançar novos produtos, o produto mais desejado e almejado pelos clientes, a melhor localização, o tipo de cliente, entre muitas informações importantes para as empresas.

Das ferramentas digitais, o Google Trends é uma das mais importantes para a busca de informações sobre o que as pessoas estão falando. Qual é a maior tendência do movimento nas redes sociais? Qual é o assunto do momento? De que localidade do mundo determinado assunto tem mais impacto?

Figura 12.1 – Google Trends na internet. Disponível em: https://trends.google.com.br/trends/?geo=BR.

Desde 2004, o Google disponibiliza uma ferramenta que auxilia o usuário programador a obter informações sobre os assuntos do momento, conhecidos como *trendline*, e ela não precisa necessariamente ser acessada via *website* (Figura 12.1). A ferramenta digital pytrends permite que programas de computador baixem dados importantes sobre diversos assuntos, sem a necessidade de acessar o *site* do Google. Com esses dados, estatísticas próprias e algoritmos próprios podem ser desenvolvidos para a área de *expertise* do analista. No Python, essa ferramenta precisa ser instalada utilizando o comando **pip** da seguinte forma:

>> *pip install pytrends*

Da biblioteca pytrends, uma ferramenta necessária para se fazer *download* das informações é **TrendReq**, que precisa ser importada em todo programa que acessa os dados da internet.

```
from pytrends.request import TrendReq
```

A **TrendReq** permite a ligação com os servidores que têm em sua nuvem (*cloud*) tudo o que é dito ou repassado pelos canais da internet. A chamada dessa função, por exemplo, para o servidor nos Estados Unidos é:

```
pytrends=TrendReq(hl='en-US', tz=360)
```

A partir desse ponto, a conexão com o servidor se dá por meio de palavras-chave, um conjunto de palavras que podem ser encontradas. A frequência de aparecimento dessas palavras em buscas na internet é padronizada por um índice que oscila entre zero e cem.

Por exemplo, na Figura 12.2 é apresentado o resultado de uma busca por duas palavras-chave que estão bem relacionadas no Brasil no dia a dia da população.

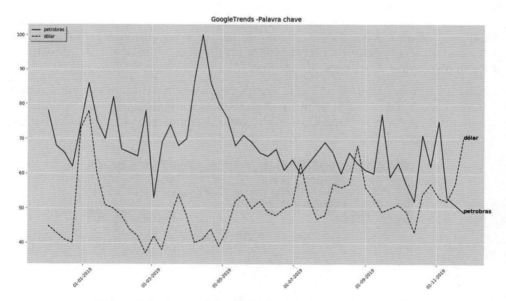

Figura 12.2 – Comentários sobre as palavras-chave "petrobras" e "dólar" pelo período de um ano na internet.

Foi verificada a frequência das palavras-chave "petrobras" e "dólar" durante doze meses, o que mostrou oscilações conforme informações de mídias sociais evoluíram por diversos períodos em um ano.

No Python, podemos criar uma lista com diversas palavras que desejamos buscar por períodos diferentes. Para o exemplo em questão, a lista criada para "petrobras" e "dólar" foi:

```
kw_list=['petrobras','dólar']
```

Com a lista construída no Python, o programa está pronto para fazer *download* do servidor, usando nesse caso a biblioteca pytrends do Google:

```
pytrends.build_payload(kw_list, cat=0, timeframe='today 12-m',geo='BR',gprop='')
teste=pytrends.interest_over_time()
```

Os parâmetros da pytrends direcionam o programa para a busca das palavras escolhidas. O parâmetro **cat** significa categoria de busca no Google. Se esse parâmetro tem ajuste como zero, as palavras vão ter sua busca em todas as categorias de assunto na internet. Para uma busca mais refinada, o Google oferece alguns números. Por exemplo, os números seguintes fazem parte de categorias específicas:

- **Cat** = 0 (todas)
- **Cat** = 76 (política)
- **Cat** = 45 (saúde)
- **Cat** = 19 (lei e governo)
- **Cat** = 1221 (inteligência e contraterrorismo)
- **Cat** = 366 (militares)

O parâmetro **timeframe** identifica o tempo de busca que se deseja. Tem-se que "today 1-m" é data em que o usuário está até um mês atrás, "today 3-m" indica três meses e "today 12-m", um ano. Para obter o aparecimento da palavra por todo o banco de dados do Google, deve-se ter o ajuste para "all" da seguinte forma:

```
pytrends.build_payload(kw_list, cat=0, timeframe='all',geo='BR',gprop='')
```

Pode-se ainda ajustar **timeframe** para duas datas específicas, usando para isso uma notação em formato de data em inglês, cuja ordem é ano, mês e dia. Por exemplo, para a busca entre 1º de maio de 2017 a 1º de maio de 2018, o parâmetro deve ser:

timeframe = '2017-05-01 2018-05-01'

O parâmetro **geo** é a região geográfica desejada para a busca, que pode ser mundial, se tem espaço em branco, ou envolver determinado país, dependendo da sigla utilizada. No caso do exemplo, escolheu-se apenas uma busca pelas palavras no Brasil, por isso **geo** foi ajustado como "BR". O último parâmetro **gprop** é o tipo de dados que se deseja, por exemplo, "images" para imagens, "news" para notícias, "youtube" apenas para formatos de vídeos ou "froogle" para resultados no Google Shopping.

Finalmente, o resultado da busca para esse exemplo foi salvo na variável *teste* com a função **pytrends.interest_over_time( )**. Essa variável está no formato de **DataFrame** e pode ser trabalhada para o uso com as ferramentas estatísticas disponíveis, como média, desvio-padrão, correlação, entre outras. Para ver o resultado, pode-se utilizar o comando **PRINT( )** ou digitar o nome da variável no **Console**, como apresentado a seguir.

```
In [60]: teste
Out[60]:
            petrobras  dólar  isPartial
date
2004-01-01         56      6      False
2004-02-01         73      7      False
2004-03-01         31      6      False
2004-04-01         28      5      False
2004-05-01         32      8      False
2004-06-01         25      7      False
2004-07-01         19      6      False
2004-08-01         22      5      False
2004-09-01         24      5      False
2004-10-01         21      5      False
2004-11-01         25      5      False
```

O programa completo para o exemplo das palavras-chave "petrobras" e "dólar" é apresentado adiante. Pode-se observar que, na formatação do gráfico, as datas foram formatadas no eixo vertical, na linha 26, para não ficarem remontadas pelos diversos valores que voltam do Google. As linhas 33 a 36 são formatadas para mostrar o nome da série adquirida apenas para o último dado, como apresentado na Figura 12.2.

```
1  ########################################################
2  #              PRECISA INSTALAR ANTES
3  #
4  #       >> pip install pytrends
5  ########################################################
6  import matplotlib.pyplot as fig
7  from pytrends.request import TrendReq
8  import matplotlib.dates as mdates
9
10 #++++++++++++++++++++++++++ conexao com o google +++++++++++++++++++++++
11 pytrends=TrendReq(hl='en-US', tz=360)
12 #++++++++++++++++++++++++++ palavras-chave +++++++++++++++++++++++++++
13 kw_list=['petrobras','dólar']
14 #++++++++++++++++++++++++++ tipo de dados (anuais, mensais, diarios, etc)+++++
15 pytrends.build_payload(kw_list, cat=0, timeframe='today 12-m',geo='BR',gprop='')
16 teste=pytrends.interest_over_time()
17
18 #++++++++++++++++++++++++++ construção do gráfico ++++++++++++++++++++++++++
19 fig.style.use('ggplot')
20 figura=fig.figure()
21 ax1=fig.subplot(111)
22 fig.title('GoogleTrends -Palavra chave')
23
24 #++++++++++++++++++++++++++ formatação do eixo ++++++++++++++++++++++++++
25 ax1.plot(teste[kw_list[0]],'-k',teste[kw_list[1]],'--k')
26 ax1.xaxis.set_major_formatter(mdates.DateFormatter('%d-%m-%Y'))
27 fig.setp(ax1.get_xticklabels(), rotation=45)
```

```
28
29 #++++++++++++++++++++++ Legenda ++++++++++++++++++++++++++++++++++++++++
30 fig.legend((kw_list[0],kw_list[1]),loc='upper left',shadow=True)
31
32 #++++++++++++++++++++++ identificação da palavra-chave no gráfico +++++++++
33 ax1.text(x=teste.index[-1],y=teste[kw_list[0]][-1],s=kw_list[0],
34         fontsize=12,color='black',weight='bold')
35 ax1.text(x=teste.index[-1],y=teste[kw_list[1]][-1],s=kw_list[1],
36         fontsize=12,color='black',weight='bold')
```

Para toda a base de dados do Google, como seria o resultado entre "petrobras" e "dólar"? Ajustando-se **timeframe** para "all", o resultado é visto na Figura 12.3. Pode-se observar que a palavra "petrobras" teve seu pico de aparecimento por volta de 2008, por dois motivos. O primeiro foi em razão da descoberta do pré-sal e, depois, por conta da obtenção de grau de investimentos do Brasil, ainda durante o governo do presidente Luiz Inácio Lula da Silva. Por volta de 2012, a palavra "petrobras" diminuiu consideravelmente sua aparição, retornando durante a crise política de 2015, como pode ser notado na figura.

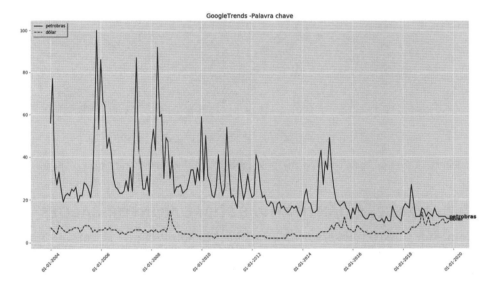

Figura 12.3 – Resultado da busca de "petrobras" e "dólar" para toda a base de dados.

Outro formato possível para a pytrends é quando desejamos especificar a hora, além do dia, para iniciar a busca.

```
teste=pytrends.get_historical_interest(
    kw_list, year_start=2019, month_start=11, day_start=27, hour_start=0,
    year_end=2019, month_end=11, day_end=29, hour_end= HORA_FINAL,
    cat=0, geo='BR', gprop='', sleep=0)
```

Nesse caso, a variável *teste* salva dados que foram baixados do servidor do Google com início a zero hora do dia 27 de novembro de 2019 e terminando no dia 29 de novembro de 2019 na variável *HORA_FINAL*. Assim, para esse programa, a hora final foi 10 horas da manhã:

```
HORA_FINAL=10
```

As palavras-chave foram alteradas para "desemprego" e "dólar", duas preocupações da população na época avaliada. A Figura 12.4 apresenta o resultado para as duas palavras baixadas do Google Trends, mostrando uma tendência para o crescimento do interesse na palavra "desemprego", quando a tendência foi de aumento para a palavra "dólar". Essas informações podem ainda ser salvas no Excel e transformadas em **DataFrame**; e todas as ferramentas estatísticas já comentadas podem ser utilizadas para tratar as informações entre as séries de dados.

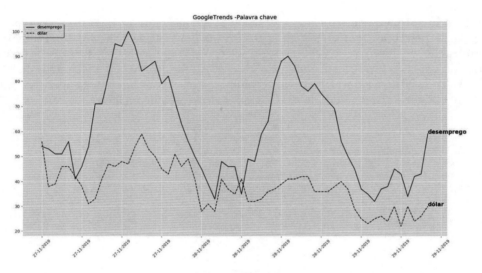

Figura 12.4 – Resultado da busca de "desemprego" e "dólar" para toda a base de dados.

12.2 ANÁLISES QUANTITATIVAS SOBRE AS INFORMAÇÕES

Como foi possível observar, as informações sobre o que se fala na internet acabam se transformando em série de dados. E, como tal, todas as ferramentas de análises estatísticas podem ser amplamente utilizadas. Por exemplo, pode-se usar a média do Python para calcular o valor médio das informações baixadas. As informações da pytrends retornam como **DataFrame**, e com a biblioteca pandas podemos tratá-las da forma estatística mais conveniente, por exemplo, calculando a média da seguinte maneira:

```
ind_med=teste.mean(axis=1)
```

O parâmetro $axis = 1$ refere-se a linhas, enquanto $axis = 0$ refere-se a colunas, como explicado no Capítulo 6, seção 6.6. Então, no comando anterior, deseja-se que a média seja feita linha a linha para todas as colunas. Se temos n linhas, temos n médias. Caso $axis = 0$ no comando anterior, temos ao final apenas dois números, ou seja, a média da coluna 1 e a média da coluna 2 no exemplo em que a variável *teste* tinha duas palavras-chave.

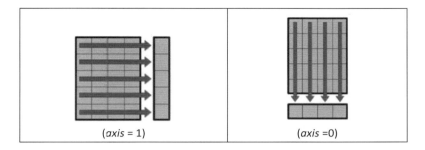

Para suavizar os dados e mostrar tendências no movimento, podemos novamente utilizar o *rolling method*, já explicado no Capítulo 8, para escolher janelas de observações dos dados. Com essas janelas, podemos calcular a média móvel. Para os comandos seguintes, primeiro transforma-se as médias no formato da biblioteca pandas, separada da série original. Em seguida, cria-se uma coluna **med_mov** para calcular a média móvel de vinte em vinte dados para plotar na mesma janela do gráfico das palavras-chave originais.

```
df=pd.DataFrame(ind_med)
df['med_mov']=df.rolling(window=20,min_periods=0).mean()
ax1.plot(df['med_mov'],'-k',linewidth=5)
```

O resultado é apresentado na Figura 12.5 para as palavras-chave "desemprego" e "juros" observadas por um ano na internet. A linha no meio das duas séries é a média móvel de vinte dados.

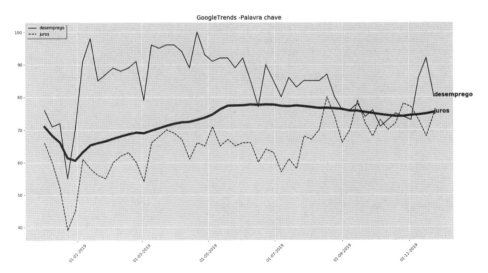

Figura 12.5 – Média móvel para as palavras-chave "desemprego" e "juros" por um ano.

O código a seguir demonstra como as linhas do programa podem ser escritas de forma a reproduzir os resultados para a Figura 12.5. As linhas 32 a 36 são as responsáveis para o cálculo da média móvel, reproduzida ao final na linha 36 em cor preta e com espessura de cinco pontos *linewidth* = 5. Por isso essa trajetória da média móvel é mais escura do que as linhas das palavras-chave.

Usando as ferramentas da biblioteca seaborn, podemos recuperar o gráfico explicado no Exemplo 10.3 para construir a relação linear entre as palavras "desemprego" e "juros", observando o histograma da frequência com que aparecem. Retomemos o código do exemplo:

```
1 #######################################################
2 #              PRECISA INSTALAR ANTES
3 #
4 #        >> pip install pytrends
5 #######################################################
6 import matplotlib.pyplot as fig
7 from pytrends.request import TrendReq
8 import matplotlib.dates as mdates
9 import pandas as pd
10
11 pytrends=TrendReq(hl='en-US', tz=360)
12 kw_list=['desemprego','juros']
13
14 fig.style.use('ggplot')
15 figura=fig.figure()
16 ax1=fig.subplot(111)
17 fig.title('GoogleTrends -Palavra chave')
18
19 pytrends.build_payload(kw_list, cat=0, timeframe='today 12-m',geo='BR',gprop='')
20 teste=pytrends.interest_over_time()
21
22 ax1.plot(teste[kw_list[0]],'-k',teste[kw_list[1]],'--k')
23 ax1.xaxis.set_major_formatter(mdates.DateFormatter('%d-%m-%Y'))
24 fig.setp(ax1.get_xticklabels(), rotation=45)
25 fig.legend((kw_list[0],kw_list[1]),loc='upper left',shadow=True)
26
27 ax1.text(x=teste.index[-1],y=teste[kw_list[0]][-1],s=kw_list[0],
28          fontsize=14,color='black',weight='bold')
29 ax1.text(x=teste.index[-1],y=teste[kw_list[1]][-1],s=kw_list[1],
30          fontsize=14,color='black',weight='bold')
31 #+++++++++++++++++++++ MEDIDAS QUANTITATIVAS - MÉDIA MÓVEL +++++++++++++++++++
32 ind_med=teste.mean(axis=1)
33
34 df=pd.DataFrame(ind_med)
35 df['med_mov']=df.rolling(window=20,min_periods=0).mean()
36 ax1.plot(df['med_mov'],'-k',linewidth=5)
```

Adicionando-se estes dois comandos:

```
dados = sns.jointplot(teste['desemprego'],teste['juros'],kind='scatter',color='black')
dados.set_axis_labels('desemprego','juros',fontsize=16)
```

e retirando-se os comandos da média móvel, pode-se construir o gráfico *scatter* da Figura 12.6 a partir do código a seguir:

```
1 #######################################################
2 #              PRECISA INSTALAR ANTES
3 #
4 #        >> pip install pytrends
5 #######################################################
6 import matplotlib.pyplot as fig
7 from pytrends.request import TrendReq
8 import matplotlib.dates as mdates
9 import seaborn as sns
```

Google Trends e mercado financeiro

```
10
11 pytrends=TrendReq(hl='en-US', tz=360)
12 kw_list=['desemprego','juros']
13
14 fig.style.use('ggplot')
15 figura=fig.figure()
16 ax1=fig.subplot(111)
17 fig.title('GoogleTrends -Palavra chave')
18
19 pytrends.build_payload(kw_list, cat=0, timeframe='today 12-m',geo='BR',gprop='')
20 teste=pytrends.interest_over_time()
21
22 ax1.plot(teste[kw_list[0]],'-k',teste[kw_list[1]],'--k')
23 ax1.xaxis.set_major_formatter(mdates.DateFormatter('%d-%m-%Y'))
24 fig.setp(ax1.get_xticklabels(), rotation=45)
25 fig.legend((kw_list[0],kw_list[1]),loc='upper left',shadow=True)
26
27 ax1.text(x=teste.index[-1],y=teste[kw_list[0]][-1],s=kw_list[0],
28         fontsize=14,color='black',weight='bold')
29 ax1.text(x=teste.index[-1],y=teste[kw_list[1]][-1],s=kw_list[1],
30         fontsize=14,color='black',weight='bold')
31 #++++++++++++++++++++++ MEDIDAS QUANTITATIVAS - MÉDIA MÓVEL ++++++++++++++++++
32 dados = sns.jointplot(teste['desemprego'],teste['juros'],kind='scatter',color='black')
33 dados.set_axis_labels('desemprego','juros',fontsize=16)
```

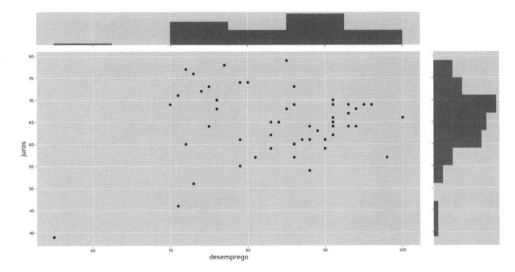

Figura 12.6 – Relação linear entre as palavras-chave "desemprego" e "juros".

Usando a biblioteca pandas, pela adição da linha de comando a seguir, podemos ver a relação entre as duas palavras-chave do ponto de vista da distribuição de probabilidade durante um ano na internet. O estimador KDE apresenta uma distribuição nas frequências da palavra-chave "juros" muito próxima da distribuição normal; já a palavra "desemprego" possui frequências mais espalhadas e é assimétrica durante o período observado.

```
pd.plotting.scatter_matrix(teste,diagonal='kde',color='black',alpha=1)
```

A Figura 12.7 representa o resultado final após o *download* via pytrends das duas palavras-chave.

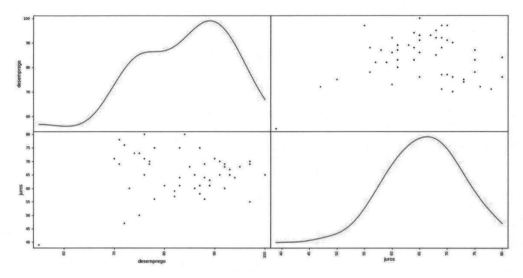

Figura 12.7 – Matriz de *scatter* para as palavras-chave "desemprego" e "juros".

EXEMPLO 12.1

Neste exemplo, verifica-se a relação da Petrobras como empresa e o desemprego no Brasil. A crise de corrupção entre diretores da Petrobras, políticos e empreiteiras teve como consequência o fechamento de diversas empresas ligadas, de forma direta ou indireta, a todo o esquema descoberto pela justiça. Com a falência em cadeia de empresas (primeiramente empreiteiras), muitos postos de trabalho foram fechados, sobretudo aqueles ligados ao ramo de petróleo e construção. Esse efeito cascata se espalhou por todo o país e, de alguma forma, foi comentado amplamente pelas pessoas na internet, redes sociais e mídia de todos os ramos. Aproveitando os códigos anteriores, podemos ver o resultado da busca pelas palavras-chave "petrobras" e "desemprego" na Figura 12.8.

Torna-se interessante observar que, antes do ano de 2008, a procura pela palavra "desemprego" estava ao redor dos 10% dos valores históricos, enquanto a palavra "petrobras", com a descoberta do pré-sal, batia quase 100%. Com a crise de 2008 e com o enfraquecimento da economia mundial, a palavra "petrobras" começou a perder o interesse e a palavra "desemprego" passou a concorrer de forma mais direta. Entre 2012 e 2014, essas duas palavras-chave praticamente atingiram seus menores patamares históricos, voltando a aumentar a partir de 2014 com a crise de escândalos, a crise política e, por fim, a crise financeira.

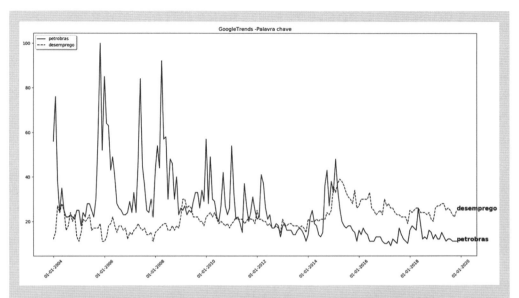

Figura 12.8 – Desempenho histórico desde 2004 para "petrobras" e "desemprego".

A Figura 12.9 comprova que, para o histórico de dados, a distribuição da palavra "petrobras" tem uma assimetria enorme, puxada principalmente pelos períodos de fartura de pontos positivos pela descoberta do pré-sal. Já a palavra "desemprego" mantém historicamente sua preocupação na internet, com média ao redor de 20% de interesse, mas com uma dispersão bastante expressiva.

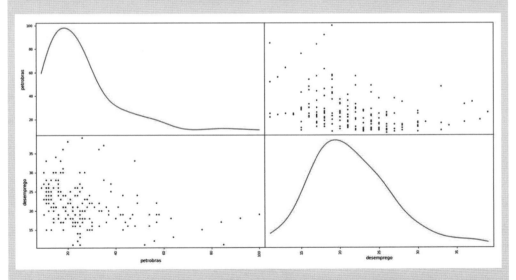

Figura 12.9 – Relação entre as palavras-chave "petrobras" e "desemprego".

12.3 CONEXÃO GOOGLE TRENDS PARA DATAREADER

O que as pessoas falam na internet pode refletir nos preços dos produtos mencionados e comentados em redes sociais? Diversos estudos apontam que, em termos de palavras-chave relacionadas à saúde, sim, essa relação é direta. Procura por palavras relacionadas a medicamentos, tratamentos ou doenças, em épocas mais frias do ano, apresentam excelente correlação com o atendimento nos hospitais.

Em termos de preços de ativos, seria essa relação interessante? A Figura 12.10 foi construída para ilustrar como se comportam os dados baixados do Google Trends para a palavra "petróleo". Os dados da procura por essa palavra estão no eixo da esquerda na figura. Por outro lado, usando o **DataReader** da biblioteca pandas_datareader apresentada no Capítulo 10, foram colocados os preços de fechamento no eixo da direita.

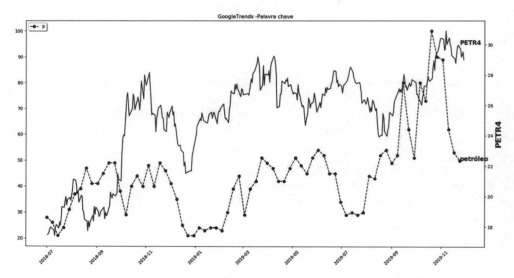

Figura 12.10 – Palavra-chave "petróleo" e preço da ação PETR4 na Bovespa.

Nota-se na Figura 12.10 um comportamento-padrão interessante entre a palavra "petróleo" e o valor da ação PETR4. Apesar de obviamente os valores serem diferentes, pois as palavras são computadas em frequência de buscas e normalizadas entre zero e cem, enquanto os preços estão em reais, percebe-se que aumento na busca pela palavra parece elevar o preço da ação.

Os dados para as duas séries foram tomados começando em 1º de julho de 2018 e indo até 29 de novembro de 2019. O código completo em Python é apresentado a seguir, com o programa separado em duas partes, sendo a primeira a aquisição da série pelo Google Trends e a segunda parte a utilização do **DataReader** para a aquisição dos preços da PETR4. Também é interessante observar o volume das operações de compra e venda da ação PETR4. Como esses dados já são disponíveis quando se usa o **DataReader**, a comparação é imediata e fácil, como pode ser observada na Figura 12.11.

Google Trends e mercado financeiro

```python
#######################################################
#              Comparação entre preços e google trends
#######################################################
import matplotlib.pyplot as fig
from pytrends.request import TrendReq
import matplotlib.dates as mdates
import pandas_datareader.data as web
import datetime as dt
#++++++++++++++++++++++++ conexao com o servidor +++++++++++++++++++++++++++++
pytrends=TrendReq(hl='en-US', tz=360)
#++++++++++++++++++++++++ Lista com palavra-chave +++++++++++++++++++++++++++
kw_list=['petróleo']
#++++++++++++++++++++++++ figura da frequencia das palavras-chave ++++++++++++
figura=fig.figure()
ax1=fig.subplot(111)
fig.title('GoogleTrends -Palavra chave')
#++++++++++++++++++++++ download google trends +++++++++++++++++++++++++++++++
pytrends.build_payload(kw_list, cat=0,
                       timeframe='2018-07-01 2019-11-29',
                       geo='BR',gprop='')
teste=pytrends.interest_over_time()
#++++++++++++++++++++ formataçaõ da figura +++++++++++++++++++++++++++++++++++
ax1.plot(teste[kw_list[0]],'--ok')
ax1.xaxis.set_major_formatter(mdates.DateFormatter('%d-%m-%Y'))
fig.setp(ax1.get_xticklabels(), rotation=45)
fig.legend((kw_list[0]),loc='upper left',shadow=True)
ax1.text(x=teste.index[-1],y=teste[kw_list[0]][-1],s=kw_list[0],
         fontsize=14,color='black',weight='bold')
#++++++++++++++++++++++ DataReader +++++++++++++++++++++
inicio=dt.datetime(2018,7,1)
fim=dt.datetime(2019,11,29)
df=web.DataReader('PETR4.SA','yahoo',inicio,fim)
ax2=ax1.twinx()
ax2.plot(df.index,df['Close'],color='black')
ax2.set_ylabel('PETR4',fontsize=18,weight='bold')
ax2.text(x=teste.index[73],y=30,s='PETR4',fontsize=14,weight='bold')
```

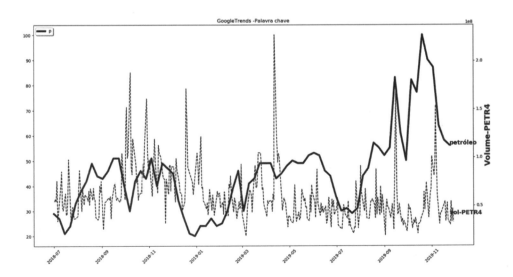

Figura 12.11 – Palavra-chave "petróleo" e volume da ação PETR4 na Bovespa.

Para suavizar os dados, podemos usar novamente o *rolling method* para traçar a média móvel do volume da PETR4. Como apresentado na Figura 12.12, a disposição das linhas fica mais clara e a tendência dos movimentos da palavra-chave "petróleo" e do volume da ação PETR4 é mais perceptível. A média móvel para o volume da PETR4 foi feita com uma janela de vinte dias, com o seguinte comando de linha no programa:

```
df['med_mov']=df['Volume'].rolling(window=20,min_periods=0).mean()
```

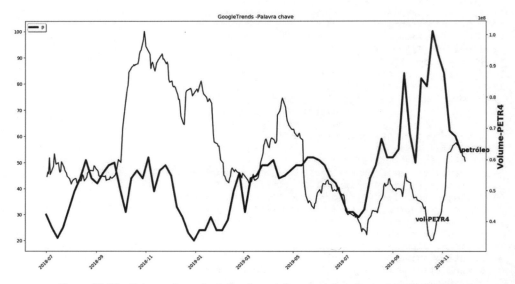

Figura 12.12 – Palavra-chave "petróleo" e média móvel do volume da ação PETR4.

12.4 ESTATÍSTICAS ENTRE PREÇOS E PALAVRAS-CHAVE

Apenas a conexão visual entre o que as pessoas estão dizendo ou buscando na internet e o que realmente está sendo realizado em termos de compras e vendas de um ativo não é uma comprovação segura e científica. Para aprofundar mais a busca e a compreensão, são necessárias as diversas ferramentas de estatística já mencionadas neste texto.

Um primeiro problema, no entanto, é a quantidade de dados, pois com o **DataReader** os preços retornam com valores diários, enquanto para o Google Trends, dependendo do período, podem retornar em somas ou médias semanais. É necessário fazer uma adequação dos pontos amostrados entre as duas séries. Uma solução para esse problema é o uso da amostragem dos dados ou da ferramenta já mencionada no texto, a **resample**, que possui os *dataframes* da biblioteca pandas. Para o caso da palavra-chave "petróleo" nas datas descritas anteriormente, os dados retornam do Google Trends em médias semanais. Para os preços da ação PETR4, podemos amostrar os dados com seguinte comando:

```
med=df['Close'].resample('w').mean()
```

A letra *w* indica ao **DataFrame** que desejamos amostrar semanalmente os dados de fechamento da ação (*weekly*). A Figura 12.13 apresenta o resultado para os preços e os preços amostrados, em comparação com a palavra-chave "petróleo".

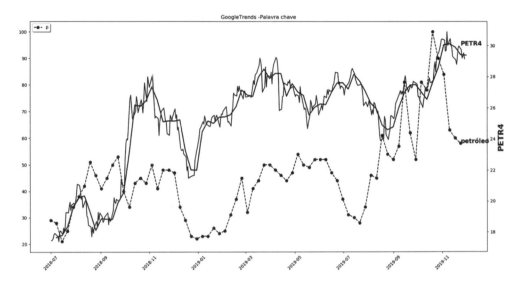

Figura 12.13 – Ferramenta **resample** mostrando os preços para médias semanais.

A intenção é verificar se existe uma relação entre o que se diz na internet e o que se observa em termos de preços para a PETR4. Nesse sentido, a Figura 12.14 apresenta, utilizando a biblioteca seaborn, o gráfico de **jointplot** da biblioteca que dispõe dos histogramas para as duas séries.

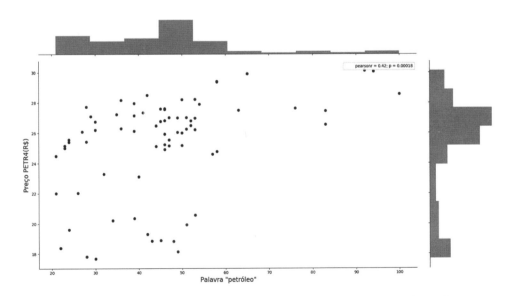

Figura 12.14 – Relação palavra-chave "petróleo" e preço semanal PETR4. Palavra-chave

no eixo das abscissas. PETR4-preços no eixo das ordenadas. Correlação anotada é de 0.42.

No caso, podemos também calcular o coeficiente de correlação entre a palavra-chave e a ação. Para isso, basta na própria biblioteca seaborn chamar a função **annotate(stats.pearsonr)**. A função **pearsonr** se refere ao coeficiente de Pearson que calcula, pela biblioteca scipy, o coeficiente de correlação entre as duas séries. No caso desse exemplo, a correlação linear entre "petróleo" e o preço da PETR4 foi de 0.42 (42% de correlação linear).

Além da disposição conjunta entre as duas séries no **jointplot**, podemos verificar como se comporta a reta de regressão linear. Isso pode ser obtido também pela biblioteca seaborn, usando a função **regplot**, apresentada na Figura 12.15. Essa figura apresenta de forma bem interessante a relação linear entre os pontos das duas séries e a reta dos mínimos quadrados que melhor se ajusta aos pontos.

Sua interpretação nos diz que, quando a palavra "petróleo" começa a ter sua frequência de busca aumentada no Google Trends, em 42% dos casos se vê uma correspondência no aumento do preço da ação PETR4. Na realidade, a busca por uma palavra não necessariamente leva a um aumento de preço de ações. Apenas nos diz que a empresa, o ativo ou algo relacionado com a empresa está sendo comentado na internet acima do normal.

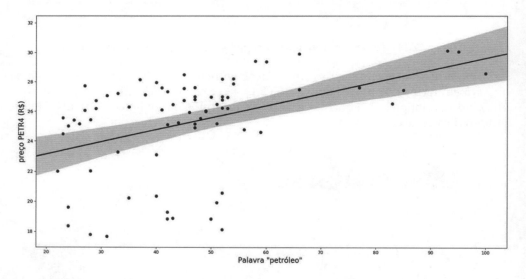

Figura 12.15 – Regressão linear entre palavra-chave "petróleo" e preço semanal PETR4. Palavra-chave no eixo das abscissas. PETR4-preços no eixo das ordenadas.

Por exemplo, no caso da Vale do Rio Doce, os comentários por conta do estouro da barragem de Brumadinho, em Minas Gerais, não fizeram a ação VALE3 subir, pelo contrário, a tragédia fez a ação despencar na Bovespa. A Figura 12.16, adiante, mostra exatamente esse caso, com um pico acima do normal exatamente no dia da tragédia e, em correspondência, a queda nos preços da ação da VALE3. O programa completo a seguir mostra todos os passos para essas avaliações estatísticas entre os dados das séries do Google Trends e os dados dos preços das ações pelo **DataReader**.

Google Trends e mercado financeiro

```python
1  #######################################################
2  #            Comparação entre preços e google trends
3  #######################################################
4  import matplotlib.pyplot as fig
5  from pytrends.request import TrendReq
6  import matplotlib.dates as mdates
7  import pandas_datareader.data as web
8  import datetime as dt
9  import seaborn as sns
10 import pandas as pd
11 import scipy.stats as stats
12 #+++++++++++++++++++++++ conexao com o servidor +++++++++++++++++++++++++
13 pytrends=TrendReq(hl='en-US', tz=360)
14 #+++++++++++++++++++++++ lista com palavra-chave +++++++++++++++++++++++
15 kw_list=['petróleo']
16 #+++++++++++++++++++++++ figura da frequencia das palavras-chave ++++++++++
17 figura=fig.figure()
18 ax1=fig.subplot(111)
19 fig.title('GoogleTrends -Palavra chave')
20 #+++++++++++++++++++++++ download google trends +++++++++++++++++++++++++
21 pytrends.build_payload(kw_list, cat=0,
22                        timeframe='2018-07-01 2019-11-29',
23                        geo='BR',gprop='')
24 teste=pytrends.interest_over_time()
25 #+++++++++++++++++++++++ formataçaõ da figura +++++++++++++++++++++++++
26 ax1.plot(teste[kw_list[0]],'--ok')
27 ax1.xaxis.set_major_formatter(mdates.DateFormatter('%d-%m-%Y'))
28 fig.setp(ax1.get_xticklabels(), rotation=45)
29 fig.legend((kw_list[0]),loc='upper left',shadow=True)
30 ax1.text(x=teste.index[-1],y=teste[kw_list[0]][-1],s=kw_list[0],
31          fontsize=14,color='black',weight='bold')
32 #+++++++++++++++++++++++ DataReader +++++++++++++++++++
33 inicio=dt.datetime(2018,7,1)
34 fim=dt.datetime(2019,11,29)
35 df=web.DataReader('PETR4.SA','yahoo',inicio,fim)
36 ax2=ax1.twinx()
37 ax2.plot(df.index,df['Close'],color='black')
38 ax2.set_ylabel('PETR4',fontsize=18,weight='bold')
39 ax2.text(x=teste.index[73],y=30,s='PETR4',fontsize=14,weight='bold')
40 #+++++++++++++++++++++++++ amostragem dos pontos da ação ++++++++++++
41 med=df['Close'].resample('w').mean()
42 ax2.plot(med.index,med,'-k',linewidth=2)
43 #+++++++++++++++++++++ reta de regressão linear +++++++++++++++++++++
44 fig.figure()
45 dados1=sns.regplot(teste['petróleo'].values,med,color='black')
46 dados1.set_xlabel('Palavra "petróleo" ',fontsize=16)
47 dados1.set_ylabel('preço PETR4 (R$) ',fontsize=16)
48 #+++++++++++++++++++++ plotagem conjunta dos histogramas das series ++++++++
49 dados2=sns.jointplot(teste['petróleo'].values,med,kind='scatter',color='black')
50 dados2.set_axis_labels('Palavra "petróleo"','Preço PETR4(R$)',fontsize=16)
51 #+++++++++++++++++++ coeficiente de correlação de Pearson +++++++++++++++
52 dados2.annotate(stats.pearsonr)
```

Para ver a relação entre a Vale do Rio Doce, com sua ação VALE3, selecionou-se a palavra-chave "minério" no Google Trends no período de 1º de julho de 2018 a 29 de novembro de 2019. Assim como no caso da PETR4, foi calculada a média semanal dos preços da ação para a plotagem na Figura 12.16. Pode-se perceber pico no gráfico no dia em que a barragem de Brumadinho estourou, com a imediata queda no preço da ação na Bovespa.

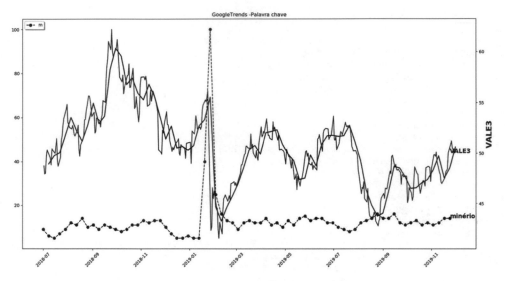

Figura 12.16 – Relação entre palavra-chave "minério" e preço semanal da VALE3. Palavra-chave no eixo vertical à esquerda. VALE3-preços no eixo vertical à direita.

EXEMPLO 12.2

Calcular a correlação entre a palavra-chave "juros" e a pontuação do Ibovespa entre 1º de julho de 2018 e 29 de novembro de 2019.

Apesar de sempre estar relacionada com o desempenho da bolsa de valores, a palavra "juros", a princípio, pareceu dar bons indícios de que poderia ter alta correlação linear com o desempenho do Ibovespa. No entanto, quando se verificou a dispersão dos pontos com o **regplot**, encontrou-se uma correlação de apenas 0.32 (32%).

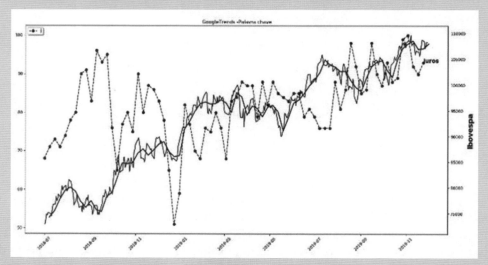

Figura 12.17 – Palavra "juros" × Ibovespa.

Google Trends e mercado financeiro

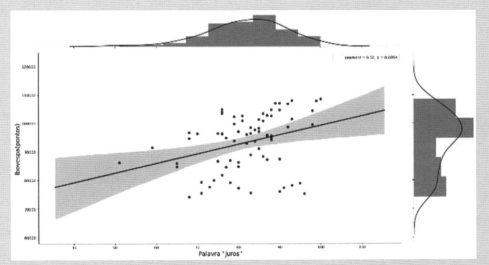

Figura 12.18 – Regressão linear.

O programa completo a seguir apresenta as linhas do código necessário para a construção dos gráficos das Figuras 12.17 e 12.18, inclusive com o cálculo do coeficiente de correlação entre a frequência da palavra "juros" e o desempenho do Ibovespa. Em vez de dois gráficos separados, a linha 45 mostra que podemos fazer a regressão linear e a função **jointplot** ao mesmo tempo, bastando para isso colocar o parâmetro **kind = 'reg'**, e logo após usar **annotate(stats.pearsonr)** para ver o coeficiente de correlação linear.

```
4 import matplotlib.pyplot as fig
5 from pytrends.request import TrendReq
6 import matplotlib.dates as mdates
7 import pandas_datareader.data as web
8 import datetime as dt
9 import seaborn as sns
10 import pandas as pd
11 import scipy.stats as stats
12 #++++++++++++++++++++++++ conexao com o servidor ++++++++++++++++++++++++++
13 pytrends=TrendReq(hl='en-US', tz=360)
14 #++++++++++++++++++++++++ lista com palavra-chave ++++++++++++++++++++++++++
15 kw_list=['juros']
16 #++++++++++++++++++++++++ figura da frequencia das palavras-chave ++++++++++
17 figura=fig.figure()
18 ax1=fig.subplot(111)
19 fig.title('GoogleTrends -Palavra chave')
20 #++++++++++++++++++++++++ download google trends ++++++++++++++++++++++++++
21 pytrends.build_payload(kw_list, cat=0,
22                        timeframe='2018-07-01 2019-11-29',
23                        geo='BR',gprop='')
24 teste=pytrends.interest_over_time()
25 #++++++++++++++++++++++++ formatação da figura ++++++++++++++++++++++++++
26 ax1.plot(teste[kw_list[0]],'--ok')
27 ax1.xaxis.set_major_formatter(mdates.DateFormatter('%d-%m-%Y'))
28 fig.setp(ax1.get_xticklabels(), rotation=45)
29 fig.legend((kw_list[0]),loc='upper left',shadow=True)
30 ax1.text(x=teste.index[-1],y=teste[kw_list[0]][-1],s=kw_list[0],
```

```
31              fontsize=14,color='black',weight='bold')
32 #++++++++++++++++++++++ DataReader ++++++++++++++++++
33 inicio=dt.datetime(2018,7,1)
34 fim=dt.datetime(2019,11,29)
35 df=web.DataReader('^BVSP','yahoo',inicio,fim)
36 ax2=ax1.twinx()
37 ax2.plot(df.index,df['Close'],color='black')
38 ax2.set_ylabel('Ibovespa',fontsize=18,weight='bold')
39 ax2.text(x=teste.index[73],y=50,s='Ibovespa',fontsize=14,weight='bold')
40 #++++++++++++++++++++++++ amostragem dos pontos da ação ++++++++++++++
41 med=df['Close'].resample('w').mean()
42 ax2.plot(med.index,med,'-k',linewidth=2)
43 #++++++++++++++++++++++ reta de regressão linear ++++++++++++++++++++++++
44 #++++++ plotagem conjunta regressão e dos histogramas das series ++++++++
45 dados2=sns.jointplot(teste['juros'].values,med,kind='reg',color='black')
46 dados2.set_axis_labels('Palavra "juros"','Ibovespa(pontos)',fontsize=16)
47 #++++++++++++++++++++++ coeficiente de correlação de Pearson ++++++++++++++
48 dados2.annotate(stats.pearsonr)
```

12.5 AVALIAÇÃO DE LISTAS COM DIVERSAS PALAVRAS

Não necessariamente precisamos analisar a influência que uma palavra-chave pode exercer sobre uma ação ou qualquer outro ativo no mercado financeiro. O que faz um ativo mudar repentinamente de preço pode ser uma série de fatores, e esses fatores podem estar sendo comentados ao mesmo tempo na internet. Então, melhores resultados podem ser obtidos se, em vez de analisarmos apenas uma palavra que possa representar uma empresa ou um produto, analisarmos um conjunto de palavras formadas por uma lista.

Mas como saber quantas palavras e quais palavras? Essa é a questão que envolve a cognição e o entendimento sobre o coletivo. Determinar quais palavras podem exercer um poder tal que cause pânico, medo, satisfação, euforia é realmente um mistério.

Para efeito de exemplo, escolhemos um conjunto pequeno de palavras que podem influenciar o mercado financeiro brasileiro: ['petróleo', 'dólar', 'crise', 'juros', 'inflação']. De uma forma ou de outra, essas palavras podem representar uma empresa, um setor ou diversos setores na Bovespa. Escolheu-se dois anos de acompanhamento dessas palavras no Google Trends. O período escolhido foi de 1º de julho de 2017 a 29 de novembro de 2019, e o resultado pode ser observado na Figura 12.19.

A linha mais escura representa a pontuação do Ibovespa no eixo da direita, com sua média semanal. Assim como os outros exemplos, fez-se a média semanal do Ibovespa para que os dados fossem pareados com os dados das frequências das palavras obtidas no Google Trends. No entanto, como agora temos mais de uma lista de palavras, foi necessário utilizar novamente o artifício computacional para fazer a média de todas as séries de dados, como apresentado na Figura 12.5. Com isso, temos apenas um número por semana, o qual representa todos os dados das cinco palavras. Assim, a variável *ind_med* representa a média de todas as palavras-chave por semana. Em seguida, transformamos

Google Trends e mercado financeiro

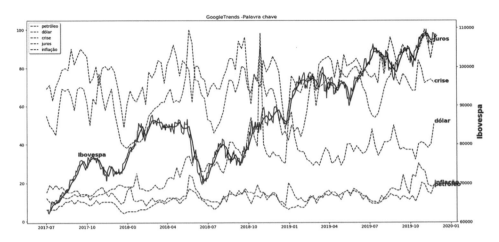

Figura 12.19 – Relação entre lista de palavras e Ibovespa semanal. Lista palavra-chave no eixo vertical à esquerda. Ibovespa no eixo vertical à direita.

esses dados no **DataFrame** como uma coluna da série original das palavras. Essa coluna faz parte da análise da correlação linear entre as palavras-chave e os dados do Ibovespa.

```
ind_med=teste.mean(axis=1)
teste['med']=pd.DataFrame(ind_med)
```

O resultado da regressão linear pode ser observado na Figura 12.20 com um bom resultado obtido para a correlação. O resultado foi de 0.52 (52% de correlação linear). Isso significa que, em 52% das vezes que esse conjunto de palavra, em média, começou a subir por interesse na internet, o Ibovespa correspondeu e também começou a aumentar sua pontuação.

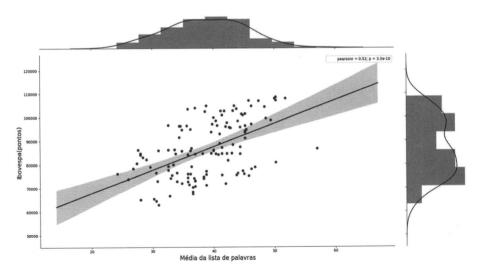

Figura 12.20 – Regressão linear entre a média das frequências da lista de palavras-chave e a pontuação semanal do Ibovespa.

O programa completo da análise está nas linhas do código a seguir.

```python
########################################################
#              Comparação entre preços e google trends
########################################################
import matplotlib.pyplot as fig
from pytrends.request import TrendReq
import matplotlib.dates as mdates
import pandas_datareader.data as web
import datetime as dt
import seaborn as sns
import pandas as pd
import scipy.stats as stats
#++++++++++++++++++++++ conexao com o servidor +++++++++++++++++++++++++++
pytrends=TrendReq(hl='en-US', tz=360)
#++++++++++++++++++++++ lista com palavra-chave +++++++++++++++++++++
kw_list=['petróleo','dólar','crise','juros','inflação']
#++++++++++++++++++++++ figura da frequencia das palavras-chave ++++++++++++
figura=fig.figure()
ax1=fig.subplot(111)
fig.title('GoogleTrends -Palavra chave')
#++++++++++++++++++++++ download google trends +++++++++++++++++++++++++++
pytrends.build_payload(kw_list, cat=0,
                       timeframe='2017-07-01 2019-11-29',
                       geo='BR',gprop='')
teste=pytrends.interest_over_time()


#++++++++++++++++++++++ formatação da figura +++++++++++++++++++++++++++
ax1.plot(teste[kw_list[0]],'--k',teste[kw_list[1]],'--k',
         teste[kw_list[2]],'--k',
         teste[kw_list[3]],'--k',
         teste[kw_list[4]],'--k')

fig.legend((kw_list[0],kw_list[1],kw_list[2],kw_list[3],kw_list[4]),
           loc='upper left',shadow=True)

ax1.text(x=teste.index[-1],y=teste[kw_list[0]][-1],s=kw_list[0],
         fontsize=14,color='k',weight='bold')
ax1.text(x=teste.index[-1],y=teste[kw_list[1]][-1],s=kw_list[1],
         fontsize=14,color='k',weight='bold')
ax1.text(x=teste.index[-1],y=teste[kw_list[2]][-1],s=kw_list[2],
         fontsize=14,color='k',weight='bold')
ax1.text(x=teste.index[-1],y=teste[kw_list[3]][-1],s=kw_list[3],
         fontsize=14,color='k',weight='bold')
ax1.text(x=teste.index[-1],y=teste[kw_list[4]][-1],s=kw_list[4],
         fontsize=14,color='k',weight='bold')
#++++++++++++++++++++++ DataReader +++++++++++++++++++
inicio=dt.datetime(2017,7,1)
fim=dt.datetime(2019,11,29)
df=web.DataReader('^BVSP','yahoo',inicio,fim)
ax2=ax1.twinx()
ax2.plot(df.index,df['Close'],color='black')
ax2.set_ylabel('Ibovespa',fontsize=18,weight='bold')
ax2.text(x=teste.index[10],y=77000,s='Ibovespa',fontsize=14,weight='bold')
#++++++++++++++++++++++ amostragem dos pontos da ação ++++++++++++++
ind_med=teste.mean(axis=1)
```

```
55 teste['med']=pd.DataFrame(ind_med)
56 med=df['Close'].resample('w').mean()
57 ax2.plot(med.index,med,'-k',linewidth=2)
58 #++++++++++++++++++++++ reta de regressão linear ++++++++++++++++++++++++++
59 #++++++ plotagem conjunta regressão e dos histogramas das series ++++++++
60 dados2=sns.jointplot(teste['med'].values,med,kind='reg',color='black')
61 dados2.set_axis_labels('Média da lista de palavras','Ibovespa(pontos)',fontsize=16)
62 #+++++++++++++++++++++ coeficiente de correlação de Pearson +++++++++++++++
63 dados2.annotate(stats.pearsonr)
```

Conhecendo o comportamento das palavras-chave, pode-se estruturar estratégias de acompanhamento para criar sensores de compras e vendas. Usando tempos diferentes para menos de uma hora de *download* do *site* do Google e o **DataReader** na forma *ticker-by-ticker* apresentada antes, pode-se ter sensores bastante refinados para avaliação de bons momentos para se operar com os ativos. Para verificar em tempo real a mudança de intenção por parte das pessoas na internet, a lista de palavras também pode ser importada via planilha de Excel e alterada enquanto os programas em Python estão rodando.

CAPÍTULO 13
INTELIGÊNCIA ARTIFICIAL NO MERCADO

13.1 INTRODUÇÃO

O termo "inteligência artificial" ganhou força na última década por conta das facilidades e da velocidade na troca das informações pela internet. Mas a área de inteligência artificial é caracterizada por diversas outras áreas de estudo e desenvolvimento, que, ao contrário do que se imagina, trabalha com muita lógica matemática e estatística. Dessas diversas áreas do ramo da inteligência artificial, destaca-se a lógica *fuzzy* ou lógica "nebulosa".

A lógica *fuzzy* permite simultânea associação entre dados numéricos e conhecimento linguístico em que expressões qualitativas expressam faixas de interesse e resultados de observações e traduz para as pessoas resultados matemáticos sob o ponto de vista como "muito alto", "muito caro", "mais baixo", "menos quente", e assim por diante.

Para muitos problemas, existem duas formas distintas de abordagem para busca de soluções:

- *Conhecimento objetivo*: é usado todo o tempo em formulações de problemas, identificando as variáveis e os parâmetros por meio do uso de modelos matemáticos (equações).
- *Conhecimento subjetivo*: representa informação linguística que é usualmente impossível quantificar usando a matemática tradicional. São conhecimentos de especialistas que acumularam anos de experiência na forma de tratamento e resolução, com técnicas intuitivas.

Exemplos de conhecimentos objetivos são séries temporais para estudo de ações do mercado financeiro, modelos de econometria para macroeconomia, modelos de demanda de produto, regressões lineares e não lineares para tendências de transações financeiras etc. Já para os conhecimentos subjetivos, são exemplos: se as ações estão subindo e o dólar caindo, comprar mais ações; se o governo não controla a inflação e a dívida interna aumenta, não investir em títulos da dívida pública, pois existe uma grande possibilidade de *default* (calote); se as compras estão aumentando e a produção está baixa, deve-se subir o preço do produto vendido.

Como se percebe, o conhecimento subjetivo fica difícil de ser tratado matematicamente, quando na verdade se tem um problema de transcrição linguística para variáveis numéricas. Como representar "subiu muito", "mais perigoso", "vender menos"? Essa é a função da lógica *fuzzy*, elaborada no início da década de 1970. No começo da década de 2000, a lógica *fuzzy* fez sentir sua presença com aplicações no mundo dos negócios, sobretudo em sistemas de automação e gestão de contas de pessoas físicas em bancos.

13.1.1 CONJUNTOS NEBULOSOS (*FUZZY SET*)

Na teoria clássica de conjuntos, um conjunto A é definido como uma coleção de objetos. Nesse caso, um objeto possui apenas duas possibilidades quanto a sua relação com um conjunto A, ou seja, um dado objeto é ou não um elemento do conjunto. A representação algébrica na lógica clássica é uma função bivalente:

$$I_A(x) = \begin{cases} 1 & \text{se } x \in A \\ 0 & \text{se } x \notin A \end{cases}$$

No entanto, na teoria dos conjuntos *fuzzy*, esse objeto possui graus variados de pertinência de dentro do conjunto. A palavra "pertinência" é importante dentro da lógica nebulosa. Uma função indicadora multivalente representa esse conceito de pertinência da seguinte forma:

$$\mu_A : x \to [0,1]$$

em que a seta indica que a variável x tem como resultados apenas valores pertencentes ao intervalo de zero a um. Veja o seguinte exemplo.

EXEMPLO 13.1

Um produto não deixa de ser barato de um dia para o outro, a não ser em épocas de descontrole financeiro ou crise financeira como a de 2008. O produto vai deixando esse "grau" denominado "barato" ao longo dos dias de negócios, com a procura de clientes ou por conta da concorrência de produtos similares no mercado. Se o produto tem preço menor do que R$ 20, recebe, por exemplo, o número um. Se esse produto custa entre R$ 20 e R$ 30, recebe algum valor que a represente no universo dos preços que ele pode alcançar. A partir de R$ 30, o produto não pode mais receber o título de "barato" e, portanto, recebe o número zero. Em termos matemáticos, as linhas escritas ficam reduzidas à seguinte representação:

$$Barato = \begin{cases} 1, & \text{se } preço \leq R\$ \ 20 \\ \dfrac{R\$ \ 30 - preço}{R\$ \ 10}, & \text{se } R\$ \ 20 \leq preço \leq R\$ \ 30 \\ 0, & \text{se } preço > R\$ \ 30 \end{cases}$$

Então, o grau de "barato" varia conforme o preço avança, mas de maneira contínua e não abrupta (Figura 13.1). A relação anterior é traduzida em um gráfico para a função de "barato" com seus graus de preços.

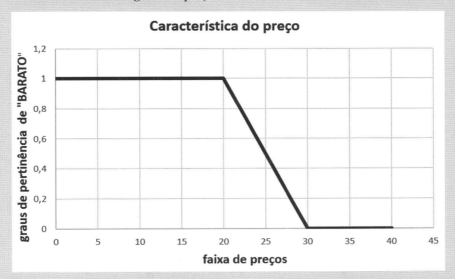

Figura 13.1 – Graus de pertinência para o preço barato.

Quanto mais próximo de 1 o grau de pertinência do preço do produto, mais esse produto pode ser rotulado de "barato". Quanto mais próximo de zero, mais o produto se aproxima de outro rótulo, por exemplo, "caro".

A diferença entre a lógica *fuzzy* e a lógica tradicional é que essas funções de pertinências podem se unir, se combinar, para criar novas e mais complexas funções de pertinências. Podemos ter então:

(a) *União*: o conjunto *fuzzy* $C = A \cup B$ é caracterizado pela função de pertinência que escolhe sempre o máximo entre os dois conjuntos.

A Figura 13.2 apresenta uma configuração possível para o operador união entre duas funções de pertinência. Uma função de pertinência A, caracterizada por uma linha tracejada no gráfico, quando unida a outra função B (linha contínua), fornece como resultado a curva da função C. A linha resultante que forma C é sempre o maior valor entre as linhas A e B.

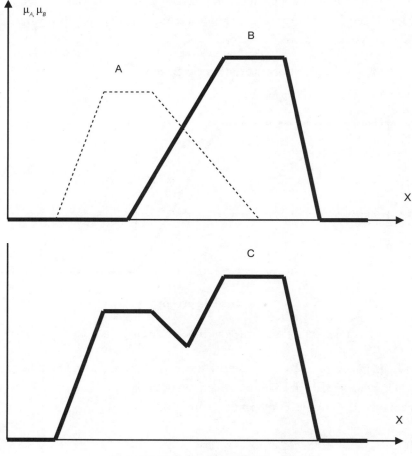

Figura 13.2 – Operador união $C = A \cup B$.

(b) *Intersecção*: o conjunto *fuzzy* $D = A \cap B$ é caracterizado pela função de pertinência que escolhe sempre o menor valor entre os dois conjuntos.

A Figura 13.3 é também uma configuração possível, mas agora para o operador intersecção entre duas funções de pertinência. Uma função de pertinência *A*, caracterizada por uma linha no gráfico, quando unida a outra função *B*, fornece como resultado a curva da função *D*.

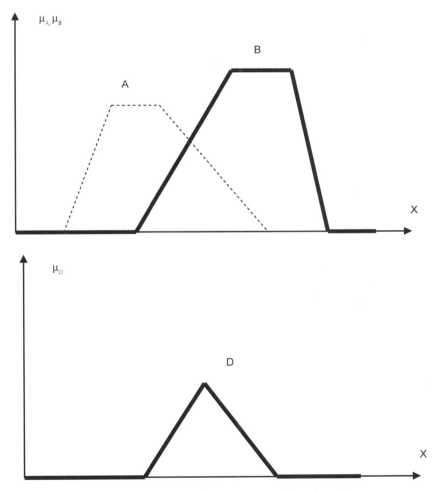

Figura 13.3 – Operador intersecção $D = A \cap B$.

Os operadores mínimo e máximo, assim como outros não mencionados, satisfazem diversas propriedades importantes para seu completo uso. Essas atribuições formam as variáveis conhecidas como *variáveis linguísticas* (MAMDANI, 1974; MENDEL, 1995; JANTZEN, 1998). São essas variáveis que permitem ao especialista tentar entender o funcionamento do mercado financeiro, com suas altas e baixas e suas relações possíveis em épocas de crise.

13.1.2 VARIÁVEIS LINGUÍSTICAS E GRAUS DE PERTINÊNCIA

Pensar em variáveis como objetos linguísticos é mais fácil do que traduzir a realidade em forma de números. No mercado financeiro, os analistas sempre tentam traduzir o que os números dizem por meio de palavras. Assim, em um conjunto *fuzzy*, uma variável linguística sempre aparece com adjetivos "alto", "baixo", "pouco", "muito pouco", "muito pequeno", "muito grande", dependendo de seu grau de pertinência.

A função de pertinência é a representação gráfica da magnitude de participação de cada entrada no processo. Entrada em um processo pode ser, por exemplo, valores de vendas, valores de compra, valores das ações, índices de inflação etc. Essas entradas recebem "pesos" de informação por meio da função de pertinência. Regras lógicas como "SE... ENTÃO", "SE... NÃO", "E", "OU" e uma combinação delas fornecem um resultado de saída que pode ser numérico ou linguístico. Essas regras formam o que é conhecido como base de conhecimento da inteligência artificial e é essa base que liga as diversas funções de pertinência da entrada para serem interpretadas por uma caixa chamada máquina de inferência.

Então, quando se usa uma representação por sistemas *fuzzy*, deseja-se que um usuário humano consulte o sistema especialista, apresentando fatos à base de fatos. A máquina de inferência deduz informações novas ao comparar os fatos do usuário com as premissas colocadas pela base de regras. A base de regras associada ao pensamento humano é ligada pela máquina à base de fatos e eventos armazenados em dados.

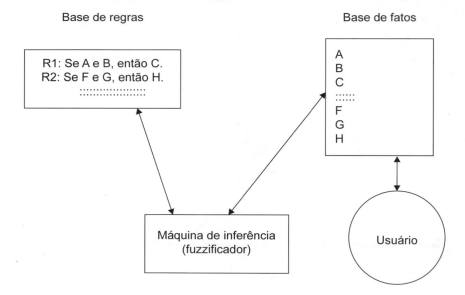

Figura 13.4 – Base de regras *fuzzy*.

As funções de pertinência sempre recebem algumas formas básicas de representação, sendo as mais comuns as formas *trapezoide, sino, triangular* e *gaussiana*.

Inteligência artificial no mercado 435

13.2 LÓGICA *FUZZY* NO PYTHON

O conversor para variáveis nebulosas é conhecido como nebulizador ou fuzzificador. Uma vez o resultado linguístico obtido, faz-se a transcrição para a variável numérica por meio de um desnebulizador ou defuzzificador (MENDEL, 1995).

EXEMPLO 13.2

Imagine que se tem um banco de dados contendo os preços e volumes negociados para uma ação na Bovespa e se deseja criar um sistema de decisão *fuzzy* baseado nesses dados.

O sistema lógico *fuzzy* deve seguir o esquema da Figura 13.5.

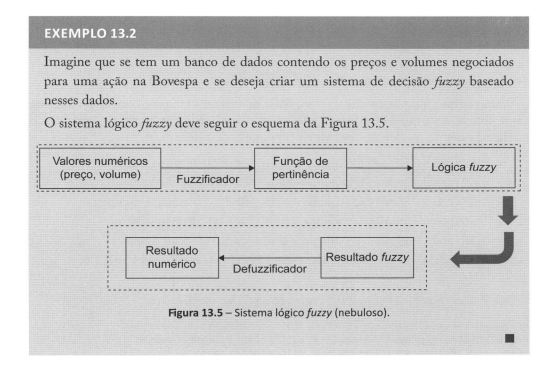

Figura 13.5 – Sistema lógico *fuzzy* (nebuloso).

Para a decisão de investir, por exemplo, na ação em questão com base apenas no preço e no volume observado, o gestor quer saber qual a relação entre essas variáveis para fazer aquisições mais baratas. A regra lógica do sistema *fuzzy* deve ser elaborada levando em conta a experiência do gestor. Uma regra pode ser:

Regra: SE (preço) ~ (barato) ENTÃO (comprar)

SE (preço) ~ (ideal) ENTÃO (comprar)

SE (preço) ~ (caro) ENTÃO (não comprar)

O que significa "barato", "ideal" ou "caro"? É nesse ponto que, com base na experiência e na estatística da observação dos dados, curvas são construídas de forma a representar o comportamento dos dados. Essas curvas é que são as funções de pertinência, que em inglês são chamadas *membership function*.

Como são criadas essas regras? Pode-se escolher para as regras uma composição de palavras usando a intersecção "E" ou a união "OU". No Python essas representações se dão pelo símbolo **&** ("E") e pela barra **|** ("OU").

Assim, dependendo da observação dos dados, pode-se, ao longo da metodologia escolhida pelo especialista, construir conexões que orientam o computador a produzir respostas com graus de pertinência (não probabilidade). A orientação da inteligência artificial para um ativo, baseada na regra *fuzzy*, pode ser "comprar" com 0.6 de pertinência e "vender" com 0.2 de pertinência, ao mesmo tempo. Ou seja, ambas as decisões podem concorrer para a tomada de decisão final, baseada na "defuzzificação" do sistema. A composição de regras pode ainda conectar dois padrões diferentes para a tomada de decisão.

Vamos supor que temos um ativo na bolsa de valores com preço do ativo e volume e que desejamos saber o que devemos fazer: comprar, vender ou manter. Consultando nossa experiência, podemos construir a seguinte cadeia de regras:

- SE (preço ~ barato) E (volume ~ baixo) ENTÃO (decisão ~ comprar)
- SE (preço ~ barato) E (volume ~ alto) ENTÃO (decisão ~ comprar)
- SE (preço ~ ideal) OU (volume ~ baixo) ENTÃO (decisão ~ comprar)
- SE (preço ~ ideal) OU (volume ~ ideal) ENTÃO (decisão ~ manter)
- SE (preço ~ ideal) OU (volume ~ alto) ENTÃO (decisão ~ vender)
- SE (preço ~ caro) OU (volume ~ alto) ENTÃO (decisão ~ vender)

No Python a entrada com essas regras se dá da seguinte forma:

```
#++++++++++++++++++++++++ REGRAS DA LOGICA FUZZY +++++++++++++++
regra1=ctl.Rule(preco['barato'] & vol['baixo'], dec['comprar'])
regra2=ctl.Rule(preco['barato'] & vol['alto'], dec['comprar'])
regra3=ctl.Rule(preco['ideal'] | vol['baixo'], dec['comprar'])
regra4=ctl.Rule(preco['ideal'] | vol['ideal'], dec['manter'])
regra5=ctl.Rule(preco['ideal'] | vol['alto'], dec['vender'])
regra6=ctl.Rule(preco['caro'] | vol['alto'], dec['vender'])
```

A função **ctl.Rule** constrói a base para as regras *fuzzy* criadas a partir de conceitos preestabelecidos. Para utilizar e aplicar lógica *fuzzy* no Python, é necessária a instalação de biblioteca especialista em simulação e controle de sistemas *fuzzy*. Aqui, utilizamos uma biblioteca muito comum em Python que possui todas as ferramentas necessárias para análise e simulação de sistemas *fuzzy*, a biblioteca scikit-fuzzy.

Para instalar a scikit-fuzzy, basta usar o comando **pip install scikit-fuzzy** no **Console** do Python. Para a execução dos programas que usam regras *fuzzy*, é necessária a importação da biblioteca scikit e do construtor de regras para controles e simulações de sistemas. As importações que devem ser feitas são as seguintes no início do programa:

```
import skfuzzy as fuzz
from skfuzzy import control as ctl
```

Inteligência artificial no mercado   **437**

O primeiro passo é definir o eixo das abscissas para nossas variáveis *fuzzy*, usando para isso a construção de vetores pela numpy. Lembrando que, se desejamos analisar preços e volumes, devemos construir três vetores, sendo um para a abscissa dos preços, outro para os volumes e um terceiro para a decisão. No Python as linhas seguintes usam o **arange** para a construção dos vetores.

```
 9 #++++++++++++ eixo das abscissas para as fun. pertinencia +++++
10 preco=ctl.Antecedent(np.arange(0,41,1),'preço')
11 vol=ctl.Antecedent(np.arange(0,1001,1),'volume')
12 dec=ctl.Consequent(np.arange(0,1001,1),'decisao')
```

A função *.**Antecedent** indica que são variáveis de entrada no sistema; a função *.**Consequent** indica a variável de saída. Ao investigar o histórico do ativo, podemos supor que em média o preço considerado baixo é R$ 10, o preço considerado ideal é R$ 20 e, para nosso entendimento, o preço está muito caro quando é negociado a R$ 35. Para ajustar nossos conceitos teóricos, podemos usar curvas gaussianas, como já visto no capítulo de estatística.

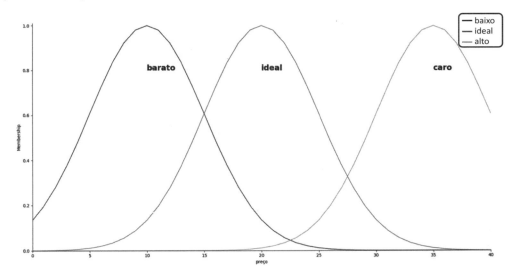

Figura 13.6 – Funções de pertinência para os tipos de preços: {barato, ideal, caro}.

A biblioteca scikit possui funções predefinidas que geram para o Python as curvas de pertinências necessárias para a análise *fuzzy*. Para esses preços, as linhas necessárias para a construção da Figura 13.6 são as seguintes. A função **preco.universo** cria o universo de eventos *fuzzy*, em que o primeiro número é a média e o segundo número é o desvio-padrão. Por exemplo, na linha 15, o Python constrói a curva gaussiana com média 10 e o desvio-padrão é 5.

Os valores da curva são salvos na variável *preco*, que é uma lista em que a coluna se chama 'barato'. Os mesmos comandos existem para os preços 'ideal' e 'caro'.

```
14 #++++++++++++++ Funcao de pertinencia para preços ++++++++++++++
15 preco['barato']=fuzz.gaussmf(preco.universe,10,5)
16 preco['ideal']=fuzz.gaussmf(preco.universe,20,5)
17 preco['caro']=fuzz.gaussmf(preco.universe,35,5)
18 preco.view()
19 plt.text(x=10,y=0.8,s='barato',fontsize=18,weight='bold')
20 plt.text(x=20,y=0.8,s='ideal',fontsize=18,weight='bold')
21 plt.text(x=35,y=0.8,s='caro',fontsize=18,weight='bold')
```

Os volumes também precisam de suas curvas de pertinência, mas apenas para exemplificar, não há necessidade de sempre se utilizar gaussianas. Por exemplo, podemos usar trapézio ou triângulos para representar nossa percepção das variáveis. No exemplo dos preços e volumes, supomos que o volume considerado baixo segue um padrão de trapézio, o volume ideal segue uma gaussiana e, por fim, o volume considerado alto segue um padrão de triângulo. As linhas de código são:

```
23 #++++++++++++++ Funcao de pertinencia para volumes ++++++++++++++
24 vol['baixo']=fuzz.trapmf(vol.universe,[0,0,150,400])
25 vol['ideal']=fuzz.gaussmf(vol.universe,450,180)
26 vol['alto']=fuzz.trimf(vol.universe,[400,1000,1000])
27 vol.view()
28 plt.text(x=100,y=0.8,s='baixo',fontsize=18,weight='bold')
29 plt.text(x=500,y=0.8,s='ideal',fontsize=18,weight='bold')
30 plt.text(x=850,y=0.8,s='alto',fontsize=18,weight='bold')
```

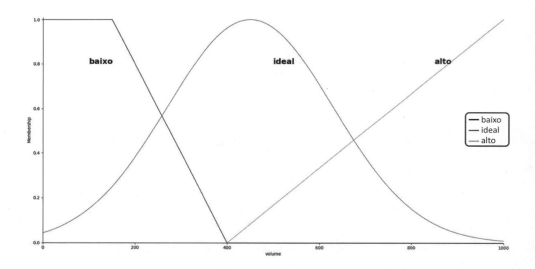

Figura 13.7 – Funções de pertinência para os tipos de volumes: {baixo, ideal, alto}.

O resultado gerado é apresentado na Figura 13.7 para as funções de pertinência. A função que gera a função trapézio se chama **trapmf**, em que os parâmetros são os valores dos cantos da figura trapezoidal. Assim, indicamos que o canto inferior esquerdo é zero, o canto superior esquerdo é zero, o canto superior direito está na abscissa 150 e o canto inferior direito está na abscissa 400, na linha 24 do comando anterior.

Para a figura triangular, os pontos são 400 para a abscissa do canto esquerdo, 100 para o centro e 100 para o canto direito do triângulo com a função **trimf**. A decisão final, aquela que o investidor realmente recebe sobre o que fazer com o ativo, também precisa de suas funções de pertinência. Podemos, por exemplo, não usar nenhuma gaussiana, utilizar apenas trapezoidal, como nas linhas a seguir, com as funções apresentadas na Figura 13.8.

```
32 #+++++++++++++++ Funcao de Pertinencia para a decisão final ++++
33 dec['comprar']=fuzz.trapmf(dec.universe,[0,0,150,350])
34 dec['manter']=fuzz.trapmf(dec.universe,[300,400,600,700])
35 dec['vender']=fuzz.trapmf(dec.universe,[600,800,1000,1000])
36 dec.view()
37 plt.text(x=100,y=0.8,s='comprar',fontsize=18,weight='bold')
38 plt.text(x=500,y=0.8,s='manter',fontsize=18,weight='bold')
39 plt.text(x=850,y=0.8,s='vender',fontsize=18,weight='bold')
```

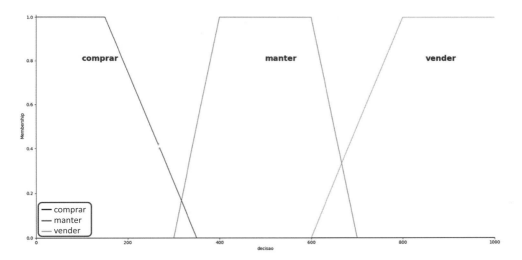

Figura 13.8 – Funções de pertinência para a decisão final: {comprar, manter, vender}.

A partir desse ponto, começa o processo de fuzzificação, ou nebulização, em que as regras são unidas e compostas para preparar o sistema no auxílio da decisão.

```
41 #++++++++++++++++++++++ REGRAS DA LOGICA FUZZY +++++++++++++++
42 regra1=ctl.Rule(preco['barato'] & vol['baixo'], dec['comprar'])
43 regra2=ctl.Rule(preco['barato'] & vol['alto'], dec['comprar'])
44 regra3=ctl.Rule(preco['ideal'] | vol['baixo'], dec['comprar'])
45 regra4=ctl.Rule(preco['ideal'] | vol['ideal'], dec['manter'])
46 regra5=ctl.Rule(preco['ideal'] | vol['alto'], dec['vender'])
47 regra6=ctl.Rule(preco['caro'] | vol['alto'], dec['vender'])
48
49 #+++++++++++++++++++Sistema de criação de controle/simulação+++++++++++++++
50 decisao_ctl=ctl.ControlSystem([regra1,regra2,regra3,regra4,regra5,regra6])
51 decisao=ctl.ControlSystemSimulation(decisao_ctl)
```

É necessária a utilização de duas funções para que as regras *fuzzy* sejam criadas e conectadas: *.**ControlSystem** e *.**ControlSystemSimulation**. Essas funções conectam todas as regras das linhas 42 a 47 em uma tabela geral, colocando todo o sistema à espera de um ou mais valores de entrada. Essa tabela, nesse programa exemplo, está salva na variável chamada *decisao* na linha 51 do código anterior.

Finalmente, o programa está pronto à espera dos valores de entrada. Para ativar todas as linhas anteriores, torna-se interessante a construção de uma **function**, que nesse exemplo demos o nome de **IndFzy**. Essa função faz todos os cálculos em *.compute( ) que pode ser visto na linha 59 a seguir. É essa **function** que representa o defuzzificador mencionado antes; ela retorna o valor numérico que representa o que devemos fazer com a ação. O valor numérico pode ser a quantidade de ações que a inteligência artificial está recomendando para o investidor.

```
53 #++++++++++ funcao de calculo para a defuzzificacao ++++++++++++++++
54 def IndFzy(entrada):
55     #Entrada
56     decisao.input['preço']=entrada[0]
57     decisao.input['volume']=entrada[1]
58     #Saída fuzzy
59     decisao.compute()
60     return(decisao.output['decisao'])
```

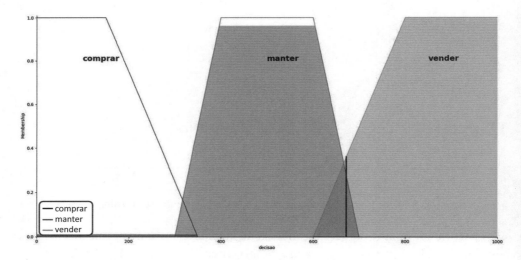

Figura 13.9 – Decisão final *fuzzy* para entrada {R$35, 400}: "vender".

Supondo que o valor observado do ativo foi de R$ 35 e que naquele momento foram negociadas na Bovespa quatrocentas ações, o resultado é apresentado na Figura 13.9. O defuzzificador encontrou o valor numérico de 671.98 na composição das regras em adição com os valores de entrada. Esse valor mostra uma pertinência de 0.35 para vender e 0.28 para manter. Na Figura 13.9 o número 671.98 é representado pela barra vertical cruzando a linha de área da pertinência "manter" e cruzando a linha da curva "vender" um pouco mais acima. Por isso, a recomendação *fuzzy* é de vender a ação, no caso, vender 671 ações, se a interpretação fosse quantidade de ações.

No **Console** a resposta é:

```
671.98579243603
[['comprar', 0.0], ['manter', 0.28014207563969995], ['vender',
0.35992896218015]]
++++++++++++++ decisao final +++++++++++
vender
+++++++++++++++++++++++++++++++++++++++++
```

Na realidade, o valor que retorna da **function IndFzy** é numérico, pois retorna do defuzzificador e, portanto, temos de colocar a lista no formato de **DataFrame** para extrair a decisão em termos linguísticos. A linha com os valores de entrada do preço e do volume é a linha 64 a seguir, em que a **function IndFzy** é chamada para R$ 35 e 400. A partir da linha 72, a função de pertinência de saída na decisão é interpolada para o preço e volume de entrada e, com o retorno das linhas na variável s dentro do **for**, as respostas da função de pertinência são salvas na lista. A lista com todos os resultados da decisão é transformada em **DataFrame** na linha 77, que busca o máximo dos valores da função pertinência. No caso do exemplo, o valor é 0.35, que tem como correspondente a palavra "vender".

```
62 #======================   Valor fuzzy computado++++++++++++++++++++
63
64 res1=IndFzy([35,400])
65 print(res1)
66 dec.view(sim=decisao)
67 plt.text(x=100,y=0.8,s='comprar',fontsize=18,weight='bold')
68 plt.text(x=500,y=0.8,s='manter',fontsize=18,weight='bold')
69 plt.text(x=850,y=0.8,s='vender',fontsize=18,weight='bold')
70 #++++++++++++++++++++++++ decisão final ++++++++++++++++++++++++
71
72 mval=[]
73 for t in dec.terms:
74    s = np.interp(res1, dec.universe, dec[t].mf)
75    mval.append([t,s])
76 print(mval)
77 mval=pd.DataFrame(mval)
78 ind_max=mval[1].idxmax()
79 print('++++++++++++++ decisao final +++++++++++')
80 print(mval[0][ind_max])
81 print('+++++++++++++++++++++++++++++++++++++++++')
```

Mas esses valores não são definitivos e podem se alterar bastante dependendo das curvas de pertinência. Em vez de trapezoidal, se as curvas adotadas pelo especialista forem todas gaussianas, decisões que antes eram para vender podem se tornar decisões de compra.

Por isso, para que a regra *fuzzy* seja perfeitamente adaptada à realidade, é fundamental ter um especialista com conhecimento bastante sólido do comportamento do evento em que se deseja aplicar a inteligência artificial. A Figura 13.10 apresenta o resultado para outras funções de pertinência para o volume e a decisão final. Para o volume e para a decisão final, foram mudadas todas as compreensões de volume baixo, ideal e alto. Pode-se reparar na figura que a barra vertical, com essas alterações, deslocou-se e toma de forma quase que totalmente isolada os valores para "manter" a ação.

O valor de pertinência de manter foi 0.23, enquanto a venda teve o valor 0.00011, indicando assim como decisão final a manutenção do ativo.

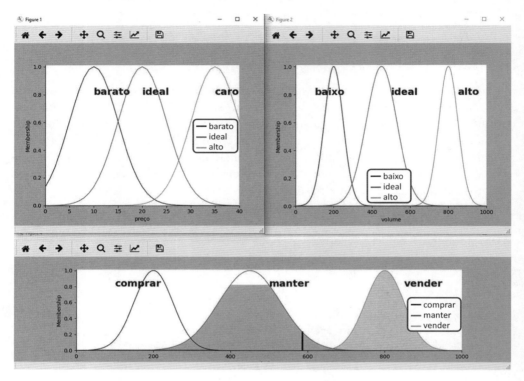

Figura 13.10 – Decisão final *fuzzy* para entradas gaussianas.

No **Console** a resposta a essa alteração aparece desta forma:

```
586.7253773883499
[['comprar', 1.0250052772997135e-13], ['manter', 0.23213748230798106],
['vender', 0.00011205331687133091]]
++++++++++++++ decisao final ++++++++++
manter
+++++++++++++++++++++++++++++++++++++++++
```

O valor de decisão para as entradas [35,400] passou de 671 para 586, deslocando a barra para a curva "manter". A seguir, o programa completo da programação *fuzzy* com as entradas gaussianas, trapezoidais e triangulares.

Inteligência artificial no mercado 443

```python
import numpy as np
import skfuzzy as fuzz
from skfuzzy import control as ctl
from mpl_toolkits.mplot3d import Axes3D
import matplotlib.pyplot as plt
import pandas as pd

plt.style.use('grayscale')
#++++++++++++ eixo das abscissas para as fun. pertinencia +++++
preco=ctl.Antecedent(np.arange(0,41,1),'preço')
vol=ctl.Antecedent(np.arange(0,1001,1),'volume')
dec=ctl.Consequent(np.arange(0,1001,1),'decisao')

#++++++++++++++ Funcao de pertinencia para preços ++++++++++++++
preco['barato']=fuzz.gaussmf(preco.universe,10,5)
preco['ideal']=fuzz.gaussmf(preco.universe,20,5)
preco['caro']=fuzz.gaussmf(preco.universe,35,5)
preco.view()
plt.text(x=10,y=0.8,s='barato',fontsize=18,weight='bold')
plt.text(x=20,y=0.8,s='ideal',fontsize=18,weight='bold')
plt.text(x=35,y=0.8,s='caro',fontsize=18,weight='bold')

#++++++++++++++ Funcao de pertinencia para volumes ++++++++++++++
vol['baixo']=fuzz.trapmf(vol.universe,[0,0,150,400])
vol['ideal']=fuzz.gaussmf(vol.universe,450,180)
vol['alto']=fuzz.trimf(vol.universe,[400,1000,1000])
vol.view()
plt.text(x=100,y=0.8,s='baixo',fontsize=18,weight='bold')
plt.text(x=500,y=0.8,s='ideal',fontsize=18,weight='bold')
plt.text(x=850,y=0.8,s='alto',fontsize=18,weight='bold')

#+++++++++++++++ Funcao de Pertinencia para a decisão final ++++
dec['comprar']=fuzz.trapmf(dec.universe,[0,0,150,350])
dec['manter']=fuzz.trapmf(dec.universe,[300,400,600,700])
dec['vender']=fuzz.trapmf(dec.universe,[600,800,1000,1000])
dec.view()
plt.text(x=100,y=0.8,s='comprar',fontsize=18,weight='bold')
plt.text(x=500,y=0.8,s='manter',fontsize=18,weight='bold')
plt.text(x=850,y=0.8,s='vender',fontsize=18,weight='bold')

#++++++++++++++++++++++++ REGRAS DA LOGICA FUZZY +++++++++++++++
regra1=ctl.Rule(preco['barato'] & vol['baixo'], dec['comprar'])
regra2=ctl.Rule(preco['barato'] & vol['alto'], dec['comprar'])
regra3=ctl.Rule(preco['ideal'] | vol['baixo'], dec['comprar'])
regra4=ctl.Rule(preco['ideal'] | vol['ideal'], dec['manter'])
regra5=ctl.Rule(preco['ideal'] | vol['alto'], dec['vender'])
regra6=ctl.Rule(preco['caro'] | vol['alto'], dec['vender'])
```

```python
49 #++++++++++++++++++++Sistema de criação de controle/simulação++++++++++++++
50 decisao_ctl=ctl.ControlSystem([regra1,regra2,regra3,regra4,regra5,regra6])
51 decisao=ctl.ControlSystemSimulation(decisao_ctl)
52
53 #++++++++++ funcao de calculo para a defuzzificacao ++++++++++++++++
54 def IndFzy(entrada):
55     #Entrada
56     decisao.input['preço']=entrada[0]
57     decisao.input['volume']=entrada[1]
58     #Saída fuzzy
59     decisao.compute()
60     return(decisao.output['decisao'])
61
62 #===================== Valor fuzzy computado+++++++++++++++++++++
63
64 res1=IndFzy([35,400])
65 print(res1)
66 dec.view(sim=decisao)
67 plt.text(x=100,y=0.8,s='comprar',fontsize=18,weight='bold')
68 plt.text(x=500,y=0.8,s='manter',fontsize=18,weight='bold')
69 plt.text(x=850,y=0.8,s='vender',fontsize=18,weight='bold')
70 #++++++++++++++++++++++++ decisão final ++++++++++++++++++++++++
71
72 mval=[]
73 for t in dec.terms:
74     s = np.interp(res1, dec.universe, dec[t].mf)
75     mval.append([t,s])
76 print(mval)
77 mval=pd.DataFrame(mval)
78 ind_max=mval[1].idxmax()
79 print('++++++++++++++ decisao final +++++++++++')
80 print(mval[0][ind_max])
81 print('+++++++++++++++++++++++++++++++++++++++++')
```

13.3 INTELIGÊNCIA ARTIFICIAL NA BOVESPA

Na seção anterior foi apresentado o programa em Python para usar a lógica *fuzzy* na tomada de decisões com a biblioteca scikit-fuzzy. Para aplicar todo o processo a dados reais, dados de ativos financeiros, precisamos apenas complementar o processo com a melhor ferramenta estatística que represente o comportamento do ativo. Novamente, vamos tomar os dados do Ibovespa para o ativo da Petrobras PETR4 com o volume de negociação por meio da importação dos dados via **DataReader**. A data de início dos dados é 1º de julho de 2018 e a data final é 29 de novembro de 2019.

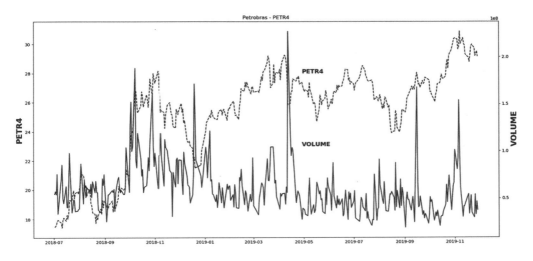

Figura 13.11 – Dados com os preços da PETR4 e o volume de negociação diários.

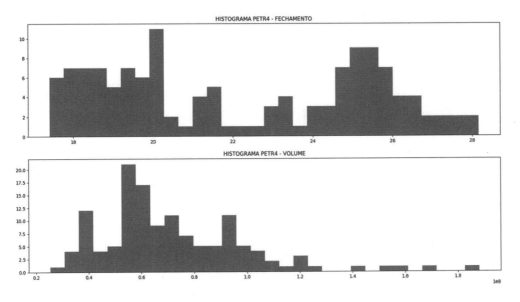

Figura 13.12 – Histograma de preços e volumes diários para duzentos dias de treinamento.

A Figura 13.11 apresenta os dados de fechamento diários e dos volumes para o mesmo período. Para formar uma ideia sobre o padrão do que podemos chamar "barato", "caro", "alto" ou "baixo", as variáveis mais rápidas são as médias e os desvios-padrão da lista de dados. Para períodos previamente selecionados, podem ocorrer inconveniências como os erros de amostragem, como "NaN", alguma operação matemática errada ou mesmo dados inexistentes.

No caso dos ativos baixados do **DataReader**, como a bolsa de valores não funciona aos sábados, domingos e feriados, alguns valores vão aparecer com "NaN". Para comparar e verificar a eficácia da inteligência artificial em previsão ou recomendação de investimentos, primeiro precisamos de uma base de dados de treinamento para a formação das regras *fuzzy*. Podemos selecionar duzentos dias úteis para treinar as regras *fuzzy* nas recomendações ou previsões de preços. Por exemplo, as linhas a seguir selecionam nos dados do **DataReader** duzentos dias e com *.dropna( ) elimina os indesejáveis "NaN".

```
#++++++++++++++ seleciona dados para períodos especificos +++++++++++++
data=pd.date_range('2018-07-01',periods=200)
treino=pd.DataFrame(df,index=data,columns=['Close','Volume'])
treino=treino.dropna() #------------------- elimina todos os erros NaN
```

Para esses dados de treinamento amostrados, faz-se a estatística apresentada nos histogramas da Figura 13.12, em que se observou:

Média dos preços = R$ 22.18

Desvio-padrão dos preços = R$ 3.20

Média dos volumes = 7.2E+7 (ou seja, 7.2 10^7)

Desvio-padrão dos volumes = 2.84E+7

Podemos observar que, no caso do histograma dos preços, temos uma distribuição bicaudal. Para facilitar, vamos utilizar nossas funções de pertinência, todas gaussianas para os preços {'barato', 'ideal', 'caro'} e volumes {'baixo', 'ideal', 'alto'}. A decisão pode ser um indicador de compra e venda, em que a decisão é {'comprar', 'manter', 'vender'}.

Observando os histogramas da Figura 13.12, podemos construir as gaussianas para as seguintes pertinências:

Tabela 13.1 – Valores para as gaussianas de cada variável linguística para os preços

VARIÁVEL	MÉDIA	DESVIO-PADRÃO
'BARATO'	19	2
'IDEAL'	26	2
'CARO'	29	2

Tabela 13.2 – Valores para as gaussianas de cada variável linguística para os volumes

VARIÁVEL	MÉDIA	DESVIO-PADRÃO
'BAIXO'	0.4E8	6E7
'IDEAL'	0.6E8	2E7
'ALTO'	1E8	3E7

Inteligência artificial no mercado 447

Tabela 13.3 – Valores para as gaussianas de cada variável linguística para a decisão

VARIÁVEL	MÉDIA	DESVIO-PADRÃO
'BAIXO'	0.4E8	6E7
'IDEAL'	0.6E8	2E7
'ALTO'	1E8	3E7

Vamos mudar a regra de decisão para compra e venda das ações da seção anterior, colocando todas as regras com a intersecção "E", ou seja:

- SE (preço ~ barato) E (volume ~ baixo) ENTÃO (decisão ~ comprar)
- SE (preço ~ barato) E (volume ~ alto) ENTÃO (decisão ~ comprar)
- SE (preço ~ ideal) E (volume ~ baixo) ENTÃO (decisão ~ comprar)
- SE (preço ~ ideal) E (volume ~ ideal) ENTÃO (decisão ~ manter)
- SE (preço ~ ideal) E (volume ~ alto) ENTÃO (decisão ~ vender)
- SE (preço ~ caro) E (volume ~ alto) ENTÃO (decisão ~ vender)

Agora, se em determinado dia a PETR4 tem fechamento de R$ 25 e volume de negociação de 4E7 ações, ou seja, nossa entrada é [25,4E7], o resultado é "manter", como pode ser visto na Figura 13.13 com a barra vertical.

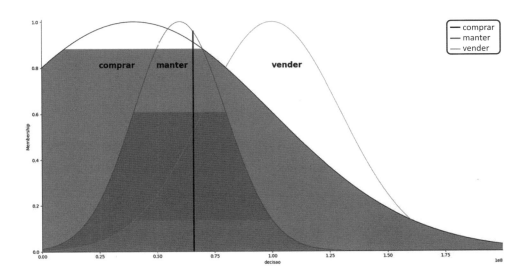

Figura 13.13 – Decisão para a PETR4.

A interpretação é que, se em um dia a entrada é essa anterior, a recomendação para o dia seguinte é manter, e o grau de pertinência é 0.95, como apareceu no **Console**:

```
[['comprar', 0.9108690706408915],
 ['manter', 0.9570492160673987],
 ['vender', 0.5246536837001841]]
++++++++++++++ decisao final +++++
++
manter
+++++++++++++++++++++++++++++++++++++
```

Com a entrada em R$ 27 para o preço e volume de 2E8 ações, a resposta se altera para vender:

```
[['comprar', 0.6070361014608592],
 ['manter', 0.13601449999999282],
 ['vender', 0.9999972222299383]]
++++++++++++++ decisao final ++++
++
vender
+++++++++++++++++++++++++++++++++++++
```

A barra vertical avança para a pertinência "vender" com essa entrada, como pode ser conferido na Figura 13.14.

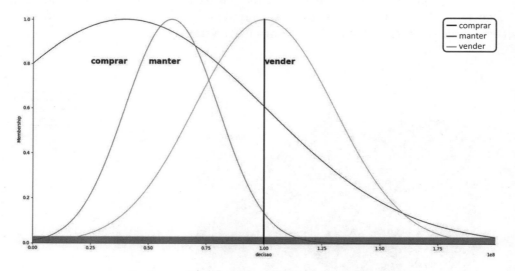

Figura 13.14 – Decisão para a PETR4 com preço mais alto e volume alterado.

Com o sistema de inteligência artificial baseado em regras *fuzzy* treinado para duzentos dias, podemos avaliar o comportamento das recomendações para o restante do tempo. Para tanto, cada entrada que era isolada agora pode ser colocada dentro de um comando **for** para que todas sejam avaliadas pelo sistema *fuzzy* de decisão.

Com o auxílio do **DataReader**, cada data tem seu preço e volume repassado para o fuzzificador que simula as regras de decisões e estabelece as recomendações para o investidor. Nas linhas do código a seguir, a linha 73 cria um **array** bidimensional que

Inteligência artificial no mercado 449

salva na primeira coluna o valor de pertinência para a variável linguística "comprar", na segunda coluna salva o valor de pertinência para "manter" e na terceira, o valor para "vender". A linha 82 transforma a matriz em **DataFrame**, pois possui ferramentas que agilizam diversos processos.

Como desejamos que volte a recomendação no formato **string**, com *.idxmax(axis=1)*, temos o retorno para a variável *dec_fuzzy* da linha 83, a coluna onde está o maior valor de função de pertinência em linhas, sendo essas linhas percorridas do início ao fim do período desejado.

```
69 #+++++++++++++++++++++++ decisão final +++++++++++++++++++++++++
70 inicio=dt.datetime(2019,1,16)
71 fim=dt.datetime(2019,11,29)
72 df=web.DataReader('PETR4.SA','yahoo',inicio,fim)
73 mval=np.zeros((len(df),3))
74 for i in range(len(df)):
75     res1=IndFzy([df['Close'].values[i],df['Volume'].values[i]])
76     j=0
77     for t in dec.terms:
78         s = np.interp(res1, dec.universe, dec[t].mf)
79         mval[i,j]=s
80         j=j+1
81
82 mval=pd.DataFrame(mval,columns=['comprar','manter','vender'])
83 dec_fuzzy=mval.idxmax(axis=1)
84 print('+++++++++++++++ decisao final +++++++++++++')
85 print(dec_fuzzy)
86 print('+++++++++++++++++++++++++++++++++++++++++++')
```

O resultado é o que pode ser verificado na Figura 13.15, em que as palavras de recomendação {"comprar", "manter", "vender"} são colocadas no mesmo gráfico com os preços (linha tracejada) e volumes (linha contínua) de fechamento da PETR4 no período entre 16 de janeiro de 2019 e 29 de novembro de 2019.

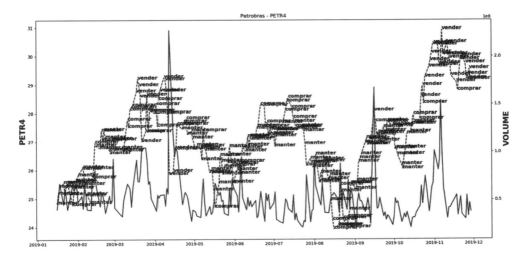

Figura 13.15 – Decisão *fuzzy* para os preços da PETR4 para o período pós-treinamento.

Essas recomendações seriam corretas para o período futuro, após o treinamento com dados passados?

A Figura 13.16 se refere aos mesmos dados da Figura 13.15, mas com detalhes expostos apenas sobre uma região de interesse. É possível notar a interessante relação entre as recomendações previstas pela regra *fuzzy* e o resultado futuro para a tendência da ação e do volume de negociação. Quando apareceu a primeira recomendação de compra, o preço da PETR4 era de R$ 27.50 e o volume estava baixo para os padrões apresentados para a lógica *fuzzy*. Logo após, o volume começou a aumentar e a primeira recomendação de venda apareceu exatamente quando o preço estava acima de R$ 28.50. Isso ocorreu apenas seis dias após a compra, e o retorno financeiro foi de 3.6%. Após esse período, a recomendação foi de venda, pois o volume aumentou consideravelmente e o preço também. A outra recomendação apareceu por volta de R$ 27.30 com a primeira recomendação de venda ao redor de R$ 28.60 entre 1º e 15 de abril de 2019. Como o preço subiu, a recomendação de venda continuou de forma acertada; quando o preço caiu forte, o volume inesperadamente aumentou. Isso gerou outra recomendação de compra para a PETR4.

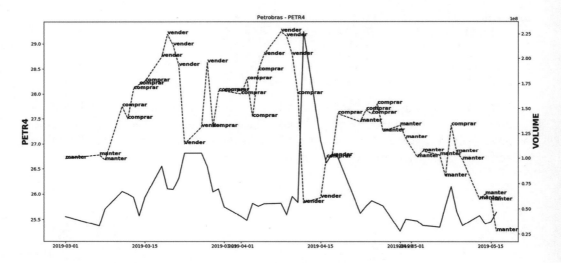

Figura 13.16 – Decisão *fuzzy* para os preços da PETR4 (região de interesse).

Se consideramos que, a título de exemplo, utilizamos apenas duas variáveis para tentar entender o comportamento do mercado, tendo cada uma delas apenas três variáveis linguísticas, o resultado é surpreendente. Para aumentar a acurácia, são necessárias mais variáveis (como abertura, alta, baixa nos dias, taxas de juros, cotação do dólar etc.), mais variáveis linguísticas e muito mais regras do que foram apresentadas. Apenas seis regras não conseguem fechar muitas condições de oscilações e volatilidades do mercado financeiro.

O código completo é apresentado a seguir, demonstrando como foram consolidados os dados de treinamento para as regras da lógica *fuzzy*. É possível observar que o programa é a junção simples em que uma parte é a regra *fuzzy* usando a biblioteca scikit-fuzzy e a outra indica os dados obtidos pelo **DataReader** da Bovespa com o Yahoo! Finance.

```python
1  import numpy as np
2  import skfuzzy as fuzz
3  from skfuzzy import control as ctl
4  from mpl_toolkits.mplot3d import Axes3D
5  import matplotlib.pyplot as plt
6  import pandas as pd
7  import matplotlib.dates as mdates
8  import matplotlib.mlab as mlab
9  import pandas_datareader.data as web
10 import datetime as dt
11
12
13 plt.style.use('grayscale')
14 #++++++++++++ eixo das abscissas para as fun. pertinencia +++++
15 preco=ctl.Antecedent(np.arange(17,30,1),'preço')
16 vol=ctl.Antecedent(np.arange(0,2e8,1e5),'volume')
17 dec=ctl.Consequent(np.arange(0,2e8,1e5),'decisao')
18
19 #+++++++++++++ Funcao de pertinencia para preços +++++++++++++
20 preco['barato']=fuzz.gaussmf(preco.universe,19,2)
21 preco['ideal']=fuzz.gaussmf(preco.universe,26,2)
22 preco['caro']=fuzz.gaussmf(preco.universe,29,2)
23 preco.view()
24 plt.text(x=18,y=0.8,s='barato',fontsize=18,weight='bold')
25 plt.text(x=22,y=0.8,s='ideal',fontsize=18,weight='bold')
26 plt.text(x=28,y=0.8,s='caro',fontsize=18,weight='bold')
27
28 #+++++++++++++ Funcao de pertinencia para volumes +++++++++++++
29 vol['baixo']=fuzz.gaussmf(vol.universe,0.4e8,6e7)
30 vol['ideal']=fuzz.gaussmf(vol.universe,0.6e8,2e7)
31 vol['alto']=fuzz.gaussmf(vol.universe,1e8,3e7)
32 vol.view()
33 plt.text(x=0.25e8,y=0.8,s='baixo',fontsize=18,weight='bold')
34 plt.text(x=0.5e8,y=0.8,s='ideal',fontsize=18,weight='bold')
35 plt.text(x=1e8,y=0.8,s='alto',fontsize=18,weight='bold')
36
37 #+++++++++++++++ Funcao de Pertinencia para a decisão final ++++
38 dec['comprar']=fuzz.gaussmf(dec.universe,0.4e8,6e7)
39 dec['manter']=fuzz.gaussmf(dec.universe,0.6e8,2e7)
40 dec['vender']=fuzz.gaussmf(dec.universe,1e8,3e7)
41 dec.view()
42 plt.text(x=0.25e8,y=0.8,s='comprar',fontsize=18,weight='bold')
43 plt.text(x=0.5e8,y=0.8,s='manter',fontsize=18,weight='bold')
44 plt.text(x=1e8,y=0.8,s='vender',fontsize=18,weight='bold')
45
46 #++++++++++++++++++++++++ REGRAS DA LOGICA FUZZY +++++++++++++++
47 regra1=ctl.Rule(preco['barato'] & vol['baixo'], dec['comprar'])
48 regra2=ctl.Rule(preco['barato'] & vol['alto'], dec['comprar'])
49 regra3=ctl.Rule(preco['ideal'] & vol['baixo'], dec['comprar'])
50 regra4=ctl.Rule(preco['ideal'] & vol['ideal'], dec['manter'])
51 regra5=ctl.Rule(preco['ideal'] & vol['alto'], dec['vender'])
52 regra6=ctl.Rule(preco['caro'] & vol['alto'], dec['vender'])
53
54 #++++++++++++++++++++++Sistema de criação de controle/simulação+++++++++++++++
55 decisao_ctl=ctl.ControlSystem([regra1,regra2,regra3,regra4,regra5,regra6])
56 decisao=ctl.ControlSystemSimulation(decisao_ctl)
```

```
57
58 #++++++++++++ funcao de calculo para a defuzzificacao ++++++++++++++++++
59 def IndFzy(entrada):
60     #Entrada
61     decisao.input['preço']=entrada[0]
62     decisao.input['volume']=entrada[1]
63     #Saída fuzzy
64     decisao.compute()
65     return(decisao.output['decisao'])
66
67 #====================== Valor fuzzy computado+++++++++++++++++++++
68
69 #++++++++++++++++++++++ decisão final ++++++++++++++++++++++++
70 inicio=dt.datetime(2019,3,1)
71 fim=dt.datetime(2019,5,15)
72 df=web.DataReader('PETR4.SA','yahoo',inicio,fim)
73 mval=np.zeros((len(df),3))
74 for i in range(len(df)):
75     res1=IndFzy([df['Close'].values[i],df['Volume'].values[i]])
76     j=0
77     for t in dec.terms:
78         s = np.interp(res1, dec.universe, dec[t].mf)
79         mval[i,j]=s
80         j=j+1

81
82 mval=pd.DataFrame(mval,columns=['comprar','manter','vender'])
83 dec_fuzzy=mval.idxmax(axis=1)
84 print('++++++++++++++++ decisao final +++++++++++++')
85 print(dec_fuzzy)
86 print('++++++++++++++++++++++++++++++++++++++++++')
87
88 dec.view(sim=decisao)
89 plt.text(x=0.25e8,y=0.8,s='comprar',fontsize=18,weight='bold')
90 plt.text(x=0.5e8,y=0.8,s='manter',fontsize=18,weight='bold')
91 plt.text(x=1e8,y=0.8,s='vender',fontsize=18,weight='bold')
92
93 figura=plt.figure()
94 ax1=plt.subplot(111)
95 plt.title('Petrobras - PETR4')
96
97 ax1.plot(df.index,df['Close'],'--k')
98 ax1.set_ylabel('PETR4',fontsize=18,weight='bold')
99 for i in range(len(dec_fuzzy)):
100         ax1.text(x=df.index[i],y=df['Close'].values[i],s=str(dec_fuzzy[i]),
101             fontsize=12,color='black',weight='bold')
102
103 ax2=ax1.twinx()
104 ax2.plot(df.index,df['Volume'],color='black')
105 ax2.set_ylabel('VOLUME',fontsize=18,weight='bold')
```

13.4 INFLUÊNCIA DAS MÍDIAS SOCIAIS NOS ATIVOS DO MERCADO

No capítulo anterior, foi apresentado como se obter e observar o que as pessoas estão procurando ou dizendo nas mídias sociais por meio das chamadas *trendlines* do Google Trends. Uma aplicação crescente para algoritmos de inteligência artificial é a busca por padrões no que as pessoas comentam na internet e a relação com a comercialização de produtos, com a localização de redes de empresas para as necessidades das pessoas, para intensificação de propagandas, entre tantas outras influências digitais que se tornaram comuns nos dias atuais.

Podemos então pesquisar palavras e tentar relacionar com regras de aprendizado *fuzzy* para tentar prever acontecimentos com séries históricas de dados. Por exemplo, a Figura 13.17 apresenta o resultado para a busca da palavra-chave "petróleo" e os preços de fechamentos da ação da Petrobras PETR4 no mesmo período, tomado entre 1º de julho de 2017 e 29 de novembro de 2019. A Figura 13.18 mostra o histograma da frequência da palavra-chave "petróleo" e dos preços da PETR4 com trinta classes cada um.

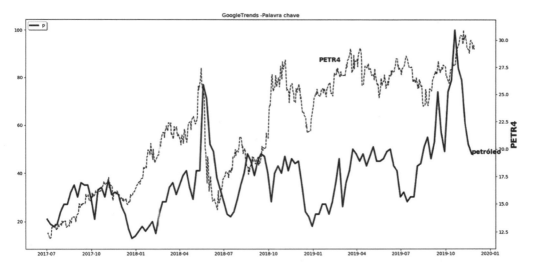

Figura 13.17 – Google Trends (palavra-chave "petróleo") e fechamento diário PETR4.

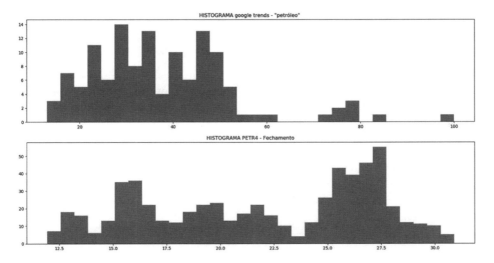

Figura 13.18 – Histograma da frequência da palavra-chave "petróleo" e preço PETR4.

Na Figura 13.18 é possível verificar regiões mais densas de frequência tanto para a palavra-chave do Google Trends como para o fechamento dos preços da ação. As estatísticas das duas séries são apresentadas no **Console**, como podem ser verificadas a seguir.

```
++++++++++++++ estatisticas +++++++++++++++++++++++++
MÉDIA palavra (petróleo) = 37.80952380952381
Dpadrão palavra (petróleo) = 15.495400239149308
MÉDIA preço PETR4 = 21.953167521538425
Dpadrão preço PETR4 = 5.127125200084604
+++++++++++++++++++++++++++++++++++++++++++++++++++++
```

Uma aplicação para a lógica *fuzzy* seria prever altas ou baixas nos preços da PETR4 conforme o que as pessoas comentam sobre dados do petróleo. Com base na estatística das séries para a frequência da palavra-chave "petróleo" no Google Trends e para os preços da PETR4, foi construída a seguinte sequência de regras *fuzzy*:

- SE (palavra ~ pouca) E (preço ~ baixo) ENTÃO (decisão ~ manter)
- SE (palavra ~ pouca) E (preço ~ alto) ENTÃO (decisão ~ cair)
- SE (palavra ~ média) E (preço ~ baixo) ENTÃO (decisão ~ cair)
- SE (palavra ~ média) E (preço ~ ideal) ENTÃO (decisão ~ subir)
- SE (palavra ~ alta) E (preço ~ baixo) ENTÃO (decisão ~ subir)
- SE (palavra ~ alta) E (preço ~ alto) ENTÃO (decisão ~ subir)

O termo "palavra" nessas regras significa a palavra-chave que foi pesquisada no Google Trends, que nesse exemplo é "petróleo". Uma palavra é considerada "pouca", se a procura por "petróleo" na internet tem baixa procura semanal. As representações para "palavra" são {"pouca", "média", "alta"}. O preço da ação PETR4 tem as mesmas variáveis linguísticas utilizadas anteriormente, ou seja, "preço" pode assumir ser {"baixo", "ideal", "alto"}. No Python as linhas de código são as seguintes para a programação das regras:

```
#++++++++++++++++++++++++ REGRAS DA LOGICA FUZZY +++++++++++++++
regra1=ctl.Rule(palavra['pouca'] & preco['baixo'], dec['manter'])
regra2=ctl.Rule(palavra['pouca'] & preco['alto'], dec['cair'])
regra3=ctl.Rule(palavra['media'] & preco['baixo'], dec['cair'])
regra4=ctl.Rule(palavra['media'] & preco['ideal'], dec['subir'])
regra5=ctl.Rule(palavra['alta'] & preco['baixo'], dec['subir'])
regra6=ctl.Rule(palavra['alta'] & preco['alto'], dec['subir'])
```

As funções de pertinência adotadas para formar as regras *fuzzy* são as apresentadas nas Tabelas 13.4 a 13.6. Baseiam-se nas estatísticas calculadas anteriormente para as séries de dados.

Tabela 13.4 – Valores para as gaussianas de cada variável linguística para palavra

VARIÁVEL	MÉDIA	DESVIO-PADRÃO
'POUCA'	20	10
'MÉDIA'	50	10
'ALTA'	80	10

Inteligência artificial no mercado 455

Tabela 13.5 – Valores para as gaussianas de cada variável linguística para preços

VARIÁVEL	MÉDIA	DESVIO-PADRÃO
'BAIXO'	15	5
'IDEAL'	22	5
'ALTO'	28	5

Tabela 13.6 – Valores para as gaussianas de cada variável linguística para decisão

VARIÁVEL	MÉDIA	DESVIO-PADRÃO
'SUBIR'	20	10
'MANTER'	50	10
'CAIR'	80	10

No Python a programação para essas funções de pertinência são as apresentadas a seguir.

```
#++++++++++++ eixo das abscissas para as fun. pertinencia +++++
palavra=ctl.Antecedent(np.arange(20,100,1),'petróleo')
preco=ctl.Antecedent(np.arange(12,30,1),'preco')
dec=ctl.Consequent(np.arange(0,100,1),'decisao')

#+++++++++++++ Funcao de pertinencia para palavras +++++++++++++
palavra['pouca']=fuzz.gaussmf(palavra.universe,20,10)
palavra['media']=fuzz.gaussmf(palavra.universe,50,10)
palavra['alta']=fuzz.gaussmf(palavra.universe,80,10)
palavra.view()
plt.text(x=20,y=0.8,s='pouca',fontsize=18,weight='bold')
plt.text(x=50,y=0.8,s='media',fontsize=18,weight='bold')
plt.text(x=80,y=0.8,s='alta',fontsize=18,weight='bold')

#+++++++++++++ Funcao de pertinencia para precos +++++++++++++
preco['baixo']=fuzz.gaussmf(preco.universe,15,5)
preco['ideal']=fuzz.gaussmf(preco.universe,22,5)
preco['alto']=fuzz.gaussmf(preco.universe,28,5)
preco.view()
plt.text(x=15,y=0.8,s='baixo',fontsize=18,weight='bold')
plt.text(x=22,y=0.8,s='ideal',fontsize=18,weight='bold')
plt.text(x=28,y=0.8,s='alto',fontsize=18,weight='bold')

#++++++++++++++++ Funcao de Pertinencia para a decisão final ++++
dec['subir']=fuzz.gaussmf(dec.universe,20,10)
dec['manter']=fuzz.gaussmf(dec.universe,50,10)
dec['cair']=fuzz.gaussmf(dec.universe,80,10)
dec.view()
plt.text(x=20,y=0.8,s='subir',fontsize=18,weight='bold')
plt.text(x=50,y=0.8,s='manter',fontsize=18,weight='bold')
plt.text(x=80,y=0.8,s='cair',fontsize=18,weight='bold')
```

O resultado gráfico dessas funções é apresentado na Figura 13.19. No primeiro quadro estão as curvas para a palavra-chave "petróleo". As curvas "pouca", "média" e "alta" se referem ao que o sistema *fuzzy* deve adotar como parâmetros de aprendizagem. O segundo quadro são as funções de pertinência para os preços da PETR4 e o que o sistema *fuzzy* deve considerar como preço baixo, preço ideal e preço alto. Por fim, o último quadro representa como o sistema *fuzzy* deve prever os preços para o dia seguinte ao fechamento mais recente da PETR4.

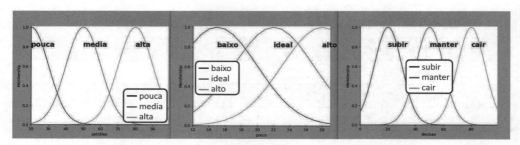

Figura 13.19 – Funções de pertinência para a palavra-chave "petróleo", preço PETR4 e decisão final.

Para a lógica *fuzzy*, o preço da PETR4 sobe no dia seguinte seguindo a curva "subir" do último quadro da Figura 13.19. O preço se mantém com a curva "manter" e o preço do ativo cai com a curva "cair".

Para testar, o sistema foi executado baixando os dados do preço da PETR4 pelo **DataReader** e baixando os dados para a procura da palavra-chave "petróleo" pela pytrends. O resultado para as previsões dos preços da PETR4 da inteligência artificial usando lógica *fuzzy* é apresentado na Figura 13.20. O período analisado foi de 1º de julho de 2017 a 7 de dezembro de 2019.

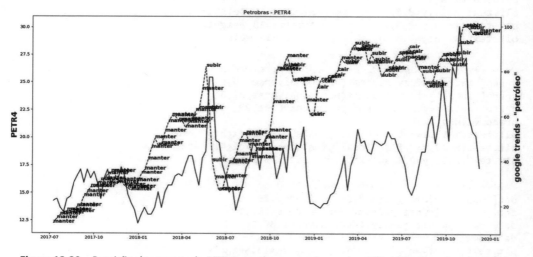

Figura 13.20 – Previsão dos preços da PETR4 com base na palavra-chave "petróleo" no Google Trends.

Para visualizar melhor os detalhes, escolhemos uma região para aumentar o gráfico e observar a solução da inteligência artificial. A Figura 13.21 apresenta o período entre dezembro de 2018 e dezembro de 2019. Como pode ser lembrado, apenas seis regras de decisão foram tomadas e apenas uma palavra do Google Trends foi usada. A formação de preço de um ativo ou procura por investimentos não se concretiza com apenas uma palavra, mas com uma união de muitas palavras.

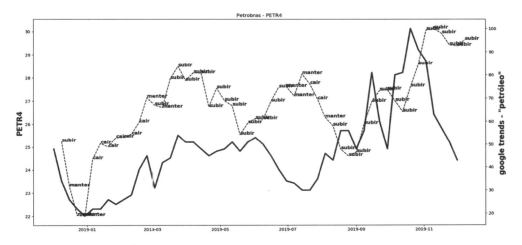

Figura 13.21 – Previsão dos preços da PETR4 com base na lógica *fuzzy* e palavra-chave "petróleo" no Google Trends.

O resultado na Figura 13.21 tem aspectos interessantes mesmo sendo construído com regras muito simples e apenas uma palavra. Pode-se observar que em novembro de 2019 a palavra-chave "petróleo" teve por vários dias sua busca aumentada de forma crescente na internet. A resposta ocorreu alguns dias depois com altas expressivas para a ação PETR4. O leitor pode observar que a decisão "subir" foi recomendada diversas vezes seguidas, e que a resposta para o aumento do preço da PETR4 foi acertada e ocorreu conforme a inteligência artificial previu com o sistema *fuzzy*.

Erros também podem ser verificados, sobretudo no início do período, em que a previsão era de queda para a ação, mas os preços só aumentaram. Mais regras são necessárias para melhorar esse resultado, além das seis criadas. Ou mais palavras-chave precisam ser consultadas, como "juros", "Selic", "inflação" etc., para que a formação da base de conhecimento *fuzzy* seja melhorada.

Essa metodologia *fuzzy* demonstra que pode ser um grande ferramental digital para análise, previsão e simulação de eventos financeiros. No entanto, um conjunto bastante expressivo de regras de conhecimento e de palavras-chave e comprovadamente necessário para melhorar a acurácia das respostas. O código a seguir apresenta as linhas do programa completo para baixar os dados e indicar a decisão via regra da lógica *fuzzy* utilizando a biblioteca scikit-fuzzy.

```python
1  #########################################################
2  #              Comparação entre preços e google trends
3  #########################################################
4  from pytrends.request import TrendReq
5  import matplotlib.dates as mdates
6  import pandas_datareader.data as web
7  import datetime as dt
8  import pandas as pd
9  import numpy as np
10 import skfuzzy as fuzz
11 from skfuzzy import control as ctl
12 from mpl_toolkits.mplot3d import Axes3D
13 import matplotlib.pyplot as plt
14 import matplotlib.mlab as mlab
15
16 plt.style.use('grayscale')
17 #++++++++++++ eixo das abscissas para as fun. pertinencia +++++
18 palavra=ctl.Antecedent(np.arange(20,100,1),'petróleo')
19 preco=ctl.Antecedent(np.arange(12,30,1),'preco')
20 dec=ctl.Consequent(np.arange(0,100,1),'decisao')
21
22 #++++++++++++ Funcao de pertinencia para palavras ++++++++++++
23 palavra['pouca']=fuzz.gaussmf(palavra.universe,20,10)
24 palavra['media']=fuzz.gaussmf(palavra.universe,50,10)
25 palavra['alta']=fuzz.gaussmf(palavra.universe,80,10)
26 palavra.view()
27 plt.text(x=20,y=0.8,s='pouca',fontsize=18,weight='bold')
28 plt.text(x=50,y=0.8,s='media',fontsize=18,weight='bold')
29 plt.text(x=80,y=0.8,s='alta',fontsize=18,weight='bold')
30
31 #++++++++++++ Funcao de pertinencia para precos ++++++++++++
32 preco['baixo']=fuzz.gaussmf(preco.universe,15,5)
33 preco['ideal']=fuzz.gaussmf(preco.universe,22,5)
34 preco['alto']=fuzz.gaussmf(preco.universe,28,5)
35 preco.view()
36 plt.text(x=15,y=0.8,s='baixo',fontsize=18,weight='bold')
37 plt.text(x=22,y=0.8,s='ideal',fontsize=18,weight='bold')
38 plt.text(x=28,y=0.8,s='alto',fontsize=18,weight='bold')
39
40 #+++++++++++++++ Funcao de Pertinencia para a decisão final ++++
41 dec['subir']=fuzz.gaussmf(dec.universe,20,10)
42 dec['manter']=fuzz.gaussmf(dec.universe,50,10)
43 dec['cair']=fuzz.gaussmf(dec.universe,80,10)
44 dec.view()
45 plt.text(x=20,y=0.8,s='subir',fontsize=18,weight='bold')
46 plt.text(x=50,y=0.8,s='manter',fontsize=18,weight='bold')
47 plt.text(x=80,y=0.8,s='cair',fontsize=18,weight='bold')
48
49 #+++++++++++++++++++++++ REGRAS DA LOGICA FUZZY +++++++++++++++++
50 regra1=ctl.Rule(palavra['pouca'] & preco['baixo'], dec['manter'])
51 regra2=ctl.Rule(palavra['pouca'] & preco['alto'], dec['cair'])
52 regra3=ctl.Rule(palavra['media'] & preco['baixo'], dec['cair'])
53 regra4=ctl.Rule(palavra['media'] & preco['ideal'], dec['subir'])
54 regra5=ctl.Rule(palavra['alta'] & preco['baixo'], dec['subir'])
55 regra6=ctl.Rule(palavra['alta'] & preco['alto'], dec['subir'])
56
57 #+++++++++++++++++++++Sistema de criação de controle/simulação+++++++++++++++
58 decisao_ctl=ctl.ControlSystem([regra1,regra2,regra3,regra4,regra5,regra6])
59 decisao=ctl.ControlSystemSimulation(decisao_ctl)
60
```

```python
61 #++++++++++ funcao de calculo para a defuzzificacao ++++++++++++++++
62 def IndFzy(entrada):
63     #Entrada
64     decisao.input['petróleo']=entrada[0]
65     decisao.input['preco']=entrada[1]
66     #Saída fuzzy
67     decisao.compute()
68     return(decisao.output['decisao'])
69
70 #======================  Valor fuzzy computado++++++++++++++++++++++
71
72 #++++++++++++++++++++++++ decisão final ++++++++++++++++++++++++++++
73 inicio=dt.datetime(2018,12,1)
74 fim=dt.datetime(2019,12,7)
75 df=web.DataReader('PETR4.SA','yahoo',inicio,fim)
76 #--------------- MEDIA SEMANAL DOS PRECOS PARA ADEQUAR AO GOOGLE ---------
77 med=df['Close'].resample('w').mean()
78
79 #++++++++++++++++++++++ conexao com o servidor +++++++++++++++++++++
80 pytrends=TrendReq(hl='en-US', tz=360)
81 #++++++++++++++++++++++ lista com palavra-chave ++++++++++++++++++++
82 kw_list=['petróleo']
83 #++++++++++++++++++++++ download google trends +++++++++++++++++++++
84 pytrends.build_payload(kw_list, cat=0,
85                        timeframe='2018-12-01 2019-12-07',
86                        geo='BR',gprop='')
87 teste=pytrends.interest_over_time()
88 #+++++++++++++++++++++++++++++++++++++++++++++++++++++++++++++++++++
89 mval=np.zeros((len(med),3))
90 for i in range(len(med)):
91     res1=IndFzy([teste['petróleo'].values[i],med.values[i]])
92     j=0
93     for t in dec.terms:
94         s = np.interp(res1, dec.universe, dec[t].mf)
95         mval[i,j]=s
96         j=j+1
97
98 mval=pd.DataFrame(mval,columns=['subir','manter','cair'])
99 dec_fuzzy=mval.idxmax(axis=1)
100 print('++++++++++++++++ decisao final +++++++++++++')
101 print(dec_fuzzy)
102 print('+++++++++++++++++++++++++++++++++++++++++++')
103
104 dec.view(sim=decisao)
105 plt.text(x=20,y=0.8,s='comprar',fontsize=18,weight='bold')
106 plt.text(x=50,y=0.8,s='manter',fontsize=18,weight='bold')
107 plt.text(x=80,y=0.8,s='vender',fontsize=18,weight='bold')
108
109 figura=plt.figure()
110 ax1=plt.subplot(111)
111 plt.title('Petrobras - PETR4')
112
113 ax1.plot(med.index,med.values,'--k')
114 ax1.set_ylabel('PETR4',fontsize=18,weight='bold')
115 for i in range(len(dec_fuzzy)):
116         ax1.text(x=med.index[i],y=med.values[i],s=str(dec_fuzzy[i]),
117         fontsize=12,color='black',weight='bold')
118
119 ax2=ax1.twinx()
120 ax2.plot(teste.index,teste['petróleo'],color='black',linewidth=3)
121 ax2.set_ylabel('google trends - "petróleo" ',fontsize=18,weight='bold')
```

13.5 INTELIGÊNCIA ARTIFICIAL COMO SENSOR DE INSATISFAÇÃO DO MERCADO

A lógica *fuzzy* não precisa necessariamente apenas soltar recomendações sobre ativos ou sobre o momento exato de aplicar ou investir o dinheiro em algum negócio. As saídas das variáveis linguísticas podem ser usadas para medir sentimento de insatisfação ou satisfação com as condições do mercado. A insatisfação, por exemplo, pode estar associada ao desemprego, às crises econômicas, à criação de empresas, aos juros cobrados pelos bancos, e assim por diante.

Pode-se, então, usar a função de pertinência apenas como um grau de medidor sobre as palavras-chave mais importantes discutidas pela população. Essa metodologia acaba sendo um sensor de satisfação ou insatisfação. Por exemplo, a Figura 13.22 apresenta uma série histórica do Google Trends importada via biblioteca pytrends, já mencionada antes, para três palavras que podem sugerir insatisfação da população. Tomamos como exemplo as palavras "desemprego", "crise" e "próprio negócio" para calcular com a lógica *fuzzy* possíveis graus de insatisfação com o país.

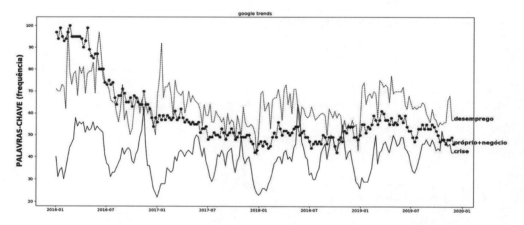

Figura 13.22 – Histórico no Google Trends para as palavras-chave "desemprego", "crise" e "próprio negócio".

A frequência e o aparecimento da palavra-chave "próprio negócio" caíram no período selecionado entre 1º de janeiro de 2016 e 7 de dezembro de 2019. Pode-se reparar que a oscilação da busca por essa palavra está em bastante consonância com a busca pela palavra "desemprego". E ao observar com mais detalhes, podemos perceber que a oscilação é ainda mais sincronizada entre as três palavras no ano de 2019.

Para apresentar como as regras podem ser mais complexas do que as apresentadas nas seções anteriores, criamos dez regras mixando "E" e "OU" na formação das decisões. As regras no programa em Python utilizadas nas linhas de código estão apresentadas a seguir. Segundo a primeira delas: se a busca pelas palavras-chave "crise", "desemprego" e "próprio negócio" é baixa, entende-se que a insatisfação da população é baixa. E, assim, as outras regras foram sendo alteradas entre o que pode ser observado no Google Trends para as três palavras.

Inteligência artificial no mercado

```
#++++++++++++++++++++++++++ REGRAS DA LOGICA FUZZY +++++++++++++++++
regra1=ctl.Rule(crise['baixo'] & desp['baixo'] & neg['baixo'], dec['baixo'])
regra2=ctl.Rule(crise['baixo'] & desp['medio'] & neg['baixo'], dec['baixo'])
regra3=ctl.Rule(crise['baixo'] & desp['alto']  & neg['baixo'], dec['medio'])
regra4=ctl.Rule(crise['alto']  & desp['baixo'] & neg['baixo'], dec['medio'])
regra5=ctl.Rule(crise['alto']  & desp['medio'] & neg['medio'], dec['alto'])
regra6=ctl.Rule(crise['alto']  & desp['alto']  & neg['baixo'], dec['medio'])
regra7=ctl.Rule(crise['alto']  & desp['alto']  & neg['alto'],  dec['alto'])
regra8=ctl.Rule(crise['baixo'] & desp['baixo'] | neg['alto'],  dec['baixo'])
regra9=ctl.Rule(crise['baixo'] | desp['alto']  & neg['alto'],  dec['alto'])
regra10=ctl.Rule(crise['alto'] | desp['alto']  | neg['alto'],  dec['alto'])
```

Após as regras, os passos são os mesmos das outras seções, com a criação das curvas de pertinências, que foram todas adotadas como gaussianas com médias e desvios-padrão baseados nos dados históricos das frequências das palavras.

A saída *fuzzy* como nos outros códigos sempre retorna para uma variável *mval* as classes "baixo", "médio" ou "alto", como nas linhas a seguir:

```
mval=np.zeros((len(teste),3))
pert=np.zeros(len(teste))
for i in range(len(teste)):
    res1=IndFzy([teste[kw_list[0]].values[i],teste[kw_list[1]].values[i],
                teste[kw_list[2]].values[i]])
    pert[i]=res1
    j=0
    for t in dec.terms:
        s = np.interp(res1, dec.universe, dec[t].mf)
        mval[i,j]=s
        j=j+1

mval=pd.DataFrame(mval,columns=['baixo','medio','alto'])
dec_fuzzy=mval.idxmax(axis=1)
print('+++++++++++++++ decisao final +++++++++++')
print(dec_fuzzy)
print('++++++++++++++++++++++++++++++++++++++++++')
```

No **Console**, podemos observar que a saída de *mval* é este **DataFrame**:

```
In [62]: mval
Out[62]:
        baixo         medio      alto
0    2.452060e-08   0.013969   0.996258
1    2.568494e-08   0.014327   0.995789
2    2.381021e-08   0.013750   0.996544
3    2.412387e-08   0.013847   0.996418
4    2.416704e-08   0.013860   0.996400
5    2.374771e-05   0.270558   0.384904
6    2.952435e-08   0.015349   0.993722
```

Com as três classes, podemos escolher qual delas utilizar como medida da insatisfação. Por exemplo, se supomos que o resultado da função de pertinência serve de parâmetro de observação da insatisfação nos negócios, podemos tomar os resultados da classe "alto" como medida. Ou seja, estamos sempre observando o comportamento da alta insatisfação das pessoas em relação à situação econômica. Quando a insatisfação alta cai, é um sinal de que a percepção das pessoas na internet mudou para melhor.

Na Figura 13.23 apresentamos o resultado final das recomendações do sistema *fuzzy*, em que a curva mais escura representa a função de pertinência para a insatisfação alta na internet. Assim, quando a curva mais escura tem queda, significa melhora da percepção; quando aumenta, significa piora da alta insatisfação.

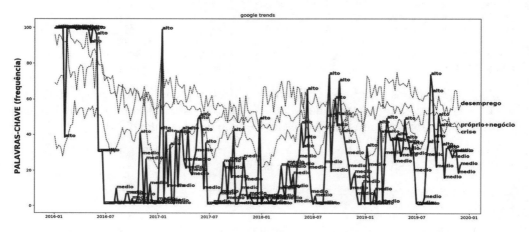

Figura 13.23 – Sensor inteligente para medida da insatisfação das pessoas com a economia.

Observando com mais detalhe um período menor, a Figura 13.24 mostra as três séries históricas para as três palavras-chave, e em cor preta mais escura está o resultado do sensor de insatisfação alta por parte da população que usa internet.

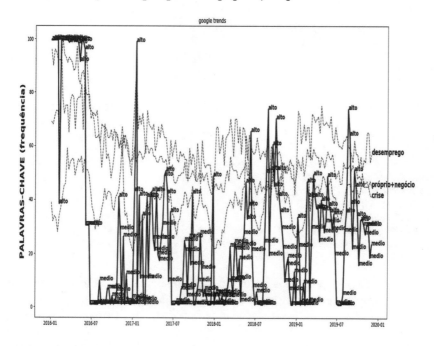

Figura 13.24 – Medida *fuzzy* de insatisfação de julho de 2018 a dezembro de 2019.

Na figura podemos notar que a partir de julho de 2018 a alta insatisfação disparou até meados de outubro, quando terminou a eleição. A curva de procura por "próprio negócio" caiu até janeiro de 2019, enquanto a procura por "desemprego" e "crise" ficaram estáveis. Isso permitiu que a insatisfação alta caísse bastante (seguindo as regras *fuzzy* predefinidas), mas então tudo voltou a aumentar no primeiro semestre de 2019.

Como pode ser notado, o ápice da insatisfação foi em agosto e setembro com picos quase chegando ao máximo do período. Cabe lembrar que a função de pertinência é um número sempre entre zero e um, o que nos obriga a multiplicar seus valores por cem, como pode ser notado na linha de programação a seguir:

```
#++++++++++++++++ sensor fuzzy de insatisfação da população ++++++++++++++++
ax1.plot(teste.index,mval['alto']*100,'-k',linewidth=3)
for i in range(len(dec_fuzzy)):
        ax1.text(x=teste.index[i],y=mval['alto'][i]*100,s=str(dec_fuzzy[i]),
        fontsize=12,color='black',weight='bold')
```

Logo, podemos sempre utilizar a metodologia da lógica *fuzzy* para recomendação e avaliação de ativos, ou mesmo como sensor sobre determinado evento ou comportamento de ativos econômicos. Como pode ser visto nesse último exemplo, a lógica *fuzzy* pode ainda servir para a microeconomia ou macroeconomia, para a associação com ferramentas adequadas de estatística e para econometria para orientar a inteligência artificial.

O código a seguir demonstra como foram construídas as soluções desta seção:

```
1  #########################################################
2  #            Comparação entre preços e google trends
3  #########################################################
4  from pytrends.request import TrendReq
5  import matplotlib.dates as mdates
6  import pandas_datareader.data as web
7  import datetime as dt
8  import pandas as pd
9  import numpy as np
10 import skfuzzy as fuzz
11 from skfuzzy import control as ctl
12 from mpl_toolkits.mplot3d import Axes3D
13 import matplotlib.pyplot as plt
14 import matplotlib.mlab as mlab
15
16 plt.style.use('grayscale')
17 #+++++++++++++ eixo das abscissas para as fun. pertinencia +++++
18 crise=ctl.Antecedent(np.arange(0,100,1),'crise')
19 desp=ctl.Antecedent(np.arange(0,100,1),'desemprego')
20 neg=ctl.Antecedent(np.arange(0,100,1),'negócio')
21 dec=ctl.Consequent(np.arange(0,100,1),'decisao')
22
23 #+++++++++++++ Funcao de pertinencia para crise +++++++++++++
24 crise['baixo']=fuzz.gaussmf(crise.universe,20,10)
25 crise['medio']=fuzz.gaussmf(crise.universe,40,10)
26 crise['alto']=fuzz.gaussmf(crise.universe,50,10)
27 #+++++++++++++ Funcao de pertinencia para desemprego +++++++++++++
28 desp['baixo']=fuzz.gaussmf(desp.universe,50,5)
29 desp['medio']=fuzz.gaussmf(desp.universe,60,5)
30 desp['alto']=fuzz.gaussmf(desp.universe,70,5)
```

```python
#++++++++++++++ Funcao de pertinencia para negócio +++++++++++++
neg['baixo']=fuzz.gaussmf(neg.universe,50,5)
neg['medio']=fuzz.gaussmf(neg.universe,60,5)
neg['alto']=fuzz.gaussmf(neg.universe,70,5)
#+++++++++++++++++ Funcao de Pertinencia para a decisão final ++++
dec['baixo']=fuzz.gaussmf(dec.universe,20,10)
dec['medio']=fuzz.gaussmf(dec.universe,50,10)
dec['alto']=fuzz.gaussmf(dec.universe,80,10)


#++++++++++++++++++++++++ REGRAS DA LOGICA FUZZY +++++++++++++++
regra1=ctl.Rule(crise['baixo'] & desp['baixo'] & neg['baixo'], dec['baixo'])
regra2=ctl.Rule(crise['baixo'] & desp['medio'] & neg['baixo'], dec['baixo'])
regra3=ctl.Rule(crise['baixo'] & desp['alto'] & neg['baixo'], dec['medio'])
regra4=ctl.Rule(crise['alto'] & desp['baixo'] & neg['baixo'], dec['medio'])
regra5=ctl.Rule(crise['alto'] & desp['medio'] & neg['medio'], dec['alto'])
regra6=ctl.Rule(crise['alto'] & desp['alto'] & neg['baixo'], dec['medio'])
regra7=ctl.Rule(crise['alto'] & desp['alto'] & neg['alto'], dec['alto'])
regra8=ctl.Rule(crise['baixo'] & desp['baixo'] | neg['alto'], dec['baixo'])
regra9=ctl.Rule(crise['baixo'] | desp['alto'] & neg['alto'], dec['alto'])
regra10=ctl.Rule(crise['alto'] | desp['alto'] | neg['alto'], dec['alto'])
#++++++++++++++++++++++Sistema de criação de controle/simulação+++++++++++++++
decisao_ctl=ctl.ControlSystem([regra1,regra2,regra3,regra4,
                                regra5,regra6,regra7,regra8,
                                regra9,regra10])
decisao=ctl.ControlSystemSimulation(decisao_ctl)

#+++++++++++ funcao de calculo para a defuzzificacao +++++++++++++++
def IndFzy(entrada):
    #Entrada
    decisao.input['crise']=entrada[0]
    decisao.input['desemprego']=entrada[1]
    decisao.input['negócio']=entrada[2]
    #Saída fuzzy
    decisao.compute()
    return(decisao.output['decisao'])

#+++++++++++++++++++++++ conexao com o servidor +++++++++++++++++++++++++
pytrends=TrendReq(hl='en-US', tz=360)
#++++++++++++++++++++++++ lista com palavra-chave +++++++++++++++++++++++
kw_list=['crise','desemprego','próprio+negócio']
#+++++++++++++++++++ download google trends +++++++++++++++++++++++
pytrends.build_payload(kw_list, cat=0,
                        timeframe='2016-01-01 2019-12-07',
                        geo='BR',gprop='')
teste=pytrends.interest_over_time()
#++++++++++++++++++++++++++++++++++++++++++++++++++++++++++++++++++++
mval=np.zeros((len(teste),3))
pert=np.zeros(len(teste))
for i in range(len(teste)):
    res1=IndFzy([teste[kw_list[0]].values[i],teste[kw_list[1]].values[i],
                    teste[kw_list[2]].values[i]])
    pert[i]=res1
    j=0
    for t in dec.terms:
        s = np.interp(res1, dec.universe, dec[t].mf)
        mval[i,j]=s
        j=j+1
```

```python
89  mval=pd.DataFrame(mval,columns=['baixo','medio','alto'])
90  dec_fuzzy=mval.idxmax(axis=1)
91  print('++++++++++++++ decisao final ++++++++++++')
92  print(dec_fuzzy)
93  print('+++++++++++++++++++++++++++++++++++++++++')

100 ax1=plt.subplot(111)
101 plt.title('google trends')
102
103 ax1.plot(teste[kw_list[0]],'--k',teste[kw_list[1]],'--k',teste[kw_list[2]],'--k',
104         color='black',linewidth=1)
105 ax1.text(x=teste.index[-1],y=teste[kw_list[0]][-1],s=kw_list[0],
106         fontsize=14,color='black',weight='bold')
107 ax1.text(x=teste.index[-1],y=teste[kw_list[1]][-1],s=kw_list[1],
108         fontsize=14,color='black',weight='bold')
109 ax1.text(x=teste.index[-1],y=teste[kw_list[2]][-1],s=kw_list[2],
110         fontsize=14,color='black',weight='bold')
111 ax1.set_ylabel('PALAVRAS-CHAVE (frequência)',fontsize=18,weight='bold')
112
113 #+++++++++++++++ sensor fuzzy de insatisfação da população ++++++++++++++++
114 ax1.plot(teste.index,mval['alto']*100,'-k',linewidth=3)
115 for i in range(len(dec_fuzzy)):
116         ax1.text(x=teste.index[i],y=mval['alto'][i]*100,s=str(dec_fuzzy[i]),
117         fontsize=12,color='black',weight='bold')
118
```

CAPÍTULO 14
PYTHON FINAL

Este livro apresentou diversas ferramentas da linguagem de programação de computadores Python, mas obviamente isso não esgota o assunto. Muitas áreas, senão todas, nos dias atuais, estão utilizando a linguagem Python que não é nova e cujo interesse vem crescendo ano após ano.

O interesse se dá em razão das facilidades que a linguagem oferece em termos de aquisição de dados, tratamento, seleção, análises e praticidade em diversas áreas de conhecimento. Isso não significa que dentro de dez anos o Python ainda será a linguagem mais utilizada, pois muitas linguagens foram criadas e permanecem em uso, como FORTRAN e Visual Basic, ainda programáveis em diversas plataformas digitais.

Em se tratando de mercado financeiro, a grande facilidade que o Python oferece é sua conexão com Excel e banco de dados financeiros, como os apresentados nos exemplos deste texto. Isso torna a vida de analistas muito mais abrangente, de forma a proporcionar ganho de tempo para aumentar o poder de investigação.

No entanto, usar Python não significa sentar no computador e automaticamente conseguir exercer de forma adequada todas as atividades que são propostas. Para quem nunca programou antes, é preciso ter um cuidado ainda maior antes da iniciação de programação em linguagem Python. Não que isso não seja possível, pois é possível aprender programação apenas em Python, mas é uma tarefa árdua.

Pensando nesse ponto é que desenvolvemos a Parte I, para que os leitores sem aprendizado anterior de algoritmos pudessem praticar com exercícios básicos todo o passo a passo de uma programação. Muitos exercícios fáceis foram resolvidos de modo mais didático e, para quem já sabe programar, por caminhos mais longos do que o Python pode oferecer. Isso porque o caminho mais longo pode, em muitos casos, oferecer uma chance maior de compreensão ao leitor iniciante em programação.

O mesmo acontece quando o assunto é mercado financeiro. Neste texto, apresentamos as metodologias mais comuns para análises de investimentos, otimização de portfólios, simulação de Monte Carlo, porém, isso não dispensa um estudo em aprofundamento dessas técnicas em textos específicos da literatura especializada.

Os exemplos utilizados neste livro são todos originais, com todas as programações elaboradas pelo autor. No entanto, isso não dispensa observar que muitas linhas de programação são ideias fantásticas que surgem em *sites* ou fóruns de discussões existentes na internet.

Para melhor aprofundamento, todos os exercícios elaborados para a Parte I do livro têm soluções disponíveis para que se possa repetir e estudar como se chegou à solução. Recomenda-se, no entanto, que o leitor procure exercitar sua mente tentando programar as soluções sem procurar de imediato a solução. Essa metodologia força o leitor a estudar muito e a ter muitas horas de frustação, mas quando finalmente verifica a solução entende onde está errando e por que está errando.

Para o leitor não especializado em mercado financeiro, recomenda-se também que, com o livro, procure mais informações técnicas sobre comportamento de ativos, bolsas de valores, títulos de dívida pública, mercado de opções etc. Isso vai agregar mais conhecimento, além de tornar mais fácil a compreensão de programas mais avançados, sobretudo os da Parte II.

Caso o leitor tenha chegado até este capítulo final, pode ter percebido que ainda é necessário muito mais ferramentas, ou um aprofundamento muito maior da linguagem Python. A intenção do autor não é resolver todos os problemas nem apresentar extensas programações para resolver problemas reais. Desde o início, nossa intenção foi construir passo a passo, capítulo a capítulo, uma metodologia de entendimento que proporcione ao leitor a vontade de continuar estudando, não apenas linguagens de programações como também mercado financeiro. Se esse objetivo foi alcançado, o autor fica muito grato e feliz por poder ter contribuído para melhorar a formação do leitor em uma época tão difícil com os diversos afazeres em paralelo e em tempo real.

SOLUÇÕES DOS EXERCÍCIOS

CAPÍTULO 1

1.

A primeira atitude a ser tomada antes de resolver o exercício usando funções matemáticas é importar a biblioteca math. Para o item (a), ela não é necessária, mas é para os demais. Basta chamar uma vez no **Console**.

(a)

```
In [1]: y=4**3-2**2

In [2]: print(y)
60
```

(b)

```
In [5]: import math

In [6]: x=math.sin(2)-math.cos(4.2)

In [7]: print(x)
1.399558248166381
```

(c)

```
In [8]: z=math.cos(math.sin(3.7)-math.tan(1.3))

In [9]: print(z)
-0.5484006168695851
```

(d)

```
In [14]: 26 % 4
Out[14]: 2
```

(e)

```
In [17]: math.radians(46.2)
Out[17]: 0.8063421144213803
```

(f)

```
In [18]: math.degrees(3.1)
Out[18]: 177.6169164905552
```

2.

(a)

```
In [19]: x=3; y=6

In [20]: w=math.exp(x)-math.log(y)

In [21]: print(w)
18.293777453959613
```

(b)

```
In [22]: z=x*y**2+y*math.cos(x)

In [23]: print(z)
102.06004502039733
```

(c)

```
In [25]: s=math.sqrt((x/y)+math.log(x+y)+math.tan(x))

In [26]: print(s)
1.5983360204481227
```

3.

(a)

```
In [1]: num=[3,3,4,1,2,1,1,2,3,4,4,1,1,5,2]

In [2]: num[2:4]
Out[2]: [4, 1]
```

(b)

```
In [3]: num[4:9]
Out[3]: [2, 1, 1, 2, 3]
```

(c)

```
In [4]: num[1:]
Out[4]: [3, 4, 1, 2, 1, 1, 2, 3, 4, 4, 1, 1, 5, 2]
```

(d)

```
In [5]: num[0:]
Out[5]: [3, 3, 4, 1, 2, 1, 1, 2, 3, 4, 4, 1, 1, 5, 2]
```

(e)

```
In [12]: num[0:15:3]
Out[12]: [3, 1, 1, 4, 1]
```

(f)

```
In [13]: num[-1:]
Out[13]: [2]
```

(g)

```
In [14]: num[-3:]
Out[14]: [1, 5, 2]
```

(h)

```
In [23]: num[:4]
Out[23]: [3, 3, 4, 1]
```

(i)

```
In [24]: len(num)
Out[24]: 15
```

(j)

```
In [25]: num.count(1)
Out[25]: 5
```

4.

(a)

```
In [1]: Bolsas=['dow','ibov','ftse','dax','nasdaq','cac']

In [2]: Bolsas[:3]
Out[2]: ['dow', 'ibov', 'ftse']
```

(b)

```
In [3]: Bs=['hong kong','merval']

In [4]: Bolsas.extend(Bs)

In [5]: Bolsas
Out[5]: ['dow', 'ibov', 'ftse', 'dax', 'nasdaq', 'cac', 'hong kong',
'merval']
```

(c) O índice do elemento "nasdaq" na lista é 4, sendo ele o quinto elemento, como pode ser observado pelo comando **index**.

```
In [6]: Bolsas.index('nasdaq')
Out[6]: 4
```

(d)

```
In [7]: Bolsas.remove('cac')

In [8]: Bolsas
Out[8]: ['dow', 'ibov', 'ftse
'merval']
```

(e)

```
In [9]: Bolsas.insert(2,'sp&500')

In [10]: Bolsas
Out[10]: ['dow', 'ibov', 'sp&500', 'ftse', 'dax', 'nasdaq', 'hong
kong', 'merval']
```

5.

Para abrir um arquivo, é necessário antes usar o comando **open** e só então, respeitando os devidos formatos, imprimir os elementos desejados.

```
In [12]: f=open('bov.txt','w')

In [14]: f.write('%s %s %s %6.2f %6.2f %6.2f\n' % ('petr4','vale3','ggbr4',28.4,31.3,15.76))

In [16]: f.close()
```

6.

In [17]: f=open('bov.txt','r')

In [18]: z=f.read()

In [19]: print(z)
petr4 vale3 ggbr4 28.40 31.30 15.76

In [20]: f.close()

7.

(a)

In [29]: lista=[2,2,3,3,3,-1,-1,-2,0,0,0,2,4,5,1,2,2,0,0,0,2,1,5,5,7,6,5,0,0]

In [31]: sum(lista)
Out[31]: 56

(b)

In [23]: max(lista)
Out[23]: 7

(c)

In [24]: min(lista)
Out[24]: -2

(d) Para as medidas mais sofisticadas, é necessária a importação da biblioteca de estatística, renomeando statistics para outro termo. Nesta resolução, estamos nomeando a biblioteca de st.

In [34]: import statistics as st

In [35]: st.mean(lista)
Out[35]: 1.9310344827586208

(e)

In [36]: st.median(lista)
Out[36]: 2

(f)

In [37]: st.mode(lista)
Out[37]: 0

(g)
```
In [38]: st.stdev(lista)
Out[38]: 2.328872113319459
```

(h)
```
In [39]: st.pstdev(lista)
Out[39]: 2.2883668997292492
```

(i)
```
In [40]: lista.count(0)
Out[40]: 8
```

(j)
```
In [41]: lista.count(5)
Out[41]: 4
```

(k)
```
In [42]: lista.sort()

In [44]: print(lista)
[-2, -1, -1, 0, 0, 0, 0, 0, 0, 0, 0, 1, 1, 2, 2, 2, 2, 2, 2, 3, 3, 3, 4, 5, 5, 5, 5, 6, 7]
```

(l)
```
In [45]: lista.reverse()

In [46]: print(lista)
[7, 6, 5, 5, 5, 5, 4, 3, 3, 3, 2, 2, 2, 2, 2, 2, 1, 1, 0, 0, 0, 0, 0, 0, 0, 0, -1, -1, -2]
```

8.
(a) O primeiro passo é importar a biblioteca xlrd, pois ela permite a aquisição dos dados que estão no Excel. Uma vez criada a planilha no Excel, o leitor pode dar o nome que desejar para esse arquivo. Aqui demos o nome Dados_vale_Gerdau.xlsx para nossos dados.

```
In [3]: import xlrd

In [4]: wb=xlrd.open_workbook('Dados_vale_Gerdau.xlsx')

In [5]: plan=wb.sheet_by_name('Plan1')
```

Soluções dos exercícios

Agora, podemos criar nossa lista renomeando a importação para novas variáveis da seguinte forma:

In [7]: vale=plan.col_values(0)

In [8]: gerdau=plan.col_values(1)

O índice "0" representa a coluna A e o índice "1" representa a coluna B.

(b) Para transformar as duas variáveis em vetores, precisamos importar a biblioteca numérica do Python numpy. Transformamos as variáveis em vetores, o que permite todos os cálculos com os dados.

In [9]: import numpy as ny

In [10]: vale=ny.array(vale)

In [11]: gerdau=ny.array(gerdau)

(c) Antes de fazer o gráfico, devemos nos lembrar de criar o eixo horizontal dos gráficos. Para tanto, esse eixo deve ser construído como um vetor sequencial de valores inteiros, começando em zero e terminando no total de dados. O comando **len** nos fornece o total de dados, que são iguais na Vale e na Gerdau.

In [20]: len(vale)
Out[20]: 28

In [21]: dias=ny.arange(0,len(vale))

Agora, com o eixo horizontal formado, estamos aptos a construir os dois gráficos usando **subplot(211)** para a Vale e **subplot(212)** para a Gerdau. Para tanto, não se pode esquecer de importar a biblioteca de gráficos matplotlib.pyplot.

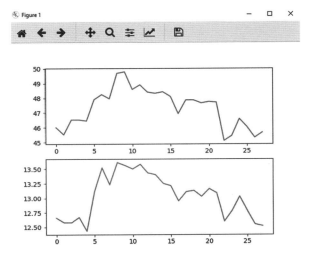

(d) Os retornos são calculados, seus eixos horizontais são criados e usa-se os **subplots** para dividir a tela em quatro gráficos, como se fosse uma matriz 2×2.

In [25]: ret_vale=(vale[1:28]-vale[0:27])/vale[0:27]

In [26]: ret_gerdau=(gerdau[1:28]-gerdau[0:27])/gerdau[0:27]

In [28]: dias_ret=ny.arange(0,len(ret_vale))

Como vão ser quatro gráficos, é necessária a representação dos gráficos em quatro **subplots**.

In [29]: fig.subplot(221);fig.plot(dias,vale);fig.subplot(222);fig.plot(dias,gerdau)

In [31]: fig.subplot(223);fig.plot(dias_ret,ret_vale);fig.subplot(224);fig.plot(dias_ret,ret_gerdau)

O resultado final são quatro quadros, cada qual representando o preço da empresa e seu retorno logo abaixo de cada gráfico.

CAPÍTULO 2

1.
```
1 # Ex1-cap2
2
3 n=int(input("n = "))
4 if n>=0:
5     print("positivo")
6 else:
7     print("negativo")
```

2.
```
1 # Ex2-cap2
2
3 ld1=float(input("lado1 = "))
4 ld2=float(input("lado2 = "))
5 ld3=float(input("lado3 = "))
6 if (ld1!=ld2) and (ld1!=ld3) and (ld2!=ld3):
7     print("escaleno")
8 elif (ld1==ld2) and (ld1==ld3) and (ld2==ld3):
9     print("equilátero")
10 else:
11     print("isósceles")
```

3.

```python
# Ex3-cap2

compra=float(input("preço de compra = "))
venda=float(input("preço de venda = "))
retorno=venda-compra
faixa=retorno/compra

if faixa<0.1:
        print("lucro abaixo de 10%")
elif faixa<=0.2:
        print("lucro entre 10% e 20%")
else:
        print("lucro acima de 20%")
```

4.

```python
# Ex4-cap2

baixa=float(input("baixa histórica = "))
alta=float(input("alta histórica = "))

suporte=baixa+(alta-baixa)*0.3
resistencia=baixa+(alta-baixa)*0.6
print(suporte,resistencia)

preco_acao=float(input("preço atual da ação ="))

if preco_acao>=suporte and preco_acao<=resistencia:
        print("dentro da faixa")
else:
        print("fora da faixa")
```

5.

Não podemos esquecer neste exercício que a importação da biblioteca math é importante, visto que para encontrar as raízes da equação de segundo grau precisamos da raiz quadrada na fórmula de Bhaskara.

```python
# Ex5-cap2
import math as mt

a=float(input("a = "))
b=float(input("b = "))
c=float(input("c = "))

delta=b**2-4*a*c

if delta>0:
        x1=(-b+mt.sqrt(delta))/(2*a)
        x2=(-b-mt.sqrt(delta))/(2*a)
        print("raiz 1 = ",x1, "raiz 2 = ",x2)
elif delta==0:
        x1=-b/(2*a)
        print("duas raízes iguais a ", x1)
else :
        print("não existem raízes reais")

```

6.

```python
# Ex6-cap2
compra=float(input("valor da compra = "))

if compra<=20:
        desc=0.05
elif compra<=50:
        desc=0.1
elif compra<=100:
        desc=0.15
elif compra<=1000:
        desc=0.2
else :
        desc=0.3

compraF=compra*(1-desc)
print("valor da compra com descontos = ", compraF)
```

7.

```python
# Ex7-cap2
n=int(input("total de vendas (n) = "))
# zerando a soma dos pares e ímpares
sp=0
si=0
#++++++++++ aqui começa a iteração +++++++
for i in range(n):
    x=int(input("x = "))
    if x%2==0:
        sp=sp+x
    else:
        si=si+x

print("soma pares = ",sp," soma ímpares = ",si)
```

8.

```python
# Ex8-cap2
n=int(input("n = "))
s=0
for i in range(1,n+1):
    s=s+(70-i+1)/(7*i)

print("soma = ",s)
```

9.
```
1 # Ex9-cap2
2 n=int(input("n = "))
3 cpar=0
4 cimpar=0
5 for i in range(1,n+1):
6     x=int(input("entre com o número inteiro = "))
7     if x%2==0:
8         cpar=cpar+1
9     else:
10         cimpar=cimpar+1
11
12 print("qtde de pares = ",cpar," qtde de impar = ",cimpar)
```

10.
```
1 # Ex10-cap2
2 n=int(input("n = "))
3 x=float(input("x = "))
4 s=x
5 imp=1
6 fat=1
7 for i in range(1,n):
8     fat=fat*i
9     imp=imp+2
10     s=s+(x**imp)*(-1)**i/(imp*fat)
11
12 print("soma = ",s)
```

11.
```
1 # Ex11-cap2
2 import math
3 i=0
4 s=0
5 imp=1
6 dif=10
7 while dif>0.001:
8     i=i+1
9     s=s+4*(-1)**(i+1)/imp
10     imp=imp+2
11     dif=abs(s-math.pi)
12
13
14 print("s = ",s," diferença = ",dif," termos = ",i)
```

12.

```
1 # Ex12-cap2
2 n=int(input("número de termos (n) = "))
3 i=2
4 s=1
5 imp=1
6
7 while i<=n:
8     imp=imp+2
9     s=s+imp/i
10    i=i+1
11
12 print("s = ",s)
```

13.

Neste exercício deve-se usar a noção do **continue**. Ele continua a iteração, mas pula o elemento selecionado. O local correto do contador **i=i+1** deve ser antes do **continue**, pois se for depois do **if**, quando encontrar a palavra, o programa volta para o **while** sem aumentar o valor do contador. Isso provoca um *loop* infinito.

```
1 # Ex13-cap2
2 lista=['bbdc4','itub4','petr4','petr4','bbas3','petr4','sanb4','petr4','bpac3','petr4']
3 n=len(lista)
4 i=0
5 while i<n:
6     elemento=lista[i]
7     i=i+1
8     if elemento=='petr4': continue
9     print('Ação de Banco : ',elemento)
10
```

14.

Neste exercício deve-se usar a noção do **break** para interromper o **while** e pular fora do comando.

```
1 # Ex14-cap2
2 lista=['bbdc4','itub4','petr4','petr4','bbas3','petr4','sanb4','petr4','bpac3','petr4']
3 n=len(lista)
4 i=0
5 while i<n:
6     elemento=lista[i]
7     if elemento=='petr4':
8             print('Petrobras aparece pela primeira vez no índice : ',i)
9             break
10    i=i+1
11 print('+++ fim da impressão +++')
```

15.
```
1 # Ex15-cap2
2 lista=['bbdc4','itub4','petr4','bbas3','sanb4','petr4','sanb4','petr4','bpac3','petr4']
3 n=len(lista)
4 i=0
5 aparicao=0
6 while i<n:
7     elemento=lista[i]
8     if elemento=='petr4':
9         aparicao=aparicao+1
10        if aparicao==2:
11            print('Petrobras aparece a segunda vez no índice : ',i)
12            break
13    i=i+1
14 print('+++ fim da impressão +++')
```

16.

Deve-se notar neste exercício que nem sempre precisamos do contador para o **for** rodar em uma lista. Podemos fazer o comando rodar uma lista com parada não em **range**, ou valor final de termos. Apenas indicando que existe uma lista, o contador pode ser uma variável literal, como letras, palavras ou caracteres, que automaticamente percorre a lista toda.

Assim, na resolução a seguir, com o comando **for p in Palavras:** estamos obrigando o contador p a percorrer toda a lista Palavras. O valor de p na primeira iteração é o elemento ['comprar', 'vender'], por exemplo. O valor da variável i é apenas para contar o número de voltas que o **for** está realizando e não serve de parada, apenas para marcar o índice da lista.

```
1 # Ex16-cap2
2 Palavras=[['comprar','vender'],['manter','alertar','indicar'],['tendencia','crash','lucro']]
3 i=1
4 for p in Palavras:
5      print('elemento ',i,' = ', p)
6      i=i+1
```

No **Console** a resposta é:

```
elemento  1  =  ['comprar', 'vender']
elemento  2  =  ['manter', 'alertar', 'indicar']
elemento  3  =  ['tendencia', 'crash', 'lucro']
```

17.

Esse é um problema em que é necessário dois **for**. O primeiro **for** corre toda a primeira lista com a variável a separando as listas que são elementos da lista original Palavras. O segundo **for** percorre para cada novo a os elementos que compõem essa variável naquele momento. Assim, quando a é o primeiro elemento de Palavras, ou seja, a = ['comprar', 'vender'], o segundo **for** percorre a. Assim, o contador do segundo

for que se chama *num* tem dois valores, *num* = 'comprar' e *num* = 'vender'. Esses dois valores são impressos no *print*.

```
1 # Ex17-cap2
2 Palavras=[['comprar','vender'],['manter','alertar','indicar'],['tendencia','crash','lucro']]
3 i=1
4 for a in Palavras:
5     for num in a:
6         print(num)
```

18.

Neste exercício deve ser lembrada a importação da biblioteca statistics.

```
1 # Ex18-cap2
2 import statistics as st
3
4 Lista=[[1,2,-1],[3,-1,4,5],[0,0,1,2,-1],[-1,-1,2,2,-1,2,-1],[3,2,0],[1,1,-1,0,2]]
5 i=1
6 Lista_nova=[]
7 for x in Lista:
8     for num in x:
9         Lista_nova.append(num)
10
11 print(Lista_nova)
12 soma=sum(Lista_nova)
13 maximo=max(Lista_nova)
14 minimo=min(Lista_nova)
15 media=st.mean(Lista_nova)
16 moda=st.mode(Lista_nova)
17 desviop=st.pstdev(Lista_nova)
18 print('++++++++++++++ RESULTADOS FINAIS ++++++++++++++++++')
19 print('%6.2f %6.2f %6.2f %6.2f %6.2f %6.2f' % (soma,maximo, minimo,media,moda,desviop))
```

19.

```
1 # Ex19-cap2
2
3 Lista=[['ontem','hoje','amanhã'],['sp','rj','mg','ce'],['são paulo','rio','santos','cuiabá']]
4 i=1
5 Lista_nova=[]
6 for x in Lista:
7     for palav in x:
8         Lista_nova.append(palav)
9
10 print('++++++++++ Nova Lista ++++++++++')
11 print(Lista_nova)
12 print('++++++++++ Lista Estendida +++++')
13 Lista_nova.extend(['férias','negócios'])
14 print(Lista_nova)
15 print('++++++++++ Lista Ordem Alfabética +++++')
16 Lista_nova.sort()
17 print(Lista_nova)
```

No **Console** a solução aparece assim:

```
++++++++++ Nova Lista ++++++++++
['ontem', 'hoje', 'amanhã', 'sp', 'rj', 'mg', 'ce', 'são paulo', 'rio', 'santos', 'cuiabá']
++++++++++ Lista Estendida +++++
['ontem', 'hoje', 'amanhã', 'sp', 'rj', 'mg', 'ce', 'são paulo', 'rio', 'santos', 'cuiabá', 'férias', 'negócios']
++++++++++ Lista Ordem Alfabética +++++
['amanhã', 'ce', 'cuiabá', 'férias', 'hoje', 'mg', 'negócios', 'ontem', 'rio', 'rj', 'santos', 'sp', 'são paulo']
```

20.

Assim como o **for** usa **in** para percorrer uma lista até sua parada, o comando **if** pode usar **not in** para escolher elementos que não estejam em determinada lista. Seria o mesmo que **if x ! = 'a'**. A diferença é que **not in** percorre toda uma lista, perguntando por meio do **if** se o elemento pertence ou não. Veja a seguir que isso é muito interessante em termos de buscas nas listas.

```
1 # Ex20 cap2
2
3 let=['a','b','c','a','d','f','a','b','b','d','c']
4 i=1
5 let_nov=[]
6
7 for i in let:
8     if i not in let_nov:
9         let_nov.append(i)
10
11 print('++++++++ Nova Lista ++++++++')
12 print(let_nov)
```

O resultado no **Console** é:

```
++++++++ Nova Lista ++++++++
['a', 'b', 'c', 'd', 'f']
```

CAPÍTULO 3

1.

```
1 # Ajuste normal- estatística
2 import statistics as estat
3 import matplotlib.pyplot as fig
4 import numpy as ny
5 from scipy.stats import norm
6
7 x=[5,5,5,4,3,2,4,1,1,1,3,3,3,3,3,3,2,3,1,2,1,2,5,4,3,1,3]
8
9 fig.subplot(211)
10 fig.plot(x)
11 fig.subplot(212)
12 fig.hist(x,bins=5)
```

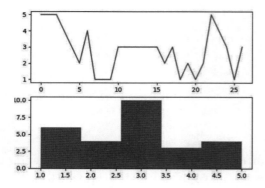

2.

```
1  # Ajuste normal- estatística
2  import statistics as estat
3  import matplotlib.pyplot as fig
4  import numpy as ny
5  from scipy.stats import norm
6
7  p=[6,7,8,7,5,5,6,4,7,10,10,11,10,11,10,12,9,8,7,8,6,7]
8  p=ny.array(p)
9  n=len(p)
10 ret=(p[1:n]-p[0:n-1])/p[0:n-1]
11 fig.subplot(311)
12 fig.plot(p)
13 fig.subplot(312)
14 fig.plot(ret)
15 fig.subplot(313)
16 fig.hist(ret,bins=5,normed=True)
```

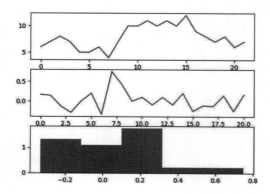

Soluções dos exercícios

3.

```
1 # Ajuste normal- estatística
2 import statistics as estat
3 import matplotlib.pyplot as fig
4 import numpy as ny
5 from scipy.stats import norm
6
7 dados = [-2, -3, -1, -1, -1, 1, 2, 1, -1, -2, 1, 1,
8          2, 2, 1, 1, 2, 2, 3, 2, 1, 1, -1, -1, 2, 3,
9          2, 1, 2, -1, -3, 2]
10
11 dados=ny.array(dados)
12 n=len(dados)
13 ret=(dados[1:n]-dados[0:n-1])/dados[0:n-1]
14 fig.subplot(311)
15 fig.plot(dados)
16 fig.subplot(312)
17 fig.plot(ret)
18 fig.subplot(313)
19 fig.hist(ret,bins=5,normed=True)
20
21 media=estat.mean(ret)
22 desvio=estat.pstdev(ret)
23 xmin,xmax=fig.xlim()
24 eixox=ny.linspace(xmin,xmax,100)
25 eixoy=norm.pdf(eixox,media,desvio)
26 fig.plot(eixox,eixoy)
```

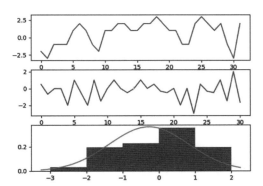

4.

```
2 import statistics as estat
3 import matplotlib.pyplot as fig
4 import numpy as ny
5 from scipy.stats import norm
6
7 pts = [5, 6, 7, 6, 7, 5, 6, 4, 5, 6, 4,
8        5, 6, 4, 9, 10, 8, 7, 9, 2, 1, 0, 2,
9        3, 2, 3, 1, 1, 2, 3, 4, 3, 1, 2, 3, 5, 4, 3]
10
11 fig.subplot(311)
12 fig.plot(pts)
13
14 fig.subplot(312)
15 fig.hist(pts,bins=5,normed=True)
16 media=estat.mean(pts)
17 desvio=estat.pstdev(pts)
```

```
18 xmin,xmax=fig.xlim()
19 eixox=ny.linspace(xmin,xmax,100)
20 eixoy=norm.pdf(eixox,media,desvio)
21 fig.plot(eixox,eixoy)
22
23 fig.subplot(313)
24 fig.boxplot(pts)
```

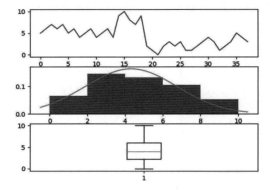

5.

```
1 # Transferência de dados do Excel
2 import xlrd
3 import matplotlib.pyplot as fig
4 import statistics as estat
5 wb=xlrd.open_workbook('ExPy.xlsx')
6
7 plan=wb.sheet_by_name('Planilha1')
8
9 x = plan.col_values(0)
10 media=estat.mean(x)
11 mediana=estat.median(x)
12 print('média = ',media,' mediana = ',mediana)
13 fig.figure
14 fig.plot(x)
```

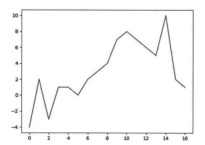

Resultado no **Console**:

média = 3.0588235294117645 mediana = 2.0

6.

```python
# Transferência de dados do Excel
import xlrd
import matplotlib.pyplot as fig
import statistics as estat
import numpy as ny
from scipy.stats import norm
import math

wb=xlrd.open_workbook('ExercPy.xlsx')

plan=wb.sheet_by_name('Planilha1')

dad = plan.col_values(0)
dad=ny.array(dad)
n=len(dad)
ret=(dad[1:n]-dad[0:n-1])/dad[0:n-1]

fig.subplot(311)
fig.plot(dad)
fig.subplot(312)
fig.plot(ret)
fig.subplot(313)
fig.hist(ret,bins=5,normed=True)

media=estat.mean(ret)
desvio=estat.pstdev(ret)
xmin,xmax=fig.xlim()
eixox=ny.linspace(xmin,xmax,100)
eixoy=norm.pdf(eixox,media,desvio)
fig.plot(eixox,eixoy)

otim=media+2*desvio/math.sqrt(n)
pess=media-2*desvio/math.sqrt(n)
print('########## INTERVALO DE CONFIANCA ##########')
print('otimista = ',otim)
print('pessimista = ',pess)
```

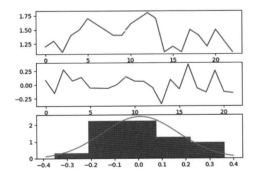

```
########## INTERVALO DE CONFIANCA ##########
otimista =   0.076153214775513
pessimista =  -0.058046039716466276
```

7.

```
1  # Transferência de dados do Excel
2  import xlrd
3  import matplotlib.pyplot as fig
4  import statistics as estat
5  import numpy as ny
6  from scipy.stats import norm
7  import math
8
9  wb=xlrd.open_workbook('ListaDupla.xlsx')
10
11 plan=wb.sheet_by_name('Planilha1')
12
13 x = plan.col_values(0)
14 y = plan.col_values(1)
15
16 fig.subplot(311)
17 fig.plot(x)
18 fig.subplot(312)
19 fig.plot(y)
20 fig.subplot(313)
21 fig.hist(x,bins=5,normed=True)
22
23 mediax=estat.mean(x)
24 desviox=estat.pstdev(x)
25 xmin,xmax=fig.xlim()
26 eixox1=ny.linspace(xmin-2,xmax+2,100)
27 eixoy1=norm.pdf(eixox1,mediax,desviox)
28 fig.plot(eixox1,eixoy1)
29
30 fig.hist(y,bins=5,normed=True)
31 mediay=estat.mean(y)
32 desvioy=estat.pstdev(y)
33 xmin,xmax=fig.xlim()
34 eixox2=ny.linspace(xmin,xmax,100)
35 eixoy2=norm.pdf(eixox2,mediay,desvioy)
36 fig.plot(eixox2,eixoy2)
```

	A	B
1	20	16
2	18	16
3	17	15
4	19	17
5	20	18
6	21	19
7	21	20
8	22	18
9	21	17
10	20	16
11	19	15
12	18	13
13	17	12

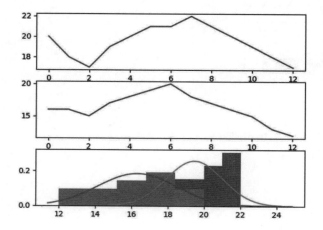

8.

```python
# Análise Ibovespa
import matplotlib.pyplot as fig
import statistics as st
import xlrd
import numpy as ny
import scipy.stats as sci
from scipy.stats import norm
import math

wb=xlrd.open_workbook('Ibv.xlsx')
plan=wb.sheet_by_name('Ibov')
lin = plan.nrows
col = plan.ncols
dados=[]

for i in range(col):
    coluna = plan.col_values(i)
    dados.append(coluna)
#+++++++++++++ Cálculo do retorno ++++++++++++++++++++++++++++
dias=ny.arange(0,lin)
dados=ny.array(dados)
retorno=(dados[1,1:lin]-dados[1,0:lin-1])/dados[1,0:lin-1]
# +++++++++++++ Gráfico Ibovespa diário ++++++++++++++++++++++
fig.subplot(221)
fig.plot(dias,dados[1],color='black')
fig.xlabel('dias')
fig.title('Ibovespa diário (2018 - Out/2019)')
# +++++++++++++ Gráfico retorno +++++++++++++++++++++++++++++
fig.subplot(222)
fig.plot(dias[1:],retorno,color='black')
fig.xlabel('dias')
fig.title('Ibovespa - retorno diário')
# +++++++++++++ Gráfico histograma e dist.normal+++++++++++++
fig.subplot(223)
fig.hist(retorno,bins=20,color='gray', normed=True)
fig.xlabel('Classes')
fig.ylabel('frequência')
fig.title('Histograma dos retornos - Ibovespa')
xmin,xmax = fig.xlim()
media=st.mean(retorno)
desvio=st.pstdev(retorno)
eixo_x= ny.linspace(xmin,xmax,100)
eixo_y= norm.pdf(eixo_x,media,desvio)

fig.plot(eixo_x,eixo_y,color='black')
# +++++++++++++ Gráfico QQ-Plot L+++++++++++++++++++++++++++
fig.subplot(224)
fig.boxplot(retorno)
fig.title('Boxplot do retorno')

print('+++++++++++++++++ estatística do IBOVESPA +++++++++++++')
md=st.mean(dados[1])
medi=st.median(dados[1])
dp=st.pstdev(dados[1])
maximo=max(dados[1])
minimo=min(dados[1])
ot=md+2*dp/math.sqrt(lin)
pes=md-2*dp/math.sqrt(lin)
print('MÉDIA = ',md)
print('MEDIANA = ',medi)
print('DESVIO P = ',dp)
print('MÁXIMO = ',maximo)
print('MÍNIMO = ',minimo)
print('PESSIMISTA = ',pes,'  OTIMISTA = ',ot)
```

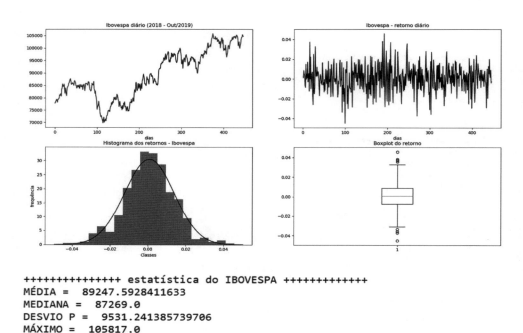

```
++++++++++++++++ estatística do IBOVESPA +++++++++++++
MÉDIA    =   89247.5928411633
MEDIANA  =   87269.0
DESVIO P =   9531.241385739706
MÁXIMO   =   105817.0
MÍNIMO   =   69815.0
PESSIMISTA =   88345.9683447861     OTIMISTA =   90149.21733754051
```

9.

```python
1 # Exercício 9
2 import matplotlib.pyplot as fig
3 import xlrd
4 import numpy as ny
5 from scipy import stats
6
7 # ++++++++++ Transfere dados da planilha para o primeiro ativo ++++++++++++
8 wb1=xlrd.open_workbook('Ibv.xlsx')
9 plan1=wb1.sheet_by_name('Ibov')
10 lin1 = plan1.nrows
11 col1 = plan1.ncols
12 dados1=[]
13
14 # ++++++++++ Transfere dados da planilha para o segundo ativo ++++++++++++
15 wb2=xlrd.open_workbook('Petrobras.xlsx')
16 plan2=wb2.sheet_by_name('Petr4')
17 lin2 = plan2.nrows
18 col2 = plan2.ncols
19 dados2=[]
20
21 for i in range(col1):
22     coluna1 = plan1.col_values(i)
23     dados1.append(coluna1)
24     coluna2 = plan2.col_values(i)
25     dados2.append(coluna2)
26 #++++++++++++++++++++ Transforma lista em vetor
```

Soluções dos exercícios

```
27 dados1=ny.array(dados1)
28 dados2=ny.array(dados2)
29 eixox=ny.arange(len(dados1[0]))
30
31 fig.subplot(221)
32 fig.plot(eixox,dados1[1],'-k')
33 fig.xlabel('dias',fontsize=14)
34 fig.ylabel('Ibovespa',fontsize=14)
35
36 fig.subplot(222)
37 fig.plot(eixox,dados2[1],'-k')
38 fig.xlabel('dias',fontsize=14)
39 fig.ylabel('PETR4',fontsize=14)
40
41 #++++++++++++++++++++++++++++++++++++++++++++
42 fig.subplot(223)
43 fig.hist(dados1[1],bins=20,color='gray',normed=True)
44 #fig.hist(dados2[1],bins=20,color='gray',normed=True)
45
46 fig.subplot(224)
47 fig.hist(dados2[1],bins=20,color='gray',normed=True)
```

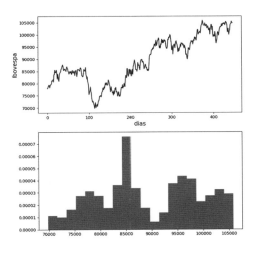
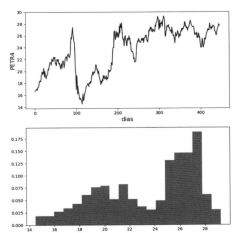

10.

```
1 # Exec10
2 import matplotlib.pyplot as fig
3 import xlrd
4 import numpy as ny
5 from scipy import stats
6 import statistics as st
7
8 # +++++++++ Transfere dados da planilha para o primeiro ativo ++++++++++++
9
10 wb=xlrd.open_workbook('BitCoin.xlsx')
11 plan=wb.sheet_by_name('BTC')
12 lin = plan.nrows
13 col = plan.ncols
```

```python
14  dados=[]
15
16  for i in range(col):
17      coluna = plan.col_values(i)
18      dados.append(coluna)
19  dd=dados
20
21  #++++++++++++++++++ Transforma lista em vetor
22  dados=ny.array(dados)
23
24  retorno=(dados[1,1:lin]-dados[1,0:lin-1])/dados[1,0:lin-1]
25
26  #++++++++++++++++++++++++++++++++++++++++++
27
28  fig.subplot(211)
29  fig.plot(dados[1],'-k')
30  fig.title('BitCoin',fontsize=14)
31  fig.subplot(212)
32  fig.plot(retorno,'-k')
33  fig.title('Retorno BITCOIN',fontsize=14)
34
35  #++++++++++++++++++++++++++++++++++++++++++
36
37  dd[1].sort()
38  dd[1].reverse()
39  maximo=dd[1][0]
40  minimo=dd[1][9]
41  media=st.mean(dd[1][0:9])
42  mediana=st.median(dd[1][0:9])
43  dp=st.pstdev(dd[1][0:9])
44
45  print('++++++++++++++++++++++++++++++++++')
46  print('media = ',media)
47  print('mediana = ', mediana)
48  print('desv.p = ',dp)
49  print('máximo = ',maximo)
50  print('mínimo = ',minimo)
51  print('++++++++++++++++++++++++++++++++++')
```

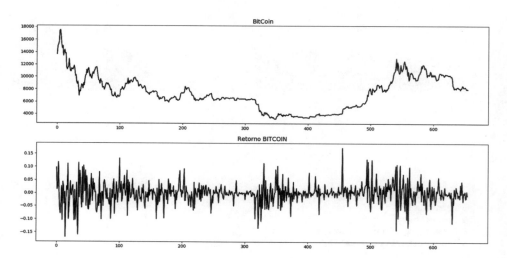

No **Console** a resposta é:

```
++++++++++++++++++++++++++++++++++++
media   =  15772.799913111112
mediana =  15201.0
desv.p  =  1037.6058137130465
máximo  =  17527.0
mínimo  =  14360.200195
++++++++++++++++++++++++++++++++++++
```

CAPÍTULO 4

1.

```
2 import matplotlib.pyplot as fig
3 x=[0,1,2,3,4,5,6]
4 y=[10,-1,3,-2,5,6,7]
5
6 fig.plot(x,y,'ok',markersize=12)
7 fig.xlabel('eixo x', fontsize=14)
8 fig.ylabel('eixo y', fontsize=14)
9 fig.grid()
10 fig.title('exercício 1', fontsize=14)
```

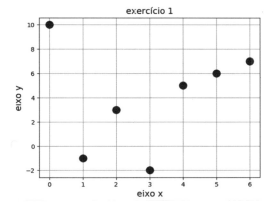

2.

Deve-se lembrar nesta solução que, como *x* será vetor, a função *y* será tratada como uma lista de pontos e deverá estar vazia com [ ] para receber os valores da fórmula. Isso é feito na linha 7 do algoritmo a seguir.

```
2  import matplotlib.pyplot as fig
3  import numpy as ny
4  import math as mt
5
6  x=ny.arange(0,8,0.5)
7  y=[]
8  for i in range(len(x)):
9          v=mt.sqrt((mt.sin(x[i]))**2 + 1)
10         y.append(v)
11         print(x[i],y[i])
12
13 fig.plot(x,y,'-*k',markersize=12)
14 fig.xlabel('eixo x', fontsize=14)
15 fig.ylabel('eixo y', fontsize=14)
16 fig.grid()
17 fig.title('exercício 2', fontsize=14)
```

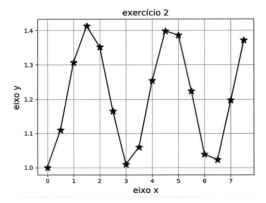

3.

A diferença é que o **arange** indica o passo desejado para criar o vetor de pontos e o **linspace** diz quantos pontos se deseja no intervalo. É uma pequena diferença no tratamento do vetor que auxilia a função *y*, mas são noções diferentes.

```
2  import matplotlib.pyplot as fig
3  import numpy as ny
4  import math as mt
5
6  x=ny.linspace(0,8,16)
7  y=[]
8  for i in range(len(x)):
9          v=mt.sqrt((mt.sin(x[i]))**2 + 1)
10         y.append(v)
11         print(x[i],y[i])
12
13 fig.plot(x,y,'-*k',markersize=12)
14 fig.xlabel('eixo x', fontsize=14)
15 fig.ylabel('eixo y', fontsize=14)
16 fig.grid()
17 fig.title('exercício 3', fontsize=14)
```

Soluções dos exercícios

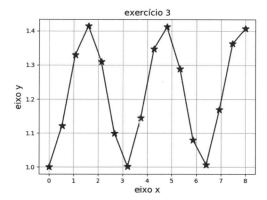

4.

```
2 import matplotlib.pyplot as fig
3 import numpy as ny
4 import math as mt
5
6 x=ny.linspace(0,100,50)
7 y=[]
8 z=[]
9 for i in range(len(x)):
10          v=mt.sqrt(x[i]*2 + 1)
11          y.append(v)
12          v=mt.sin(x[i])+mt.sqrt(x[i]**2+1)
13          z.append(v)
14
15 fig.plot(x,y,'-*k',x,z,'--ok',markersize=6)
16 fig.xlabel('eixo x', fontsize=14)
17 fig.ylabel('eixo y', fontsize=14)
18 fig.grid()
19 fig.title('exercício 4', fontsize=14)
```

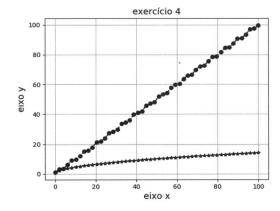

5.

```
import matplotlib.pyplot as fig
import numpy as ny
import math as mt

x=ny.linspace(0,100,50)
y=[]
z=[]
for i in range(len(x)):
            v=1/(x[i]*2 + 1)
            y.append(v)
            v=x[i]**2/(1+x[i])
            z.append(v)
fig.figure()
ax=fig.subplot(111)
ax.plot(x,y,'-k',linewidth=3)
ax.set_xlabel('eixo x', fontsize=14)
ax.set_ylabel('eixo y', fontsize=14)
fig.grid()
fig.title('exercício 5', fontsize=14)

ax2=ax.twinx()
ax2.plot(x,z,'--k',linewidth=2)
ax2.set_ylabel('eixo z', fontsize=14)
```

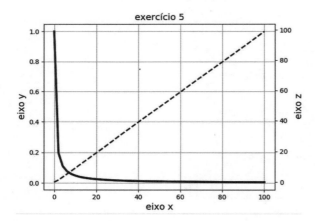

6.

```
import matplotlib.pyplot as fig
import numpy as ny

x=[0.0398, 0.0409, 0.0401, 0.0405, 0.0406, 0.0405, 0.0405, 0.0402, 0.0401,
   0.0402, 0.0403, 0.0401, 0.0394, 0.0401, 0.0389, 0.0389, 0.0388, 0.0385,
   0.0384, 0.0374, 0.0367, 0.0368, 0.0376, 0.0370, 0.0377, 0.0373, 0.0374,
   0.0371, 0.0371, 0.0371, 0.0373, 0.0375, 0.0379, 0.0380, 0.0382, 0.0380,
   0.0376, 0.0372, 0.0369, 0.0374, 0.037, 0.3700, 0.0372, 0.0370, 0.0377]

alto=0
medio=0
baixo=0
```

Soluções dos exercícios

```
15 for i in x:
16     if i>0.04:
17         alto=alto+1
18     elif i>0.037:
19         medio=medio+1
20     else:
21         baixo=baixo+1
22
23 nivel=['alto','médio','baixo']
24 valor=[alto,medio,baixo]
25
26 fig.figure()
27 ax=fig.subplot(111)
28
29 explodir=(0,0.2,0)
30 cores=fig.cm.gray(ny.linspace(0.5,0.8,3))
31 ax.pie(valor,explode=explodir,labels=nivel,autopct='%1.1f%%',colors=cores)
32 ax.axis('equal')
```

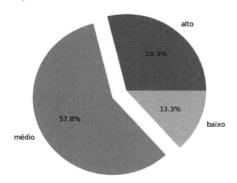

7.

Apesar de o exercício não pedir, foram incluídos os pontos dos preços negociados, usando a função **scatter3D**.

```
1 from mpl_toolkits import mplot3d
2 import matplotlib.pyplot as fig
3 import numpy as ny
4 from scipy.interpolate import griddata as gd
5
6 petr=[9.72,10.69,11.82,12.93,12.92,12.82,13.64,13.79,13.78,13.08,12.67,12.83]
7 opc=[0.2,0.46,0.82,1.38,1.46,1.24,1.69,1.75,1.6,1.02,0.64,0.58]
8
9 fig.figure()
10 ax=fig.subplot(111)
11 x=ny.arange(len(petr))
12 y=ny.array(petr)
13 z=ny.array(opc)
14 ax.plot(x,y,'-k',linewidth=2)
15 ax.set_xlabel('dias',fontsize=14)
16 ax.set_ylabel('Petr4',fontsize=14)
17
18 ax2=ax.twinx()
19 ax2.plot(x,z,'--k',linewidth=2)
```

```
20      else:
21          baixo=baixo+1
22
23 nivel=['alto','médio','baixo']
24 valor=[alto,medio,baixo]
25
26 fig.figure()
27 ax=fig.subplot(111)
28
29 explodir=(0,0.2,0)
30 cores=fig.cm.gray(ny.linspace(0.5,0.8,3))
31 ax.pie(valor,explode=explodir,labels=nivel,autopct='%1.1f%%',colors=cores)
32 ax.axis('equal')
```

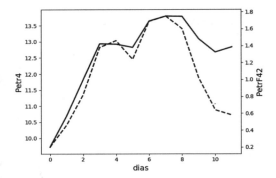

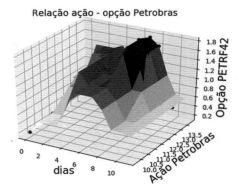

CAPÍTULO 5

1.

```
1 #Exercicio-1
2 def soma(a,b):
3     s=a+b
4     return(s)
5
6 #+++++++ programa principal ++++++
7
8 a=float(input('a= '))
9 b=float(input('b= '))
10
```

```
11 resp=soma(a,b)
12 print('++++++++++++++++++++++++++')
13 print(resp)
```

No **Console**:

```
a= 10

b= 4
++++++++++++++++++++++++++
14.0
```

2.

```
 1 #Exercicio-2
 2 def calc(a,b,c):
 3     y=a**3-a*b+b**2-b*c
 4     return(y)
 5
 6 #++++++++ programa principal ++++++
 7
 8 a=float(input('a= '))
 9 b=float(input('b= '))
10 c=float(input('c= '))
11 resp=calc(a,b,c)
12 print('++++++++++++++++++++++++++')
13 print('Y = ',resp)
```

No **Console**:

```
a= 1

b= 2

c= 3
++++++++++++++++++++++++++
Y =   -3.0
```

3.

```
 1 #Exercicio-3
 2 import math
 3 def solut(a,b):
 4     y=math.sqrt(a**2+b**2)-math.sin(a)+math.cos(a+b)
 5     return(y)
 6
 7 #++++++++ programa principal ++++++
 8
 9 a=float(input('a= '))
10 b=float(input('b= '))
11
12 resp=solut(a,b)
13 print('++++++++++++++++++++++++++')
14 print('Y = ',resp)
```

No **Console**:

a= 0.5

b= 0.7
++++++++++++++++++++++++++++
Y = 0.7431647425767333

4.
```
#Exercicio-4

def decide(x,y):
    if x>=y:
        z=x+y
        return(z)
    else:
        z=x-y
        return(z)

#+++++++ programa principal ++++++

x=float(input('x= '))
y=float(input('y= '))

resp=decide(x,y)
print('++++++++++++++++++++++++++++')
print('Z = ',resp)
```

No **Console**:

x= 10

y= 4
++++++++++++++++++++++++++++
Z = 14.0

5.
```
#Exercicio-5

def corta(lista):
    tam=len(lista)
    if tam>4:
        res=lista[-1]
        return(res)
    else:
        res=lista[0]
        return(res)


#+++++++ programa principal ++++++
```

```
14
15 lista=['banana','abacate','maçã','goiaba','morango','abacaxi']
16
17 resp=corta(lista)
18 print('+++++++++++++++++++++++++++')
19 print('fruta = ',resp)
```

No **Console** a resposta é:

```
+++++++++++++++++++++++++++
fruta =  abacaxi
```

6.

```
1 #Exercicio-6
2
3 def fatia(lista,simb):
4     indice=lista.index(simb)
5     return(indice)
6
7
8 #+++++++ programa principal ++++++
9
10 lista=['dow','ibov','ftse','dax','nasdaq','cac']
11 simb=input('simbolo desejado = ')
12 resp=fatia(lista,simb)
13 print('+++++++++++++++++++++++++++')
14 print('Indice = ',resp)
```

No **Console** a resposta é:

```
simbolo desejado = nasdaq
+++++++++++++++++++++++++++
Indice =  4
```

7.

```
1 #Exercicio-7
2
3 def excluir(lista,simb):
4     lista.remove(simb)
5     return(lista)
6
7
8 #+++++++ programa principal ++++++
9
10 lista=['dow','ibov','ftse','dax','nasdaq','cac']
11 simb=input('simbolo desejado = ')
12 resp=excluir(lista,simb)
13 print('+++++++++++++++++++++++++++')
14 print('Lista sem o elemento = ',resp)
```

No **Console**, para a palavra "cac":

```
simbolo desejado = cac
++++++++++++++++++++++++++++
Lista sem o elemento =  ['dow', 'ibov', 'ftse', 'dax', 'nasdaq']
```

8.

```python
1  #Exercicio-8
2
3  def contar(num,n):
4      c=num.count(n)
5      return(c)
6
7
8  #+++++++ programa principal ++++++
9
10 num=[3,3,4,1,2,1,1,2,3,4,4,1,1,5,2]
11 n=int(input('número desejado para contagem = '))
12 resp=contar(num,n)
13 print('++++++++++++++++++++++++++++')
14 print('qdte repetições para o número = ',resp)
```

No **Console** a resposta é:

```
número desejado para contagem = 1
++++++++++++++++++++++++++++
qdte repetições para o número =  5
```

9.

Programa com a biblioteca BibLista.py:

```python
1  import statistics as st
2  import numpy as ny
3
4  def media(lista1,lista2):
5      m=st.mean(lista1)
6      d=st.mean(lista2)
7      return(m,d)
8
9  def desvio(lista1,lista2):
10     ds1=st.pstdev(lista1)
11     ds2=st.pstdev(lista2)
12     return(ds1,ds2)
13
14 def retornos(lista1,lista2):
15     lista1=ny.array(lista1)
16     lista2=ny.array(lista2)
17     n1=len(lista1)
18     n2=len(lista2)
19     ret1=(lista1[1:n1]-lista1[0:n1-1])/lista1[0:n1-1]
20     ret2=(lista2[1:n2]-lista2[0:n2-1])/lista2[0:n2-1]
21     return(ret1,ret2)
22
23 def maximos_ret(lista1):
```

```
24          max1=max(lista1[0])
25          max2=max(lista1[1])
26          return(max1,max2)
```

Programa principal:

```
1 #Exercicio-9
2 import BibLista
3
4 #+++++++ programa principal ++++++
5 petr=[9.72,10.69,11.82,12.93,12.92,12.82,13.64,13.79,13.78,13.08,12.67,12.83]
6 opc=[0.2,0.46,0.82,1.38,1.46,1.24,1.69,1.75,1.6,1.02,0.64,0.58]
7
8 medias=BibLista.media(petr,opc)
9 desvios=BibLista.desvio(petr,opc)
10 retorno=BibLista.retornos(petr,opc)
11 maximos_ret=BibLista.maximos_ret(retorno)
12 print('++++++++++++++-+++++++++++++++++++++++++++++++++')
13 print('media PETR4 = ',medias[0],' media Opcao = ',medias[1])
14 print('media PETR4 = ',desvios[0],' media Opcao = ',desvios[1])
15 print('-------------------------------------------')
16 print('retornos PETR4 = ',retorno[0])
17 print('-------------------------------------------')
18 print('retornos Opcao =', retorno[1])
19 print('++++++++++++++-+++++++++++++++++++++++++++++++++')
20 print('máximo ret PETR4 = ',maximos_ret[0],' máximos ret Opcao = ',maximos_ret[1])
```

No **Console** a resposta para as duas listas é:

```
Reloaded modules: BibLista
+++++++++++++++++++++++++++++++++++++++++++++++++
media PETR4 =  12.5575   media Opcao =  1.07
media PETR4 =  1.1890901633882378   media Opcao =  0.5019794152486069
-------------------------------------------
retornos PETR4 =  [ 0.09979424  0.10570627  0.09390863 -0.0007734  -0.00773994  0.06396256
  0.01099707 -0.00072515 -0.05079826 -0.03134557  0.01262826]
-------------------------------------------
retornos Opcao = [ 1.3         0.7826087   0.68292683  0.05797101 -0.15068493  0.36290323
  0.03550296 -0.08571429 -0.3625      -0.37254902 -0.09375    ]
+++++++++++++++++++++++++++++++++++++++++++++++++
máximo ret PETR4 =  0.10570626753975686   máximos ret Opcao =  1.3
```

CAPÍTULO 6

1.

```
1 import numpy as np
2 import matplotlib.pyplot as fig
3 import math
4
5 def reta(a,b,n):
6     x=np.arange(0,n,0.2)
7     y=np.zeros(len(x))
8     for i in range(len(x)):
9        y[i]=a*x[i]+b
10    fig.plot(x,y,'-k',linewidth=2)
11    fig.grid()
12
13
14 #++++++++++++++++++ programa principal +++++++
```

```
15 print('++++++++++++++++++++++++++++++++++++++++++++')
16 a=float(input('coeficente angular da reta (a)= '))
17 b=float(input('coeficente linear da reta (b)= '))
18 n=float(input('valor final de x é (n) = '))
19
20 reta(a,b,n)
```

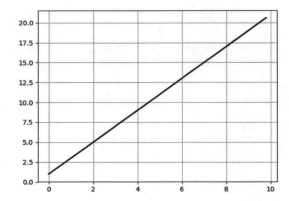

Gráfico com $a = 2$, $b = 1$ e $n = 10$.

2.

```
1 import numpy as np
2 import matplotlib.pyplot as fig
3 import math
4
5 def parabola(a,b,c,n):
6     x=np.arange(0,n,0.2)
7     y=np.zeros(len(x))
8     for i in range(len(x)):
9         y[i]=a*x[i]**2+b*x[i]+c
10    fig.plot(x,y,'-k',linewidth=2)
11    fig.grid()
12    fig.xlabel('eixo x')
13    fig.ylabel('eixo y')
14
15
16 #++++++++++++++++++++ programa principal +++++++
17 print('++++++++++++++++++++++++++++++++++++++++++++')
18 a=float(input('coeficente   (a)= '))
19 b=float(input('coeficente   (b)= '))
20 c=float(input('coeficente   (c)= '))
21 n=float(input('valor final de x (n) = '))
22
23 parabola(a,b,c,n)
```

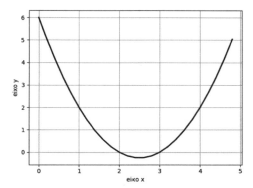

Gráfico com $a = 1$, $b = -5$, $c = 6$ e $n = 10$.

3.

```
1  import numpy as np
2  import matplotlib.pyplot as fig
3  import math
4
5  def cubica(a,b,c,d,inicio,n):
6      x=np.arange(inicio,n,0.2)
7      y=np.zeros(len(x))
8      for i in range(len(x)):
9          y[i]=a*x[i]**3+b*x[i]**2+c*x[i]+d
10     fig.plot(x,y,'-k',linewidth=2)
11     fig.grid()
12     fig.xlabel('eixo x')
13     fig.ylabel('eixo y')
14     fig.title('gráfico da eq. cúbica')
15
16
17 #++++++++++++++++++ programa principal +++++++
18 print('++++++++++++++++++++++++++++++++++++++++++++')
19 a=float(input('coeficente  (a)= '))
20 b=float(input('coeficente  (b)= '))
21 c=float(input('coeficente  (c)= '))
22 d=float(input('coeficente  (d)= '))
23 inicio=float(input('inicio do domínio de x = '))
24 n=float(input('fim do domínio de x = '))
25
26 cubica(a,b,c,d,inicio,n)
```

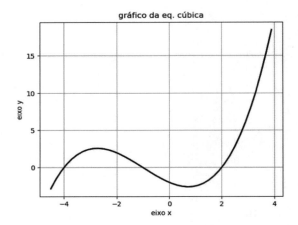

Gráfico com $a = 0.25$, $b = 0.75$, $c = -1.5$, $d = -2$ para o intervalo de domínio de x [−4.5, 4].

4.

```
1  import numpy as np
2  import matplotlib.pyplot as fig
3  import math
4
5  def reta(a,b,inicio,n):
6      x=np.arange(inicio,n,0.2)
7      y=np.zeros(len(x))
8      for i in range(len(x)):
9          y[i]=a*x[i]+b
10     fig.plot(x,y,'-k',linewidth=2)
11
12
13 def cubica(c,d,e,f,inicio,n):
14     x=np.arange(inicio,n,0.2)
15     z=np.zeros(len(x))
16     for i in range(len(x)):
17         z[i]=c*x[i]**3+d*x[i]**2+e*x[i]+f
18     fig.plot(x,z,'--or',linewidth=2,markersize=8)
19     fig.grid()
20     fig.xlabel('eixo x')
21     fig.ylabel('eixo y')
22     fig.title('gráfico de duas equações')
23
24
25 #+++++++++++++++++++ programa principal +++++++
26 print('++++++++++++ PARAMETROS DA RETA +++++++++')
27 a=float(input('coeficente   (a)= '))
28 b=float(input('coeficente   (b)= '))
29 print('++++++++++++ PARAMETROS DA CUBICA +++++++++')
30 c=float(input('coeficente   (c)= '))
31 d=float(input('coeficente   (d)= '))
32 e=float(input('coeficente   (e)= '))
33 f=float(input('coeficente   (f)= '))
34
35 inicio=float(input('inicio do domínio de x = '))
36 n=float(input('fim do domínio de x = '))
```

```
37
38 reta(a,b,inicio,n)
39 cubica(c,d,e,f,inicio,n)
40
```

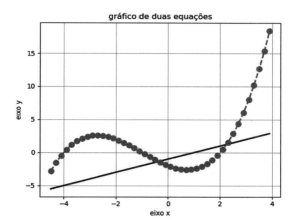

```
+++++++++++ PARAMETROS DA RETA ++++++++

coeficente  (a)= 1

coeficente  (b)= -1
+++++++++++ PARAMETROS DA CUBICA ++++++++

coeficente  (c)= 0.25

coeficente  (d)= 0.75

coeficente  (e)= -1.5

coeficente  (f)= -2

inicio do domínio de x = -4.5

fim do domínio de x = 4
```

5.

```
1 import numpy as np
2 import matplotlib.pyplot as fig
3 import math
4
5 def Exponencial(taxa,inicio,n):
6     x=np.arange(inicio,n,0.2)
7     y=np.zeros(len(x))
8     for i in range(len(x)):
9        y[i]=math.exp(taxa*x[i])
10     fig.plot(x,y,'-r',linewidth=2)
11
12
13 def trigonometria(amp,freq,inicio,n):
14     x=np.arange(inicio,n,0.2)
15     z=np.zeros(len(x))
```

```python
16      for i in range(len(x)):
17          z[i]=amp*math.cos(freq*x[i])
18      fig.plot(x,z,'--ob',linewidth=2,markersize=8)
19      fig.grid()
20      fig.xlabel('eixo x')
21      fig.ylabel('eixo y')
22      fig.title('gráfico de duas equações')
23
24
25 #+++++++++++++++++++ programa principal +++++++
26 print('++++++++++++ PARAMETROS DO EXPONENCIAL ++++++++')
27 taxa=float(input('taxa = '))
28 print('++++++++++++ PARAMETROS DO COSSENO ++++++++')
29 amp=float(input('Amplitude = '))
30 freq=float(input('Frequencia = '))
31 inicio=float(input('inicio do domínio de x = '))
32 n=float(input('fim do domínio de x = '))
33
34 Exponencial(taxa,inicio,n)
35 trigonometria(amp,freq,inicio,n)
```

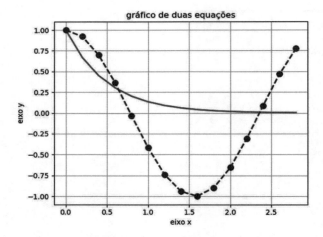

```
++++++++++++ PARAMETROS DO EXPONENCIAL ++++++++

taxa = -2
++++++++++++ PARAMETROS DO COSSENO ++++++++

Amplitude = 1

Frequencia = 2

inicio do domínio de x = 0

fim do domínio de x = 3
```

6.

```
1  import numpy as np
2  import matplotlib.pyplot as fig
3  import math
4
5  def OfDem(a1,b1,a2,b2,inicio,n):
6      p=np.arange(inicio,n,0.2)
7      qo=np.zeros(len(p))
8      qd=np.zeros(len(p))
9      for i in range(len(p)):
10         qo[i]=a1+b1*p[i]
11         qd[i]=a2-b2*p[i]
12     fig.plot(p,qo,'-r',p,qd,'-b*',linewidth=2,markersize=8)
13     fig.grid()
14     fig.xlabel('quantidade')
15     fig.ylabel('preço')
16     fig.title('Oferta x Demanda')
17
18 #++++++++++++++++++ programa principal +++++++
19 print('++++++++++++ Oferta ++++++++')
20 a1=float(input('a1 = '))
21 b1=float(input('b1 = '))
22 print('++++++++++++ Demanda ++++++++')
23 a2=float(input('a2 = '))
24 b2=float(input('b2 = '))
25 inicio=float(input('inicio do domínio de q = '))
26 n=float(input('fim do domínio de q = '))
27
28 OfDem(a1,b1,a2,b2,inicio,n)
```

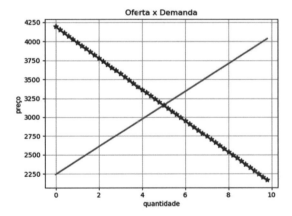

++++++++++++ Oferta ++++++++

a1 = 2243

b1 = 183
++++++++++++ Demanda ++++++++

a2 = 4193

b2 = 207

inicio do domínio de q = 0

fim do domínio de q = 10

7.

```
import numpy as np
lista1=[12.2,13.57,100,98.6]
lista2=np.array(lista1)
print('lista original = ',lista1)
print('vetor = ',lista2)
```

8.

```
import numpy as np
x=np.zeros(10)
print(x)
x[5]=11
print(x)
```

9.

```
import numpy as np
x=np.arange(12,22,1)
print(x)
```

10.

```
import numpy as np
c=np.array([0,12,45.21,34,99.91])
f=9*c/5+32
print(f)
```

11.

```
import numpy as np
x=np.array([[0,10,20],[2,40,100]])
y=40
k=0
for i in x:
    for j in i:
        if y==j:
            print('número ',j,' achou')
            k=1
            break
if k==0:
    print('não achou')
```

12.

```python
import numpy as np
def mul_escalar(s,v):
    v=np.array(v)
    y=s*v
    return(y)

z=mul_escalar(5,[1,2,5,7])
print('++++++++ multiplicação do escalar pelo vetor +++')
print(z)
```

13.

```python
import numpy as np

x = np.array([ 2, 5, 7, 4, 10, 80, 1, 2])
y = np.array([-3, -5, 2, 1, 4, -5, 3, 20])
print('x = ',x)
print('y = ',y)
```

14.

```python
import numpy as np

x = np.array([ 2, 5, 7, 4, 10, 80, 1, 2])
y = np.array([-3, -5, 2, 1, 4, -5, 3, 20])
print('x = ',x)
print('y = ',y)
y.sort()
z=x-y
print('y-ordenado = ',y)
print('z = ',z)
```

15.

```python
import numpy as np

x = np.array([ 1,2,3])
y = np.array([-1,5,100])
print('x = ',x)
print('y = ',y)
z=np.append(x,y)
print('novo vetor = ',z)
```

16.

```python
import numpy as np
import matplotlib.pyplot as fig
y = np.array([-4,2,3,4,5,9,2,1,0,-5,-3,-4,-1,-2])
tam=len(y)
x=np.linspace(1,tam,tam)
coef=np.polyfit(x,y,1)
tendencia=coef[0]*x+coef[1]
print('++++   y = ax + b +++++')
print('a = ', coef[0])
print('b = ',coef[1])

fig.plot(x,y,'-k',x,tendencia,'--k')
```

17.

(a)
```
A = np.array([[1, 4, 5, 12, 14],
     [-5, 8, 9, 0, 17],
     [-6, 7, 11, 19, 21]])
```

(b)
```
A[:2, :4]
```

(c)
```
A[:1,]
```

(d)
```
A[:,2]
```

(e)
```
A[:, 2:5]
```

18.

(a)
```
import numpy as np
A=np.zeros((3,2))
print(A)
```
```
[[0. 0.]
 [0. 0.]
 [0. 0.]]
```

(b)
```
import numpy as np
A=np.ones((4,2))
print(A)
```
```
[[1. 1.]
 [1. 1.]
 [1. 1.]
 [1. 1.]]
```

(c)
```
import numpy as np
A=np.identity(10)
print(A)
```
```
[[1. 0. 0. 0. 0. 0. 0. 0. 0. 0.]
 [0. 1. 0. 0. 0. 0. 0. 0. 0. 0.]
 [0. 0. 1. 0. 0. 0. 0. 0. 0. 0.]
 [0. 0. 0. 1. 0. 0. 0. 0. 0. 0.]
 [0. 0. 0. 0. 1. 0. 0. 0. 0. 0.]
 [0. 0. 0. 0. 0. 1. 0. 0. 0. 0.]
 [0. 0. 0. 0. 0. 0. 1. 0. 0. 0.]
 [0. 0. 0. 0. 0. 0. 0. 1. 0. 0.]
 [0. 0. 0. 0. 0. 0. 0. 0. 1. 0.]
 [0. 0. 0. 0. 0. 0. 0. 0. 0. 1.]]
```

(d)

```
1 # matriz
2 import numpy as np
3 A=np.array([[-2,5],[3,0]])
4 B=np.array([[1,-1],[6,5]])
5 print(A)
6 print(B)
7 C=A+B
8 print('+++++++++++++++')
9 print(C)
```

```
[[-2  5]
 [ 3  0]]
[[ 1 -1]
 [ 6  5]]
+++++++++++++++
[[-1  4]
 [ 9  5]]
```

(e)

```
1 # matriz
2 import numpy as np
3 A=np.array([[-2,5],[3,0]])
4 B=np.array([[1,-1],[6,5]])
5 print(A)
6 print(B)
7 C=np.matmul(A,B)+A
8 print('+++++++++++++++')
9 print(C)
```

```
[[-2  5]
 [ 3  0]]
[[ 1 -1]
 [ 6  5]]
+++++++++++++++
[[26 32]
 [ 6 -3]]
```

(f)

```
import numpy as np
from numpy.linalg import inv

A=np.array([[-2,5],[3,0]])
B=np.array([[1,-1],[6,5]])
print(A)
print(B)
C=np.matmul(inv(A),B)
print('+++++++++++++++')
print(C)
```

```
[[-2  5]
 [ 3  0]]
[[ 1 -1]
 [ 6  5]]
+++++++++++++++
[[2.         1.66666667]
 [1.         0.46666667]]
```

19.

```
1 #Ex3
2 import numpy as np
3 from numpy.linalg import det
4
5 M=np.array([[2,-1,3,1],[0,-5,4,1],[10,8,7,9],[1,2,5,3]])
6 print(M)
7 determinante= det(M)
8 print('+++++++++++++++')
9 print(determinante)
```

```
[[ 2 -1  3  1]
 [ 0 -5  4  1]
 [10  8  7  9]
 [ 1  2  5  3]]
+++++++++++++++
291.0000000000001
```

20.

```
1 #Ex4
2 import numpy as np
3
4
5 M=np.array([[0,-4,50,1,14],[-5,-8,9,0,17],[-6,70,11,19,21]])
6 n,m=M.shape
7 print('++++++++++ linhas ++++++++')
8 print(n)
9 print('++++++++++ colunas +++++++')
10 print(m)
11
12 #++++++ geração de matriz aleatória ++++++++++
13 aleat=np.random.rand(n,n)
14 print(aleat)
```

```
++++++++++ linhas ++++++++
3
++++++++++ colunas +++++++
5
[[0.38678315 0.69233713 0.67609648]
 [0.5715626  0.10641785 0.76833536]
 [0.07774609 0.27812185 0.47500038]]
```

21.

Existem duas maneiras de fazer esse algoritmo.

Primeira maneira:

```
1 # matriz
2 import numpy as np
3
4 A = np.array( [ [2,5,7],[4,10,1],[1,2,1] ] )
5 par=0
6 imp=0
7 for elem in A:
8     for x in elem:
9         if x % 2 == 0:
10            par = par + 1
11        else:
12            imp = imp + 1
13
14 print('número de pares = ',par,'número de ímpares = ',imp)
```

Segunda maneira:

```
1 # matriz
2 import numpy as np
3
4 A = np.array( [ [2,5,7],[4,10,1],[1,2,1] ] )
5
6 form = A.shape
7
8 tot_lin = form[0]
9 tot_col = form[1]
10
11 par=0
12 imp=0
13 for i in range(tot_lin):
14     for j in range(tot_col):
15         if A[i,j] % 2 == 0:
16             par = par + 1
17         else:
18             imp = imp + 1
19
20 print('número de pares = ',par,'número de ímpares = ',imp)
```

CAPÍTULO 7

1.

O arquivo de dados foi criado com o nome dad.txt. O algoritmo para ler e plotar o gráfico é o que se segue.

```
1 import matplotlib.pyplot as fig
2
3 f=open("dad.txt","r")
4 datas=[]
5 prec1=[]
6 prec2=[]
7 for linha in f:
8     lista=linha.split("\n")
9     x=lista[0][0:10]
10    y=lista[0][12:16]
11    z=lista[0][17:len(lista[0])]
12    datas.append(x)
13    prec1.append(y)
14    prec2.append(z)
15 print(datas)
16
17 eixoY1=[float(j) for j in prec1]
18 eixoY2=[float(k) for k in prec2]
19 fig.plot(datas,eixoY1,'-k',datas,eixoY2,'-k',linewidth=3)
20 fig.gcf().autofmt_xdate()
21 fig.grid()
```

O gráfico resultante é:

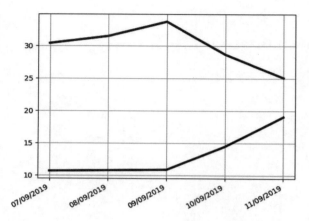

2.

Considerando o arquivo com o nome DataLinha.slax e o nome da planilha como **Planilha1**, o algoritmo a seguir é a solução para o problema proposto.

```
1  from datetime import datetime
2  import matplotlib.pyplot as fig
3  import numpy as np
4  import xlrd
5
6  wb=xlrd.open_workbook('DataLinha.xlsx')
7  plan=wb.sheet_by_name('Planilha1')
8  lin=plan.nrows
9  col=plan.ncols
10
11 mat=np.zeros((lin,col))
12
13 for i in range(lin):
14     for j in range(col):
15         mat[i,j]=plan.cell(i,j).value
16
17 dataInt=mat[0,:].astype(int)
18 datas = [datetime.fromordinal(datetime(1900, 1, 1).toordinal() + dados_Ex - 2).strftime("%d/%m/%Y")
19          for dados_Ex in dataInt]
20 print(datas)
21
22 ax1=fig.subplot(111)
23 ax1.plot(datas[0:col],mat[1,0:col],'-k',linewidth=3)
24
25 fig.gcf().autofmt_xdate()
26 ax1.set_xlabel('dias',fontsize=14)
27 fig.grid()
```

Soluções dos exercícios

O gráfico resultante é:

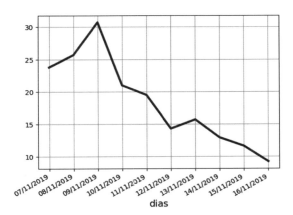

CAPÍTULO 8

1.

```
1 # Ex1
2 import pandas as pd
3
4 s1=pd.Series([2,1,3,6,7])
5 s2=pd.Series([1,-3,5,-5,8])
6
7 soma = s1 + s2
8 subt = s1 - s2
9 prod = s1*s2
10 div = s1/s2
11
12 print('+++++ Soma +++++++')
13 print(soma)
14
15 print('+++++ Subtração +++++++')
16 print(subt)
17
18 print('+++++ Produto +++++++')
19 print(prod)
20
21 print('+++++ Divisão +++++++')
22 print(div)
```

```
+++++ Soma +++++++
0     3
1    -2
2     8
3     1
4    15
dtype: int64
+++++ Subtração +++++++
0     1
1     4
2    -2
3    11
4    -1
dtype: int64
+++++ Produto +++++++
0     2
1    -3
2    15
3   -30
4    56
dtype: int64
+++++ Divisão +++++++
0    2.000000
1   -0.333333
2    0.600000
3   -1.200000
4    0.875000
dtype: float64
```

2.

```
# Ex2
import pandas as pd
import numpy as np

vetor=np.array([2,5,-4,8,7,1])
x=pd.Series(vetor)

print('+++++ Vetor no Numpy +++++++')
print(vetor)

print('+++++ Serie na Pandas +++++++')
print(x)
```

```
+++++ Vetor no Numpy +++++++
[ 2  5 -4  8  7  1]
+++++ Serie na Pandas +++++++
0    2
1    5
2   -4
3    8
4    7
5    1
dtype: int32
```

3.

```
# Ex3
import pandas as pd
import numpy as np

s1 = pd.Series(['100','Alberto','Ibovespa','30.2','2.8'])
vetor = np.array(s1)

print('+++++ Série na Pandas +++++++')
print(s1)

print('+++++ Vetor no Numpy +++++++')
print(vetor)
```

```
+++++ Série na Pandas +++++++
0         100
1     Alberto
2    Ibovespa
3        30.2
4         2.8
dtype: object
+++++ Vetor no Numpy +++++++
['100' 'Alberto' 'Ibovespa' '30.2' '2.8']
```

4.

```
1 # Ex4
2 import pandas as pd
3
4
5 s1 = pd.Series([-1,40,0,-100])
6 s2 = pd.Series(s1).sort_values()
7
8 print('+++++ Série na Pandas +++++++')
9 print(s1)
10
11 print('+++++ Série Ordenada +++++++')
12 print(s2)
```

```
+++++ Série na Pandas +++++++
0     -1
1     40
2      0
3   -100
dtype: int64
+++++ Série Ordenada +++++++
3   -100
0     -1
2      0
1     40
dtype: int64
```

5.

```
1 # Ex5
2 import pandas as pd
3
4
5 s1 = pd.Series([-1,40,0,-100])
6 print('+++++ Série antes da inclusão +++++++')
7 print(s1)
8
9 s2 = pd.Series(['Comprar','Vender','Manter'])
10
11 s1=s1.append(s2)
12
13 print('+++++ Série com a inclusão +++++++')
14 print(s1)
```

```
+++++ Série antes da inclusão +++++++
0     -1
1     40
2      0
3   -100
dtype: int64
+++++ Série com a inclusão +++++++
0       -1
1       40
2        0
3     -100
0   Comprar
1    Vender
2    Manter
dtype: object
```

6.

(a)

```
1 #Ex6
2 import pandas as pd
3
4 preco = pd.Series([8.2, 30.9, 48.3, 47.8, 33.9,36.5],
5           index = ['USIM5','PETR4','VALE3','BBAS3','BBDC4','ITUB4'])
6
7 print('++++++++++ dois primeiros ativos +++++++')
8 print(preco.head(2))
```

```
++++++++++ dois primeiros ativos +++++++
USIM5     8.2
PETR4    30.9
dtype: float64
```

(b)

```
1  #Ex6
2  import pandas as pd
3
4  preco = pd.Series([8.2, 30.9, 48.3, 47.8, 33.9,36.5],
5              index = ['USIM5','PETR4','VALE3','BBAS3','BBDC4','ITUB4'])
6
7  print('++++++++++ dois primeiros ativos +++++++')
8  print(preco.head(2))
9
10 print('++++++++++ dois últimos ativos ++++++++++')
11 print(preco.tail(2))
```

```
++++++++++ dois últimos ativos ++++++++++
BBDC4    33.9
ITUB4    36.5
dtype: float64
```

(c)

```
1  #Ex6
2  import pandas as pd
3
4  preco = pd.Series([8.2, 30.9, 48.3, 47.8, 33.9,36.5],
5              index = ['USIM5','PETR4','VALE3','BBAS3','BBDC4','ITUB4'])
6
7  print('++++++++++ dois primeiros ativos +++++++')
8  print(preco.head(2))
9
10 print('++++++++++ dois últimos ativos ++++++++++')
11 print(preco.tail(2))
12
13 print('++++++++++ Máximo Preço ++++++++++')
14 print(preco.idxmax(),preco.max())
15
16 print('++++++++++ Menor Preço ++++++++++')
17 print(preco.idxmin(),preco.min())
```

```
++++++++++ Máximo Preço ++++++++++
VALE3 48.3
++++++++++ Menor Preço ++++++++++
USIM5 8.2
```

7.

(a)

```
1  #Ex7
2  import pandas as pd
3
4  preco = pd.Series([4.17, 0.07, 4.6, 0.59, 0.058, 0.038],
5              index = ['DOLAR','PESO','EURO','YUAN','RÚPIA','IENE'])
6
7  print('++++++++++ MOEDAS < 1,00 +++++++')
8  print(preco[preco<1])
```

```
++++++++++ MOEDAS < 1,00 +++++++
PESO     0.070
YUAN     0.590
RÚPIA    0.058
IENE     0.038
dtype: float64
```

(b)

```
1 #Ex7
2 import pandas as pd
3
4 preco = pd.Series([4.17, 0.07, 4.6, 0.59, 0.058, 0.038],
5             index = ['DOLAR','PESO','EURO','YUAN','RÚPIA','IENE'])
6
7 print('++++++++++ MOEDAS < 1,00 +++++++')
8 print(preco[preco<1])
9
10 print('++++++++++ MOEDAS > 4,00 +++++++')
11 print(preco[preco>4])
```

```
++++++++++ MOEDAS > 4,00 +++++++
DOLAR    4.17
EURO     4.60
dtype: float64
```

(c)

```
1 #Ex7
2 import pandas as pd
3
4 preco = pd.Series([4.17, 0.07, 4.6, 0.59, 0.058, 0.038],
5             index = ['DOLAR','PESO','EURO','YUAN','RÚPIA','IENE'])
6
7 print('++++++++++ MOEDAS < 1,00 +++++++')
8 print(preco[preco<1])
9
10 print('++++++++++ MOEDAS > 4,00 +++++++')
11 print(preco[preco>4])
12
13 print('++++++++++ MOEDAS entre 0,05 e 0,6 +++++++')
14 print(preco[(preco>0.05) & (preco<0.6)])
```

```
++++++++++ MOEDAS ertre 0,05 e 0,6 +++++++
PESO     0.070
YUAN     0.590
RÚPIA    0.058
dtype: float64
```

```
1 #Ex8
2 import pandas as pd
3 import numpy as np
4
5 serie = pd.Series(np.random.normal(size=8))
6
7 print('++++++++++ Série Gaussiana (0,1) +++++++')
8 print(serie)
```

```
++++++++++ Série Gaussiana (0,1) +++++++
0    0.208340
1    0.485823
2    0.846629
3   -0.364344
4   -0.123508
5   -3.104698
6   -0.848407
7   -0.230261
dtype: float64
```

9.

(a)

```
1  #Ex9
2  import pandas as pd
3
4
5  pontos = [27747, 3099, 8501, 27065, 107266, 7379]
6  ind = ['Dow','S&P500','Nasdaq','HSI','Ibov','Ftse']
7
8  serie = pd.Series(pontos,index=ind)
9  print('++++++++++ Série Bolsa de Valores +++++++')
10 print(serie)
```

```
++++++++++ Série Bolsa de Valores +++++++
Dow        27747
S&P500      3099
Nasdaq      8501
HSI        27065
Ibov      107266
Ftse        7379
dtype: int64
```

(b)

```
print('+++++++ Nasdaq, HSI e Ibov ++++++')
print(serie[2:5])
```

```
+++++++ Nasdaq, HSI e Ibov ++++++
Nasdaq      8501
HSI        27065
Ibov      107266
dtype: int64
```

(c)

```
print('++++++++++++++')
print(serie[0:6:2])
```

```
++++++++++++++
Dow        27747
Nasdaq      8501
Ibov      107266
dtype: int64
```

(d)

```
print('+++++++ ordem inversa ++++++')
print(serie[::-1])

+++++++ ordem inversa ++++++
Ftse        7379
Ibov      107266
HSI        27065
Nasdaq      8501
S&P500      3099
Dow        27747
dtype: int64
```

10.

```
1  import pandas as pd
2
3  df=pd.DataFrame({'Nome':['COSAN ON NM','CEMIG PN N1','ENGIE BRASIL'],
4                  'Valor':[57.53,13.01,44.48],
5                  'Osc':[-3.06,-0.13,-0.59],
6                  '%Mud':['-5.05%','-0.99%','-1.31%'],
7                  'Abrt':[60.50,13.09,45.19],
8                  'Max':[60.50,13.09,45.27]})
9  print(df)

          Nome  Valor   Osc    %Mud   Abrt    Max
0   COSAN ON NM  57.53 -3.06  -5.05%  60.50  60.50
1   CEMIG PN N1  13.01 -0.13  -0.99%  13.09  13.09
2  ENGIE BRASIL  44.48 -0.59  -1.31%  45.19  45.27
```

11.

```
1  import pandas as pd
2
3  df=pd.DataFrame({'Nome':['COSAN ON NM','CEMIG PN N1','ENGIE BRASIL'],
4                  'Valor':[57.53,13.01,44.48],
5                  'Osc':[-3.06,-0.13,-0.59],
6                  '%Mud':['-5.05%','-0.99%','-1.31%'],
7                  'Abrt':[60.50,13.09,45.19],
8                  'Max':[60.50,13.09,45.27]},
9                  index=['EMP01','EMP02','EMP03'])
10 print(df)

               Nome  Valor   Osc    %Mud   Abrt    Max
EMP01   COSAN ON NM  57.53 -3.06  -5.05%  60.50  60.50
EMP02   CEMIG PN N1  13.01 -0.13  -0.99%  13.09  13.09
EMP03  ENGIE BRASIL  44.48 -0.59  -1.31%  45.19  45.27
```

12.

```
import pandas as pd

df=pd.DataFrame({'Nome':['COSAN ON NM','CEMIG PN N1','ENGIE BRASIL'],
                 'Valor':[57.53,13.01,44.48],
                 'Osc':[-3.06,-0.13,-0.59],
                 'Abrt':[60.50,13.09,45.19],
                 'Max':[60.50,13.09,45.27]},
                 index=['EMP01','EMP02','EMP03'])
print(df)
print('+++++++++++++++++++++++++++++++++++++++++++')
print(df.loc[(df['Nome'] == 'CEMIG PN N1') |
             (df['Osc'] < -0.5) &
             (df['Max'] >50)])
```

```
+++++++++++++++++++++++++++++++++++++++++++
            Nome  Valor   Osc   Abrt    Max
EMP01  COSAN ON NM  57.53 -3.06  60.50  60.50
EMP02  CEMIG PN N1  13.01 -0.13  13.09  13.09
```

13.

```
import pandas as pd
print('+++++++ TABELA COMPLETA +++++++++++++++++++++++')
df=pd.DataFrame({'Nome':['COSAN ON NM','CEMIG PN N1','ENGIE BRASIL'],
                 'Valor':[57.53,13.01,44.48],
                 'Osc':[-3.06,-0.13,-0.59],
                 'Abrt':[60.50,13.09,45.19],
                 'Max':[60.50,13.09,45.27]},
                 index=['EMP01','EMP02','EMP03'])
print(df)
print('+++++++ TABELA EXCLUÍDA A COLUNA Abrt +++++++++++++++++++++')
df.drop('Abrt', axis=1, inplace=True)
print(df)
```

```
+++++++ TABELA COMPLETA +++++++++++++++++++++++
            Nome  Valor   Osc   Abrt    Max
EMP01  COSAN ON NM  57.53 -3.06  60.50  60.50
EMP02  CEMIG PN N1  13.01 -0.13  13.09  13.09
EMP03  ENGIE BRASIL 44.48 -0.59  45.19  45.27
+++++++ TABELA EXCLUÍDA A COLUNA Abrt +++++++++++++++++++++
            Nome  Valor   Osc    Max
EMP01  COSAN ON NM  57.53 -3.06  60.50
EMP02  CEMIG PN N1  13.01 -0.13  13.09
EMP03  ENGIE BRASIL 44.48 -0.59  45.27
```

14.

Primeiro constrói-se o **DataFrame** com as duas tabelas fazendo parte de quatro colunas e colocando-se como índices os anos.

```
import pandas as pd
print('+++++++ TABELA COMPLETA +++++++++++++++++++++++')
df=pd.DataFrame({'Cr/Dep-Br':[0.74,0.71,0.64,0.69,0.60,0.59,0.59,0.62,0.72,0.82],
                 'Inf-Br':[0.089,0.059,0.076,0.125,0.093,0.076,0.056,0.031,0.044,0.059],
                 'Cr/Dep-EUA':[0.76,0.77,0.76,0.75,0.77,0.81,0.83,0.83,0.80,0.77],
                 'Inf-EUA':[0.022,0.0336,0.0284,0.0158,0.0227,0.0266,0.0338,0.0322,0.0284,0.0383]},
                 index=[1999,2000,2001,2002,2003,2004,2005,2006,2007,2008])
print(df)
```

Para responder às questões, após a linha 8 do código anterior, coloca-se as condições lógicas para o **DataFrame**:

(a)

```
 9 print('++++++++++++++++++++++++++++++++++++++++++')
10 print(df.loc[(df['Cr/Dep-Br'] < 0.6) &
11                (df['Inf-EUA'] >0.03)])
```

Solução no **Console**:

```
++++++++++++++++++++++++++++++++++++++++++
      Cr/Dep-Br  Inf-Br  Cr/Dep-EUA  Inf-EUA
2005       0.59   0.056        0.83   0.0338
```

A relação crédito/depósito nos Estados Unidos para a questão foi de 0,83 em 2005.

(b)

```
 9 print('++++++++++++++++++++++++++++++++++++++++++')
10 print(df.loc[(df['Cr/Dep-EUA'] >0.75) &
11                (df['Inf-EUA'] <0.025)])
```

Solução no **Console**:

```
++++++++++++++++++++++++++++++++++++++++++
      Cr/Dep-Br  Inf-Br  Cr/Dep-EUA  Inf-EUA
1999       0.74   0.089        0.76   0.0220
2003       0.60   0.093        0.77   0.0227
```

No Brasil, as relações ficam em 0,74 (1999) e 0,6 (2003).

(c) No código, essas linhas novas são inseridas:

```
12 print(' ')
13 print('+++++++++ média das inflações no Brasil e EUA +++++++')
14 print('Brasil = ',df['Inf-Br'].mean())
15 print('EUA = ',df['Inf-EUA'].mean())
```

Com as respostas no **Console**:

```
+++++++++ média das inflações no Brasil e EUA +++++++
Brasil =  0.0708
EUA =  0.028180000000000004
```

15.

O código para fazer o **DataFrame** com as quatro colunas é:

```
1  import pandas as pd
2
3  print('+++++++ TABELA COMPLETA +++++++++++++++++++++++')
4  df=pd.DataFrame({'Prec/Petr':[4.01,4.01,3.96,3.85,4.01,3.69,3.56,3.56,4.01],
5                   'Produc':[7.54,7.61,7.80,8.3,8.81,8.66,8.78,9.18,9.03],
6                   'Dow':[652,762,874,969,785,905,943,800,838],
7                   'Emp':[56,23,48,150,17,70,170,120,150]},
8                   index=[1962,1963,1964,1965,1966,1967,1968,1969,1970])
```

(a) Para fazer o gráfico com as quatro colunas, o código é:

```
11  ax1=df.plot.line(y=['Dow','Emp'],color='k',style=['-d','--o'],markersize=8)
12  ax2=ax1.twinx()
13  ax2.spines['right']
14  ax2=df.plot.line(ax=ax2,y=['Prec/Petr','Produc'],color='k',style=[':s','-+'],markersize=8)
15  ax1.grid()
16  ax1.set_xlabel('anos',fontsize=14)
```

Essas linhas separam os eixos do **DataFrame** com a criação do eixo à direita com nome *ax2* e detalha cores, marcadores e tipos que podem ser usados para diferenciar os valores.

O resultado do gráfico é:

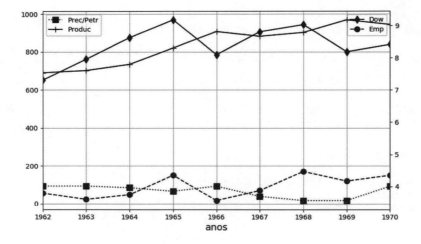

Soluções dos exercícios 527

A tabela aparece no **Console** da seguinte forma:

```
++++++++ TABELA COMPLETA ++++++++++++++++++++++++
     Prec/Petr  Produc  Dow  Emp
1962      4.01    7.54  652   56
1963      4.01    7.61  762   23
1964      3.96    7.80  874   48
1965      3.85    8.30  969  150
1966      4.01    8.81  785   17
1967      3.69    8.66  905   70
1968      3.56    8.78  943  170
1969      3.56    9.18  800  120
1970      4.01    9.03  838  150
```

(b) As linhas de códigos que permitem a resposta são:

```
20 print('+++++++++++++++++++++++++++++++++++++++++++')
21 print(df.loc[(df['Dow'] >750) &
22                (df['Produc'] >8.9) &
23                (df['Prec/Petr']>4) ])
```

A resposta no **Console** é:

```
+++++++++++++++++++++++++++++++++++++++++++
     Prec/Petr  Produc  Dow  Emp
1970      4.01    9.03  838  150
```

As restrições da questão indicam que o fato ocorreu no ano de 1970, quando foram abertas nos Estados Unidos 150 empresas de porte médio.

16.

O exercício solicitava um gráfico em formato de **subplot**. Ao colocar **subplots** no **DataFrame**, é interessante colocar a saída do gráfico como um vetor. Por exemplo, com a variável $ax1$ = df.plot.line( ), colocamos no **Console** apenas $ax1$ para ver a saída e observamos que $ax1$ é um vetor. Ou seja, $ax1$ = [ax1[0], ax1[1], ax1[2]], cujas propriedades de gráficos agora estão em todas as componentes desse vetor. Ou seja, **grid**, **x-label**, **y_label**, **title** etc., podem ser ajustadas como figuras isoladas. Assim, para o gráfico com três **subplots**, o código a seguir descreve como o formato pode ser observado na janela gráfica. Logo:

(a)
```
1 import pandas as pd
2
3 print('+++++++ TABELA COMPLETA +++++++++++++++++++++++')
4 df=pd.DataFrame({'Vol_Bov':[-0.0256,-0.0325,-0.0094,0.0052,0.0265,-0.0534],
5                  'Vol_Dow':[0.0012,-0.0020,-0.0010,-0.0008,-0.0002,-0.0348],
6                  'Inf':[0.029,0.01,0.01,0.021,0.023,0.01]},
7                  index=['agosto','dezembro','julho','novembro','outubro','setembro'])
8
9
10 ax1=df.plot.line(y=['Vol_Bov','Vol_Dow','Inf'],color='k',
11                  style='-o',subplots=True,grid=True,markersize=6)
12 ax1[0].set_ylabel('Volatilidade Ibovespa',fontsize=14)
13 ax1[1].set_ylabel('Volatilidade Dow Jones',fontsize=14)
14 ax1[2].set_ylabel('Inflação nos EUA',fontsize=14)
15
16 print(df)
```

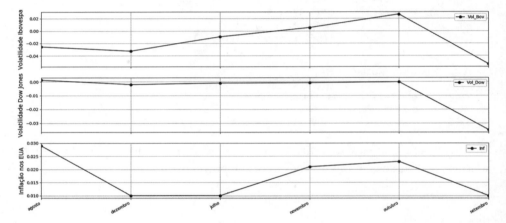

(b) A questão pede a resposta para uma lógica que faz a união entre dois critérios, pois a pergunta é com "OU" um critério "OU" outro. Nesse caso, devemos usar o símbolo | para selecionar os critérios no **DataFrame**. O código para essa questão é:

```
18 print('+++++++++++++++++++++++++++++++++++++++++++')
19 print(df.loc[(df['Inf'] >0.03) | (df['Vol_Bov'] >0.02) ])
```

A reposta no **Console** é:

```
+++++++++++++++++++++++++++++++++++++++++++
         Vol_Bov  Vol_Dow    Inf
outubro   0.0265  -0.0002  0.023
```

Isso indica que a volatilidade em Dow Jones foi de −0.02% e ocorreu em outubro.

REFERÊNCIAS

AL WADI, S.; ISMAIL, M. T.; KARIM, S. A. A. Statistical computational of volatility in financial time series data. **International Scholarly and Scientific Research & Innovation**, v. 4, n. 2, p. 287-291, 2010.

ALLEN, E. **Modeling with Itô stochastic differential equations**. Dordrecht: Springer, 2007. (Mathematical Modelling: Theory and Applications).

ARNOLD, L. **Stochastic differential equations**. Nova York: John Wiley & Sons, 1973.

BARROS, L. C.; BASSANEZI, R. C.; LODWICK, W. A. **A first course in fuzzy logic, fuzzy dynamical systems, and biomathematics**: theory and applications. [S. l.]: Springer, 2017.

BENNINGA, S.; WIENER, Z. Value-at-risk (var). **Mathematica in Education and Research**, v. 7, n. 4, p. 1-8, 1998.

BLACK, F.; SCHOLES, M. The pricing of options and corporate liabilities. **The Journal of Political Economy**, v. 81, n. 3, p. 637-654, 1973.

BOYER, C. B. **A history of mathematics**. Nova York: John Wiley & Sons, 1974.

BREALEY, R. A.; MYERS, S. C. **Princípios de finanças empresariais**. Lisboa: McGraw-Hill, 1992.

CAETANO, M. A. L. **Análise de risco em aplicações financeiras**. São Paulo: Blucher, 2017.

CAETANO, M. A. L. **Mudanças abruptas no mercado financeiro**: modelos, métodos e previsões. São Paulo: Editora Érica, 2013.

CHUNG, K. L.; WILLIAMS, R. J. **Introduction to stochastic integration**. Nova York: Birkhäuser, 1990.

COSTA, C. L. da. **Opções**: operando a volatilidade. São Paulo: BM & F, 1998.

COSTA NETO, P. L. de O. **Estatística**. São Paulo: Blucher, 1999.

DANÍELSSON, J. **Financial risk forecasting**: the theory and practice of forecasting market risk, with implementation in R and MATLAB®. Chichester: John Wiley & Sons, 2011.

DUCHESNAY, E.; LÖFSTEDT, T. **Statistics and machine learning in Python**. 22 jun. 2018. Disponível em: https://www.academia.edu/38813186/Statistics_and_Machine_Learning_in_Python_Release_0_2. Acesso em: 2 nov. 2020.

ELTON, J. E.; GRUBER, M. J.; BROWN, S. J.; GOETZMANN, W. N. **Modern portfolio theory and investment analysis**. Nova York: John Wiley & Sons, 2003.

FLETCHER, S.; GARDNER, C. **Financial modelling in Python**. Chichester: John Wiley & Sons, 2009.

FONSECA, J. S. da. **Curso de estatística**. São Paulo: Atlas, 1992.

FREUND, J. E. **Estatística aplicada**: economia, administração e contabilidade. Porto Alegre: Bookman, 2007.

GUJARATI, D. N. **Econometria básica**. São Paulo: Makron Books, 2000.

HELSTROM, C. W. **Probability and stochastic process for engineers**. New York: Maxwell Macmillan International, 1991.

HILPISCH, Y. **Python for finance**: analyze big financial data. Beijing: O'Reilly, 2015.

JANTZEN, J. **Tutorial on fuzzy logic**. 19 ago. 1998. (Tech. Report no. 98-E868).

KOLB, R. W; OVERDAHL, J. A. (ed.). **Financial derivatives**: pricing and risk management. Hoboken: John Wiley & Sons, 2010.

KRISHNAN, V. **Nonlinear filtering and smoothing**: an introduction to martingales, stochastic integrals and estimation. Nova York: John Wiley & Sons, 1984.

LOTT, S. F. **Functional Python programming**: discover the power of functional programming, generator functions, lazy evaluation, the built-in itertools library, and monads. Birmingham: UK Packt Publishing, 2018.

MAGALHÃES, M. N.; LIMA, A. C. P. **Noções de probabilidade e estatística**. São Paulo: Edusp, 2000.

MAMDANI, E. H. Application of fuzzy algorithms for control of simple dynamic plant. **Proceedings of the Institution of Electrical Engineers**, v. 121, n. 12, p. 1585-1588, 1974.

MARKOWITZ, H. Portfolio Selection. **The Journal of Finance**, v. 7, n. 1, p. 77-91, mar. 1952.

MAYBECK, P. S. **Stochastic models, estimation, and control**. Nova York: Academic Press, 1979.

MCKEAN, H. P. **Stochastic integrals**. Nova York: Academic Press, 1969.

MENDEL, J. M. Fuzzy logic systems for engineering: a tutorial. **Proceedings of the Institution of Electrical Engineers**, v. 83, n. 3, p. 345-377, 1995.

MERTON, R. C. Theory of Rational Option Pricing. **The Bell Journal of Economics and Management Science**, v. 4, n. 1, p. 141-183, 1973.

METROPOLIS, N.; ULAM, S. The Monte Carlo Method. **Journal of the American Statistical Association**, v. 44, n. 247, p. 335-341, 1949.

MEYER, P. L. **Probabilidade**: aplicações à estatística. Rio de Janeiro: Livros Técnicos e Científicos, 1984.

MORETTIN, P. A.; TOLOI, C. M. **Previsão de séries temporais**. São Paulo: Atual, 1987.

MORINI, M. **Understanding and managing model risk**: a practical guide for quants, traders and validators. Hoboken: John Wiley & Sons, 2001.

MORRIS, G. L. **Candlestick charting explained**: timeless techniques for trading stocks and futures. Nova York: McGraw-Hill, 1995.

NAVIDI, W. **Probabilidade e estatística para ciências exatas**. Porto Alegre: AMGH, 2012.

NGUYEN, H. T.; WALKER, E. A. **A first course in fuzzy logic**. Boca Raton: Chapman & Hall/CRC, 2005.

NISON, S. **Japanese candlestick charting techniques**: a contemporary guide to the ancient investment techniques of Far East. Nova York: New York Institute of Finance, 1991.

ØKSENDAL, B. **Stochastic differential equations**: an introduction with applications. Heidelberg: Springer, 2013.

OSBORNE, M. F. M. Brownian motion in the stock market. **Operations Research**, v. 7, n. 2, p. 145-173, 1959.

PAPOULIS, A. **Probability, random variables, and stochastic process**. Nova York: McGraw-Hill, 1991.

PRADO, P. P. L. do. **Probabilidade, inferência estatística e testes**: utilizando MATLAB e Excel. São Paulo: Senai-SP, 2014.

RACHEV, S. T.; STOYANOV, S. V.; FABOZZI, F. J. **Advanced stochastic models, risk assessment, and portfolio optimization**: the ideal risk, uncertainty, and performance measures. Hoboken: John Wiley & Sons, 2008.

ROQUE, T. **História da matemática**: uma visão crítica, desfazendo mitos e lendas. Rio de Janeiro: Zahar, 2012.

ROSS, S. M. **An elementary introduction to mathematical finance**. Nova York: Cambridge University Press, 2011.

SHIAVI, R. **Introduction to applied statistical signal analysis**: guide to biomedical and electrical engineering applications. Burlington: Elsevier Science, 2007.

SPIEGEL, M. R. **Estatística**. São Paulo: McGraw-Hill do Brasil, 1994.

TUTORIALS POINT. Python 3. Disponível em: https://www.tutorialspoint.com. Acesso em: 30 out. 2020.

VIENS, F. G.; MARIANI, M. C.; FLORESCU, I. (ed.). **Handbook of modeling high-frequency data in finance**. Hoboken: John Wiley & Sons, 2012.

VON ALTROCK, C. Applying fuzzy logic to business and finance. **Optimus**, n. 2, p. 38-39, 2002.

YAN, Y. **Python for finance**: build real-life Python applications for quantitative finance and financial engineering. Birmingham: Packt Publishing, 2014.

GRÁFICA PAYM
Tel. [11] 4392-3344
paym@graficapaym.com.br